Die naturrechtliche "politische Metaphysik" des Johann Heinrich Gottlob von Justi (1717 – 1771)

Europäische Hochschulschriften
Publications Universitaires Européennes
European University Studies

Reihe II
Rechtswissenschaft
Série II Series II
Droit
Law

Bd./Vol. 1202

PETER LANG
Frankfurt am Main · Bern · New York · Paris

Marcus Obert

Die naturrechtliche "politische Metaphysik" des Johann Heinrich Gottlob von Justi (1717 – 1771)

PETER LANG
Frankfurt am Main · Bern · New York · Paris

Die Deutsche Bibliothek- CIP-Einheitsaufnahme

Obert, Marcus:

Die naturrechtliche "politische Metaphysik" des Johann Heinrich Gottlob von Justi (1717 - 1771) / Marcus Obert. - Frankfurt am Main ; Bern ; New York ; Paris : Lang, 1992
(Europäische Hochschulschriften : Reihe 2, Rechtswissenschaft ; Bd. 1202)
Zugl.: Freiburg (Breisgau), Univ., Diss., 1991
ISBN 3-631-44461-3

NE: Europäische Hochschulschriften / 02

D 25
ISSN 0531-7312
ISBN 3-631-44461-3

M e i n e n   E l t e r n

VORWORT

Ein von Herrn Prof. Dr. Thomas Würtenberger im Wintersemester 1988/89 an der Albert-Ludwigs-Universität in Freiburg geleitetes Seminar lenkte meinen Blick auf die Verfassungsdiskussion in der zweiten Hälfte des 18. Jahrhunderts und hier speziell auf Johann Heinrich Gottlob von Justi. Die Erschließung seines verfassungstheoretischen Werkes bereitete nicht unerhebliche Schwierigkeiten. Bei der erstmaligen Zusammenstellung des umfangreichen Gesamtwerkes von Justi war eine in vielerlei Hinsicht problematische Quellenlage zu bewältigen. So mußten einzelne Schriften aus dem Ausland beschafft bzw. dort eingesehen werden. Auch Justis "politische Metaphysik" ließ sich -unter anderem wegen der zahlreichen Entwicklungsbrüche innerhalb des Werkes- nur schwer in ein in sich geschlossenes System bringen.

Für die Bewältigung dieser Schwierigkeiten war die vertrauensvolle Betreuung durch Herrn Prof. Dr. Thomas Würtenberger eine stete Ermutigung. Seiner Förderung der Arbeit gilt mein besonderer Dank. Herrn Prof. Dr. Rainer Wahl danke ich für kritische Ratschläge zur Drucklegung der Arbeit.

Herr Oberstudiendirektor Walter Mangler vom Goethe-Gymnasium in Karlsruhe war so freundlich, mich in Übersetzungsfragen zu beraten. Für die Begleitung meiner Arbeit danke ich Herrn Assessor Andreas Veit sowie den Herren Rechtsreferendaren Bernd Bischoff und Johannes Dreier.

INHALTSVERZEICHNIS

Mein Haupturtheil aber erwarte ich von der Nachwelt. [1]

EINLEITUNG

Das Eingangszitat stammt aus einer der anonymen Schriften Justis und bildet dessen erste Reaktion zur Hamburger [2] Verbrennung seines auf die Tagespolitik bezogenen Werkes *Leben und Character des Grafens von Brühl* (Teil 1). Diese Schrift ist in ihrem Kern weniger eine Biographie im herkömmlichen Sinne als vielmehr eine am zeitgenössischen Beispiel des sächsischen Willkürherrschers *Graf Heinrich von Brühl* [3] konkretisierte und von jeder schonenden Distanz befreite Anklage despotischer Herrschaftsformen. [4]

---

1 *Schreiben an das Publicum*, Seite 30 (datiert: 29. September 1760); Reproduktion der Unterschrift aus der Autographensammlung der Deutschen Staatsbibliothek in der Stiftung Preußischer Kulturbesitz, Berlin.

2 Auch in Berlin wurde die Schrift verbrannt; hierzu *Frensdorff* (1903), Seite 31, FN 5.

3 *Graf Heinrich von Brühl* (13.08.1700 - 28.10.1763) wurde 1746 zum Sächsischen Premierminister ernannt. Außerdem war er -nach der Zusammenstellung bei *Hirsching*- "des Königreich Polen General-Feld-Zugmeister, Conferenz-Minister, wirklicher geheimer Rath, General der Infanterie" etc. Die Liste *Hirschings* enthält noch zehn weitere Titel. Für jede dieser Aufgaben wurde *Brühl* gesondert entlohnt. Bei seinem Tod hinterließ er 4,61 Millionen Taler Schulden. *Brühl* hielt "alle Gewalt und allen Reichthum des Landes ... seit 1738 unter seiner Leitung" (*Hirsching*, Seite 12), er "brachte den König (*Friedrich August III*, d. Verf.) in eine an Sklaverei grenzende Abhängigkeit von seiner Person" (*Flathe*, Seite 412), er war der "unumschränkte Herrscher des Hofes und des Staates" (*Hengst*, Seite 261) und "trat alle Begriffe von Billigkeit, Gerechtigkeit und Schaam gleichsam mit Füßen" (*Hirsching*, Seite 23). Der Versuch *Rößlers* (1955), *Brühl* vom Vorwurf der persönlichen Bereicherung zu befreien, kann wegen der Last der zeitgenössischen Belege für die Willkürherrschaft *Brühls* nicht überzeugen. Zu den Schriften Justis über *Brühl* siehe unten Seite 32 - 34; zu Justis Bestreben, der Willkürherrschaft *Brühls* ein Ende zu setzen, siehe unten Seite 2 f, 32, 143 und erg. Seite 171 f, 286 f, 288.

4 Ähnlich *Koch* (1973), Seite 64: "Die Kritik ... entspringt nicht so sehr individueller Gegnerschaft als vielmehr seiner Staatsauffassung. ... Seine Schriften ... charakterisieren Brühl als Muster ... .".

Es mag dahingestellt bleiben, ob die Vernichtung ausschließlich auf der befürchteten Wirkkraft der die Lebensbeschreibung tragenden staatstheoretischen Vorstellungen Justis beruhte. Denn auch wenn das unmittelbare Motiv der Tat in einem persönlichen Rachebedürfnis *Brühls* zu finden ist, dürfte im Hintergrund die Brisanz der Ideen des zu diesem Zeitpunkt bereits weithin bekannten Johann Heinrich Gottlob von Justi eine wesentliche Rolle gespielt haben.

Daß *Brühls* Einschätzung der Gefährlichkeit Justis begründet war, belegt der allen Repressalien zum Trotz verfaßte Fortsetzungsband von *Leben und Character* aus dem Jahre 1761. Die Schrift bildet zugleich einen der aussagekräftigsten Nachweise für die potentielle Bedrohung der Machthaber durch die staatstheoretischen Vorstellungen Justis. In diesem zweiten Teil des Angriffs gegen *Brühl* mahnt Justi die praktische Umsetzung der in seinen theoretischen Schriften längst entwickelten Lehrsätze von der Souveränität und vom aktiven Widerstandsrecht des Volkes an. Die zentrale Passage seiner Streitschrift für die Befreiung von der Willkürherrschaft *Brühls* lautet:

> "Ein Volk ..., das sich in dem Fall befindet, einen Minister am Ruder zu sehen, welcher ... das Land unglücklich macht, hat allemal das Hülfsmittel, daß es durch seine Representanten dem Regenten ... Vorstellungen thun ... kann. Allein ... wenn diese Vorstellungen nichts weiter helfen. ... was ist da zu thun? ... So bald die oberste Gewalt im Staate ... verhindert wird, sich thätig zu erweisen, oder so bald die oberste Gewalt statt des Endzwecks der Glückseeligkeit, weshalb sie errichtet ist, sich offenbar das Unglück des Volkes vorgesetzt hat, alsobald hat die Grundgewalt des Volkes, von welchem alle oberste Gewalt im Staate, und alle mögliche Regierungsformen herrühren, das unstreitige Recht, sich thätig zu erweisen, und die Sache wieder auf einen der Wohlfahrt des Volkes gemäßen Fuß zu setzen. Dieser Satz ist so offenbar der Natur der bürgerlichen Verfassungen gemäß, daß ein vernünftiger Mensch sich gar nicht einfallen lassen kann, daran zu zweifeln. ... Wenn demnach die Vorstellungen der Representanten des Volkes vergeblich gewesen sind ...; so ist das Volk ... berechtiget, einen solchen Minister in Verhaft zu ziehen, ... und ... demselben ein Urtheil sprechen zu lassen." [1]

---

1 *Leben und Character*, Teil 2, 18. Brief, Seite 150 - 153.

Justi konnte zumindest den Lesern der deutschsprachigen Ausgabe von *Leben und Character des Grafens von Brühl* nicht unbekannt bleiben. Aufgrund der offensichtlichen Parallelen zu seinen staatstheoretischen Hauptwerken *Natur und Wesen der Staaten* und *Grundriß einer guten Regierung* muß es ein offenes Geheimnis gewesen sein, daß nur er als Verfasser in Erwägung zu ziehen war. [1] Auf diese indirekte Weise bilden die Werke *Natur und Wesen der Staaten* sowie der *Grundriß einer guten Regierung* die Grundlage des Angriffs gegen *Brühl*.

Der Fall des Grafen *Brühl* beweist, daß Justi den Herrschenden vor allem deshalb gefährlich werden konnte, weil er durch seine bereits publizierten wissenschaftlichen Arbeiten zum Staat über ein tragfähiges Fundament für Angriffe gegen konkrete politische Mißstände verfügte.

Hauptsächlich in *Natur und Wesen* sowie im *Grundriß* entwickelt Justi seine umfassende Lehre über den Staat. Sie beinhaltet unter anderem die Idee einer allein durch die Grundgewalt des souveränen Volkes zu errichtenden und zu ändernden Grundverfassung des Staates, einer Grundverfassung, die als Pflichtinhalte v.a. [2] die Regierungsform, die Wahl der Regierenden, die Repräsentation, das Zusammenspiel und die Ausübung der vollziehenden, gesetzgebenden und richterlichen Gewalt sowie die grundlegenden Rechte und Pflichten der Untertanen ausführlich regelt. Diese (von Justi so bezeichnete) "Grundwissenschaft aller Regierungswissenschaften" oder "politische Metaphysik" [3] bildet das Ausgangsmaterial für die vorliegende Untersuchung zum Staats- und Verfassungsverständnis des Johann Heinrich Gottlob von Justi.

Justis eingangs zitierte Annahme, erst die Nachwelt werde zu einem Urteil über seine Leistungen in der Lage sein, ist sicher

---

1 Die Unsicherheit bezüglich des Urhebers von *Leben und Character* entsteht erst im 19. Jahrhundert, siehe unten Seite 32.

2 Die Pflichtinhalte variieren je nach gewählter Regierungsform, siehe unten Seite 210 ff.

3 Zum Begriff "politische Metaphysik" und dessen Einordnung in Justis System der Wissenschaften siehe unten Seite 41 ff und 50.

keine emotionsbedingte Antwort auf die Verbrennung seiner Bücher. Schon zwei Jahre vor dem Erscheinen des ersten Teilbandes zum *Grafen Brühl* schreibt er in seiner *Staatswirtschaft*:

> "Unterdessen kenne ich die Welt zu gut, als daß ich mir einbilden sollte, mit meinen Erinnerungen an den Orten, die hierdurch betroffen werden, vielen Dank zu verdienen. Allein, daran liegt mir sehr wenig. Ich erwarte diesen Dank nicht von ihnen, sondern von ihren Nachkommen, welche die Fehler, die ich anzeige, verbessern werden;... ." [1]

Dem mehrfach und fordernd formulierten Begehren nach einer kritischen Würdigung seiner staatstheoretischen Ansätze wurde bislang nur spärlich entsprochen. Zwar hat es -verstärkt in den letzten 100 Jahren- niemals an Stimmen gefehlt, die auf eine mögliche Bedeutung Justis als erstrangigem Staatsdenker des 18. Jahrhunderts aufmerksam gemacht haben. [2] Ihre Mahnungen blieben jedoch unbeachtet. Die Rechtswissenschaft beschäftigte sich, im Gegensatz zur Nationalökonomie, die sich mit Justis Werken seit dem letzten Drittel des 19. Jahrhunderts intensiver auseinandersetzte [3], kaum mit Justi. [4] Die wenigen vorhandenen Würdigungen des staatstheoretischen Werkes Justis sind in hohem Maße widersprüchlich, so daß es als nützlich erschien, diese Stellungnahmen wertend in die Arbeit einzubeziehen.

Aus dieser Spannungslage zwischen der Modernität seiner Theorie, dem Unwillen bzw. der Unfähigkeit des 18. Jahrhunderts zur Rezeption [5] und dem Desinteresse gegenüber der Staatsrechts-

---

1 *Staatswirtschaft*, Vorbericht zur 2. Auflage, Seite VII (datiert: Michaelismesse 1758).

2 *Marchet* (1885), Seite 291 f: "An Justi lag es nicht, daß Deutschland für eine Verfassung nicht reif war."; *Frensdorff* (1903), Seite 2: "(Es sind, d. Verf.) vorzugsweise die Schriften zur Staatslehre, die einer Besprechung und Würdigung bedürfen..."; *Remer* (1938), Seite 3: "Das Lebenswerk ... ist in seiner eigentlichen Bedeutung heute noch nicht gewürdigt. ... in der Gegenwart nahezu vergessen."; aus DDR-Sicht *Schmidt* (1961), Seite 276: "Wir sind davon überzeugt, daß es an der Zeit ist, ... von Justi ... die ihm gebührende Aufmerksamkeit zuteil werden zu lassen, wird doch nicht zuletzt durch die Erforschung unseres ... Kulturerbes ... die Richtigkeit des Weges, den wir in unserer Republik beschritten haben, unterstrichen."; aus neuerer Zeit *von Unruh* (1969) und zuletzt *Würtenberger* (1988).

3 *Roscher* (1886), *Deutsch* (1888/1889), *Klein* (1961), *Jenetzky* (1978).

4 Siehe unten Seite 57 ff.

5 Siehe unten Seite 292 ff.

wissenschaft des 18. Jahrhunderts im allgemeinen [1] und gegenüber Justis staatsrechtlichem Werk im besonderen, nährt sich das wissenschaftliche Interesse des Verfassers.

Unter Berücksichtigung seines umfangreichen Gesamtwerkes soll erstmals der Versuch unternommen werden, Justis grundlegende Lehre über den Staat (die politische Metaphysik [2]) inhaltlich zusammenzufassen. Seine wenigen Abhandlungen zum Reichs- und Territorialstaatsrecht [3], die er grundsätzlich von seinen naturrechtlichen Schriften trennte, sind für die vorliegende Arbeit nicht von Bedeutung.

Neben einer Darstellung der durch zahlreiche Entwicklungsbrüche gekennzeichneten Theorie soll versucht werden, diese wirkungsgeschichtlich einzuordnen. Hierbei stößt die Arbeit an Grenzen. Die Geschichte des deutschen staatstheoretischen und staatsphilosophischen Denkens des 17. und 18. Jahrhunderts ist nur punktuell aufgearbeitet. Da noch nicht einmal alle erstrangigen Staatsdenker des 18. Jahrhunderts gewürdigt sind [4], muß eine zuverlässige Aussage über die Einflüsse auf Justi und die Wirkungen seiner Theorie späteren Arbeiten vorbehalten sein. Die Erkenntnisse zur Rezeption seiner Vorstellungen verstehen sich als erste Ergebnisse, die mit dem Fortschritt der Forschung zum 18. Jahrhundert mancher Ergänzung und Korrektur unterliegen werden.

Um dennoch den geistigen Einfluß, unter dem Justi seine Theorie entwickelte, wenigstens ungefähr auszuleuchten, ist es erforderlich, in dieser Frage diejenigen beiden Autoren intensiver zu

---

1 *Link*, Seite 16, sieht ein "signifikantes Interessendefizit der deutschen Staatsrechtswissenschaft an einem bedeutsamen Kapitel ihrer Geschichte". Zur Frage, ob sich die Leitideen des Verfassungsstaates bereits im Deutschland des 18. Jahrhunderts geistig und politisch herauskristallisierten vgl. *Würtenberger* in "An der Schwelle zum Verfassungsstaat" (1988).

2 Zum Begriff "politische Metaphysik" siehe oben Seite 3, FN 3.

3 *Abhandlung von der Abtretung eines Reichs-Lehns in den Frieden mit auswärtigen Mächten*; *Beweiss, daß die itio in partes rechtmässig und in dem Westphälischen Frieden gegründet sey*; *Erwiesene und ferner erläuterte Rechtmäßigkeit der itionis in partes*; außerdem diverse Aufsätze in den *Historischen und Juristischen Schriften* sowie in den *Ergetzungen der Vernünftigen Seele*.

4 Zum Stand der Forschung vgl. *Würtenberger* in "An der Schwelle zum Verfassungsstaat" (1988), *Stolleis* (1977, 1988) und *Willoweit* (1990).

besprechen, auf die Justi in offensichtlicher Weise methodisch und inhaltlich immer wieder zurückgreift: *Montesquieu* und *Wolff*. Die Beziehungen zwischen Justi, *Wolff* und *Montesquieu* sind so sehr verflochten, daß diesem Problem -unter weitgehender Zurückdrängung (nicht aber vollständiger Ausblendung) älterer Literatur- jeweils ein besonderer Abschnitt gewidmet ist.

Der Einfluß der staatsrechtlichen Arbeiten Justis auf ausländische Rechtsgelehrte und Regenten wird nur gestreift. [1] Das Thema bedarf einer eigenständigen Untersuchung.

In diesem Rahmen will sich die vorliegende Arbeit bemühen, eine brauchbare Grundlage zum Prozeß einer (Wieder-) Entdeckung des möglicherweise fortschrittlichsten Staatsdenkers der zweiten Hälfte des 18. Jahrhunderts, des bald 250 Jahre übergangenen Johann Heinrich Gottlob von Justi zu leisten. Vielleicht kann die Untersuchung als ein weiterer Mosaikstein in dem sich nur langsam abzeichnenden Bild einer -langfristig gesehen- kontinuierlichen [2] Entwicklung des Verfassungsdenkens in Deutschland dienen.

---

1 Siehe unten Seite 58.

2 Zur Kontinuitätsthese *Würtenberger* in "An der Schwelle zum Verfassungsstaat" (1988), insbes. Seite 54 f.

1 BIOGRAPHIE UND BIBLIOGRAPHIE

1.1 Einführung

Die Informationen über das schriftstellerische Gesamtwerk Justis sind lückenhaft. Alle bisherigen Bearbeitungen basieren auf unvollständigen Zusammenstellungen. Es war deshalb erforderlich, zunächst ein zuverlässiges Werkeverzeichnis zu erstellen. Unumgänglich waren infolgedessen umfangreichere Vorarbeiten biographischer Natur. Die -wenigstens ungefähre- Kenntnis des Lebenslaufs erhält einerseits Bedeutung als ergänzendes Zuordnungskriterium für die anonymen Schriften. Andererseits ist eine inhaltliche Würdigung der staatsrechtlichen Arbeiten Justis ohne Kenntnis seiner Lebensumstände wenig sinnvoll.

1.2 Lebensdaten

Justi war "ein Mann von einem Abenteuer in manchen Punkten nicht verschieden und doch ein Mann der Wissenschaft" [1]. Jeweils für nur kurze Zeitspannen wirkte er in unterschiedlichen Funktionen in verschiedenen Ländern. Seine Wirkungsstätten als Universitätsprofessor, Policeydirektor, Berater von Regierungen und Privatpersonen, Aufseher über Fabriken, freier Schriftsteller, Übersetzer und Herausgeber von Zeitschriften lagen in Sachsen-Eisenach, Sachsen, Österreich, Hannover, Hamburg, Dänemark und Preußen.

Die umfangreichste und zugleich neueste eigenständige Untersuchung zur Lebensgeschichte Justis gibt *Frensdorffs* Arbeit "Über das Leben und die Schriften des Nationalökonomen J.H.G. von

---

1 *Frensdorff* (1901), Seite 527; ähnlich *Srbik*, Seite 147: "Justi kann als ein letzter Ausläufer jener eigentümlichen Klasse von Gelehrten bezeichnet werden, bei denen Abenteuerlichkeit und wissenschaftlicher Geist in unlösbarem Zusammenhang erscheinen ...".

Justi" (1903). Zwar besitzt sie -schon nach eigenen Aussagen [1]- nur fragmentarischen Charakter, *Frensdorff* konnte jedoch zahlreiche Wissenslücken mit zuverlässigen Belegen schließen. Über 130 Jahre nach Justis Tod war er der erste, dem an einer umfassenden und sorgfältigen Nachforschung gelegen war. Dadurch markiert sein Werk einen Wendepunkt in der Geschichte der Bemühungen um Justis Lebensweg. Das von Justis Werdegang und Persönlichkeit gezeichnete Bild stand bis zum Erscheinen seiner Lebensbeschreibung auf wenig gesichertem Boden und war von Vorurteilen geprägt. [2] *Frensdorff* hatte die bisherigen Biographen nicht zu Unrecht einer "abenteuerlichen Anecdotenschriftstellerei" [3] beschuldigt.

Doch so gründlich *Frensdorffs* Arbeit angelegt ist, auch er übersieht diverse Quellen der damaligen Zeit. [4] An einigen Stellen entsteht gar der Verdacht, als habe er nicht alle ihm bekannten Informationen veröffentlichen wollen. Letztlich unterliegt *Frensdorff*, wie schon die Biographen vor ihm, den Vorgaben durch die zeitbedingten Anforderungen an das Charakterbild eines Gelehrten. Auf andere Weise ist seine Unsicherheit bezüglich der Frage, ob Justi die *Physicalischen und Politischen Betrachtungen über die Erzeugung des Menschen und Bevölkerung der Länder* [5] verfaßte, nicht zu erklären. Die Parallelen zu Justis übrigen Schriften sind in einer Weise offensichtlich, daß sie *Frensdorff* nicht entgangen sein können.

Trotz seiner Bedenken bezüglich der Vollständigkeit der Ergebnisse und entgegen seinem

> "... Verdacht ..., dass manches in diesem Leben verschlei-

---

1 *Frensdorff* (1903), Seite 2.

2 Vgl. die Berichte von *Hirsching* und *Jöcher*; *Hirsching*, Seite 20 f: "ein deutscher Schriftsteller von vielen Fähigkeiten, aber auch von schlechten Sitten", "stolz und übermütig", "stolz und Eigendünkel", "1757 gab er seine Mineralogie heraus, wodurch er sich ... lächerlich machte", (zu *Entdeckte Ursachen des verderbten Münzwesens in Deutschland*:) "... vielleicht das beste, was je aus seiner Feder geflossen ist.".

3 *Frensdorff* (1901), Seite 506.

4 Zum Beispiel das Kompendium von *Lüber*; zu *Lübers* Schrift siehe unten Seite 35.

5 Siehe unten Seite 31 f.

> ert worden ist, weil es das Licht der Oeffentlichkeit nicht vertrug" [1],

betrachtet die moderne Literatur *Frensdorffs* Ergebnisse als eine endgültige Lebensbeschreibung. Daß die in den letzten Jahren veröffentlichten Arbeiten nicht einmal in Ansätzen Interesse an Justis Lebensgeschichte zeigen [2], ist wenig befriedigend. Ebenfalls unverständlich ist, warum viele der modernen biographischen Kurzdarstellungen hinter dem durch *Frensdorff* erarbeiteten Kenntnisstand zurückbleiben und für abweichende Ergebnisse keine Belege anführen. [3] Wir sind über das Leben und -damit eng verbunden- die tatsächlich existierenden Schriften Justis zu wenig informiert, als daß nicht die Gefahr bestünde, durch die ungeprüfte Übernahme und Verbreitung überlieferter Thesen das Werk Justis weiter zu verfälschen und so den Beitrag des 20. Jahrhunderts zum Verschüttungsprozeß zu leisten.

Geburt und Elternhaus

Nach wie vor ungeklärt bleibt das Geburtsdatum Justis. Die Angaben in der Literatur sind uneinheitlich. [4] Die neuesten Forschungsergebnisse stammen von *Koch* (1973), demzufolge die Ermittlungen durch "Bernhardt" aus Brücken ergeben haben, daß Justi am 25. Dezember 1717 in Brücken bei Sangerhausen (Thüringen) geboren wurde. [5] Bernhardt war ein früherer Pfarrer der Gemeinde.

---

1 *Frensdorff* (1901), Seite 506.

2 Moderne Arbeiten vernachlässigen diesen Aspekt in der Regel vollständig; statt vieler: *Konitsa*, Seite 29 ff; *Stollberg-Rilinger*, Seite 79, FN 13: "Auf den wechselvollen Lebenslauf ... braucht hier nicht im einzelnen eingegangen zu werden.".

3 Vgl. *Dittrich* in "Kameralisten", Seite 103 f, und ders. in "Justi", Seite 707 f; *Dreitzel*, Seite 158, läßt offen, woher seine Kenntnis, *Zincke* sei ein Lehrer Justis gewesen, stammt. Wahrscheinlich will er sich auf ein Studium Justis in Jena beziehen; dagegen aber schon *Frensdorff* (1903), Seite 7. Zum Teil werden bloße Vermutungen *Frensdorffs* als bewiesene Tatsachen übernommen. Immer wieder findet sich die Behauptung, daß die Anschuldigung der unregelmäßigen Geschäftsführung, die schließlich zur Verhaftung Justis führte, "ungerechtfertigt" gewesen sei (statt vieler: *Tautscher* -1956-, Seite 452), und daß die entsprechenden Beweise "offenbar" nicht geführt werden konnten (*Klein*, Seite 145). Die Schuldlosigkeit Justis konnte nicht einmal *Frensdorff* (1903), Seite 94 - 105, nachweisen.

4 *Kleinheyer/Schröder* und *Stollberg-Rilinger* (1720), *Dittrich* (1717) und *Reinalter* im Personenregister (1705 oder 1717); zum Ganzen vgl. erg. *Frensdorff* (1903), Seite 5 f.

5 *Koch* (1973), Seite 61, FN 1.

Er wird seine damalige Auskunft auf eine Eintragung des Kirchenbuches gestützt haben, nach der die meisten Kinder am dritten Tag nach ihrer Geburt getauft wurden (Taufe Justis am 28. Dezember 1717 [1]). Somit ist die Angabe des 25. Dezember als Geburtsdatum wahrscheinlich, jedoch nicht mit letzter Sicherheit zu belegen.

Justi hatte zwei Schwestern, Rosina Louisa Elisabeth (* 2. Januar 1712) und Henrica Johanna (* 5. April 1714). Ein drittes Kind der Familie, Magdalena Dorothea, verstarb wenige Wochen nach der Geburt (getauft: 10. Dezember 1716, gestorben: 16. Januar 1717).

Die Gerüchte über Justis uneheliche Geburt [2] können nicht bestätigt werden. Das Taufregister berichtet zwar in einem (in Teilen unleserlichen) Vermerk über die Mutter und verschweigt ihren Namen; auch bei den Taufeinträgen der anderen Kinder der Familie Justi wird sie aber nicht erwähnt. Im übrigen wurden uneheliche Geburten im Kirchenbuch ausdrücklich als solche bezeichnet.

Der Vater Justis (Georg Heinrich Justin) wird im Taufeintrag von 1712 als Gutsinspector, in der Eintragung von 1716 als Kgl. Accis. Inspector geführt. Im Sterbebuch [3] findet sich der Eintrag: "19. November 1720 Herr v. Justi, Königl. Prs. Churf. Sächsisch wohlbestallter Accis.-Inspector gestorben, am 24. November 1720 beerdigt". Daß der Vater Justis Gerichtshalter gewesen sei [4], läßt sich durch die Kirchenbücher nicht belegen.

Jugend- und Soldatenzeit (1717 - 1742)

Die ersten 24 Lebensjahre Justis sind nicht erforscht. *Frensdorff* und *Koch* konnten für diesen Zeitraum lediglich Justis Geburt, den Besuch des Gymnasiums in Quedlinburg, und dann erst wieder den

---

1 Kirchenbücher Brücken, 1701 - 1790, Kirchenbuch 2, Taufregister, S. 95. Frau Agathe Ehrhardt aus Brücken an der Helme (Thüringen) danke ich für die Einsichtnahme in die Kirchenbücher und die Suche der Einträge zur Familie Justi.

2 *Roscher* (1868), Seite 78.

3 Sterbebuch Brücken, Jahrgang 1720, Seite 313, Nr. 19.

4 *Frensdorff* (1903), Seite 5.

Kriegsdienst von 1741 bis 1742 nachweisen. [1]

Es ist möglich, daß Justi sich von 1736 bis 1738 (oder bis 1740) in Leipzig aufhielt. Zwischen 1738 und 1740 könnte er in Holland gewesen sein. In dem 1760 anonym erschienenen *Leben und Character des Grafens von Brühl* schreibt er:

> "Erinnern Sie sich noch, werthester Freund, des vortreflichen Kopfes, mit dem wir vor ohngefehr 24 Jahren in Leipzig studierten, und dessen großes Genie und Gelehrsamkeit wir einigemal so sehr bewundert haben, von dem man uns aber im Jahr 1740 nach Holland schrieb, daß er aus Leipzig hätte flüchten müssen, weil er eine Satyre wider den Herrn Grafen von Brühl geschrieben hätte; und daß der arme Buchdrucker in Leipzig die Zeche auf eine ziemlich grausame Art hätte bezahlen müssen." [2]

Als weitere -recht schwache- Stütze für einen Aufenthalt in Leipzig kommt eine Zeile aus dem vor 1738 entstandenen [3] Lobgedicht auf *Brühl* in Betracht:

> "Da Leipzig Deinen Fleiß gesehen..." [4]

Mit "Leipzig" könnte Justi seine eigene Person gemeint und sich mithin zwischen 1736 und 1738 zu privaten [5] Studien in Leipzig aufgehalten haben. Ebenfalls Spekulation bleiben muß der Aufenthalt in Holland. Weder das holländische Algemeen Rijksarchief noch das Gemeindearchiv in Amsterdam konnten Nachweise finden.

In den Jahren 1741 und 1742 beteiligt sich Justi als Soldat am Österreichischen Erbfolgekrieg in Böhmen und Mähren. Im Regiment des Prinzen *Xaver* wird er "Privatsecretair des Obristlieutenants" *Wigand Gottlob von Gersdorff*. Unter dessen Einfluß wendet er sich den Wissenschaften zu. Von ihm erhält er nach Kriegsende die

---

1 *Frensdorff* (1903), Seite 6 - 12; *Koch* (1973), Seite 61.
2 A.a.O., Band 1, Seite 47.
3 *Die Dichterinsul*, Vorrede, Seite VIII.
4 *Die Dichterinsul*, Lobgedicht, Seite VII.
5 Das Matrikelbuch kennt seinen Namen nicht.

finanziellen Mittel zum Studium in Wittenberg. Die Bedeutung der Förderung durch *Gersdorff* würdigt *Augustin Leyser* [1], unter dessen Vorsitz Justi seine Dissertation *De Fuga Militiae* verteidigt:

> "Auch du, mein teuerster Justus, hast deine frühe Jugend auf das Erlernen der guten Wissenschaften verwendet, dann hast du dich zum Kriegsdienst gemeldet und bist durch ein sehr glückliches Schicksal auf den besten Führer, natürlich den berühmten Gersdorff, dem du diese Schrift widmest, gestoßen, einen tapferen, klugen, menschlichen, gelehrten und mit allen Tugenden ausgestatteten Mann. Dieser hat sich dir nicht allein in kriegerischen, sondern auch in den freien Künsten als Führer und gleichzeitig als Mäzen erwiesen und er ist durch seine Tugend so vorangegangen, daß du aus dem Kriegsdienst mit dem Soldatenmantel besser und gelehrter, als du in ihn gegangen warst, zum Dienst in der Friedenskleidung zurückkehrst. In diesem Dienst in der Friedenskleidung, während du den sehr heilsamen Vorschriften und Ratschlägen des Gersdorff auf bewundernswerte Weise folgst, machst du mir die größte Hoffnung, daß du irgendwann einmal ein öffentliches Amt ... gut verwalten und dem Vaterland zur Zierde gereichen wirst." [2]

Studium in Wittenberg (1742 - 1744)

Zu Justis Studienort und -zeit gibt es keine zuverlässigen Angaben. Sicher nachweisen läßt sich allein das Studium der Rechtswissenschaft in Wittenberg. Im Matrikelbuch der Universität findet sich als erster Eintrag des Wintersemesters eine Immatrikulation vom 19. Oktober 1742: "Joh. Heinr. Gottlob Justi Bruchia Thuringus". [3] Als Wittenberger Lehrer Justis nennen *Frensdorff*, *Koch* und *Schmidt* übereinstimmend *Augustin Leyser* (1683 - 1752), einen der angesehensten und einflußreichsten unter den deutschen Juristen der Mitte des 18. Jahrhunderts. [4] Durch ihn, der unter dem Einfluß von *Thomasius* stand [5], sei Justi in die Gedankengänge des Naturrechts und die Aufklärungsphilosophie eines *Samuel Pufendorf* (1632 - 1694) und *Christian Thomasius* (1655 - 1728)

---

1 Zu *Leyser* siehe unten Seite 12 f.

2 *De Fuga Militiae* ("Praeses respondenti suo salutem"); zum Ganzen vgl. *Frensdorff* (1903), Seite 9 - 12.

3 *Frensdorff* (1903), Seite 7.

4 *Schmidt*, Seite 274; *Frensdorff* (1903), Seite 7; *Koch* (1973), Seite 61; zu *Leyser* vgl. *Pünjer*, *Hirsching* und *Moser*.

5 *Pünjer*, Seite 520.

eingeführt worden. [1] Zweifellos dürfte auch *Christian Wolff* (1679 - 1754) von zentraler Bedeutung für Justis Studium gewesen sein. Unter dem Vorsitz *Leysers* verteidigt Justi am 18. Juli 1744 seine Dissertation *De Fuga Militiae.* [2]

Ein Studium Justis an den Universitäten Göttingen, Jena und Leipzig ist nicht nachzuweisen.

Zwar findet sich im Matrikelbuch der Universität in Göttingen unter dem 9. Mai 1738, Nummer 984, der Eintrag "Georgius Heinricus Justi Alstadio-Thuring., Iur. Studiosus, ob paupertem gratis". Daß sich hinter diesem Eintrag (unter dem Namen seines Vaters und unter Angabe des in seiner Heimat liegenden Ortes Allstedt) Johann Heinrich Gottlob von Justi verbirgt, ist wenig wahrscheinlich. Zum einen will sich Justi nach eigenen Aussagen [3] in dieser Zeit in Leipzig aufgehalten haben. Zum anderen hätte es sich in der Literatur niederschlagen müssen, wenn Justi dort studiert hätte. Er wäre *Johann Jacob Schmauß* (1690 - 1757), für

---

1 *Koch* (1973), Seite 61; ähnlich *Schmidt*, Seite 274; Verzeichnis der Vorlesungen Justis bei *Hugo*, Seite 48 - 53.

2 Die Thesen (Erstübersetzung): "(I) Kriegsdienstverweigerung ist ein Verbrechen, (II) in das diejenigen hineingeraten, die sich zum Kriegsdienst untauglich machen, (III) entweder dadurch daß sie ihren Körper verkrüppeln, (IV) oder dadurch, daß sie solch eine Lebensart auswählen, die mit dem Kriegsdienst nicht bestehen kann, dem Henkersamt. (V) Diejenigen, die dies tun, während sie bereits Soldaten sind, werden als Deserteure betrachtet. (VI) und so wie dies mit denen, die sie aufnehmen, bestraft. (VII) Dennoch pflegt die Strafe gemildert zu werden. (VIII) Kriegsdienstverweigerung entsteht meist aus einer unmenschlichen Behandlung, die Soldaten von ihren Führern erleiden und aus Not und Mangel, an der sie leiden. (IX) Mit Deserteuren dieser Art muß man folglich sanfter umgehen und man darf nicht leicht zur äußersten Bestrafung schreiten. (X) Ein Deserteur, der rechtmäßig vorgeladen nicht erscheint, kann wie ein geständiger und überführter zur schärfsten Strafe oder einer ähnlichen und ziemlich schweren Strafe zwar nicht nach dem bürgerlichen, aber dem sächsischen Recht bestraft werden. (XI) Wenn aber einer dennoch später ergriffen wird, kann er nicht sofort mit dem Tod bestraft werden, sondern er muß noch angehört und der Grund in Erfahrung gebracht werden. (XII) In militärischen Fällen jedenfalls wird kurz und ohne übliche Gewohnheiten vorgegangen, dennoch darf nichts von dem, was sich auf die Integrität des Urteils bezieht, übergangen werden. Corollaria: (I) Ein Soldat, der nicht um sich dem Kriegsdienst zu entziehen, sondern aus dem Karzer flieht, kann nicht wie ein Deserteur bestraft werden. L 13 § 5 über das Militärwesen. Dasselbe haben wir auf den, der aus Furcht vor dem Karzer flieht, im Beispiel über eine untadelhafte Flucht ausgedehnt. (II) Die Flucht aus der Schlachtreihe oder dem Posten ist oft ehrenhaft, klug und gerecht, ja sogar irgendwann einmal notwendig, so sehr, daß ein Soldat, der dies nicht macht, bestraft werden muß. Dies habe ich im selben Beispiel ausgeführt.".

3 Siehe oben Seite 11.

dessen Naturrechtssystem Justi großen Respekt zeigt [1], zunächst als Schüler und später [2] als Kollege begegnet.

Während *Frensdorff* noch davon ausgeht, daß Justi allein in Wittenberg studierte, erwähnen *Dittrich* und *Koch* eine Fortsetzung des Studiums in Jena und Leipzig. [3] *Dreitzel* [4] nennt *Georg Heinrich Zincke* (1692 - 1769) als Lehrer Justis, läßt aber offen, ob er sich mit dieser These auf die Angabe von *Höck* [5] stützt, daß Justi seine kameralistischen Studien in Jena bei *Zincke* begonnen habe. Nach Auskunft des Universitätsarchivs in Jena existieren keine Hinweise für ein Studium Justis an der dortigen Universität. Sein Name sei weder im Matrikelbuch noch in Promotionskarteien oder universitätsgeschichtlichen Darstellungen verzeichnet. Nach Auskunft des Universitätsarchivs in Leipzig war Justi nicht immatrikuliert.

Berufliche Betätigung nach dem Studienabschluß (1744) bis zum Weggang nach Wien (1750)

Zunächst betätigt sich Justi, ab 1746 verheiratet und in Dresden wohnend, als Schriftsteller, daneben als Herausgeber einer Zeitschrift. Als erstes Werk veröffentlicht er im Jahre 1745 *Die Dichterinsul*. Weitere, weniger umfangreiche Schriften folgen. Ebenfalls auf das Jahr 1745 datiert die erste Ausgabe der von ihm verfaßten und herausgegebenen Zeitschrift *Ergetzungen der vernünftigen Seele*. Für seine Abhandlung über die 1745 ausgeschriebene Preisfrage zur Lehre von den Monaden erhält er 1747 den Preis der Berliner Akademie der Wissenschaften. Die Preisverleihung an Justi, der die Monadenlehre zu widerlegen sucht [6], stößt auf teils heftige Kritik. [7] Ab Juli 1747 ist Justi als

---

1 Siehe unten Seite 262 f.
2 Siehe unten Seite 19.
3 *Frensdorff* (1903), Seite 7; *Dittrich*, Seite 104; *Koch* (1973), Seite 61 (Letzterer, wie aus der Wortwahl zu schließen ist, in Anlehnung an *Beckmann* -1806-, Seite 551).
4 *Dreitzel*, Seite 158.
5 Vgl. *Frensdorff* (1903), Seite 7.
6 *Dissertation sur les Monades; Untersuchung der Lehre von den Monaden; Nichtigkeit aller Einwürfe und unhöflichen Anfälle wider meine Preisschrift von denen Monaden.*
7 Zum Monadenstreit ausführlich *Frensdorff* (1903), Seite 17 - 21.

"Advocat" und spätestens zum Ende des Jahres als "Rath der verwittweten Herzogin von Sachsen-Eisenach" in Sangerhausen tätig.

Professur und Zensoramt am Theresianum in Wien (1750 - 1753)

Die Gründe für den im Jahre 1750 erfolgten Wechsel von Sangerhausen nach Wien, die näheren Umstände von Justis Wirken am Theresianum und der Anlaß für das Verlassen Österreichs im Jahre 1753 sind nicht bekannt. [1]

Die These, daß Justi durch seine zahlreichen staatswirtschaftlichen Schriften eine wohlbekannte Persönlichkeit gewesen und deshalb nach Wien gerufen worden sei, ist wenig überzeugend. [2] Wie sich aus dem beigefügten Gesamtwerkeverzeichnis Justis ergibt, hatte er bis zum Zeitpunkt seiner Berufung an das Theresianum nur wenige Arbeiten, die zudem keinen überragenden staatswirtschaftlichen Gehalt in sich trugen, veröffentlicht. Gleichzeitig spricht diese Überlegung für *Frensdorffs* [3] Vermutung, man habe Justi nicht gerufen, sondern ihm die professura eloquentia Germanica (deutsche Sprach- und Stilübungen) [4] am Theresianum übertragen, weil er sich zufälligerweise in Wien aufgehalten habe. Neben der professura eloquentia germanica beauftragt man Justi mit dem collegium oeconomico-provinciale (Unterrichtung in Finanz-, Handel-, Steuer- und Manufakturwesen für die absolvierten Juristen, die in den internen Staatsdienst treten wollten). Das Anstellungsdekret datiert auf den 31. August 1750. Seine Antrittsvorlesung "Von dem Zusammenhang eines blühenden Zustandes der Wissenschaften mit denjenigen Mitteln, welche einen Staat mächtig und glücklich machen" hält er am 16.

---

1 *Guglia* (Seite 4) und *Gemmel-Flischbach* (Seite 5) nennen als Zeitraum der Tätigkeit Justis die Jahre 1749 - 1755. Die Angaben von *Frensdorff* sind wegen seines gründlichen Quellenstudiums vorzuziehen. Außerdem war Justi spätestens am 1. Januar 1754 in Mansfeld (vgl. die Datierung der Vorrede zu den *Neuen Wahrheiten*).

2 So aber *Deutsch* (1888), Seite 136, und (1889), Seite 555, sowie *Guglia*, Seite 69.

3 *Frensdorff* (1903), Seite 22 - 24.

4 Später verfaßt er die in vier Auflagen erschienene *Anweisung zu einer guten deutschen Schreibart*.

November 1750. [1] Im Jahre 1752 erhält Justi an der neu gegründeten Staats- und Kanzleiakademie am Theresianum das Lehramt für Cameral-, Commercien und Bergwesen. [2] Außerdem wird er als Referent für historische und politische Schriften in die "Bücherrevisionscommission" berufen. Hier tritt Justi 1752 -gegen den Widerstand der ebenfalls in der Kommission vertretenen Jesuiten- für die Zulassung des "Esprit" *Montesquieus* ein. [3]

Der Wiener Lehrplan Justis ist in der 1754 in Leipzig erschienenen Schrift *Auf höchsten Befehl erstattetes Gutachten aller Oeconomischen und Kameralwissenschaften* (und nur dort [4]) nachzulesen. In einem einjährigen collegium fundamentale [5] und einem zwei Jahre dauernden Aufbaustudium [6] trägt Justi keine politische Metaphysik im Sinne seiner späteren Werke *Natur und Wesen der Staaten* und *Grundriß einer guten Regierung* vor. Das zeigt schon der Einstieg seiner Vorlesungen. Justi setzt sofort mit dem

---

1 Zum Inhalt vgl. *Abhandlung von dem Zusammenhang.*

2 *Frensdorff* (1903), Seite 26.

3 Zur Kommission vgl. *Fournier*, Seite 406, und *Frensdorff* (1903), Seite 31 f.

4 Die Abhandlung *Kurzer systematischer Grundriß aller Oeconomischer und Cameralwissenschaften* (in *Gesammelte Politische und Finanzschriften*, Band 1, 2. Abteilung, Abhandlung 10, Seite 504 bis 573, und Band 2, 2. Abteilung, Abhandlung 1, Seite 303 bis 377, sowie zuvor in *Neue Wahrheiten*, Band 1, 2. Stück, Seite 147 bis 171, 3. Stück, Seite 241 bis 276, 4. Stück, Seite 369 bis 402, und 5. Stück, Seite 497 bis 535) wird von Justi als der Grundriß bezeichnet, den er seinen Vorlesungen in Wien zugrunde gelegt und vorher dem Ministerium zur Zensur übergeben habe (*Politische und Finanzschriften*, Band 1, Seite 505 und *Neue Wahrheiten*, Seite 147 f, jeweils in der Anmerkung). Dies ist nicht wörtlich zu nehmen. Justi hat seinen Lehrplan in tabellarischer Form und mit anderen Lehrinhalten abgegeben. Das ergibt sich aus dem *Auf höchsten Befehl erstatteten Gutachten*. Das Gutachten, datiert auf den 15. Oktober 1752, beginnt mit einer Einleitung Justis "Allerdurchlauchtigste, Großmächtigste Kaiserinn und Königinn ...", enthält eine Auflistung der Lehrinhalte und endet mit Justi betreffenden Anmerkungen. Ähnliches gilt für die *Staatswirtschaft*. In dem zu Leipzig geschriebene Vorwort zur ersten Auflage der *Staatswirtschaft* mit dem Titel "Von der Nothwendigkeit und der Art und Weise die ökonomischen und Cameral-Wissenschaften auf Universitäten zu lehren" beschreibt Justi ab Seite XXXVII einen möglichen Studienplan. Rückschlüsse auf den tatsächlichen Inhalt der Vorlesung am Theresianum sind wegen des Erscheinungsdatums der *Staatswirtschaft* (1755) ebenso unzuverlässig wie die Angaben in *Kurzer systematischer Grundriß* (1754 - 1755).

5 Das collegium fundamentale umfaßt eine aus dem Endzweck der Glückseligkeit des Staates abgeleitete Pflichtenlehre von Regent und Untertanen sowie eine Einführung in die Cameral- und Finanzwissenschaft (*Auf höchsten Befehl erstattetes Gutachten*, Seite 1 - 10). Im ersten Teil der *Staatswirtschaft* sah Justi ein Lehrbuch, das für dieses collegium Verwendung finden konnte (*Staatswirtschaft*, Vorrede zur Erstausgabe).

6 Das Aufbaustudium umfaßt fünf collegia, je eines für die Policeywissenschaft, die Commercien- und Manufacturwissenschaft, die Cameral- und Finanzwissenschaft, die Oeconomie, die Bergwerkswissenschaft (*Auf höchsten Befehl erstattetes Gutachten*, Seite 11 f).

Endzweck des Staates und den daraus abzuleitenden Pflichten ein. Die philosophische Grundlegung und die juristisch-abstrakte Konstruktion des Staates werden -im Gegensatz zur breiten Bearbeitung in den späteren Schriften- diskussionslos vorausgesetzt. [1] Über Methoden innerstaatlicher Machtmäßigung konnte Justi ohnehin, selbst wenn er die Absicht gehabt hätte, nicht einmal ansatzweise dozieren. [2] Dafür sorgte nicht nur die Überwachung durch die Jesuiten. [3] Ein Abweichen von seinem Vorlesungsentwurf ist insbesondere wegen seines Wunsches [4], in anderer Funktion in den Dienst Maria Theresias übernommen zu werden, unwahrscheinlich. Seinem diesbezüglichen Bemühen war wenig Erfolg beschieden. Justis Gesuch zur Ernennung zum "Niederösterreichischen Repräsentanten und Kammerrath", am 10. Februar 1753 eingereicht, wurde abgelehnt. [5]

Die Ursache für Justis Rückkehr nach Sachsen (im Laufe des Jahres 1753) ist ungeklärt. [6] *Dreitzel* nennt als Grund den auf Justi ausgeübten Zwang, zum katholischen Glauben zu konvertieren. Damit greift er auf die Streitfrage zurück, ob Justi, um die Anstellung in Wien zu erhalten, zur katholischen Religion übertreten mußte. Nicht wenige Berichte gehen von einem (damals bei der Berufung von Protestanten in der Regel verlangten [7]) Konfessionswechsel aus. [8] Letzlich konnte selbst *Frensdorff* weder für seine zunächst favorisierte Auffassung, Justi habe seinen Glauben gewechselt, noch für seine spätere Ansicht, Justi habe die zuständigen

---

1 In seiner Antrittsrede streift er den Urzustand des Menschen nur kurz, bezeichnet die Einrichtung des Staates als dem göttlichen Willen gemäß und den einzigen Weg, das Leben glücklich zu verbringen (*Auf höchsten Befehl erstattetes Gutachten*, Seite 49 f und Seite 55 f). Selbst bei Zugrundelegung der ersten Auflage der *Staatswirtschaft* (zur Übereinstimmung von *Staatswirtschaft* und Justis Vorlesungen siehe oben Seite 16, FN 4) kann von dem Vortrag einer politischen Metaphysik keine Rede sein.

2 Die Herrschsucht, die Justi in seiner Antrittsrede anprangert, bezieht er auf den zwischenstaatlichen Bereich. Auf diese Weise umgeht er das Thema der innerstaatlichen Machtmäßigung (*Auf höchsten Befehl erstattetes Gutachten*, Seite 51 f).

3 *Staatswirtschaft*, Band 1, Seite 119 f: "Jesuiten, die zuweilen vor der Thüre und unter den Fenstern des Hörsaales horchten".

4 *Auf höchsten Befehl erstattetes Gutachten*, Seite 43 f.

5 *Frensdorff* (1903), Seite 30, FN 1.

6 *Frensdorff* (1903), Seite 30.

7 *Guglia*, Seite 69.

8 Zusammenstellung bei *Frensdorff* (1903), Seite 34 f; (1901), Seite 507.

Stellen immer wieder vertrösten können, Beweise anführen. [1] Ein Religionswechsel Justis scheint aus zwei Gründen wahrscheinlich. Erstens hatte er dem Bericht der "Göttinger Zeitung von Gelehrten Sachen" [2], in dem von seinem Religionsübertritt berichtet wird, niemals widersprochen. Zweitens findet sich in den Aufzeichnungen der Dompfarre St. Stephan -zu ihr gehörte das Theresianum- ein Eintrag über die Taufe einer Tochter Justis. [3] Es ist nicht anzunehmen, daß eine Taufe ohne vorangehenden Religionswechsel des Vaters als maßgeblichem Elternteil möglich war. Mithin kann es jedenfalls nicht der Zwang, die Religion zu wechseln, gewesen sein, der Justi zur Rückkehr in seine Heimat veranlaßte. Vielleicht war es die Enttäuschung darüber, daß ihm die Übernahme in den Dienst der höheren landesherrlichen Verwaltungsbehörde Niederösterreichs verweigert wurde, die ihn zu diesem Entschluß führte.

Gleichzeitig wird durch den Taufeintrag die These [4] einer Scheidung von seiner ersten Frau und einer erneuten Heirat in Wien widerlegt.

Beamten- und Lehrtätigkeit in Göttingen (1755 - 1757)

Nach kurzen Aufenthalten in Mansfeld (1753/1754) und Leipzig (1754/1755) wechselt Justi nach Göttingen (1755). Hier erhält er das Amt des Ober Policey-Commisarius und gibt die (auf seine Initiative zurückgehenden) *Göttingischen Policey-Amts Nachrichten* heraus. [5] Er wird zum Königlich Großbritannischen Bergrat ernannt.

---

1 *Frensdorff* (1901), Seite 507; (1903), Seite 35.
2 A.a.O., Jahrgang 1750, Seite 888; Angabe übernommen von *Beckmann* (1806), Seite 551 f.
3 Diözesanarchiv, Wien: Protocollum Baptizatorum, tomus 79, fol. 281r, 20. Mai 1752: "(Täufling) Carolina Theresia Gertrudis Henrica - (Eltern) Joannes Henricus Justi, Kay Profeßor der Landes Oeconomie etc. uxor eius Gertrudis Feliciana Johanna - (Paten) Die wohlgebohrne Freule Barbara Carolina von Hochauer und Carolus Benedictus von Gleichenstein". Herrn Dr. Johann Weißensteiner vom Diözesanarchiv danke ich für die Durchführung der Rechereche.
4 *Hirsching*, Seite 20 f; *Deutsch* (1889), Seite 555; *Koch* (1950), Seite 9.
5 Einzelheiten bei *Frensdorff* (1901), Seite 512 - 516.

Von 1755 bis 1757, zeitgleich [1] mit *Johann Stephan Pütter* (1725 - 1807) und *Johann Jacob Schmauß* (1690 - 1757) [2], lehrt er an der Philosophischen Fakultät "Staatsökonomie und Naturgeschichte". Damit war Justi der erste, der in Göttingen nationalökonomische Vorlesungen hielt. [3] Seine Veranstaltungen sind im wesentlichen auf die *Staatswirtschaft* und die *Grundsätze der Policeywissenschaft* gestützt. [4]

In einem Punkt unterscheiden sich zumindest die letzten Vorlesungen Justis von seinen Vorträgen am Theresianum. Wie der Vergleich der Erst- (1755) und Zweitauflage (1758) der *Staatswirtschaft* beweist [5], entwickelte Justi zu dieser Zeit viele fortschrittliche Ideen. Es ist wahrscheinlich, daß sich diese Entwicklung in seinen Vorlesungen niedergeschlagen hat. Justi dürfte -in Ansätzen und auf der Grundlage der Monarchie als vorzüglichster Regierungsform [6]- über die Rechtfertigung des Staates und den Mißbrauch der Herrschaft jedenfalls ausführlicher als in Wien doziert haben. Außerdem ist zum Ende seiner Lehrtätigkeit für den Sommer 1757 eine Veranstaltung über "Wesen und Grund der bürgerlichen Gesetze aus der Natur und dem Endzweck der Republiquen" angekündigt. [7] Über den Inhalt der Vorlesung und darüber, ob sie überhaupt angetreten wird, sind wir nicht informiert.

Im Sommer 1757 bricht Justi nach Dänemark auf. *Frensdorff* [8] nennt als Gründe Schulden, die mittlerweile erfolgte Ehescheidung und das Einrücken der Franzosen, der Verbündeten Österreichs, die Justi wegen seiner politischen Haltung gegenüber Österreich bei

---

1 *Ebel*, Seite 133.
2 Zu *Schmauß* siehe oben Seite 13 f.
3 *Frensdorff* (1903), Seite 40.
4 Zum Inhalt der Vorlesungen *Frensdorff* (1901), Seite 519; vgl. erg. *Abhandlung von den Mitteln*; *Göttingische Policey-Amts Nachrichten*, 1756, Seite 125 - 127 zu den Sommervorlesungen 1756; *Göttingische Policey-Amts Nachrichten*, 1756, Seite 305 - 307 zu den Wintervorlesungen 1756; zur Policeywissenschaft *Grundsätze der Policeywissenschaft*, Vorrede zur 2. Ausgabe, Seite 1: "Unterdessen, da das Buch zu den Vorlesungen bestimmet war und sowohl von mir selbst, als auch auf verschiedenen andern Universitäten wirklich darüber gelesen worden ...".
5 Siehe unten Seite 177 f.
6 Vgl. *Staatswirtschaft*, Band 2, § 591, und Band 1, § 10 f, in der 1. und 2. Auflage.
7 *Frensdorff* (1901), Seite 519.
8 *Frensdorff* (1903), Seite 58 - 60.

einem Verbleiben in Göttingen gefährlich werden konnten. [1]

Eine ungeklärte Reise (1758/1759)

Nachdem Justi in den Jahren 1757 und 1758 für den König von Dänemark ein Gutachten [2] über die agrarökonomische Nutzbarkeit Jütlands erstellt hatte, habe sich Justi -so berichten *Jöcher* und *Hirsching* [3]- auf eine Reise an den Oberrhein mit dem Ziel Schweiz begeben. Auf dieser Reise sei er (es ist die Zeit des Siebenjährigen Krieges) durch den "König von Wirtemberg" gefangengenommen worden. Als erster verwirft *Beckmann* [4] diese Informationen. Seit *Roscher* [5] gilt als gesichert, daß Justi eine solche Reise nicht unternommen hat.

Mit großer Wahrscheinlichkeit hielt sich Justi in der ersten Hälfte des Jahres 1759 in Köln auf (a). Offensichtlich wollte er in Richtung Süden weiterreisen. Es ist durchaus möglich, daß er bis in Württembergische Lande vorgedrungen ist, eine Gefangennahme Justis ist eher unwahrscheinlich (b). Als Reiseziel kommt Genf in Betracht (c).

(a) Justi ist der Autor der anonym veröffentlichten Schrift *Fabeln und Erzählungen*, datiert auf Cölln am Rhein, 1759. [6] Da die Zueignungsschrift aus seiner Feder stammt und er sich in der 1760 erschienenen Schrift *Leben und Character des Grafens von Brühl* auf einen Aufenthalt in Genf bezieht [7], wird er sie auf der Durchreise in Köln abgeliefert haben. Für Cölln als fingierten Verlagsort gibt es keine sicheren Anhaltspunkte. Auch die von

---

1 *Frensdorff* (1903), Seite 41 - 58, berichtet über eine Schrift, die Justi im Jahre 1756 mit dem Einverständnis des Rates in Hannover gegen Österreich verfaßte ("Betrachtungen, welche Deutschland anietzo über die vereinigte Oesterreichische und Bourbonische Macht vernünftiger Weise machen muß"). Österreich wolle, so schreibt Justi, die evangelische Religion ausrotten und die deutschen Reichsstände unterdrücken. Die Arbeit wurde nicht veröffentlicht.

2 *Neue Wahrheiten*, Band 2, 12. Stück, Seite 609 - 672.

3 *Hirsching*, Seite 22; später auch *Deutsch* (1889), Seite 561, und *Hoffmann*, "Allgemeine Encyklopaedie", 2. Sektion, 30. Teil, Seite 15.

4 *Beckmann* (1779), Band X, Seite 460: "lächerlich", "einfältige Unwahrheit".

5 *Roscher* (1868), Seite 81.

6 Siehe unten Seite 34 f.

7 Siehe unten (c).

Justi vorgenommene Ergänzung des Werkes *Montes Pietatis* (Vorrede datiert auf den 21. Juni 1759) spricht in ihrer Bezugnahme auf Württemberg für einen vormaligen Durchreise-Aufenthalt in Köln. Das Historische Archiv der Stadt Köln konnte -wie im Ergebnis das Archiv des evangelischen Stadtkirchenverbandes- keine positive Auskunft über einen Aufenthalt Justis geben.

(b) Keiner der Biographen kann den Aufenthalt Justis in Württemberg belegen. Für einen Aufenthalt spricht möglicherweise ein Anhang des von Justi übersetzten und herausgegebenen Buches *Montes Pietatis*, der sich mit der Württembergischen Witwen- und Waisencasse beschäftigt. In den Repertorien des Hauptstaatsarchivs Stuttgart findet sich allerdings kein Hinweis auf eine Durchreise oder Gefangennahme Justis. Unabhängig von dem tatsächlichen Nachweis einer Gefangennahme ist eine Auslieferung zur Haft nach Breslau wenig wahrscheinlich; Württemberg zählte im Siebenjährigen Krieg zu den Gegnern Preußens und dürfte daher kaum einen Gefangenen an Preußen ausgeliefert haben. [1]

(c) *Jöcher* und *Hirsching* geben nicht an, woher sie die Information zum Reiseziel Schweiz beziehen. Eine Stütze findet ihre Darstellung in Justis *Leben und Character des Grafens von Brühl*. In Fortführung des oben, Seite 11, angeführten Zitates aus dem Jahre 1760 heißt es:

> "Wo muß dieser vortrefliche Geist ietzo seyn? Damals hieß es, daß er nach Genev gegangen wäre."

Schöpferischste Phase (1759/1760), Inaussichtstellung der Verwendung im Preußischen Staatsdienst (1760), Einstellung (1765) und Anschuldigung unregelmäßiger Geschäftsführung (1768)

In den Jahren 1759 und 1760 veröffentlicht Justi seine fortschrittlichen Werke *Die Natur und das Wesen der Staaten* und *Der Grundriß einer guten Regierung*. Außerdem versucht er, mit seinen

---

1 Für diesen Hinweis danke ich Dr. Natale vom Hauptstaatsarchiv Stuttgart.

Schriften gegen den *Grafen von Brühl* auf das politische Tagesgeschehen einzuwirken. [1] Als Folge wird sein Werk *Leben und Character des Grafens von Brühl* in Berlin und Hamburg verbrannt. [2] Desweiteren wird -diesmal von Österreichischer Seite- ein Antrag auf Beschlagnahme sehr wahrscheinlich des *Grundriß* gestellt. [3]

Im Jahre 1758 erstattet *Johann Julius von Hecht*, Geheimer Rat und residierender Minister Preußens im niedersächsischen Kreis, einen Bericht über Justi, die Übernahme in den Preußischen Staatsdienst unterbleibt jedoch. Justi wird darauf verwiesen, nach erfolgtem Friedensschluß erneut vorzusprechen. Man empfiehlt ihm, sich in der Zwischenzeit in Berlin niederzulassen. Dort wird Justi im Jahre 1760 überbracht, daß er zu gegebener Zeit in den Dienst *Friedrich des Großen* treten werde. [4] Die tatsächliche Einstellung Justis als Berghauptmann mit der Gesamtaufsicht über das Berg- und Hüttenwesen in allen preußischen Staaten erfolgt fünf Jahre später (Cabinetsordre vom 26. Juli 1965). In dieser Position wird der inzwischen erblindete [5] Justi im Jahre 1768 der Veruntreuung von Staatsgeldern beschuldigt.

Festungshaft (1768 - 1771) und Lebensende (1771)

Die wahren Umstände, die im Jahre 1768 zu Justis Verhaftung wegen vorgeblicher Untreue führen (Cabinetsordre vom 9. Februar 1968), sind nicht geklärt. [6] Der These von *Schmidt* [7], Justi sei das Opfer seiner fortschrittlichen Überzeugung geworden und die Beschuldigung der Untreue habe als Vorwand gedient, um einen der konsequentesten Ideologen der bürgerlichen Umgestaltung Deutschlands aus dem Wege zu räumen, ist an späterer Stelle nachzugehen.

---

1 Siehe oben Seite 1 - 3.
2 Siehe oben Seite 1.
3 Siehe unten Seite 289.
4 *Beckmann* (1806), Seite 556 f.
5 Seine Augen waren so weit geschädigt, daß er sich im Jahre 1766 einer Operation unterziehen mußte, nach deren Verlauf er erblindete.
6 Ausführliche Darstellung bei *Frensdorff* (1903), Seite 94 - 105.
7 *Schmidt*, Seite 275 f.

Justis Gesundheitszustand wurde immer schlechter. Doch Blindheit und Haft zum Trotz ließ ihn sein Arbeitseifer [1] bis zum Tod (21. Juli 1771 [2]) nicht ruhen. Gleichzeitig hatte seine Kraft erheblich gelitten. Das belegt Justis letztes Werk, die 1771 erschienene *Geschichte des Erd-Coerpers*. War bislang zwischen der Erstellung der Vorrede und der Zueignungsschrift zu einem Buch in der Regel nur ein einziger Tag verstrichen, so stammt die Vorrede zur *Geschichte des Erd-Coerpers* vom 25. März, die Zueignungsschrift ist auf den 15. April datiert.

1.3 Schriftstellerisches Gesamtwerk

Justis schriftstellerisches Wirken war außerordentlich vielseitig und ertragreich. Mehr als 60 selbständige Veröffentlichungen, viele davon mehrbändig, in das Französische, Holländische, Russische und Englische übersetzt und im Einzelfall nach seinem Tod in der vierten Auflage erschienen, gehen auf Justi zurück. Das bearbeitete wissenschaftliche Gebiet erstreckt sich vom Staats- und Wirtschaftsrecht im weitesten Sinne über die Geschichte, Philosophie, Geologie, Astronomie [3], Physik und Chemie bis hin zur Biologie und Tiermedizin [4]. Neben dem fachspezifischen Schrifttum verfaßte er Texte unterschiedlichster literarischer Gattungen, unter anderem mehrere Satiren, Fabeln, Märchen und einen Staatsroman. [5] Außerdem betätigte er sich als Übersetzer französischer Werke (darunter die ersten vier Bände der umfangreichen "Descriptions des Arts et Metiers" der Akademie

---

1 Siehe unten Seite 24.

2 Bericht einer Tochter Justis, abgedruckt bei *Inama*, Seite 750.

3 Auch auf diesem Gebiet weist Justi weit über das Verständnis seiner Zeit hinaus; vgl. die Kritik zur *Geschichte des Erd-Coerpers* in der "Physikalisch-ökonomischen Bibliothek" *Beckmanns*, 2. Band, 4. Stück von 1771, Seite 522 - 536 ("Der müßte viele überflüssige Geduld haben, der alle die ... Chimeren, alle die mit Zuversicht daraus hergeleiteten Folgerungen und andere falsche Sätze und Nachrichten, welche diese fälschlich genante Geschichte ausmachen, ernsthaft widerlegen und verbessern wollte."; "Ketzerey"; "Märchen"; "Hier verläßt uns die Geduld") und die Würdigung der Thesen Justis durch *Koch* (1973), Seite 65.

4 Vgl. *Schraders* "Biographisch-Literarisches Lexicon der Thierärzte"; bei der a.a.O. genannten Schrift über die Bekämpfung der Viehseuche handelt es sich wohl um einen Aufsatz in *Göttingische Policey-Amts Nachrichten* vom 16. Jenner 1756 bis 2. Hornung 1756 (Seite 17 - 41).

5 Zur literaturwissenschaftlichen Einordnung Justis: *Koch* (1950).

der Wissenschaften in Paris) und fungierte als Herausgeber von Zeitschriften und Monographien.

Die These, Justis Schreibwut sei ein Produkt seiner beständigen Geldnöte [1], vermag nicht zu überzeugen. Ebensowenig ist sie als eine allgemeine Zeiterscheinung, eben die "Unart eines Sohnes des schreibseligen Jahrhunderts" [2], abzutun. Justi war vielmehr von einem unstillbaren Verlangen durchdrungen, zum Wohl der Gesellschaft zu wirken.

> "Die Glückseligkeit der Völker ist der einzige Wunsch meines Lebens gewesen; und sie blos ist es, welche meine Feder in so vielen einsamen Mitternächten geleitet hat. Diesen Wunsch wird die Nachwelt in meinen Schriften niemals verkennen, so geringfügig sie auch sein mögen; ob ich mich gleich nunmehr völlig darein ergeben habe, daß dieses die einzige Belohnung so vieler Arbeiten sein wird, welche mir die Folgen des Alters vor der Zeit zugezogen haben; ..." [3]

Justi war davon besessen [4], seine Gedanken der Welt in jeder nur möglichen Form mitzuteilen. Seine Studier- und Arbeitswut war grenzenlos. Zu jeder Zeit, auch nachts, mußte er seinen Geist beschäftigen. [5] Es ist eine Verkennung der Persönlichkeit Justis,

---

1 *Frensdorff* (1901), Seite 529 f; ähnlich: ders. (1903), Seite 106.

2 *Klein*, Seite 146.

3 *Politische und Finanzschriften*, Band 3, Seite 537.

4 Die Formulierung von *Remer* (Seite 15), daß es "Justi nicht auf den Broterwerb ankam, sondern er von dem Wunsch geleitet wurde, auf ein möglichst breites Publikum zu wirken", geht an der eigentlichen Motivation für Justis Wirken vorbei; vgl. erg. die Satire *Die Schriftstellersucht, eine gefährliche Krankheit der gelehrten Anfänger* in *Scherzhafte Schriften*, Band 1, Seite 146.

5 Zu Justis Arbeitsamkeit vgl. die Zueignungsschrift zu *Fabeln und Erzählungen*, Seite 8 ff: "... von meiner Kindheit an eine recht närrische Begierde zum Lesen ... schlaflose Nächte ... des Morgens wieder aufstand, ohne einmal ein Auge zugethan zu haben"; *Moralische und Philosophische Schriften*, Band 1, 2. Abteilung, 1. Stück (Seite 271): "Indem ich des Nachts zu studieren pflege ...". Die Nachmittage, an denen sich Justi nicht mit "geistig allzu anspruchs-vollen Aufgaben" beschäftigen wollte, verbringt er mit den verschiedensten Experimenten (vgl. *Das entdeckte Geheimnis*, Seite 2 der Vorrede). In *Die Wirkungen und Folgen*, Vorrede, Seite 3 f, bestätigt Justi, daß er mit großer Geschwindigkeit lese. Für einen Roman von der Stärke der "Clarisse" oder des "Grandisons" benötige er nur einen Tag; vgl. erg. *Grundsätze der Policeywissenschaft*, 2. Auflage, Seite 4 der Vorrede: "Ich habe nie ein Buch besessen, das ich nicht ganz durchgelesen habe; und mein Gedächtnis war so stark, daß ich bey allen merkwürdigen Stellen nicht allein den Ort und das Hauptstück, sondern auch gemeiniglich die Seite wußte, wo ich sie finden sollte. Ja ich habe öfters ganze, viele Zeilen lange, Stellen in meinen Schriften aus dem Kopfe angeführet, ohne das Buch wieder nachzuschlagen. Allein dieses ausserordentliche Gedächtnis verliehret sich seit einigen Jahren immer mehr; ...". Diese Angaben zu Justis Arbeitskraft werden bestätigt u.a.

seine rastlose Tätigkeit aus der Zeit oder aus einer finanziellen Situation erklären zu wollen.

Der reiche schriftstellerische Nachlaß steht in einem deutlichen Mißverhältnis zu den seitherigen Bemühungen, ein zuverlässiges Gesamtverzeichnis der Schriften Justis zu erstellen. Anstatt die Richtigkeit der Angaben -insbesondere die Existenz der Bücher- anhand der Originale zu überprüfen, begnügen sich die Autoren mit der Abschrift aus bestehenden Übersichten. Das Literaturverzeichnis dieser Arbeit bietet die bisher umfangreichste, für die deutschsprachigen Ausgaben anhand der Originale überprüfte, im Rahmen des Möglichen vollständige Zusammenstellung der Schriften Justis. Es ist davon auszugehen, daß weitere anonyme Schriften existieren. Es kann nicht ausgeschlossen werden, daß sich vereinzelt Artikel Justis in hier nicht berücksichtigten Zeitschriften befinden. Die verarbeitete Literatur vermittelt aber einen in der Gesamtaussage schlüssigen und deshalb wohl im wesentlichen lückenlosen Überblick zu den Schriften Justis. Außerdem geben Justis Sammelbände die Sicherheit, keinen von ihm als wichtig eingestuften Aufsatz übergangen zu haben. [1]

Die neuen Ergebnisse zum Gesamtwerk Justis sind in den folgenden Abschnitten aufgeführt: (a) Vorgebliche, aber nicht nachweisbare Arbeiten, (b) Wiederaufgefundene Werke, (c) Justi als Autor anonym/unter Pseudonym veröffentlichter Schriften, (d) Sonstiges.

(a) Vorgebliche, aber nicht nachweisbare Arbeiten

(aa) Soweit ersichtlich, sind den bisherigen Bearbeitern folgende Vorankündigungen entgangen:

-- Das **"System der Staatskunst"** wurde in der Vorrede zur ersten

---

in *Geschichte des Erd-Coerpers*, Seite 348; *Fortgesetzte Bemühungen*, Seite 576. Aus der modernen Literatur vgl. erg. *Frensdorff* (1901), Seite 529 f.

1 *Moralische und Philosophische Schriften*, Vorbericht, Seite 1 f: "Diese Sammlung, wie verschiedene andere ... ist eine Folge einer allgemeinen Idee ... , diejenigen vermischten Abhandlungen, die ich ehedem ... herausgegeben habe, ... nach denen Wissenschaften von einander abzusondern, und in verschiedenen Sammlungen vom neuen herauszugeben.".

Auflage der *Grundsätze der Policeywissenschaft* von 1756 angekündigt. Da dieser Vermerk in der zweiten Auflage nicht mehr abgedruckt und ein entsprechender Band nicht nachzuweisen ist, kann davon ausgegangen werden, daß Justi eine Schrift unter diesem Titel nicht veröffentlicht hat.

-- In *Natur und Wesen* [1] berichtet Justi, daß er zeitgleich mit *Johann Jacob Schmauß* (und ohne dessen Schrift [2] zu kennen) ebenfalls einen **"Grundriß des natürlichen Rechts"** erstellt habe. Diese Arbeit sei noch im Manuskript vorhanden. Sollte sein Grundriß dereinst zum Vorschein kommen, so hoffe er, bei Vernünftigdenkenden keinen Anstoß zu erregen. Dieser "Grundriß des natürlichen Rechts" konnte nicht nachgewiesen werden.

-- **"Vollständiges Cancley-Lexicon"**: das Buch wurde im Leipziger Meßkatalog zur Ostermesse 1761 [3] angekündigt. Auch hier blieb es bei der Absichtserklärung.

-- **"Der Grund von dem Flor und der Macht der Staaten, welcher auf der Verbesserung und genauem Zusammenhange der Landwirthschaft, der Gewerbe und des Finanzwesens beruhet"**, verlegt von David Iversen, 1758 [4], konnte nicht nachgewiesen werden.

(bb) Im Jahre 1760, also nach der Veröffentlichung seiner beiden Hauptwerke *Natur und Wesen der Staaten* und *Grundriß einer guten Regierung*, gibt Justi in der Vorrede zu Band 1 der *Gesammelten Politischen und Finanzschriften* [5] seinen Lesern bekannt, daß er, wenn sich ihm nicht außerordentliche Hindernisse entgegenstellen, nach Anfertigung des zweiten Bandes seiner Policey eine Arbeit unter dem Titel **"Die Geschichte des Menschen als Bürger"** zu veröffentlichen beabsichtige. Justi dachte dabei an ein Geschichtsbuch, das sich mit dem Ursprung der Staaten, vor allem mit den Regierungsgrundsätzen und -fehlern der Regenten und Minister beschäftigen sollte. Das Buch konnte nicht nachgewiesen werden. [6] Insbesondere kann es sich nicht um die in der Ziel-

1 A.a.O., § 173 (Seite 384).
2 "Neues Systema des Rechts der Natur", Göttingen, 1754.
3 A.a.O., Seite 156, unter der Rubrik der Schriften, die demnächst erscheinen sollen.
4 Leipziger Meßkatalog, Ostermesse 1758, Seite 891.
5 A.a.O., Seite 19.
6 Mit gleichem Ergebnis *Deutsch* (1889), Seite 564.

setzung teilweise ähnliche [1] Schrift *Leben und Character des Grafens von Brühl* handeln; denn die Vorrede zu den *Gesammelten Schriften* stammt vom 3. September 1760, während die Vorrede zu Band 1 des *Leben und Character* auf den 24. August 1760 datiert ist. Da Justi das Werk "unbedingt" [2] veröffentlichen wollte, sind die von ihm erwähnten "außerordentlichen Hindernisse" wohl tatsächlich eingetreten. Es wird an späterer Stelle zu untersuchen sein, worin diese außerordentlichen Hindernisse möglicherweise bestanden. [3]

(cc) Eine eigenständige Schrift **"Trennung des Begriffes und Umfanges der Policeywissenschaft, Finanzwissenschaft und Staatskunst"** [4] konnte nicht nachgewiesen werden.

(dd) Der Justi zugeschriebene Titel **"Historische und Politische Schriften"** [5] bezeichnet kein eigenständiges Werk, sondern stellt eine Mischung aus den beiden Titeln *Politische und Finanzschriften* und *Historische und Juristische Schriften* dar.

(ee) Die Titel >**"Gesammelte Policey- und Finanzschriften über Gegenstände der Staatskunst, Policey- und aller Regierungswissenschaften"**, 2 Theile, Kopenhagen: 1761 - 1764< [6] und >**"Politische und Finanzschriften über wichtige Materien der Regierungsangelegenheiten, des Kriegeswesens und der Cameralgeschäfte"**, 2 Theile, Kopenhagen: 1760< [7] bezeichnen keine eigenständigen Werke Justis. Sie sind Verstümmelungen des Titels *Gesammlete Politische- und Finanzschriften über wichtige Gegenstände der Staatskunst, der Kriegswissenschaften und des Cameral- und Finanzwesens*. Die erste Variante entstand aus der ungeprüften

---

1 *Leben und Character*, Band 1, Vorrede, Seite 18.
2 Vorrede zu Band 1 der *Gesammelten Politischen und Finanzschriften*, Seite 19.
3 Siehe unten Seite 283 ff.
4 Den Titel nennt *Deutsch* (1889), Seite 562 f. Das von ihm als Beleg angeführte Zitat dürfte er aus der *Grundfeste*, Band 1, Vorrede, Seite 6, entnommen haben. Die angegebene Stelle bezeichnet keinen eigenständigen Titel, sondern bezieht sich einzig auf die Ausführungen in der *Grundfeste*.
5 Gesamtverzeichnis des deutschsprachigen Schrifttums 1700 - 1910, Bd. 71, Seite 151.
6 *Humpert*, Nr. 937.
7 *Dittrich*, "Kameralisten", Seite 134, und *Humpert*, Nr. 1160.

Übernahme der Angaben von *Stepf.* [1] Die zweite Variante wurde dem Leipziger Meßkatalog zur Ostermesse 1760 [2] entnommen.

(ff) >**"Die Chimäre des Gleichgewichts von Europa, aus den wichtigsten Gründen der Staatskunst erwiesen und aus den neuesten Weltbegebenheiten erläutert"**, 2 Teile, Altona: 1758< [3] existiert nicht. Hinter diesem Titel steht das Werk *Die Chimäre des Gleichgewichts von Europa, eine Abhandlung, worinnen die Nichtigkeit und Ungerechtigkeit dieses Lehrgebäudes vor Augen gesetzet wird.*

(gg) Ein zweiter Teil der ***Chimäre des Gleichgewichts von Europa*** konnte nicht nachgewiesen werden. [4]

(hh) Das Beispiel der *Chimäre des Gleichgewichts* verdeutlicht, daß es unerläßlich ist, Justis Werke nach dem Original und nicht nach fremden Angaben zu zitieren. Andernfalls entsteht die Gefahr, daß über die Jahrhunderte "neue Bücher" entstehen. So kennt das "Gesamtverzeichnis des deutschsprachigen Schrifttums 1700 - 1910" [5] eine eigenständige Schrift >**"Staatskunst, erwiesen und aus den neuesten Weltbegebenheiten erläutert"**, 2 Theile, Altona: 1758<. Da der Titel sich nicht nachweisen läßt, handelt es sich um eine Verkürzung des unter (ff) angeführten Fehlzitats.

(ii) Eine Schrift **"Vollständige Bibliothek von Erziehung der Kinder"** ist bei *Meusel* (1806) [6] und *Roscher* (1868) [7] zitiert, nach Angaben *Frensdorffs* [8] aber trotz mehrfacher Ankündigung niemals erschienen. Zwar veröffentlicht Justi im Jahre 1746 in

---

1 A.a.O., Seite 55.
2 A.a.O., Seite 23.
3 *Dittrich*, "Kameralisten", Seite 134, und *Humpert*, Nr. 7484; auch der Meßkatalog der Ostermesse 1758, Seite 891, kennt unter der Abteilung der zu spät eingesandten, aber fertig gewordenen Bücher eine entsprechende -allerdings nicht zweiteilige- Schrift.
4 So aber *Dittrich* in "Kameralisten", Seite 134.
5 A.a.O., Band 71, Seite 152.
6 A.a.O., Seite 44.
7 *Roscher* (1868), Seite 82.
8 *Frensdorff* (1903), Seite 5; (1901), Seite 505: "...zum Glück nicht erschienen.".

seinen *Ergetzungen* [1] einen Aufsatz *Gedanken von den Fehlern der Kinderzucht*; eine Monographie Justis ist jedoch nicht nachzuweisen. Gegen ihre Existenz spricht die *Frensdorff* entgangene Tatsache, daß *Meusel*, auf den wohl auch *Roscher* zurückgreift, die von *Jöcher* (1787) [2] herrührende Datumsangabe "um 1748" wörtlich übernimmt. Auch *Jöcher* kann das Werk nur vom Hörensagen gekannt haben. Andernfalls hätte er es mit der genauen Jahresangabe versehen und nicht die unverbindliche Angabe "um 1748" gewählt. Zudem ergibt sich aus Justis Bericht in den *Moralischen und Philosophischen Schriften* [3], daß jedenfalls bis 1760 ein solches Werk nicht erschienen ist.

(b) Wiederaufgefundene Werke

(aa) *Frensdorff* entnahm dem Göttinger alphabetischen Katalog eine Schrift ***Gutachten von dem vernünftigen Zusammenhange und practischen Vortrage aller öconom. u. cameral. Wissenschaften,*** **(zusammen mit Justis Antrittsrede) hg. von D.E.v.K. (Leipz. 1754).** [4] Es blieb *Frensdorff* versagt, diesen Leitfaden zu Justis kameralistischen Übungen am Theresianum zu erhalten. Über ein Exemplar des Gutachtens verfügt die Württembergische Landesbibliothek in Stuttgart. [5]

(bb) Von Justi herausgegeben und mit einem Vorwort eingeleitet ist die anonyme Schrift ***Der teutsche Patriot in etlichen physicalischen Vorschlägen zum gemeinen Besten*** (Bayerische Staatsbibliothek).

(cc) Für das Jahr 1783 behauptet *Hirsching* (1797) [6] eine Übersetzung der *Vollständigen Abhandlung der Fabriken* durch einen "I.V.M." in das Holländische. Dabei handelt es sich um das Werk ***Volledige Verhandling***, übersetzt durch Jacob van Manen Adz.

---

1 A.a.O., Band 2, Seite 272 - 290.
2 A.a.O., Seite 29.
3 A.a.O., Seite 113.
4 *Frensdorff* (1903), Seite 27, FN 4.
5 *Auf höchsten Befehl erstattetes Gutachten.*
6 A.a.O., Seite 23.

(dd) Die Schrift ***Leben und Character des Grafens von Brühl*** besteht nach *Frensdorff* [1] nur aus den beiden Teile von 1760 und 1761. Tatsächlich existieren drei Teile mit einer solchen Titelbezeichnung (1760, 1761 und 1764). Der dritte Teil ist unter anderem in der Bayerischen Staatsbibliothek vorhanden.

(c) Justi als Autor anonym/unter Pseudonym veröffentlichter Schriften

(aa) Die mit zahlreichen Anmerkungen versehene **deutsche Übersetzung zum "Abriß der Staatsverfassung des Römischen Reiches Deutscher Nationen"** (Autor der lateinischen Fassung: *Bogislaus Phillip von Chemnitz*, das ist *Hippolithus a Lapide*) geht nicht auf Justi, sondern auf *Johann Phillip Carrach* zurück. Noch im ersten Band seiner "Litteratur des Teutschen Staatsrechts" (1776) behauptet *Pütter* Justi als Übersetzer. Im zweiten (1781) und dritten (1783) Band schließt sich *Pütter* -ohne Angabe von Gründen- der Auffassung an, daß nicht Justi, sondern *Carrach* der Übersetzer sei. [2] Da die Althusius-Bibliographie [3] keine Angaben zu ihrer Erkenntnisquelle macht und *Stolleis* [4] sich auf *Pütter* beruft, ist es erforderlich, einen Beweis (wenn schon nicht gegen die Übersetzung so doch zumindest) gegen eine Erstellung der Anmerkungen durch Justi anzuführen. Einen sichtbaren Widerspruch zwischen dem Autor der Anmerkungen und Justi bieten die jeweiligen Aussagen zum Majestätsbegriff. Während Justi die Majestät nicht auf die Macht eines Staates oder die Würde eines Regenten, sondern

> "... lediglich auf die Unabhänglichkeit und den freyen Gebrauch der vereinigten Kraft des Volkes..." [5]

bezieht, also unabhängig von jeder Regierungsform die Majestät stets dem Volk zuspricht, überträgt der Verfasser der Anmerkungen

---

1 *Frensdorff* (1903), Seite 74, FN 2.
2 *Pütter*, Band 1, Seite 213 und 479 f; Band 2, Seite 85 f; Band 3, Seite 46.
3 *Wyduckel*, Band 1, Nr. 5282.
4 *Stolleis* (1977), Seite 120 f, FN 14.
5 *Natur und Wesen*, § 45 (Seite 79).

zum "Abriß der Staatsverfassung" die Majestät in der Demokratie dem Volk, in der Aristokratie den Personen, welche die Regierungsgewalt ausüben, und in der Monarchie einem einzigen. [1] Zudem spricht der Verlagsort gegen eine Bearbeitung durch Justi.

(bb) Justi ist der Verfasser der unter dem Pseudonym *Anaxagoras von Occident* veröffentlichten Schrift ***Physicalische und Politische Betrachtungen über die Erzeugung des Menschen und Bevölkerung der Länder.*** *Frensdorff* kannte die Verweisung des British Museum Catalogue auf Justi. [2] Er gab jedoch vor, in der Schrift keine Anhaltspunkte finden zu können. [3] Als eindeutige Parallelen zu den übrigen Werken Justis haben sich ergeben: die Gegnerschaft zu *Wolff* (Seite 9), der Angriff gegen das System der Monaden (11 f), die Anführung *Ludwig des XIV* (53), die Forderung nach vollkommener Übereinstimmung von Religion, Gesetz und Sitten als Voraussetzung für die Glückseligkeit eines Staates (56), die Sorge um das Beste der "menschlichen Gesellschaften" (69), wohl auch der Begriff der politischen Freiheit (70), die Stellungnahme zu *Hobbes* (71), die Bestimmung der Faktoren für die Macht eines Staates (71 ff), der Souveränitätsbegriff (74), die Bezeichnung des gemeinschaftlichen Beistandes als den größten Vorteil der menschlichen Gesellschaften (75), die Beschreibung des Staates als ein moralisches Wesen (83), der Rückgriff auf "Natur und Wesen" der Dinge, um deren Endzweck zu erkennen (83), die Feststellung, daß die Natur eines Staates vornehmlich auf die Regierungsform ankomme (84) sowie verschiedene Merkmale der Regierungsformen (84 ff). *Frensdorff*, der bei der Untersuchung der Frage, ob Justi die Schrift *Leben und Character des Grafens von Brühl* zuzuschreiben sei, großes Geschick beweist [4] , muß diese Parallelen ebenfalls gesehen haben. Wenn *Frensdorff* dennoch vorgibt, keine sicheren Hinweise auf Justi finden zu können, so ist dies zeitbedingt. Der erste Teil der Schrift, eben die

---

1 *Hippolithus a Lapide*, Band 1, Seite 153 ff, Anmerkung Nr. 2.

2 British Museum catalogue of printed books 1881 - 1900. - Neudruck; London: Edwards, 1946; vol. 28, Spalte 225 - 227.

3 *Frensdorff* (1903), Seite 5, FN 1.

4 Siehe unten Seite 32.

physikalischen Betrachtungen über die Erzeugung des Menschen, hat in seiner Offenheit wohl nicht ganz den sittlichen Anforderungen jener Zeit entsprochen. [1]

(cc) Die Schrift ***Leben und Character des Grafens von Brühl*** (Teil 1 und 2) geht ebenfalls auf Justi zurück. Die Unsicherheit über den Autor entstand erst im 19. Jahrhundert. Das Werk wurde damals unter anderem dem Grammatiker *Johann Christian Adelung* und dem Historiker *Karl Renatus Hausen* zugesprochen. [2] Noch heute besteht keine Einigkeit über den Urheber der Schrift. [3] Daß Justi ihr Verfasser sein muß, ergibt sich aus den Übereinstimmungen mit dem *Grundriß einer guten Regierung* und *Natur und Wesen der Staaten*. *Frensdorff* hatte diese Beziehung nicht ausdrücklich erwähnt, erkennt aber als Kennzeichen der Autorenschaft Justis ...

> "... (die) Anführungen aus Montesquieu, das Lob der preußischen Könige Friedrich Wilhelms I. und Friedrichs des Großen, die Abneigung gegen die Ministrissimi, unter deren verwerflichste Eigenschaften das Absperrungssystem, dem sie den Regenten unterwerfen, besonders betont wird ...". [4]

Den deutlichsten Hinweis auf Justi hat *Frensdorff* an dieser Stelle übergangen. Nur am Rande, unter falscher Quellenangabe und die Bedeutung verkennend, verweist er auf die Erwägungen des Verfassers zum Erwachen der Grundgewalt im Falle *Brühls*. [5] In Teil 2, 18. Brief, Seite 150 - 153 [6], diskutiert Justi die möglichen Hilfsmittel gegen die despotische Herrschaft *Brühls*. Eine eindeutigere Verweisung auf *Natur und Wesen der Staaten* und den *Grundriß einer guten Regierung* hätte Justi nicht geben können. Der einzige Unterschied zu den beiden Werken besteht darin, daß Justi im *Leben und Character* seine bisher dem Abstrakten verhafteten Erkenntnisse erstmals auf die Tagespolitik bezieht.

---

1 Vgl. erg. oben Seite 8.
2 Nachweise bei *Frensdorff* (1903), Seite 74.
3 Vgl. *Dittrich* in "Kameralisten", Seite 135.
4 *Frensdorff* (1903), Seite 74 f.
5 *Frensdorff* (1903), Seite 118.
6 Siehe oben Seite 2.

Ob der nach dem Tode *Brühls* erschienene dritte Teil von Justi stammt, ist nicht mit letzter Sicherheit festzustellen. Der Band enthält lediglich Materialien zu *Brühl*. Es steht zu vermuten, daß Justi durch seine beiden ersten Werke in den Besitz der im dritten Teil abgedruckten Unterlagen kam, so daß deren Veröffentlichung auf ihn zurückgehen muß. [1]

(dd) *Koch* [2] nennt Justi als den Verfasser der **"Beyträge zu des Herrn Grafen von Brühls Leben"** (nach *Koch*: 1761). Anhaltspunkte für eine Urheberschaft Justis liegen jedoch nicht vor. Die Schrift birgt keine inhaltliche Übereinstimmung mit den von Justi zum Institut des Premierministers an anderen Stellen vertretenen Ansichten. Justi kritisiert im *Leben und Character des Grafens von Brühl* sogar den Inhalt der "Beyträge". [3] Entsprechungen zu den übrigen Werken Justis, wie sie im ersten und zweiten Band von *Leben und Character* zu finden sind, bleiben ebenfalls aus. Die hinter der Arbeit stehende persönliche Gegnerschaft [4], die überlangen Sätze, die komplizierte Ausdrucksweise, die vielen Fremdwörter, der Verweis auf den fingierten Verleger Peter Hammer, dies alles trägt nicht Justis Handschrift.

(ee) Nach *Koch* [5] gehen auf Justi die folgenden drei Schriften zurück:

-- **"Merkwürdige Unterredung im Reiche der Verstorbenen zwischen Sr. königlichen Hoheit Friedrich dem Dritten Churfürsten von Sachsen und Sr. Exzellenz dem Grafen Heinrich von Brühl"** (1764)

-- **"Merkwürdige Vertheydigung Seiner Exzellenz des Herrn Grafen von Brühl in einer Unterredung desselben mit Herrn Pitt"** (Frankfurt und Leipzig, 1762)

-- **"Zweites Gespräch im Reiche der Verstorbenen zwischen Sr. königlichen Hoheit Friedrich dem Dritten Churfürsten von Sachsen**

---

1 In Band 2, Seite 102 f, schreibt Justi, daß er viele Briefe erhalten habe. Da er teilweise im 2. Band aus dem im 3. Band veröffentlichten Material zitiert, wird wohl auch Band 3 Justis Werk sein (statt vieler Einzelangaben vgl. Teil 2, Seite 68 f, zu Teil 3, Seite 5 f).

2 *Koch* (1950), Anhang und Literaturverzeichnis, Seite II und III; (1973), Seite 64.

3 A.a.O., Teil 2, Seite 130 f.

4 Vgl. erg. oben Seite 1, FN 4.

5 Koch (1950), Anhang und Literaturverzeichnis, Seite II und III.

und Sr. Exzellenz dem Grafen Heinrich von Brühl nebst einem Raisonnement der Fee Pimpernelle" (Styxstadt, 1764).

Die erstgenannte Schrift war nicht erhältlich. Ob hinter den letztgenannten anonymen Schriften (vorhanden in Halle) tatsächlich Justi steht, kann dahingestellt bleiben. Gegenüber dem *Leben und Character des Grafens von Brühl* bieten sie keine hier relevanten Informationen.

(ff) Die Schrift ***Der enthüllte österreichische Schriftsteller*** geht als Fortsetzung der ebenfalls von ihm stammenden *Wohlgemeynten Vorschläge* auf Justi zurück. Nicht zuletzt die in ihr enthaltene Ankündigung, eine Arbeit über den Grafen *Brühl* zu verfassen, und die Schilderung des *Brühlschen* Taktierens verweisen auf Justi. [1]

(gg) Autor der ***Fabeln und Erzählungen*** (Auflage: 1700 Stück [2]) ist Justi. Die erste, allerdings ohne Begründung versehene Zuschrift findet sich bei *Pütter.* [3] Den Beweis für die Urheberschaft Justis liefert der Vergleich zwischen den *Fabeln* und einigen früher bzw. später erschienen Bearbeitungen der einzelnen Lesestücke. Die *Fabeln* sind teils ein wörtlicher Vorabdruck einiger erst im darauffolgenden Jahr unter Justis Namen erschienenen Teile aus den *Scherzhaften und Satyrischen Schriften* [4], den *Politischen und Finanzschriften* [5] und teils ein Nachdruck aus den *Göttingischen Policey-Amts Nachrichten* [6]. Einige der Artikel sind in den *Göttingischen Policey-Amts Nachrichten* gegenüber den *Fabeln und Erzählungen* im Text geändert. Da Justi diesen

---

1 *Der enthüllte österreichische Schriftsteller*, Seite 24 f, Anmerkungen (gg) und (hh).
2 A.a.O., Zueignungsschrift, Seite 3.
3 A.a.O., Seite 17.
4 Vgl. *Scherzhafte und Satyrische Schriften*, Band 3, 4. Abteilung, und Band 2, 3. Abteilung. Abweichungen bestehen nur an zwei Stellen: (1) in den *Fabeln*, Seite 81 (*Psammitichus*), findet sich zusätzlich eine Anmerkung, welche die Aktualität der Bedrohung des Gemeinwesens durch korrupte Minister betont, (2) auf Seite 114 der *Fabeln* wird in der Anmerkung eine Geldsumme in Hamburger Währung berechnet.
5 Vgl. Band 1, Seite 33 ff.
6 Vgl. die Erzählungen *Die gütigen und die strengen Väter* (Seite 397 - 403) und *Der Krieg der Bienen* (Seite 353 - 363) in den *Göttingischen Policey Amts-Nachrichten.*

geänderten Text in die oben genannten Sammelschriften übernahm, muß er der Autor der *Fabeln und Erzählungen* sein. Außerdem ist Justi in der Zueignungsschrift zu erkennen. [1] Schließlich bekennt der Autor auf Seite 148, an den Feldzügen der Jahre 1741/1742 in Böhmen und Mähren teilgenommen zu haben.

(d) Sonstiges

(aa) Das **"Compendium der systematischen Abhandlungen aller Ökonomischen und Cameral-Wissenschaften von Justi"**, verfaßt von *A. Lüber* (oder: *A. Luber*), Landsberg: 1804 [2], war nicht zu beschaffen. Das Werk ist im Katalog der Bayerischen Staatsbibliothek verzeichnet, aber nicht mehr im Bestand.

(bb) Noch immer wird übersehen [3], daß die ersten beiden Bände der **"Deutschen Memoires"** nicht Justis Werk sind und er in der zweiten Auflage nur "die Ausbesserungen besorgte" [4]. Außerdem haben die "Deutschen Memoires" bereits in ihrer zweiten Auflage von 1750 einen "Dritten Theil". Bislang wurde in bibliographischen Zusammenstellungen zum Kameralismus und zu Justi stillschweigend davon ausgegangen, daß der "Dritte Theil" erst der Ausgabe Wien, 1761 hinzugefügt wurde. Aus dem Wiederabdruck der auf den 19. bzw. 20. Oktober 1750 datierten Zueignungsschrift und Vorrede in der Auflage von 1761 geht hervor, daß es den dritten Teil früher gegeben haben muß. [5] Eine Vordatierung ist nicht anzunehmen; denn nach seinen eigenen Aussagen stand Justi mit seinem Wiener Verleger nicht in Korrespondenz und erhielt erst durch die Meßkataloge Nachricht von der Neuauflage 1761. [6] Schließlich konnten diese Vermutungen durch ein bei der Studien-

---

1 Vgl. Seite VII, Zeile 6 - 14 der Zueignungsschrift.

2 *Bibliographie der Kameralwissenschaften* (*Humpert*), Nr. 850.

3 Statt vieler: *Koch* (1950), Seite 68 f.

4 *Vermischte Anmerkungen*, Zueignungsschrift, Seite 3; *Politische- und Finanzschriften*, Band 1, Vorrede, Seite 3; *Deutsche Memoires*, 2. Auflage, Teil 1, Vorrede. Daß die ersten beiden Bände nicht von Justi verfaßt sind, ergibt sich insbesondere aus den lateinischen Formulierungen in den Artikeln der ersten Auflage. Außerdem befleißigt sich Justi einer zum Teil heftigen Kritik an den Autoren der Vorauflage (vgl. in der 2. Auflage , 1. Buch, Seite 36 und 2. Buch Seite 36).

5 Vgl. erg., Vorrede, erster vollständiger Satz auf Seite 4 mit letztem Satz auf Seite 12.

6 *Gesammlete Politische- und Finanzschriften*, Vorrede, Seite 2 und 4.

bibliothek Dillingen vorhandenes Exemplar des dritten Teils, gedruckt 1751 bei Johann Paul Krauß in Wien, bestätigt werden.

(cc) Nicht erhältlich waren die Justi zugeschriebenen Schriften "Die Rechnung ohne Wirth, oder das eroberte Sachsen" und "Der hinkende Bothe oder die aufgehobene Belagerung von Neisse - ein Trauerspiel von drey Aufzügen".

2 JUSTIS WISSENSCHAFTSBEGRIFF, SYSTEMATIK UND VORTRAG DER WISSENSCHAFTEN

2.1 Wissenschaftsbegriff und wissenschaftliche Methode

In der Einladung zu seiner Antrittsrede am Theresianum (1750) gibt Justi eine Definition der Wissenschaft, auf die er in seinen späteren Arbeiten immer wieder zurückgreifen wird. Die Wissenschaft besteht, so schreibt Justi, "aus nichts als einer Reihe von wahren Schlüssen, die aus einem einzigen Hauptsatz zum Nutzen der menschlichen Gesellschaft gezogen werden". [1] Diese eindeutige Begriffsbestimmung Justis wurde bislang übergangen.

Nach *Rath* [2] macht Justi den Unterschied zwischen Wissenschaft und bloßer Spekulation an der richtigen Bestimmung des Staatsbegriffes fest. Als Beleg zitiert er aus der Vorrede zur *Staatswirtschaft*, Seite XIV:

> ">Zuweilen, wenn auch der Lehrer einige Erkenntniß hierinnen (das heißt den ökonomischen Wissenschaften R) hat, und seinem Lehramte eine Genüge leisten will; so ist er zwar fleißig und plündert alles zusammen, was er nur in den Schriften von den Cameral- und ökonomischen Sachen findet; allein es fehlet ihm ein philosophischer Kopf, und mithin die Einsicht in das Ganze, die Gabe des Zusammenhanges und guter Abtheilungen, die Absonderung der nothwendigen und nützlichen Lehren, von den entbehrlichen und denjenigen, die zu einem besonderen Collegio gehöreten< ... Diese kritische Sicherung des Ansatzes hat für Justi nicht bloß eine formale, sie hat auch eine inhaltliche Bedeutung. Wird doch allein dadurch die >Einsicht in das Ganze< gesichert. Dieses Ganze, auf das die ökonomischen wie Kameralwissenschaften bezogen sind, ist der Staat. ... In der richtigen und umfassenden Bestimmung dieses Begriffes sieht Justi überhaupt den Unterschied zwischen der Wissenschaft und bloßer Spekulation."

Indessen ist aus dieser Forderung Justis nach einer Systematik ein bestimmter Inhalt oder Zweck der Wissenschaft nicht abzu-

---

1 *Abhandlung von dem Zusammenhang der Vollkommenheit der Sprache*, § 1.
2 *Rath*, Seite 79 f.

leiten. Außerdem findet sich in der Argumentation *Raths* der Bruch, von dem Staat als dem Anwendungsobjekt der Kameral- und Ökonomischen Wissenschaften auf die Definition der Wissenschaft schließen zu wollen. Zudem hat Justi in seinen Schriften niemals den Staat als das grundlegende Untersuchungsobjekt der Wissenschaft und die staatliche Gesellschaft (sondern in der Regel ausschließlich die menschliche Gesellschaft) als Bezugssubjekt des Nutzens bezeichnet. [1]

Ebenfalls aus Justis Vorrede zur *Staatswirtschaft* [2] vertritt *Dittrich* [3] die These, daß für Justi erst der Begriff des Staates den Wissenschaften ihren eigentlichen Zweck und ihre Würde verleihe. Doch auch hier demonstriert Justi am Beispiel der aus dem Wesen der Republik zu gewinnenden besten Einrichtung der Ökonomischen-, Policey- und Cameralverfassungen lediglich die formalen Anforderungen an die Wissenschaften: aus einem einzigen Hauptgrundsatz (hier: dem Wesen der Republiken) durch eine Reihe von wahren Schlüssen neue Erkenntnisse (hier: die beste Einrichtung der Ökonomischen-, Policey- und Cameralverfassungen) zum Nutzen der menschlichen Gesellschaft zu gewinnen.

Die These von der inhaltlichen Vorbelastung des Staatsbegriffs durch Justis Wissenschaftsdefinition ist mithin nicht zu belegen. Mit Ausnahme des Merkmals des Nutzens für die menschliche Gesellschaft ist Justis Wissenschaftsbegriff nicht auf bestimmte Inhalte ausgerichtet. Es steht deshalb nicht zu befürchten, daß ein durch den Wissenschaftsbegriff bestimmtes inhaltliches Vorverständnis Justis Staatsdefinition und -aufbau beeinflußt.

---

1 *Physicalische und Politische Betrachtungen*, Seite 69; *Abhandlung von dem Zusammenhang der Vollkommenheit der Sprache*, Anmerkung zu § 1, sowie die §§ 2, 16 und 18; *Von dem Nutzen der Academien der Wissenschaften* (*Politische und Finanzschriften*, Band 2, Seite 125); ausdrückliche Trennung von menschlicher Gesellschaft und Republik in *Die Lust, Schaden zu thun* (*Moralische und Philosophische Schriften*, Band 2, Seite 149); vgl. erg. *Fortgesetzte Bemühungen*, Erstes Stück, Seite 8 der Vorrede; *Schauplatz der Künste*, Band 1, Vorbericht des deutschen Herausgebers, Seite 8; *Das entdeckte Geheimnis*, Seite 2 der Vorrede; abweichend jedoch in *Vollständige Abhandlung*, Seite 40: "... die Wissenschaften überhaupt den Endzweck haben, die menschliche Erkenntniß zu erweitern und den Nutzen der Republik zu befördern ...". Der Widerspruch zur letztgenannten Quelle erklärt sich aus der nur beiläufigen Bestimmung des Endzwecks.

2 A.a.O., Seite XXVI.

3 *Dittrich*, Seite 104.

Vielmehr umschreibt Justis Wissenschaftsbegriff einen methodischen Ansatz.

Justi versucht, seine Erkenntnisse aus einer nicht zu bezweifelnden Grundwahrheit, einem einzigen Punkt höchster Gewißheit, in einer Reihe logischer Schlüsse abzuleiten. Diese "mathematische" Beweisführung verbindet ihn mit *Descartes*, *Pufendorf* [1], *Leibniz* [2] und *Wolff* [3]. Dabei wird *Wolff* zum direktem Vorbild. Trotz aller inhaltlicher Distanz versäumt es Justi nicht, *Wolff* für seine "Schlüsse" zu loben. [4] Allerdings endet hier die -bislang umfassender gesehene [5]- methodische Parallele zu *Wolff*. Im Aufsatz *Von den unnützen Bemühungen einiger Gelehrter* verwirft Justi mit unzweifelhaft auf *Wolff* abzielenden Worten dessen übersystematisierende Arbeitsweise und "Demonstriersucht" [6]:

> "Er bewaffnet sich bey den allergeringsten Dingen von oben bis unten mit einer Menge Distinctionen und Divisionen, daß ... keine feindlichen Pfeile an ihm haften können; er verdient ... dadurch den Namen eines unnützen Gelehrten." [7]

Montesquieu, mit dem sich Justi in seinen staatsrechtlichen

---

1 Nach *Bachmann* (Seite 26) hat als erster *Pufendorf* die gesamte, im wesentlichen von *Grotius* kommende Naturrechtslehre auf mathematische oder demonstrative Weise bearbeitet.

2 Dagegen aber Justi (*Nichtigkeit aller Einwürfe und unhöflichen Anfälle wider meine Preißschrift von denen Monaden*, Vorbericht, in: *Moralische und Philosophische Schriften*, Band 3, Seite 210): "Auf allen Blättern fällt der Mangel der Ordnung der Schlüsse ... nur allzusehr in die Augen. Man lese nur den 2ten § .... Das heißt mit Autorität gesprochen, aber nicht geschlossen.".

3 *Sommer*, Seite 180 - 188; ausführlich zur Methode *Wolffs*: *Bachmann*, Seite 57 -72. Gegen die Schülerschaft Justis in bezug auf *Wolff*: *Dreitzel*, Seite 161: Der Leser dürfe sich durch Justis ständiges Bestreben nach systematischer Gliederung und nach Betonung des Gesamtzusammenhanges nicht über dessen aphoristische Arbeitsweise täuschen lassen. Unklar bleibt auch, wie *Dreitzel* (Seite 167) zu dem Ergebnis gelangt, Justis Methode der Staatslehre, eben die Frage nach der Natur der Sache, sei eine Untersuchung "sozialer Prozesse und Zweckmässigkeiten" (zu dieser These siehe unten Seite 81).

4 *Nichtigkeit aller Einwürfe und unhöflichen Anfälle wider meine Preißschrift von denen Monaden*, Vorbericht (*Moralische und Philosophische Schriften*, Band 3, Seite 210).

5 *Becher*, Seite 79: "Von der Philosophie Christian Wolffs stark beeinflußt, übernimmt er dessen methodologisches Instrumentarium, indem er, stets von allgemeinen Prinzipien ausgehend, den Gegenstand seiner Erörterungen deduzierend bestimmt und daraus die Grundsätze konkreter politischer Maßnahmen ableitet.".

6 *Staatswirtschaft*, Band 1, § 1 (Seite 30).

7 *Von den unnützen Bemühungen einiger Gelehrter* (*Moralische und Philosophische Schriften*, Band 2, Seite 57 f).

Schriften häufig auseinandersetzt, ist sein "ausgeprägter Widerpart in der Methode" [1]. Im Gegensatz zu *Montesquieu* wählt Justi nicht den Weg der Sammlung einzelner mehr oder minder willkürlich ausgewählter "rapports" (Bezüge) und deren fortschreitender Vernetzung. [2] Justi versucht, die Erkenntnisse in mathematischer Methode aus einem Punkt höchster Gewißheit in vernünftigen Schlüssen abzuleiten. Dadurch bedingt dient Justi die konkrete geschichtliche Erfahrung nur als Illustration für seine, wie er selbst betont, "auseinander abgeleiteten Wahrheiten" [3], nicht aber als das eigentliche Ausgangs- oder Beweismaterial für die Untersuchung. So genügt es Justi beispielsweise nicht, die These vom Automatismus des Machtmißbrauchs als "ewige Erfahrung" anzuerkennen ("Esprit", Buch 11, Kapitel 4). Bei Justi findet diese These, als deren Urheber er ausdrücklich auf *Montesquieu* verweist, ihre rationale Ableitung aus dem "Punkt höchster Gewißheit", der Natur des Menschen (*Grundriß*, §§ 172 - 175). Seine Arbeitsmethode bildet damit den Gegenpol zum Vorgehen des Verfassers des "Esprit". Konsequent bezieht sich Justis Kritik am "Esprit" in erster Linie auf *Montesquieus* vorgeblich unsystematische Untersuchungsweise:

> "Ich habe allemal den Esprit des Loix des Herrn von Montesquieu vor ... ein sehr vortreffliches Werk gehalten. Allein ich habe auch allemal dabey bedauret, daß dieser berühmte Mann ... das wahre Wesen und die Natur der Staaten nicht dergestalt zum Grunde gelegt hat, als es ein Werk dieser Art ... erforderte. Dadurch ist es geschehen, daß sein Werk von denen Gesetzen gleich in den ersten Quellen unrichtig geworden ist, welches ihn dann in der Folge natürlicher Weise zu vielen falschen Sätzen und Schlüssen hat verleiten müsen." [4]

---

1 *Sommer*, Seite 185.

2 *Montesquieus* Denken in "rapports" kommt schon im vollständigen Titel seines "Esprit" zum Ausdruck: "De l'Esprit des Loix ou du rapport que les loix doivent avoir avec la constitution de chaque gouvernement, les moeurs, le climat, la religion, le commerce, &c."; vgl. desweiteren das Vorwort zum "Esprit" sowie die einzelnen Überschriften der Bücher und Kapitel, z.B. Buch 1, Kapitel 1: "Des lois dans le rapport qu'elles ont avec les divers êtres" und Buch 11: "Des lois qui forment la liberté politique dans son rapport avec la constitution"; zu *Montesquieus* Denken in "rapports" vgl. *Weigand*, Seite 27.

3 *Staatswirtschaft*, Band 1, § 1 (Seite 30).

4 *Natur und Wesen*, Vorbericht des Verfassers, Seite XXV; ähnlich in *Grundfeste*, § 118, und § 421 (Seite 491) sowie in *Natur und Wesen*, § 107 (Seite 245).

2.2 Systematik der Wissenschaften

Justi ist der große Systematiker und Vollender des Kameralismus. [1] Er wird nicht müde, den Wert einer systematischen Einordnung aller Wissenschaftszweige zu betonen:

> "Es gehöret zu der Vollkommenheit der Wissenschaften, daß sie wohl von einander abgesondert und die Gränzen einer jeden bestimmet werden; und selbst die Erkenntnis in einer Wissenschaft kann allemal nur unvollkommen seyn, wenn man dieselbe in ihrem gesamten Umfange und allen darzu gehörigen Theilen nicht genugsam übersiehet; ... ." [2]

Als erster Kameralist sucht er nach dem Fundament, auf dem alle Einzeldisziplinen der Regierungswissenschaften ruhen und entwirft ein Gesamtsystem der Staatswissenschaften. [3] *Sonnenfels* schreibt, daß Justi der erste gewesen sei, der die Staatswissenschaft mit allen ihren untergeordneten Wissenschaften zu einem allgemeinen Grundsatz zurückgeführt habe. [4]

Die Regierungswissenschaften beruhen nach Justi auf der "Grundwissenschaft aller Ökonomischen- und Cameralwissenschaften", der "politischen Metaphysik aller Regierungs-Wissenschaften". [5] Ihr sind *Natur und Wesen der Staaten* und der *Grundriß einer guten Regierung* gewidmet. Zu dieser Grundwissenschaft zählen im wesentlichen die Lehren von der Rechtfertigung und den Entstehungsmodellen des Staates sowie die Lehre über die Mäßigung der staatlichen Macht.

Die Hauptzweige der Regierungswissenschaften sind aus den beiden

---

1 So zuerst *Tautscher* (1956), Seite 411; übernommen u.a. von *Dittrich* in "Kameralisten", Seite 103. Einen zusammenfassenden Überblick zum Kameralismus als einer umfassenden Wirtschaftstheorie sowie zur diesbezüglichen Rolle Justis geben *Dittrich* "Kameralisten" (1974) und *Würtenberger* (1985), Seite 455 - 457.

2 *Grundsätze der Policeywissenschaft*, 1. Ausgabe, Vorrede, 5. Seite; ähnlich in *Grundfeste*, Band 1, Vorrede, Seite 5 und 8.

3 Statt vieler: *Stollberg-Rilinger*, Seite 80.

4 *Sonnenfels*, 2. Auflage (1768), Seite 20; beibehalten in 7. Auflage (1804), Seite 23; gegen diese These, ohne Belege, *Bob*, Seite 115 f: Justi habe nicht die Staatswissenschaften, sondern die Staatswirtschaft auf allgemeine Grundsätze zurückgeführt.

5 *Natur und Wesen*, Vorbericht des Verfassers, Seite XXIV.

Hauptaufgaben des Staates (Erhaltung und Vermehrung sowie weiser Gebrauch und Bewirtschaftung des Staatsvermögens) abzuleiten. [1] Die beiden Hauptzweige aller zur Regierung eines Staates erforderlichen Wissenschaften sind (1) die Staatskunst (oder Politik), die Policey- und die Commercienwissenschaft sowie (private) Öconomie (oder: Haushaltungskunst) und (2) die eigentliche Cameral- oder Finanzwissenschaft. [2]

(a) Policeywissenschaft [3]

Die Policeywissenschaft hat Justi -darin wurde schon immer sein großes Verdienst gesehen [4]- von den anderen kameralistischen Disziplinen getrennt. Justis Policey beschäftigt sich damit, die "Wohlfahrt der einzelnen Familien mit dem gemeinschaftlichen Besten beständig in eine genaue Übereinstimmung zu halten" [5]. Aus dieser Bestimmung wird der Titel seiner Schrift *Die Grundfeste zu der Macht und Glückseligkeit der Staaten oder ausführliche Vorstellung der gesamten Policeywissenschaft* verständlich. Es ist eben die Grundfeste des Staates und der Inhalt der Policeywissenschaft, die Wohlfahrt der einzelnen Familien mit dem gemeinschaftlichen Besten in Übereinstimmung zu bringen. [6]

(b) Staatskunst (Politik [7])

Der Beschäftigungsgegenstand der Staatskunst wird in der Abgrenzung vom Inhalt der Policeywissenschaft am deutlichsten. Außer der Übereinstimmung der Wohlfahrt der einzelnen Familien mit dem gemeinschaftlichen Besten (Regelungsgegenstand der Policeywissenschaft) muß nach Justi jede bürgerliche Gesellschaft

---

1 *Staatswirtschaft*, § 25 (Seite 59); *System des Finanzwesens*, § 8 (Seite 3).

2 *Staatswirtschaft*, Band 1, § 25 (Seite 59 f). Wenig überzeugend ist *Sommers* Einordnung der Ökonomie in die zweite Gruppe der Wissenschaften (*Sommer*, Seite 176 f, 177, FN 2).

3 Zu Justi als Policeywissenschaftler: *Stolleis* (1988).

4 Statt vieler: *Bob*, Seite 182, und *Dittrich*, Seite 104; Justi betont den Wert seiner Unterscheidung in *Grundsätze der Policeywissenschaft*, Seite 2 der Vorrede zur ersten Ausgabe.

5 *Grundfeste*, Band 1, Vorrede, Seite 6, und Einleitung, §§ 2 und 3 (Seite 4 f).

6 *Grundfeste*, Band 1, Vorrede, Seite 3 f, und Einleitung, § 6 (Seite 7).

7 *Grundfeste*, Band 1, Vorrede, Seite 7.

"... eine gute Ordnung und Zusammenhang in allen ihren Theilen haben; nämlich die ... die Regierenden und Gehorchenden, müssen in ... gerechten Verhältniß gegen einander stehen." [1].

Die Gestaltung dieses inneren Verhältnisses sowie die Beziehung zu anderen Staaten, rechnet Justi zur Staatskunst. [2]

Hat Justi auch den Policeybegriff von der Staatskunst geschieden, worin er das Abgrenzungskriterium der Staatskunst zu seiner in *Natur und Wesen* neu eingeführten "Grundwissenschaft aller Regierungswissenschaften" oder "politischen Metaphysik" sieht, wird nicht hinreichend geklärt. [3] Die politische Metaphysik ist insofern weiter, als sie zusätzlich die Rechtfertigung und die Entstehungsmodelle des Staates umfaßt. Im übrigen bereitet sie nach *Natur und Wesen* [4] gerade die Grundlage der Staatskunst. Sicher ist deshalb, daß die politische Metaphysik keineswegs ein "Zusammenschluß der Staatskunst, Policey- und aller Regierungswissenschaften zu einer neuen Grundwissenschaft" [5], sondern die Grundwissenschaft sämtlicher Spezialgebiete ist.

(c) **Commercienwissenschaft** [6]

Die Commercienwissenschaft besteht aus zwei Einzeldisziplinen: der Commercienwissenschaft des Kaufmannes und der Staatscommercienwissenschaft. Letztere beschäftigt sich mit der Frage, "wie die Commercien in einem Land zu gründen und in einem blühenden Zustand zu halten sind". Die Staatscommercienwissenschaft sei im

---

1 *Grundfeste*, Band 1, Vorrede, Seite 7.

2 *Grundfeste*, Band 1, Vorrede, Seite 7 f; *Staatswirtschaft*, Band 1, § 26 (Seite 60); in den *Deutschen Memoires* (Band 3, Seite 6) war für Justi der Inhalt der Politik (oder: Staatsklugheit) noch allein die Erhaltung der äußeren Sicherheit.

3 Während er in *Natur und Wesen* (1760), Vorbericht des Verfassers, Seite XXII, die Staatskunst als ein Spezialgebiet der Regierungswissenschaften begreift, betont er in der *Grundfeste* (1762), Vorrede, Seite 8, daß doch "der Zusammenhang des Ganzen allemal vor die Staatskunst gehöre". Zusätzlich verwirrend: in den *Deutschen Memoires*, Vorrede, Seite 10, stellt Justi fest, daß die Grundlehre aller auf den Staat bezogenen Wissenschaften die Staatsklugheit (die er jedoch a.a.O., Seite 6, mit der Politik gleichsetzt) sei.

4 Siehe oben FN 3.

5 So aber *Stolleis* (1988), Seite 295.

6 *Staatswirtschaft*, Band 1, § 28 (Seite 61).

Grunde genommen eine "untergeartete Wissenschaft der Policey". [1]

(d) Haushaltungskunst [2]

Die Wirtschaft der Privatpersonen ist Gegenstand der Ökonomie oder Haushaltungskunst.

(e) Eigentliche Kameral- oder Finanzwissenschaft

Die eigentliche Kameral- oder Finanzwissenschaft umfaßt die Lehren von der Erhebung der Staatseinnahmen und der Verwendung bzw. Verwertung des Staatsvermögens. [3]

(f) Notwendige, nützliche und ergötzliche Wissenschaften

In seinem übergeordneten System unterscheidet Justi (im Anschluß an *Wolff*) zwischen notwendigen, nützlichen und ergötzlichen Wissenschaften. [4] Notwendig sind diejenigen Wissenschaften, welche "zu dem bürgerlichen Leben und zu Ausübung unserer vollkommenen Pflichten dienen" (z.B. die Staatswissenschaften). Nützliche Wissenschaften "leisten uns Dienste in Ansehung unseres natürlichen Zustandes und zu Erfüllung unserer unvollkommenen Pflichten" (z.B. die Naturkunde und der größte Teil der philosophischen Fächer). Die ergötzlichen Wissenschaften "haben mit unseren Pflichten kein Verhältnis und beschäftigen uns bloß als denkende Wesen" (z.B.: die Altertümer, die Literatur, die freien Künste).

2.3 Besonderheiten des schriftlichen Vortrags

Justis schriftlicher Vortrag ist durch einige bislang nicht hinreichend beachtete Besonderheiten gekennzeichnet: die

---

1 Eine Erklärung für die Anführung einer besondern Wissenschaftsgruppe der Commercienwissenschaft gibt *Marchet*, Seite 320. Die Commercienwissenschaft sei von Justi nur deshalb gesondert behandelt worden, weil man damals dem Handel eine außergewöhnliche Bedeutung beilegte.
2 *Staatswirtschaft*, Band 1, § 29 (Seite 61 f).
3 *Marchet*, Seite 322.
4 *Staatswirtschaft*, Vorrede, Seite XVI - XX.

Korrektur der alten Texte durch Fußnoten bei Neuauflagen, die mehrfache Verwendung gleicher oder ähnlich lautender Texte und die ausgeprägte Zitierunwilligkeit.

(a) Korrektur durch Fußnoten bei Neuauflagen

Zu Mißverständnissen führte Justis Idee, bei Neuauflagen in der Regel nicht den fließenden Text der Vorauflage zu korrigieren, sondern die neue Ausgabe mit zusätzlichen Fußnoten zu versehen. Durch den Kauf der als Sonderdruck erhältlichen Anmerkungen sollten die Besitzer früherer Ausgaben am neuesten Meinungsstand Justis teilhaben. [1] Dieses Verfahren erzeugt keineswegs "besonders widersprüchliche Ergebnisse" [2]; denn bei sich widersprechenden Aussagen in Neuauflagen gilt allein der neue Fußnotentext.

(b) Mehrfache Verwendung gleich oder ähnlich lautender Texte

Die Wiederabdrucke bereits veröffentlichter Texte Justis stimmen teils wörtlich mit der Erstfassung überein, teils wurden sie korrigiert und mit Zusätzen versehen. Nicht in jedem Falle sind die Neuveröffentlichung auf den Stand der grundlegenden Werke *Grundriß* und *Natur und Wesen* gebracht. [3] So wurden seit dem 19. Jahrhundert die Vorwürfe der Buchmacherei [4] und des schamlosen Plagiierens [5] nicht ohne Anlaß erhoben.

Daß Justi Texte mehrfach verwendete, ist nicht zu leugnen. Allerdings wird der Umfang der mehrmaligen Verwertung bisweilen nicht im treffenden Verhältnis gesehen. So schreibt *Klein* [6],das

---

1 *Staatswirtschaft*, 2. Auflage, Band 1, Vorbericht zur neuen Ausgabe, Seite 5.
2 *Dreitzel*, Seite 161.
3 Beispiel: Begriff der Despotie in *Natur und Wesen* und im *Grundriß* (hierzu siehe unten Seite 209 f) gegenüber dem Aufsatz *Abhandlung von der Anordnung und dem Gleichgewichte der Hauptzweige der obersten Gewalt, worauf die Glückseligkeit und Freyheit des Staats hauptsächlich ankömmt* (Erstveröffentlichung in *Gesammelte Politische und Finanzschriften*, Band 1, Seite 8; Zweitveröffentlichung in *Neue Wahrheiten*, 12. Stück, Seite 710).
4 *Roscher*, Seite 84.
5 *Dreitzel*, Seite 161.
6 *Klein*, Seite 146.

System des Finanzwesens sei im ersten Teil eine wörtliche Abschrift aus *Natur und Wesen*. In dieselbe Richtung zielt der Einwurf von *Dreitzel* [1], Justis Arbeitsweise habe in einem Verfahren der Ausweitung und Anreicherung zunächst knapp formulierter Texte bestanden. Zum Beweis seiner These führt *Dreitzel* den Vergleich dreier Bücher Justis an. Während Justi im *Kurzen systematischen Grundriß aller Ökonomischen und Kameralwissenschaften* der Staatslehre vier von insgesamt 141 Seiten einräume, gewähre er dieser Materie in dem 1350 Seiten umfassenden *Staatswirtschaft* 18 Seiten und liefere vier Jahre später mit *Natur und Wesen* eine selbständige 600-seitige Abhandlung. Abgesehen von den problematischen Zahlenangaben ist zutreffend, daß Justi in seinen frühen Schriften die Staatslehre kaum berührt und ihr in *Natur und Wesen* ein eigenständiges Werk widmet. Nur ist, was als Problem der Methode und Arbeitstechnik gesehen wird, in Wirklichkeit ein solches der inhaltlichen Weiterentwicklung.

(c) Zitierunwilligkeit

Justi zitiert selten. Er sieht sich als dogmatischer Schriftsteller:

> "Ich habe auch in diesem Buche meiner einmal angenommenen Gewohnheit gefolget, nämlich, daß ich keine Schriftsteller anführe, die vor mir von eben dieser Sache geschrieben haben. Ein dogmatischer Schriftssteller muß die Wahrheit überzeugend vortragen; und wenn er dieses leistet; so bedarf es keines Ansehens älterer Scribenten. Dergleichen Citationen schmecken meines Erachtens ein wenig nach Pedanterey, wenn es nicht historische Nachrichten anbetrift, oder wenn nicht die Widerlegung und andere besondere Umstände die Anführung nothwendig machen." [2]

Dabei nimmt Justi nicht jeden vermeintlichen Fehler zum Anlaß einer Kritik. Ein Irrtum mußte erheblich sein, um in seinen Schriften besprochen zu werden:

> "Allein, wenn man sich in vielen andern Wissenschaften, wo

1 *Dreitzel*, Seite 161.
2 *Grundsätze der Policeywissenschaft* (1756), Vorrede zur ersten Auflage, letzte Seite.

> es bloß auf Vernunftschlüsse ankommt, begnügen kann, seine Gedanken gründlich zu erweisen, ohne die Irrthümer seiner Vorgänger anzuzeigen; ... ." [1]

Vor diesem Hintergrund wird die Bedeutung *Montesquieus*, dem am häufigsten zitierten Autor, für Justis staatsrechtliches Gesamtwerk besonders deutlich. Andere Autoren, insbesondere *Wolff*, werden seltener erwähnt.

1 *Grundriß des gesamten Mineralreiches*, Vorbericht, Seite 5.

3 STAATSTHEORETISCHE ARBEITEN

3.1 Werke Justis

Zur Beschreibung der staatstheoretischen Vorstellungen Justis wurde bisher hauptsächlich auf seine bekanntesten Werke (*Staatswirtschaft* und *Natur und Wesen*) zurückgegriffen. Daneben trat verschiedentlich der Versuch, aus einem einzigen Werk (der *Grundfeste* [1] oder den *Vergleichungen* [2]) Teile seiner Staatstheorie verbindlich zu erfassen. Das Scheitern dieser Bemühungen liegt zum einen darin begründet, daß Justi seine Theorie ständig weiterentwickelt. Jedes Werk kann nur einen momentanen Erkenntnisstand widerspiegeln. Zum anderen wird übersehen, daß Justi aufgrund der Rezeptionsunwilligkeit bzw. -unfähigkeit seiner Zeit gezwungen war, für zwei in ihren geistigen Voraussetzungen verschiedene Zeiträume zu schreiben. [3] Sollte die Arbeit zu seinen Lebzeiten Früchte tragen, so mußte er bemüht sein, ein System der Machtmäßigung für die historischen Umstände der Mitte des 18. Jahrhunderts zu entwickeln. Da in Justis Augen die damaligen Machthaber fast ausnahmslos Willkürherrscher waren [4], erforderte dieses Unterfangen ein inhaltliches Entgegenkommen.

---

1 *Schmelzeisen*, 1957 und 1977.

2 *Vierhaus* (1965), Seite 425 f; hierzu unten Seite 246 - 252.

3 Von Justi selbst angedeutet durch die Eingangszitate in der Einleitung zur vorliegenden Arbeit; zur Rezeptionsunfähigkeit und -unwilligkeit seiner Zeit siehe unten Seite 57 - 71 und Seite 292 - 294. *Small* (Seite 394) war der erste, der sich differenzierend mit der Problematik vordergründig widersprüchlicher Aussagen in Justis Werk befaßte. Es war ihm jedoch nicht gelungen, den Grund für die einerseits zukunftsweisende, andererseits den historischen Umständen Rechnung tragende Geisteshaltung Justis zu finden. Was in Wirklichkeit ein Problem verschiedener Zeitbezüge in den Aussagen Justis ist, faßt *Small* als ein solches scharf ausgegrenzter Themenbereiche: "It would be easy to cull out of Justi's books sentences from which we might interfer that he was, in the last analysis, a full-fledged democrat. Such an inference, however, would be as unwarrented as the contrary conclusion that he manifested no democratic opinions or sympathies. The plain fact is that his thinking had, so to speak, special apartments for as many different orders of opinions, which would have treated one another roughly if they had met face to face. Occupying seperate quarters they could ignore actual incompatibilities.". Die Verkennung der Zeitbezüge in Justis Schriften wird bei *Small* noch an anderer Stelle deutlich (a.a.O., Seite 428): "He was evidently not aware that he was trying to stand with one foot in the clouds and one on the earth.".

4 *Die Kriege der Bienen* (*Fabeln und Erzählungen*, Seite 60 - 62); vgl. erg. unten Seite 55, und zu *Brühl* oben Seite 1 - 3.

Teils handelte es sich dabei um Lippenbekenntnisse [1], teils um auf Realisierung abzielende Zugeständnisse. Der zweite Zeitraum, für den Justi schrieb, war die "Nachwelt" [2]. Um die Aussagen in seinen Schriften werten zu können, ist dieses doppelte Spannungsverhältnis innerhalb des Werkes Justis zu beachten. Mithin ist vorab der Stellenwert der wichtigsten Einzelschriften im Gesamtwerk zu klären.

(a) *Natur und Wesen der Staaten* (1760 [3])

Nach Angabe Justis bildet *Natur und Wesen der Staaten* das Fundament aller anderen den Staat betreffenden Schriften und beinhaltet die "Grundwissenschaft aller Ökonomischen- und Cameralwissenschaften, eine Art von einer politischen Metaphysik für alle Regierungswissenschaften" [4]. Es sei kein Zweifel, daß sich alle diese Wissenschaften auf das Wesen und die Natur des Staates gründen und allein aus dieser Quelle geschöpft werden könnten. [5]

Diese Einschätzung Justis über den Stellenwert von *Natur und Wesen* im Gesamtwerk wird in der Literatur nicht geteilt. *Dittrich* [6]

---

1 Aus Anlaß des Wiederabdrucks der 1747 veröffentlichten Schrift *Beweiß, daß die Universalmonarchie vor die Wohlfahrt von Europa und überhaupt des menschlichen Geschlechts die größte Glückseligkeit wirken würde* (Wiederabdruck in *Gesammelte Politische und Finanzschriften*, Band 2, Seite 235 - 300), schreibt Justi (a.a.O., Anmerkung auf Seite 235 - 237): "Verständige Leser werden schon bey der ersten Ausgabe meine Absicht bey dieser Schrift genugsam eingesehen haben. Ich hatte dabey keinen andern Endzweck, als unter der Gestalt eines ziemlich scheinbaren Beweises viele Wahrheiten zu sagen, die sich unter einer andern Gestalt nicht wohl öffentlich vortragen ließen, die aber bey dem Satz, den ich zu beweisen vorgab, ganz natürliche Beweißgründe zu seyn schienen. Unterdessen haben meine Beweißgründe an sich selbst ihre gute Richtigkeit. Ich habe aber mit Vorsatz einen Vorwurf wenig oder gar nicht berühret, der meinen ganzen Satz über den Haufen wirft. Dieser ist, daß die Universalmonarchie ganz natürlicher Weise ("wegen des Mangels an weisen und vollkommenen Regenten", d. Verf.) die härteste Despoterey nach sich ziehen würde. ... Ich gestehe also, daß dieser Einwurf allen meinen Beweisgründen den größten Theil ihrer Stärke entziehet.".

2 Siehe oben Seite 1 und 4.

3 *Natur und Wesen* stammt in erster Auflage nicht aus dem Jahr 1755 (*von Unruh*, Seite 14, FN 23, und *Engelhardt*, Seite 46) oder 1750 (*Maier*, Seite 184).

4 *Natur und Wesen*, Vorbericht, Seite XXIV; zur Charakterisierung der von Justi bearbeiteten Thematik wurde der Ausdruck politische Metaphysik auch von *Scheidemantel* übernommen (*Natur und Wesen*, 2. Auflage, Vorerinnerungen des Herausgebers, Seite X).

5 *Natur und Wesen*, Vorbericht, Seite XXIV.

6 *Dittrich*, Seite 104.

nennt als Grundlage aller Schriften die *Staatswirtschaft* (1755). Rein zeitlich gesehen trifft dies zu. Die zweibändige *Staatswirtschaft* war die erste umfangreichere Arbeit Justis und mußte notwendig einige grundlegende Lehrsätze über den Staat enthalten. Eine umfassende und systematische Darstellung der Grundwissenschaft aller Regierungswissenschaften bietet aber erst *Natur und Wesen*. Außerdem gibt die *Staatswirtschaft* selbst einen deutlichen Hinweis auf den Stellenwert des fünf Jahre später erscheinenden Werkes *Natur und Wesen*:

> "Die Verfassung der Staaten ... ist vielleicht noch zu keiner Vollkommenheit gebracht; und vielleicht ist es nur eine glückliche Frucht unseres erleuchteten Jahrhunderts, daß wir endlich einsehen, daß die große Wirthschaft des Staats in allen ökonomischen, Policey- und Cameralverfassungen auf zusammenhängenden Grundsätzen beruhet, die sich a u s d e m W e s e n d e r R e p u b l i k e n ableiten lassen ..." [1].

Auch in seiner Qualität als eigenständiger Träger der grundlegenden Lehre Justis über den Staat ist *Natur und Wesen der Staaten* (1760) bislang nicht erkannt. Das Werk wurde bald nach dem Erscheinen mit *Montesquieu* in Verbindung gebracht. [2] Noch heute wird es in der Regel als eine bloße Korrektur des "Esprit" interpretiert. [3] Indessen hat Justi -das ist ihm wichtig [4]- *Natur und Wesen* nicht primär geschrieben, um *Montesquieu* zu verbessern, sondern um seinem eigenen wissenschaftlichen Gebäude ein Fundament zu geben. Justis Anspielung, er habe in *Natur und Wesen* ebenfalls einen "Geist der Gesetze" geschaffen [5], sollte zusätzlich die zentrale Bedeutung seiner Arbeit unterstreichen. Die Notwendigkeit einer Widerlegung einzelner Thesen *Montesquieus*

---

1 *Staatswirtschaft*, Vorrede zur ersten Auflage, Seite XXVI (Sperrung durch Verf.).
2 *Pfeiffer*, Seite 127.
3 Statt vieler: *Dreitzel*, Seite 174 in Anmerkung 3; den eigenständigen Wert der Arbeit Justis betont zuerst *Würtenberger* (1988).
4 *Natur und Wesen*, Vorbericht, Seite XXIV.
5 *Natur und Wesen*, Vorbericht, Seite XXVI.

bestimmt nur den Zeitpunkt der Veröffentlichung. [1]

Durch sein Zensoramt am Theresianum in Wien [2] hatte Justi spätestens im Jahr 1752 den "Geist der Gesetze" eingehend studiert. In seinen Schriften findet *Montesquieu* ab 1756 Erwähnung. [3] Justi ist mithin nicht der erste deutsche Autor, der sich kritisch mit dem "Esprit" auseinandersetzt. [4] Dennoch, er war einer der besten [5] -wenn nicht der beste- Kenner des "Esprit"; denn schon im Rahmen seines Vorhabens, eine neue Grundwissenschaft zu entwickeln, mußte er sich intensiver als seine Zeitgenossen mit dem "Geist der Gesetze" beschäftigen. Da *Natur und Wesen* im 18. Jahrhundert zu den bekanntesten Büchern Justis zu rechnen ist [6], gehört es mit zu den konkreten geschichtlichen Wirkungen seiner Arbeit, einer kritischen Diskussion des "Esprit" den Weg bereitet zu haben.

Natur und Wesen zeichnet sich durch eine für Justi ungewöhnlich lange Vorbereitungsarbeit aus. Nach eigener Darstellung hatte

---

1 *Natur und Wesen*, Vorbericht, Seite XXV f: "Unterdessen erlangen diese Sätze vermöge des Ansehens ihres Urhebers und ihrer Neuigkeit einen Werth in der Welt: und sie fangen schon an als bekannte und ungezweifelte Wahrheiten angeführet zu werden. Ich habe also nicht länger verschieben wollen, mein Werk bekannt zu machen...".

2 Siehe oben Seite 16.

3 Wegen des Entwurfs von *Natur und Wesen* aus dem Jahr 1754 (siehe unten Seite 53) problematisch ist die von *Dreitzel* (Seite 158 und 174, FN 3) aufgestellte These, Justi habe sich erst nach 1756 intensiv mit *Montesquieu* auseinandergesetzt. Als Beweis führt *Dreitzel* den Vergleich zwischen der ersten (1756) und der zweiten (1759) Auflage der *Grundsätze der Policeywissenschaft* an. Erst in der zweiten Auflage werde *Montesquieu* zitiert. Der These ist insoweit zuzustimmen, als Justi erst in dieser Zeit beginnt, *Montesquieu* in seinen Werken namentlich aufzuführen. Die Richtigkeit der von *Dreitzel* gefundenen Zäsur wird durch das von ihm nicht genannte Beispiel der *Staatswirtschaft* bestärkt. Während die erste Auflage von 1755 *Montesquieu* noch nicht erwähnt, bieten die Anmerkungen zur zweiten Auflage (1758) viele Verweise auf den "Esprit". Daraus zu schließen, Justi habe sich mit *Montesquieu* erst nach 1756 eingehend befaßt, ist wegen des Entwurfes von *Natur und Wesen* aus dem Jahr 1754 wenig überzeugend. Angemessen ist in diesem Zusammenhang die vorsichtigere Formulierung durch *von Unruh*, Seite 13: "Der Einfluß Montesquieus ... ist seit dem Jahre 1757 erkennbar.".

4 So aber *von Unruh*, Seite 11; wenig überzeugend ist die These von *Marchet* (Seite 292), es gehöre zu den bleibenden Verdiensten Justis, daß dieser Deutschland mit *Montesquieu* vertraut gemacht habe. Schon vor dem Erscheinen von *Natur und Wesen* gab es eine Diskussion um den "Esprit" (vgl. *Vierhaus -1965-*, insbesondere Seite 409, 414, 420).

5 *Remer*, Seite 20.

6 Die erste Auflage stammt aus dem Jahr 1760. Die zweite, mit Anmerkungen versehene Auflage besorgte *Scheidemantel* 1771. *Pfeiffer* widmet *Natur und Wesen* noch 22 Jahre nach der Erstauflage (1782) eine rund 90-seitige Besprechung. Die russische(n) Übersetzung(en) von *Natur und Wesen* (1770 und 1802 ?) unterstreichen die Bedeutung des Werkes zusätzlich.

er im Jahre 1754 einen ersten Entwurf erstellt, der, "sobald eine neue allgemeine Idee gefunden war", verbessert wurde. [1] Daß Justi mit dieser Angabe die Parallele zur 20-jährigen Entwicklungsarbeit für den "Esprit" augenfällig und so die geistige Verwandtschaft zu *Montesquieu* offensichtlich machen wollte, ist nicht anzunehmen; denn verschiedene Teile aus *Natur und Wesen* waren schon zwei Jahre vor dem Erscheinen des Buches bis in den Wortlaut hinein fertiggestellt und wurden veröffentlicht. Justi war wohl daran gelegen, die Wirkung der Vorabdrucke zu studieren.

(b) *Der Grundriß einer guten Regierung* (1759)

Neben *Natur und Wesen* verdient der kurze Zeit vor dessen Veröffentlichung erschienene *Grundriß einer guten Regierung* Beachtung. Justi hatte erkannt, daß er die im Vorbericht zur *Chimäre des Gleichgewichts von Europa* angekündigte Abhandlung "De Ministrissimo" nicht ohne die Darstellung der Eigenschaften einer guten Regierung werde schreiben können. So wurde die Abhandlung über die Premierminister nur ein Teil einer umfassenderen Arbeit zu den Grundzügen einer guten Regierung, eben des *Grundriß*. [2]

Die besondere Bedeutung des *Grundriß* hat zuerst *von Unruh* [3] (1969) hervorgehoben. Es handele sich um das erste in der Neuzeit erschienene Buch in deutscher Sprache, in dem die Freyheit eine ganze staatstheoretische Abhandlung durchzieht und in dem es heißt:

> "Alle Gewalt im Staate entsteht von dem Volke, welches allemal die Quelle derselben ist. Diese Grundgewalt des Volkes gehöret zu dem Wesen des Staates und ist auch bei Vorhandensein einer unumschränkten obersten Gewalt allemal vorhanden." [4]

Von Unruh ist insofern zuzustimmen, als der *Grundriß* die erste

1 *Natur und Wesen*, Vorbericht, Seite XXI f.
2 *Grundriß*, Vorrede, Seite 13 f.
3 *Von Unruh*, Seite 13 f.
4 Verkürzte Wiedergabe eines Zitats aus *Grundriß*, § 9 (Seite 7).

Schrift Justis ist, in der er unter der Leitvorstellung der Freiheit die bereits im Jahre 1755 verfochtene und von *Thomasius* übernommene "unstreitigen Tatsache, daß die oberste Gewalt von dem Volke herrühre" [1] konkreter faßt. Außerdem enthält der *Grundriß* viele Ausführungen zu in *Natur und Wesen* nur knapp ausgeführten Elementen der politischen Metaphysik. [2] Daneben vermag der *Grundriß* das Interesse durch verschiedene im späteren Werk ausgesparte Lehrsätze zu erwecken.

Von Unruhs weitere These, daß der *Grundriß* nichts weniger beinhalte als den ersten Versuch, die von *Montesquieu* entwickelten Maximen auf deutsche Verhältnisse zu übertragen oder, mit anderen Worten, den ersten Versuch eines auf die Territorien bezogenen konkreten Verfassungsvorschlages für Deutschland [3], bedarf, insbesondere was die Abhängigkeit von *Montesquieu* betrifft, noch einer eingehenden Untersuchung.

Gegenüber *Natur und Wesen* ist der ein Jahr zuvor erschienene *Grundriß* die fortschrittlichere Schrift. Sie wurde bislang kaum gewürdigt. Schon *von Unruh* [4] wies darauf hin, daß der *Grundriß* bei *Meusel* (1806) und *Inama* (1881) keine und in späteren Abhandlungen "merkwürdigerweise" in der Regel eine geringere Beachtung finde als die übrigen Schriften. Bezüglich des 18. Jahrhunderts erscheint *von Unruhs* Feststellung zunächst nicht überzeugend, da *Pütter* (1765), *Jöcher* (1787) und *Hirsching* (1797) den *Grundriß* nennen. Indessen handelt es sich bei den fünf letztgenannten Quellen (bis auf *Pütter*) um durch bibliographische Darstellungen ergänzte Lebensbeschreibungen, die eine Tendenz wiedergeben können, für Aussagen über die Rezeption eines bestimmten Werkes aber nicht überbewertet werden dürfen. *Von Unruhs* Vermutung wird dadurch bestätigt, daß der *Grundriß* im 18. Jahrhundert allein von *Gottfried Achenwall* (1719 - 1772) [5] inhaltlich verarbeitet wird.

---

1 *Staatswirtschaft*, 1. Auflage von 1755, Band 1, § 332 (Seite 345); zu *Thomasius* siehe unten Seite 162 f.
2 Beispiel: Die Grundregeln der Monarchie, siehe unten Seite 213 ff.
3 *Von Unruh*, Seite 14.
4 *Von Unruh*, Seite 13 f.
5 *Achenwall*, Seite 51.

Das Übergehen der Schrift ist kaum auf einen mangelnden Bekanntheitsgrad zurückzuführen. Der Freiburger Policeywissenschaftler und Universitätsprofessor *Franz Joseph Bob* (1722 - 1802) besaß neben vielen anderen Arbeiten Justis ein Exemplar des *Grundriß*. Der Band ist mit Namenszeichnung in der Universitätsbibliothek Freiburg i. Br. vorhanden. Von allen Werken Justis, über die *Bob* verfügte, ist der *Grundriß* am schlechtesten erhalten. Das könnte dafür sprechen, daß Justis Werk -zumal durch die Jahrhunderte kein Interesse am *Grundriß* nachzuweisen ist- damals häufig gelesen wurde, aber ob der enthaltenen Thesen in den Veröffentlichungen nicht berücksichtigt werden konnte. Als Folge wurde der *Grundriß* im 19. und 20. Jahrhundert nicht mehr beachtet. [1]

(c) *Vergleichungen der Europäischen mit den Asiatischen Regierungen* (1762)

In den *Vergleichungen* spart Justi nicht mit teils scharfer [2], teils (bei Beachtung früherer und späterer Schriften: erheblich) gemäßigter [3] Kritik an den Zuständen seiner Zeit. Die Auseinandersetzung erfolgt auf der Grundlage einer Ablehnung (früher und später wieder verfochtener [4]) gewaltenteilender Systeme und einer Verteidigung der als Ideal dargestellten uneingeschränkten Monarchie.

Die *Vergleichungen* werden in der Regel umgangen oder als eine Absage an die Gewaltenteilung interpretiert. *Vierhaus* nahm sie gar zum Anlaß, Justi das "Programm eines benevolenten Absolutismus" zuzuschreiben. [5] Indessen enthalten die *Vergleichungen* nur eine vordergründige Verteidigung der Monarchie. Die Schrift

---

1 Siehe unten Seite 71 ff.
2 A.a.O., Seite 25: "Die deutschen Fürsten haben die Freiheit ausgerottet".
3 A.a.O., Seite 81: "hin und wieder gibt es schwache und kleine Seelen unter den Regenten, die sich einbilden, alle Hoheit und Würde käme an auf Pracht und Verschwendung des Hofes"; vgl. hierzu die grundsätzlich für alle Fürsten geltenden Verschwendungsvorwürfe im Jahre 1759 in *Die Kriege der Bienen* (*Fabeln und Erzählungen, Seite 60 f)* und in den aus dem Jahr 1769 stammenden *Physicalischen und Politischen Betrachtungen*, Seite 82; vgl. erg. die Kritik in den *Vergleichungen*, Seite 145 f.
4 Siehe unten Seite 175 ff und 203 ff.
5 Siehe unten Seite 247.

stammt aus dem Jahr 1762. Spätestens drei bzw. zwei Jahre nach der Veröffentlichung von *Grundriß* und *Natur und Wesen* muß es Justi klar geworden sein, daß er die Rezeptionsfähigkeit und -willigkeit seiner Zeit überschätzt hatte. [1] Naheliegend erschien damit -sollte seine Arbeit zu Lebzeiten noch ein Minimum an Machtmäßigung bewirken- die Argumentation auf der Basis der Zeitumstände, der Monarchie. Die Anpassung an die Zeitumstände sollte es Justi ermöglichen, ein Bewußtsein für "viele andere Wahrheiten" zu schaffen. [2] Diese Rolle der *Vergleichungen* spiegelt sich auch in der besonderen Art der Beweisführung. Im Gegensatz zu seinen übrigen Werken verwendet Justi die Methode *Montesquieus* und nicht mehr die streng mathematische Beweisführung, die ihn mit *Wolff* verbindet. [3] Der historische Vergleich enthebt ihn der Pflicht, die Ergebnisse auf Übereinstimmung mit seinem Staatsrecht prüfen zu müssen. [4] Schließlich zeigt seine spätere [5] scharfe Ablehnung der monarchischen Regierungsform, daß eine Entwicklung Justis weg von den fortschrittlichen Grundsätzen aus *Natur und Wesen* und *Grundriß* hin zu absolutistischem Gedankengut ausgeschlossen ist.

(d) *Physicalische und Politische Betrachtungen über die Erzeugung des Menschen und Bevölkerung der Länder* (1769)

In der unter einem Pseudonym veröffentlichten Schrift *Physicalische und Politische Betrachtungen* [6] scheint Justi jeder aufklärerischen Gesinnung abzuschwören. Wenn der Mensch hier zu einem rein wirtschaftlichen Faktor verkommt [7], so ist dies kein Beweis für eine absolutistische Haltung Justis. Vielmehr wählte er nach

1 Siehe unten Seite 292 - 294.
2 Siehe oben Seite 50, FN 1.
3 Zu den Methoden *Wolffs* und *Montesquieus* siehe oben Seite 39 f.
4 So ist -um nur ein Beispiel zu nennen- der "Grundsatz der Gütigkeit und Gelindigkeit" in den *Vergleichungen* nicht mehr ein allgemeiner Grundsatz jeder Regierung (so aber im *Grundriß*, siehe unten Seite 192 f), sondern nur ein spezieller Grundsatz, der bei Strafen zu beachten ist (*Vergleichungen*, Seite 194).
5 Siehe unten Seite 226 - 229.
6 Siehe oben Seite 31.
7 *Physicalische und Politische Betrachtungen*, Seite 74: "Ich habe ... gezeiget, daß dem Fürsten ein jeder gesunder und starker Mensch so viel werth ist, als ein Capital von tausend Thalern, und das verdienet schon, daß man sich um die Vermehrung der Menschen Mühe giebt.".

Ausschöpfung aller anderen Mittel die ihm einzig erfolgversprechend erscheinende Argumentation, um die Fürsten von der Notwendigkeit, "das Leben und die Gesundheit der Untertanen zu befördern", zu überzeugen. [1] Das belegt nicht zuletzt seine in den *Betrachtungen* enthaltene Kritik der Monarchie.[2]

(e) *Psammitichus (1759/1760)*

Der Staatsroman *Die Wirkungen und Folgen sowohl der wahren, als der falschen Staatskunst in der Geschichte des Psammitichus* hat sich als wenig ergiebig erwiesen. Zu Recht wird er durch *Robert von Mohl* übergangen und von *Frensdorff* wertlos genannt. [3]

3.2 Rezeption der Werke Justis (Überblick)

Die allgemeinen Schwierigkeiten und Gefahren jeder Wirkungsgeschichte politischer Ideen hat *Vierhaus* in seinem Artikel zum Einfluß *Montesquieus* auf das deutsche Schrifttum des 18. Jahrhunderts in prägnanter Weise formuliert. [4] Der Hinweis, daß die folgenden Ausführungen nur auf dieser Grundlage verständlich sein können, mag genügen. Auf die Unwägbarkeiten, denen bei einer Untersuchung der Rezeptionsgeschichte der Vorstellungen speziell der deutschen Staatswissenschaft des 18. Jahrhunderts Rechnung zu tragen ist, wurde in der Einleitung hingewiesen. [5]

Im vorliegenden Abschnitt geht es darum, erste Spuren zur Wirkung der Ideen Justis zu sichern und Überlegungen für das weitere Konzept bei der Untersuchung der Rezeptionsgeschichte vorzunehmen. Eine genauere Überprüfung der Wirkung seiner Theorien auf die Lehren des 18. Jahrhunderts ist, soweit dieser erste Filter eine nähere Betrachtung rechtfertigt, den einzelnen

---

1 *Physicalische und Politische Betrachtungen*, Seite 82.
2 Siehe unten Seite 228 f.
3 Zur damaligen Aufnahme der Schrift *Frensdorff*, Seite 526 m.Nw.
4 *Vierhaus* (1965), Seite 403 f.
5 Siehe oben Seite 4 f.

Abschnitten der Arbeit vorbehalten.

Die Untersuchung des Einflusses der Schriften Justis auf ausländische Rechtsgelehrte und Regenten bedarf einer eigenständigen Bearbeitung. [1] Justis Gedanken wurden wahrscheinlich insbesondere in Holland und Rußland aufgegriffen. Das belegen die holländische (1773) und russische(n) (1770 ?/1802 ?) Übersetzung(en) von *Natur und Wesen* sowie weiterer Werke Justis. Keine Geringere als die russische Kaiserin *Katharina II* griff in den Vorarbeiten zu ihrer "großen Instruktion" (nakaz), deren äußerer Anlaß die Wiederaufnahme der Arbeit an einem neuen Gesetzbuch war, ausgiebig auf Justis Schriften zurück. [2] Die Übersetzungen in das Englische und Französische unterstreichen Justis damalige Wertschätzung zusätzlich.

(a) 18. Jahrhundert

Justis Bedeutung auf dem Gebiet des Kameralismus ist unbestritten. Bei seinen Zeitgenossen erntet er vollste Anerkennung, seine Gedanken werden aufgenommen und weitergetragen. [3] Nur Vermutungen hingegen bietet die Literatur zu den Wirkungen seiner politischen Metaphysik auf das 18. Jahrhundert. Wohl allein auf den Bekanntheitsgrad Justis gemünzt sind die Thesen, er sei einer der bekanntesten und am meisten gedruckten deutschen Schriftsteller und Gelehrten der Mitte des 18. Jahrhunderts gewesen [4] und sein

---

1 Zu Justis Wirkungen im Ausland liegen nur zwei kurze Stellungnahmen vor: *Schmidt* (1961) und (stark an ihn anlehnend) *Koch* (1973) versuchen, Justis Einfluß auf die russische Literatur nachzuweisen.

2 Allgemein zur "großen Instruktion" (nakaz) vgl. *Torke*, Seite 138 f; *Torke*, Seite 138, spricht von einem "ausgiebigen" Rückgriff unter anderem auf Justi; *Rebejkow*, Seite 1: "Dans le manifeste du 14 décembre 1766, Catherine II avait proclamé son intention de donner une instruction aux deputés. Elle travailla à cette instruction des le debut de l'année 1765, compilant, principalement avec l'aide de son secrétair, Gregorius Kositzki, L'Esprit des Lois de Montesquieu, le Traité des délits et des peines de Cesare Beccaria, et des ouvrages de juristes allemands tels que Bielfeld et Justi.". In einer Fußnote verweist *Rebejkow* für nähere Angaben auf *Tchetchoulin*: "N.D. Tchetchoulin a fait un recensement presque exhaustif -mais avec quelques fautes- de ces sources dans son édition du Nakaz, Saint-Pétersbourg, 1907". Für den Hinweis auf die "große Instruktion" von *Katharina II* und die Arbeit *Rebejkows* danke ich Herrn Dr. Kreh von der Staatsbibliothek Preußischer Kulturbesitz in Berlin.

3 *Remer*, Seite 15; vgl. erg. *Marchet*, Seite 279.

4 *Schmidt*, Seite 274

Werk habe eine weite Verbreitung gefunden [1]. Die Frage, ob Justis Ideen in dem Sinne erfolgreich waren, daß sie sich fruchtbar auf das Denken maßgebender Staatstheoretiker auswirkten, streift *Stollberg-Rilinger*. Ihre These ist, daß Justi mit großem Erfolg als Wirtschafts- und Staatstheoretiker gearbeitet und seine Staatslehre auf die deutsche Staatsauffassung der zweiten Jahrhunderthälfte (insbesondere auf *Achenwall*) einen Einfluß ausgeübt habe, der kaum überschätzt werden könne. [2] Ähnlich formuliert *Dreitzel* [3], daß Justis Einfluß auf die Staatswissenschaften seiner Zeit -über *Achenwall, Scheidemantel, Pfeiffer, Sonnenfels und Beckmann*- bedeutend gewesen sei. Zu einem gegenteiligen Ergebnis kommt der zeitnähere *Carl Ludwig von Haller*. In der 1808 und 1816 veröffentlichten Widerlegung des "philosophischen Staatsrechts" wird Justi, obwohl *Haller* nicht unbekannt [4], in dessen Zusammenstellungen der wichtigsten Literatur nicht erwähnt. *Haller* benennt hier die

> "...bekanntesten und berühmtesten Schriftsteller, diejenigen wenigstens, welche ... am meisten Einfluß auf andere gehabt haben, die am häufigsten ab- und ausgeschrieben worden sind und von denen alle übrigen nur als Schüler und Jünger betrachtet werden müssen." [5].

Grotius, Hobbes, Sidney, Locke, Pufendorf, Boehmer, Montesquieu, Rousseau, Martini, Scheidemantel, Sonnenfels, Sieyes, Kant, Schlözer, Benzen und *Behr* finden Beachtung - Justi nicht. Auch *Partick* (1938) [6] stimmt mit den Auffassungen der modernen Literatur nicht überein. Er sieht die bedeutungsvollste und fruchtbarste Arbeit Justis auf dem Gebiet der Wirtschaftslehre und der Staatsverwaltung.

Sicherlich ist Justi im letzten Drittel seine Lebens zumindest im deutschsprachigen Raum eine wohlbekannte Persönlichkeit. Mag

---

1 *Engelhardt*, Seite 46.
2 *Stollberg-Rilinger*, Seite 79, FN 13, und Seite 80.
3 *Dreitzel*, Seite 159.
4 *Haller* (1816), Seite 130.
5 *Haller* (1816), Band 1, Seite 35 f; vgl. erg. *Haller* (1808), Seite 24 - 27.
6 *Partick*, Vorwort, Seite 1 f.

die Einstellung Justis am Theresianum (1750) noch aus Zufall erfolgt [1] sein und lassen die "Göttinger Gelehrten Anzeigen" Justi im Jahre 1755 lediglich das damals recht häufig benutzte Prädikat "berühmt" zukommen [2], so wird Justi in der Vorrede zum vierten Band der "Abhandlungen der Churfürstlich-baierischen Akademie der Wissenschaften" [3] (1767) bereits der "wegen seiner gründlichen und besondern Einsicht in allen Theilen der Wissenschaften berühmte Herr von Justi" [4] genannt. Justi bezeichnet seine Bücher wiederholt als vergriffen und beanstandet von ihm nicht legitimierte Nachdrucke. [5] *Scheidemantel* berichtet, daß Justis Werke in den privaten Büchersammlungen verschiedener Regenten zu finden sind. [6] Der Verleger eines teilweisen Neuabdrucks der *Grundfeste* hofft, "durch seine Arbeit zur Verbreitung des unpartheyischen und sich nicht in Jedermanns Händen befindlichen Werkes Justis und seiner Grundsätze, die seit der Niederschrift vernachlässigt wurden, beizutragen". [7] *Pfeiffer* nennt Justi noch elf Jahre nach dessen Tod den "durch seine Schriften und Schicksale so bekannten Herrn von Justi". [8] Nicht zuletzt belegen die in den einschlägigen Lexika des 18. Jahrhunderts enthaltenen Beschreibungen zu Justis Leben und Werk dessen hohen Bekanntheitsgrad. [9]

---

1 Siehe oben Seite 15.
2 *Frensdorff* (1901), Seite 503 m.Nw.
3 *Erörterung der Preisfrage.*
4 Ähnlich in den 1797 anonym erschienenen "Anmerkungen", Seite 207, bezüglich Justis *Geschichte des Erd-Cörpers*: "So groß die Verdienste dieses Mannes in anderen Wissenschaften seyn mögen; eben so wenig, kann gegenwärtiges Werk ... bey der gelehrten Welt Beyfall finden ... .".
5 In der Vorrede zu *Gesammelte Politische und Finanzschriften* (Seite 4 f) beanstandet Justi die Neuauflage seiner *Deutschen Memoires* in Wien (1761). Schließlich droht er mit einer Erfindung, durch die er alle Nachdrucke seiner Werke vernichten könne (Vorrede zu *Leben und Character des Grafen von Brühl*, Seite XV).
6 *Scheidemantel* (*Natur und Wesen*, Vorerinnerungen des Herausgebers, Seite 18 f) bestätigt damit Justis Aussage, daß seine Schriften sich "in den Händen aller Staatsleute" befinden (*Chimäre des Gleichgewichts von Europa*, -1758-, Vorbericht, letzte Seite).
7 *Von Getreidemagazinen*, Vorrede.
8 *Pfeiffer*, Seite 127.
9 Vgl. die Angaben bei *Pütter* (1765), *Weidlich* (1766), *Jöcher* (1787) und *Hirsching* (1797). Einzig *Jugler* (1773 - 1779) übergeht Justis Wirken. Allerdings gilt *Juglers* Hauptinteresse der Zeit vor 1750 (*Jugler* in Band 1, Vorbericht, Seite 1). Daß Justi bei *Zedler* keine Erwähnung findet, liegt am Erscheinungsdatum des Bandes zum Buchstaben "J" (1735). Die in den Jahren 1751 bis 1754 erschienenen Ergänzungsbände reichen nur bis "Caq".

Zur inhaltlichen Würdigung durch die Zeitgenossen gibt Justi ein scharfes Urteil. Nach seiner Ansicht trat an die Stelle einer kritischen Auseinandersetzung seit dem Monadenstreit [1] (1747) und wenigstens bis in das Jahr 1764 die Polemik. In seinen *Gesammelten Politischen und Finanzschriften* schreibt er:

> "... und ich werde sehr zufrieden seyn, wenn nur meine Zeitgenossen ihre neidischen und hämischen Gesinnungen etwas mäßigen, die ich gar nicht verdienet zu haben glaube; und die mir unmöglich wiederfahren könnten, wenn ich und meine Mißgönner uns in einerley Wünschen (gemeint ist die Glückseligkeit der Völker, d. Verf.) vereinbahreten" [2].

Sein ausgeprägtes Selbstbewußtsein dürfte nicht unerheblich zu diesen Spannungen beigetragen haben. Sich selbst, und sonst niemanden, hält er für den richtigen Gelehrten, "den Großen dieser Welt" die schlimmsten Mißstände aufzuzeigen. [3] Deutlich offenbart er seinen Lesern die Gründe, die ihn zum "dogmatischen" [4] Schriftsteller werden lassen. Vorgeblich grundlose Gehäßigkeiten, der Neid um die Bekanntheit, die Mittelmäßigkeit vieler Schriften, veranlassen ihn, "sich nicht einmal darum zu bekümmern, ob diese Leute in der Welt sind" [5]. An welche Gelehrten Justi in diesem Zusammenhang dachte, bleibt Spekulation. Es steht zu vermuten, daß insbesondere die beiden *Moser*, für die in den positiven Normen die entscheidende Quelle aller staatsrechtlichen Erkenntnis lag, durch den Naturrechtler Justi eher negativ beurteilt wurden. *Johann Jakob Moser* (1701 - 1785) dürfte durch seine Kritik des Vernunftrechts zu einem der Hauptgegner Justis

---

1 Vgl. den Vorbericht zur Arbeit *Nichtigkeit aller Einwürfe und unhöflichen Anfälle wider meine Preißschrift von denen Monaden.*

2 A.a.O., Band 3, Seite 538 (Aufsatz: *Die große Stadt, in verschiedenen Verhältnissen betrachtet*).

3 *Chimäre des Gleichgewichts von Europa*, Vorbericht, die beiden letzten Seiten.

4 Siehe oben Seite 46.

5 *Fortgesetzte Bemühungen*, Erstes Stück (1759), Seite 3 - 6 der Vorrede; ähnlich schon im Jahr 1755 in den *Neuen Wahrheiten*, Vorrede, Seite 4: "Alsdenn verliert sich alle Lust, sich mit solchen Leuten einzulassen; und man kann solche Einwürfe aus gutem Grunde mit Stillschweigen übergehen. Denn die Wahrheit hat wenig Vortheil davon zu gewarthen; und ein fleißiger Gelehrter kann seine Zeit viel nützlicher anwenden.".

gezählt haben. [1] *Friedrich Carl von Moser* (1723 - 1798) [2], "der auf die grundsätzliche Auseinandersetzung mit philosophischen Standpunkten und Richtungen keinerlei Wert legte und für seine philosophierenden Zeitgenossen allenfalls einige zustimmende oder polemisch verurteilende Bemerkungen erübrigte" [3], wurde von Justi sicherlich kaum in besserem Licht als sein Vater gesehen. Immerhin äußert sich Justi aber positiv zu *Mosers* Schrift "Der Herr und der Diener". [4]

Wenn auch die Gegner Justis nicht vollständig aufgeführt werden können: daß er unsachlicher Kritik ausgesetzt war, steht außer Zweifel. Das zeigt die Wertung des Policeywissenschaftlers *Franz Joseph Bob*, der Justi noch Jahre nach dessen Tod sein unzweifelhaftes Verdienst einer Systematisierung der Staatswissenschaften streitig macht. [5] Die Beurteilung durch *Jacob Friedrich Freiherr von Bielfeld* (1717 - 1770) ist ebenfalls wenig vorteilhaft. [6] *Bielfeld* nennt Justi in seinem "Lehrbegriff der Staatskunst"

> "einen herumschweifenden Schriftsteller, der mit hurtiger Feder in jedem Monat wenigstens einen Band vollsudelt"

und bescheinigt ihm eine

> "ungesittete Grobheit, womit er auch die schätzbarsten

---

1 Das umfangreiche Werk *Mosers* auf Anmerkungen zu Justi hin zu untersuchen, wäre eine Fleißarbeit besonderer Art (Zusammenstellung von 331 selbständigen Schriften bei *Schömbs*). Zu *Mosers* Frontstellung gegen das Vernunftrecht vgl. *Schömbs*, Seite 271 - 276, und *Würtenberger* (1988), Seite 67 f.

2 Zu *Mosers* Kritik am Naturrecht vgl. *Eckstein*, insbes. Seite 1 und 61 - 82.

3 *Eckstein*, Seite 111.

4 Justi in seiner Besprechung zu *Der Herr und der Diener* (*Fortgesetzte Bemühungen*, Zweytes Stück, Abhandlung VI, Seite 225 - 232): "Es ist dieses eine Schrift, welche sehr viel Lobsprüche verdienet. Sie ist mit richtigen und edlen Grundsätzen und mit vielen sehr nützlichen Betrachtungen erfüllet. Sie ist überhaupt mit einer Freymüthigkeit und einem patriotischen Eifer geschrieben, welcher dem Herrn von Moser viel Ehre macht; ... ." Justi bemängelt, daß *Mosers* Kritikfreudigkeit mit der Größe der betroffenen Höfe nachläßt und er sich nicht eindeutig gegen die Ämterpatronage wendet. Außerdem schränke *Moser* den Zugang zum Fürsten zu sehr ein.

5 Siehe oben Seite 41, FN 4.

6 *Bielfeld* "Lehrbegriff der Staatskunst", "Ergänzung" in Band 2, Seite 661 - 693, §§ 24 - 45, und in "Institutions Politiques", "Supplement" in Band 4, §§ 24 - 45; zur Beziehung Justi - *Bielfeld* siehe unten Seite 67 - 70.

Bücher gelehrter Leute angreift". [1]

In der anonym erschienen Schrift "Merkwürdige ... Reflexiones" wird Justi als "offenbarer Verleumder" und "besonders gefährlicher Mann, der bei den Höfen nicht in gutem Kredit steht", beschimpft. [2] Ein Zeugnis für die Justi entgegengebrachte persönliche Ablehnung bietet außerdem eine Beschwerde [3] Justis, ihm werde in bestimmten Protokollen der Universität in Göttingen das Prädikat "Herr" vorenthalten. Als größte Mißachtung mußte Justi es werten, daß sein *Grundriß* von den Gelehrten nicht diskutiert wurde. [4]

Die bisherigen Stellungnahmen zur Aufnahme der Ideen Justis legen einen Vergleich mit *Scheidemantel, Achenwall, Sonnenfels, Pfeiffer und Beckmann* nahe. Die Liste muß durch die Namen *Karl Anton von Martini* und *Jacob Friedrich Freiherr von Bielfeld* ergänzt werden. *Martini* übernahm im Jahre 1754 in Wien den neu eingerichteten Lehrstuhl für Naturrecht und Römisches Recht und könnte mit Justi zusammengetroffen sein. *Bielfeld* vermag das Interesse durch seine Kritik in den "Ergänzungen des Lehrbegriffs der Staatskunst" zu erwecken.

(aa) *Heinrich Godfried Scheidemantel* (1739 - 1788)

Justis Werk *Natur und Wesen der Staaten* ist *Scheidemantel* so wichtig, daß er die Schrift 1771 mit Anmerkungen versehen neu herausgibt. In der Vorrede zu dieser zweiten Auflage schreibt *Scheidemantel*, er sei

"... von der Brauchbarkeit dieses Werks versichert ...,

---

1 Beide Zitate aus der "Ergänzung des Lehrbegriffs der Staatskunst" (in "Lehrbegriff der Staatskunst", Band 2, Seite 661, § 24).

2 A.a.O., Seite 5, 23 und 36; der Angriff entwickelte sich aus einer vergleichsweise harmlosen Kritik Justis zur Idee "einerley Glauben und Herrschaft in der ganzen Welt einzuführen" (vgl. *Gedanken von Projekten und Projectmachern* in *Politische und Finanzschriften*, Band 1, Abhandlung XIX, Seite 256 - 281, insbes. Seite 274 - 281; Aufsatz zuvor bereits in *Neue Wahrheiten*, Band 1, Stück 2).

3 Für die Recherche zu Justi danke ich Herrn Dr. Hunger vom Universitätsarchiv Göttingen.

4 Siehe oben Seite 54.

> besonders wenn man einige darinnen befindliche Lieblingsmeinungen teils genauer bestimmt, teils aus andern Gesichtspunkten betrachtet; ..." [1].

Er lobt den Schreibstil sowie die systematische Methode Justis [2] und bescheinigt ihm Raffinesse im Umgang mit den Regenten. [3] Vornehmlich habe ihm "die Kühnheit gefallen, mit der Justi den Geist der Gesetze in Deutschland als einer der ersten verdächtig gemacht" habe. Bei der Abfassung seines Werkes "Das allgemeine Staatsrecht" (1775) greift er immer wieder auf *Natur und Wesen* zurück. Hatte *Scheidemantel* damit große Verdienste um die Verbreitung der politischen Metaphysik Justis; gleichzeitig hinderte seine Arbeit eine Rezeption des *Grundriß*. Als von Justi herrührende wichtige Literatur nennt er in seinem "Allgemeinen Staatsrecht" (1775) *Natur und Wesen*, die *Grundsätze der Policeywissenschaft* und drei Aufsätze [4] Justis aus den *Historischen und Juristischen Schriften*, den *Grundriß* erwähnt er nicht. [5] Mag *Scheidemantel* eine Diskussion des *Grundriß* (ähnlich wie vielleicht *Bob* [6]) auch bewußt umgangen haben, so ist er doch einer der besten Kenner von *Natur und Wesen*. Diese Kennerschaft und die kritische Distanz zu Justis Werk machen *Scheidemantels* Arbeit zu einem idealen Studienobjekt bezüglich der Frage der wahrscheinlichen Beurteilung der Lehre Justis durch ihm kritisch gegenüberstehende und eher konservative Gelehrte.

(bb) *Gottfried Achenwall* (1719 - 1772)

Achenwall verarbeitet in seinem Werk "Staatsklugheit nach ihren ersten Grundsätzen" Justis *Natur und Wesen* [7] sowie -als einziger-

---

1 *Scheidemantel* in *Natur und Wesen*, Vorerinnerungen des Herausgebers, Seite IX.

2 *Scheidemantel* in *Natur und Wesen*, Vorerinnerungen des Herausgebers, Seite X.

3 Justis mitunter überschwengliches Lob der Regierungen habe dazu geführt, daß die Schriften von den Regenten benutzt wurden (*Natur und Wesen*, Vorerinnerungen des Herausgebers, Seite XVIII).

4 *Abhandlung von Verbesserung der Rechte und Abkürzung der Prozesse* (*Historische und Juristische Schriften*, Band 1), *Rechtliche Abhandlung von denen Ehen* (*Historische und Juristische Schriften*, Band 2) und *Untersuchung, ob der Nachfolger in der Regierung die Schulden des verstorbenen Fürsten bezahlen müsse* (*Historische und Juristische Schriften*, Band 2).

5 *Scheidemantel*, a.a.O., Seite 22, 94, 104, 162, 370.

6 Siehe oben Seite 55.

7 *Achenwall*, Seite 18.

den *Grundriß* [1]. Im Vergleich zu Justi verzichtet *Achenwall* nahezu vollständig auf eine Beweisführung [2] und übernimmt im Grunde schlagwortartig viele der Ergebnisse Justis. Eine erste Lektüre der Schrift *Achenwalls* vermittelt bisweilen den Eindruck einer Kurzfassung wesentlicher Thesen Justis. Die Arbeit *Achenwalls* bildet damit die ideale Meßgröße zur Frage, wie weit die Rezeptionsfähigkeit der fortschrittlicheren, Justis Werk gegenüber eher positiv eingestellten Gelehrten des 18. Jahrhunderts wahrscheinlich reichte.

(cc) *Josef von Sonnenfels* (1733 - 1817)

Sonnenfels, der Nachfolger Justis am Theresianum, benutzt für seine Vorlesung in den Polizei- und Cameralwissenschaften von 1763 bis 1769 als Cameralvorlesebuch Justis *Staatswirtschaft*. [3] Zu Beginn seiner Vorlesungstätigkeit weist er die Kaiserin auf Justis "kühne und mit der in monarchischen Staaten herrschen sollende Denkungsart unverträgliche Grundsätze" hin. [4] Berücksichtigt man, daß die *Staatswirtschaft* in beiden [5] Auflagen vom Boden der Monarchie aus argumentiert, dann wird die im Vergleich zu Justi konservative Grundhaltung von *Sonnenfels* offensichtlich. Die Literatur beschreibt *Sonnenfels* als Verfechter der absoluten Monarchie, die nicht durch verfassungsmäßige Garantien, sondern durch die aufgeklärten Ziele des Monarchen gekennzeichnet ist. [6] Schon dies läßt vermuten, daß *Sonnenfels* aus Justis fortschrittlichem Gedankengut nur wenige Elemente übernehmen konnte. Hinzu kommt, daß Aussagen über Einflüsse auf *Sonnenfels* problematisch sind, weil er ein Meister im Rezipieren fremder Ideen und im Nachahmen fremder Vorbilder war. [7] So übernimmt *Sonnenfels* zwar verschiedene Begriffe (sehr wahrscheinlich) von Justi, gibt ihnen

---

1 *Achenwall*, Seite 51.
2 Dagegen aber *Achenwall*, Vorrede, Seite XXVIII - XLVII.
3 *Frensdorff* (1903), Seite 36.
4 *Frensdorff* (1903), Seite 142.
5 Siehe oben Seite 19, FN 6; allerdings enthält die Zweitauflage in § 20 (und nur hier!) einen Fremdkörper zur monarchischen Grundkonzeption.
6 *Reinalter*, Seite 144 f.
7 *Reinalter*, Seite 17.

jedoch mitunter einen anderen Sinngehalt. [1] Dadurch werden Aussagen über konkrete Wirkungen erschwert, wenn nicht unmöglich. Deshalb wird auf eine nähere Untersuchung der Rezeption bei *Sonnenfels* verzichtet. Festzuhalten ist, daß er den fortschrittlichen Ideen Justis grundsätzlich nicht positiv gegenübersteht. [2]

(dd) *Johann Friedrich von Pfeiffer* (1718 - 1787)

Johann Friedrich von Pfeiffer hat ein umfangreiches schriftstellerisches Werk hinterlassen. [3] Seine zahlreichen Arbeiten wurden bislang selten gewürdigt. Gültige Aussagen zu *Pfeiffers* Stellung in der Staatslehre des 18. Jahrhunderts zu treffen, ist deshalb mit kaum kalkulierbaren Risiken verbunden. [4] Dennoch kann auf eine Untersuchung der Übereinstimmungen der Lehre *Pfeiffers* mit Justis politischer Metaphysik an dieser Stelle nicht verzichtet werden. *Pfeiffers* rund 90 Seiten umfassende Kritik von *Natur und Wesen* in seinen *Berichtigungen berühmter Staats- Finanz- Policei- Cameral- Commerz- und ökonomischer Schriften dieses Jahrhunderts* von 1782 [5] wird -selbst wenn sie nur einen ersten Einblick in *Pfeiffers* staatsrechtliches Werk zu vermitteln vermag- in die einzelnen Kapitel über die Rezeption im 18. Jahrhundert einfließen.

(ee) *Johann Beckmann* (1739 - 1811)

Beckmann ist der Herausgeber der mit 100 Anmerkungen versehenen dritten Auflage der *Grundsätze der Policeywissenschaft* (1782) und der dritten Auflage der *Vollständigen Abhandlung*. Die Anmerkungen *Beckmanns* sind für diese Arbeit nicht von Bedeutung. Als

---

1 Vgl. die Ausführungen bei *Sonnenfels*, Seite 1 - 8, zum allgemeinen Gesellschaftsbegriff (entspricht dem Justis), zum Begriff der bürgerlichen Gesellschaft (wird bei Justi deutlicher ausgeführt), zum Erfordernis der Festlegung der Regierungsform zur Existenz des Staates (widerspricht Justi).

2 Siehe oben Seite 65; vgl. erg. *Sonnenfels*, 5. Auflage, Band 1, Seite 24.

3 Gesamtverzeichnis des deutschsprachigen Schrifttums, 1700 - 1910, Band 108, Seite 178 f.

4 Vgl. erg. oben Seite 4 f und 57.

5 A.a.O., Seite 127 - 218.

Technologe und Ökonom beschäftigte sich *Beckmann* vor allem mit den ihn betreffenden Teilgebieten des Kameralismus. Justis politische Metaphysik betraf ihn nur am Rande.

(ff) *Karl Anton Freiherr von Martini* (1726 - 1800)

Martini übernahm im Jahre 1754 an der Universität in Wien die Professur für Naturrecht und Römisches Recht. Eine Beschäftigung mit ihm erscheint lohnend, weil er *Erzherzog Leopold*, der als Großherzog eine Verfassung für die Toskana entworfen hatte [1], Vorträge über die Grundzüge des Natur- und Völkerrechts hielt.[2] Immerhin könnte *Martini* als Mittler zwischen Justi und dem Großherzog gewirkt haben. Indessen bleibt *Martini* weit hinter Justis Vorstellungen zurück. Er ruht ganz wesentlich auf der *Wolffschen* Philosophie, vertritt dessen Vollkommenheitsprinzip und Bild der vorstaatlichen Gesellschaften. [3] Entgegen Justi reduziert er den Endzweck der Staaten auf die Sicherheit und übergeht die von Justi so stark betonte Freiheit, er vertritt die Staatsbildung durch stillschweigenden Vertragsschluß und erlaubt sogar in der Tyrannei nur passiven Widerstand. [4] Das alles weist ihn im Vergleich zu Justi als eher konservativen Gelehrten aus. Eine intensivere Beschäftigung mit *Martinis* Werk ist deshalb wenig hilfreich.

(gg) *Jacob Friedrich Freiherr von Bielfeld* (1717 - 1770)

Die von *Bielfeld* im Jahre 1760 herausgegebenen "Institutions Politiques" (wenig später folgte die deutsche Übersetzung "Lehrbegriff der Staatskunst") wurden von Justi kritisch aufgenommen. Aus seiner Rezension in den *Fortgesetzen Bemühungen* entwickelte sich eine Auseinandersetzung [5] um die Bedeutung der

---

1 Zu Leopolds Verfassungsprojekt für die Toskana vgl. *Würtenberger* (1988), Seite 71 f.

2 *Menzel*, Seite 297.

3 *Martini*, Band 3, Seite 7 und 30.

4 *Martini*, Band 3, Seite 27, 23 f und 450; zum Widerstandsrecht: *Menzel*, Seite 299.

5 *Institutions Politiques par Msr. le Baron de Bielfeld* (*Fortgesetze Bemühungen*, 3. Stück von 1760, Abhandlung XIII, Seite 403 - 418); *Bielfeld* "Supplement aux Institutions Politiques" in "Institutions Politiques", Band 2 am Ende, §§ 24 - 45; deutsche Übersetzung in "Lehrbegriff der Staatskunst", "Ergänzungen" in Band 2, Seite 661 - 693, §§ 24 - 45; *Supplement aux*

Grundgesetze und die Grundlagen des Staates. Der Gelehrtenstreit zeigt, daß ein positiver Einfluß Justis auf den konservativen *Bielfeld* ausgeschlossen ist. In umgekehrter Richtung ist ein Einfluß *Bielfelds* auf Justi nicht möglich, da die Erstauflage der "Institutions Politiques" auf das Jahr 1760 datiert. Die zweite Auflage der *Staatswirtschaft*, der *Grundriß einer guten Regierung* und *Natur und Wesen der Staaten* [1] waren zu diesem Zeitpunkt bereits fertiggestellt.

In seiner Rezension [2] von 1760 schreibt Justi:

> "Der Herr Baron stehet in dem Gedancken, daß er ... ein vollständiges System der Staatskunst liefert, und zwar daß er der erste sey, der ein solches System der Welt mittheile. ... so würde doch diese Einbildung leicht verzeihlich seyn, wenn der Herr Baron etwas, einem System gemäßes, geliefert hätte. Allein dieses ist so weit gefehlt, daß ich vielmehr auf allen Blättern dieses Werkes überzeuget werde, daß der Herr Baron gar nicht diejenigen Fähigkeiten ... hat, welche derjenige nothwendig haben muß, welcher in dieser überaus schwehren Wissenschaft ein wahres System schreiben will." [3]

Justi bemängelt insbesondere *Bielfelds* (vorgeblich [4]) ungenügende Kenntnis der englischen Verfassung und die von ihm verfochtene Machtfülle des Herrschers. Justi sieht die Macht des Regenten durch die Grundgesetze begrenzt, *Bielfeld* hingegen lehnt eine solche Einschränkung ab. Justi schreibt:

> "Nicht einmal die Begriffe von Natur und Wesen eines Staates, und die Natur der obersten Gewalt, worauf doch die Staatskunst gebauet werden muß, ... sind hier behörig und gründlich erörtert ... . Der Herr Verfasser sagt p. 21, der Wille des Oberhauptes einer bürgerlichen Gesellschaft sey, als der ausdrückliche Wille aller Mitglieder überhaupt, und eines jeden insbesondere, zu betrachten. Die bürgerlichen

---

Institutions Politiques (*Fortgesetzte Bemühungen*, 4. Stück von 1761, Abhandlung X, Seite 544 - 579).

1 Die Vorrede ist auf die Leipziger Michaelismesse 1759 datiert.

2 *Institutions Politiques par Msr. le Baron de Bielfeld* (*Fortgesetze Bemühungen*, 3. Stück von 1760, Abhandlung XIII, Seite 403 - 418).

3 A.a.O., Seite 404.

4 A.a.O., Seite 411 f (Der Vorwurf einer ungenügenden Kenntnis der englischen Verfassung beruht auf einem sprachlichen Mißverständnis Justis. Eine Darstellung des Streits ist daher nicht erforderlich.).

> Verfassungen würden eine unseelige Natur haben, wenn dieses wahr wäre. Sie würden alle despotisch seyn." [1]

Falsch sei insbesondere *Bielfelds* Behauptung, der Regent sei keinen menschlichen Gesetzen unterworfen:

> "Nichts ist so ungegründet, als dieses. Der alleruneingeschränkteste Monarch, ist denen Grundgesetzen seines Reichs unterworfen. Niemand, der nur einige Einsicht in das Wesen eines Staats hat, wird sich einfallen lassen, daran zu zweifeln. So bald ein Monarch, die Grundgesetze seines Reiches über den Haufen wirft; so hört er auf ein Monarch zu seyn; er wird sofort zum Despoten und Tyrannen. Sind denn aber die Grundgesetze des Staats, keine menschlichen Gesetze?" [2]

Auf die Rezension Justis antwortet *Bielfeld* in seinem "Supplement aux Institutions Politiques", die Unterwerfung des Landesherrn unter die bürgerlichen Gesetze sei ein "Hirngespinnst" [3]:

> "Der Grundsatz, daß die höchste Macht über alle menschliche und bürgerliche Gesetze erhaben sey, scheint mir so natürlich, und so wenig gefährlich zu seyn, daß mich vielmehr der Gegensatz erschrecket; ... ." [4]

Wenn der Herrscher die Grundgesetze verletze, so bleibe dies ohne Folgen für seine Stellung als Landesherr. Dem entgegnet Justi in den *Fortgesetzten Bemühungen*, daß jeder Herrscher bei Verletzung der Grundgesetze zum Despoten werde:

> "Das ganze weitläufige Raisonnement, wodurch der Herr Verfasser beweisen will, daß der Wille des Souverains das einzige Gesetz des Staats sey, daß er keinen menschlichen Gesetzen unterworfen sey ... verdienet nichts als Mitleiden. ... In Ansehung der Frage, ob der Monarch menschlichen Gesetzen unterworfen seyn könne, macht der Herr Baron einen erbärmlichen Mischmasch, von Politischen, Fundamental- und Bürgerlichen Gesetzen; und es scheinet, daß er Bürgerliche und Fundamental-Gesetze noch nicht von einander zu unterscheiden gelernet hat; ... Die Fundamental-Gesetze, oder Grund-Verfassungen des Staats, sind Politische Gesetze, aber

---

1 A.a.O., Seite 413.
2 A.a.O., Seite 413.
3 *Bielfeld*, "Lehrbegriff der Staatskunst", Band 2, "Ergänzung", Seite 677, § 35.
4 A.a.O., Seite 678.

keine Bürgerlichen. Die Hauptfrage ist also, ob der Verfasser glaubt, daß die Grundverfassungen, oder Grundgesetze des Staats menschliche Gesetze sind? Ganz ungezweifelt muß er mit Ja! antworten, wenn er sich nicht lächerlich machen will. Denn Gott kömmt nicht vom Himmel, und giebt die Grundgesetze der Staaten; sondern die Völker machen die Grundgesetze, wenn sie eine Regierungsform über sich errichten. Hierauf ist ferner die Frage, ob der Monarch an die Grundgesetze des Staats gebunden, und folglich diesen menschlichen Gesetzen unterworfen ist? Ganz ohnfelbar, wenn er kein Despote oder Tyrann seyn will. Diese Grundgesetze können freylich geändert werden; aber der Monarch kann es nicht allein thun; sondern das Volk muß diese Änderung vornehmen .... ." [1]

(hh) Ergebnis

Zur Klärung der Rezeptionsgeschichte im 18. Jahrhundert sind im folgenden insbesondere die Arbeiten von *Scheidemantel*, *Achenwall* und *Pfeiffer* heranzuziehen; denn bei *Sonnenfels* stoßen Aussagen über die Rezeption auf formale Schwierigkeiten, die im Rahmen dieser Arbeit nicht zu lösen sind. *Beckmann* beschäftigte sich nicht mit Justis politischer Metaphysik, bei *Martini* und *Bielfeld* wurden die Einflüsse der modernen Ideen Justis offensichtlich nicht wirksam. Die Untersuchung zur Rezeption der Vorstellungen Justis, die jedem der folgenden Abschnitte eingegliedert ist, wird sich im wesentlichen auf *Achenwall*, *Scheidemantel* und *Pfeiffer* beschränken. Die Arbeit *Scheidemantels* wird anzeigen, welche Ideen von einem eher konservativen Gelehrten übernommen werden konnten. Die Arbeit *Achenwalls* hingegen zeigt die Wirkungskraft der Thesen Justis bei einem eher fortschrittlich gesinnten Gelehrten an. Als Ergänzung der Stellungnahmen *Scheidemantels* und *Achenwalls* wird die Kritik *Pfeiffers* an *Natur und Wesen* dienen.

Nachzutragen bleibt, daß ein maßgebender Einfluß Justis auf das Denken der künftigen Beamten durch seine eigenen universitären Veranstaltungen unwahrscheinlich ist. Justi hatte seine politi-

---

1 *Supplement aux Institutions Politiques* (*Fortgesetze Bemühungen*, 4. Stück von 1761, Abhandlung X, Seite 569 - 571).

sche Metaphysik weder in Wien noch in Göttingen vorgetragen. [1] Außerdem waren die Vorlesungen Justis wegen der Art seines Vortrags unbeliebt. [2] Justis politische Metaphysik wirkte aber zumindest durch die Vorlesungen *Achenwalls* in Göttingen [3] in mittelbarer Weise auf die künftigen Beamten.

(b) 19. Jahrhundert

Während zu Beginn des 19. Jahrhunderts die Schriften Justis vereinzelt noch bekannt sind, werden die Verweise in den 30er Jahren immer seltener. Erst gegen Ende des Jahrhunderts setzt die Beschäftigung mit Justi erneut ein.

Nach *Beckmann* [4] (1806) habe Justi mehr nützliche, aber bittere Wahrheiten Ministern und Regenten dreister gesagt, als irgend ein Schriftsteller vor und nach ihm, ausgenommen *Friedrich Carl von Moser*. Noch immer besäßen Justis Schriften unzählige Leser. Auch *Gros* verweist in den Literaturübersichten zu seinem "Lehrbuch der philosophischen Rechtswissenschaft oder des Naturrechts" (1. Auflage von 1802, 4. Auflage von 1822) mehrfach auf Justi. Obwohl Justi einer der Hauptgegner *Carl Ludwig von Hallers* (1808/1816) [5] hätte sein müssen, findet er (da *Haller* ihm keinen Einfluß auf andere zuschreibt [6]) bei diesem nur am Rande Beachtung. Im Literaturverzeichnis bei *Karl-Heinrich Pölitz* ("Die Staatswissenschaften im Lichte unserer Zeit", 1827 - 1828) sind

---

1 Zum Inhalt der Lehrveranstaltungen Justis siehe oben Seite 16 ff.

2 Die am Theresianum angebotenen Übungen wurden nicht in dem von Justi gewünschten Maße besucht (*Auf höchsten Befehl erstattetes Gutachten*, Seite 11). Damit ist *Guglia*, Seite 78, widerlegt, der behauptet, daß über Justis Wirkung auf die Studentenschaft keine Informationen vorliegen. Nach *Beckmann*, Seite 554, gilt ähnliches für die Vorlesungen in Göttingen: "Man vermissete in seinem mündlichen Unterrichte die fleißige Ausarbeitung und Ordnung, welche in dem Schriftlichen gefiel." Nach *Frensdorff* (1903), Seite 143, habe Justi in seiner Dozententätigkeit eher die Schatten- als die Lichtseiten kennengelernt. Der Herausgeber des *Auf höchsten Befehl erstatteten Gutachtens* (a.a.O., Vorrede, Seite 3 f) verteidigt Justis Antrittsrede am Theresianum gegen den Vorwurf der Monotonie und Abgehobenheit.

3 Nach *Pütter*, Seite 76, hat *Achenwall* über die Staatsklugheit nach seinem eigenen Handbuch gelesen. Auch in den Vorlesungen über das Natur- und Völkerrecht, das allgemeine Staatsrecht und die Staats-Neuigkeiten muß sich der Einfluß Justis auf *Achenwall* ausgewirkt haben.

4 *Beckmann* (1806), Seite 11.

5 A.a.O., (1808), § 2 f.

6 Siehe oben Seite 59.

immerhin *Natur und Wesen*, die *Grundsätze der Policeywissenschaft* und die *Grundfeste* aufgeführt. [1] In *Weitzels* "Geschichte der Staatswissenschaften" (1833) findet Justi keine Erwähnung. In *Aretin/Rottecks* "Staatsrecht der constitutionellen Monarchie" (1. Auflage von 1824 und 2. Auflage von 1838) wird das Verdienst Justis zwar im Abschnitt "Constitutionelles Staatsrecht seit Montesquieu bis zur französischen Revolution" in einer Fußnote gewürdigt [2], seine Arbeiten finden jedoch -im Gegensatz zu den Schriften anderer Staatsdenker des 18. Jahrhunderts- in das dreibändige Werk von *Aretin/Rotteck* keinen weiteren Eingang. Alle Auflagen und Ergänzungsbände zu *Rotteck/Welckers* "Staats-Lexikon" (1839, 1847 und 1863) kennen Justi nur in seiner Bedeutung als Lehrer der Kameralwissenschaft. [3] Unerwähnt bleibt Justi bei *Karl-Friedrich Eichhorn* ("Deutsche Staats- und Rechtsgeschichte", Band 4, 1844), bei *Friedrich von Raumer* ("Ueber die geschichtliche Entwicklung der Begriffe Recht, Staat und Politik", 1861) und bei *Caspar Bluntschli* ("Geschichte des Allgemeinen Staatsrechts und der Politik" von 1864). In *Bluntschli/Braters* "Deutsches Staats-Wörterbuch" (1857 - 1870) wird Justi weder in der Zusammenstellung der wichtigsten Staatswissenschaftler Deutschlands genannt (wohl aber u.a.: *Aretin*, *Eichhorn*, *Feuerbach*, die beiden *Moser*, *Pütter*, *Sonnenfels*, *Thomasius*) [4], noch ist Justi im Register des Werkes verzeichnet. *Lönings* Bearbeitung des "Staats-Wörterbuchs" (1869, 1871, 1872) geht auf Justi nicht ein. *Robert von Mohl* übergeht Justis Wirken nahezu vollständig. Als dessen Werke nennt er in seiner "Polizei-Wissenschaft" (1866) als "eine der besseren Schriften" die *Grundsätze der Policeywissenschaft* und daneben die *Grundfeste*. [5] In seinem dreibändigen Werk "Die Geschichte und Literatur der Staatswissenschaften" (1858) widmet er Justi gerade sechs Zeilen, in denen er die vorgeblich "bevölkerungspolitischen Blindheit" Justis

---

1 A.a.O., Band 1, Seite 165 f; Band 2, Seite 463.

2 *Aretin/Rotteck*, 1. Aufl., Band 1, Seite 53, FN 2, und 2. Aufl., Band 1, Seite 50, FN 2: "Unter den deutschen Schriftstellern verdient besonders von Justi eine Erwähnung, der in dem Buche: Die Natur und das Wesen der Staaten ... die freisinnigsten Grundsätze entwickelt hat".

3 A.a.O., erste Auflage, Band 9, Seite 165.

4 A.a.O., Band 1, Seite II.

5 A.a.O., Band 1, Seite 83.

tadelt. [1] Daß *von Mohl* die Bedeutung der staatsrechtlichen Arbeiten Justis unterschätzt hat, spiegelt sich zudem in seiner "Encyklopädie der Staatswissenschaften" (1859/1872); Justi wird nicht erwähnt.

Erst im letzten Drittel des 19. Jahrhunderts beginnt das Interesse an Justis Schriften wieder zu steigen. Das belegen die Arbeiten von *Wilhelm Roscher* (1868), *Gustav Marchet* (1885) und *Georg Deutsch* (1888/1889). Dennoch, das Bemühen um sein Werk war keine allgemeine Erscheinung des ausgehenden 19. Jahrhunderts. In *Rehms* "Geschichte der Staatsrechtswissenschaft" (1896) und in den einschlägigen Kapiteln seiner "Allgemeinen Staatslehre" (1899) wird Justi nicht einmal kurz erwähnt.

Justi wird in der zweiten Hälfte des 19. Jahrhunderts in allgemeinen Nachschlagewerken geführt. Das größte lexikographische Unternehmen des 19. Jahrhunderts, die von *A. G. Hoffmann* mitherausgegebene "Allgemeine Enzyklopädie der Wissenschaften und der Künste", enthält eine Lebensbeschreibung Justis und würdigt dessen Verdienste um die Kameralwissenschaft und Staatskunst. [2] Ein Namenseintrag findet sich ebenfalls in der fünften Auflage des vom Bibliographischen Institut herausgegebenen Konversationslexikons ("Meyers Konversationslexikon", 1895). [3] Die von *Herder* und *Brockhaus* herausgegebenen Allgemeinlexika bieten erst im 20. Jahrhundert eigenständige Artikel zu Justi. [4] Das Staatslexikon der Görres-Gesellschaft kennt Justi nur als Kameralwissenschaftler.

---

1 A.a.O., Band 3, Seite 471.

2 A.a.O., Band 30 von 1835, Seite 15 f; die Biographie Justis wird eher negativ geschildert: "stolzes Benehmen und Unverträglichkeit", "Veruntreuung der Gelder in seiner letzten Stellung", "ungeregelte Lebensweise"; zu Justis wissenschaftlicher Leistung: "Als Schriftsteller machte er sich um mehre Zweige der Kameralwissenschaften sehr verdient. Man hat jedoch auch von ihm manche schätzbare Werke über Staatskunst ...".

3 A.a.O., 9. Band, Seite 701; die Erstauflage stammt von 1796 - 1810.

4 Ersteintrag unter dem Stichwort Justi in "Herders Conversations-Lexikon", 3. Auflage von 1905, 4. Band; Eintrag bei Brockhaus erst in der 15. Auflage von 1931, 9. Band.

(c) 20. Jahrhundert

Zu Beginn unseres Jahrhunderts macht *Frensdorff* (1901 und 1903) darauf aufmerksam, daß Justis Schriften zur Staatslehre noch nicht hinreichend gewürdigt sind. *Sommers* dogmengeschichtliche Darstellung des Österreichischen Kameralismus ergänzt *Frensdorffs* [1] Beitrag zu Justis Staatslehre erst in den Jahren 1920/1925. [2] In den 30er und 40er Jahren wird in der Regel zum Zwecke der Rechtfertigung des nationalsozialistischen Führerstaates auf Justi zurückgegriffen. [3] Im Jahre 1938 veröffentlicht Partick seine in großen Zügen an *Sommer* orientierte Dissertation über Justis Staatstheorie (Univ. Wien, Phil. Fak.). Aus der DDR liefern in den 60er und 70er Jahren *Schmidt* und *Koch* neues Tatsachenmaterial zu Justis Leben und Werk. Moderne bundesrepublikanische Gesamtdarstellungen zur Verfassungsgeschichte kennen, folgt man den Namensregistern, Justi nicht. In dem von *Stolleis* herausgegebenen Band "Staatsdenker des 17. und 18. Jahrhunderts" (1977) wird Justi nur bezüglich der Frage, ob die deutsche Übersetzung des "Abriss der Staatsverfassung" von *Hippolithus a Lapide* auf ihn zurückgehen könnte, in einer Fußnote erwähnt. [4] Im ersten Band seiner "Geschichte des öffentlichen Rechts in Deutschland" (1988) wird Justi als Kameralist und Policey-

---

1 Teile des letzten Drittels bei *Frensdorff* (1903).

2 Im Register *Landsbergs* (1910) ist Justi nicht verzeichnet.

3 *Walb* (1936), Seite 26: "Überblickt man diese Leistungen (des Nationalsozialismus, der Verfasser)... so erkennt man darin die Bestätigung eines Gedankens, des heute so oft genannten Justi: Die Regierung eines Einzigen bringt in einem Jahre oft Dinge zuwege, die Mehrheitsregierungen in Jahrhunderten nicht fertig bringen. Uns allen aber erwächst daraus die Pflicht, ... uns restlos einzusetzen, um an der Erfüllung der großen Ziele, die der Führer sich gestellt hat, mitzuarbeiten." Im übrigen hat *Walb* verfälschend zitiert. Als Quelle nennt er die *Staatswirtschaft*, Band 1, Seite 33. Diese Angabe bezieht sich nach seinem Schriftenverzeichnis auf die 1. Auflage. In der 2. Auflage findet sich die von *Walb* gemeinte Stelle in § 10 auf Seite 38. Justi schreibt dort ausdrücklich: "Es ist auch gewiß, daß ein einziger g u t e r Monarch so viel Gutes stiften kann, als freye Republiken in Jahrhunderten nicht zu Stande bringen können." (Sperrung durch den Verfasser). Unterschlagen hat *Walb* auch die Anmerkung zu § 10, die sich schon in der ersten Auflage findet: "Man kann nicht leugnen, daß die monarchische Regierungsform sehr gemißbrauchet werden, und denen Unterthanen zu großem Elend und Unglück gereichen kann. Wollte auch Gott, es wären nicht so viele Beyspiele tyrannischer und übelgeführter Alleinherrschaften vorhanden, als sich leider in den Geschichten finden." In der gedanklich gleichen Tendenz versucht *Rath* (1940), in Justis Definition der Wissenschaften ein staatliches Element zu finden (siehe oben Seite 37 f).

4 *Stolleis* (1977), Seite 127.

wissenschaftler erfaßt. [1] Die neuesten Ausgaben der allgemeinen Nachschlagewerke kennen Justi nur als Kameralisten. Nach der Veröffentlichung eines Aufsatzes durch *von Unruh* (1969) findet Justi in Stellungnahmen zu Geschichte und Recht im 18. Jahrhundert zunehmend Berücksichtigung. [2] Ausgewählte Aspekte der politischen Metaphysik Justis werden in Zeitschriften besprochen. [3] Die besondere Bedeutung und den eigenständigen Wert des Werkes Justis betont *Würtenberger* in seinem Aufsatz "An der Schwelle zum Verfassungsstaat" (1988).

---

1 *Stolleis* (1988), Seite 295, 376 - 383.

2 Vgl. die Arbeiten von *Becher*, *Becker* (*Becker*, Seite 48: "teils äußerst moderne Verwaltungslehre"), *Brückner*, *Dittrich*, *Dreitzel*, *Kuriki*, *Maier* und *Stollberg-Rilinger*.

3 Vgl. die Arbeiten von *Dreitzel*, *Ebihara*, *Engelhardt*, *Schmelzeisen* und *Würtenberger*.

4 STAATSPHILOSOPHISCHER UNTERBAU UND GESCHICHTLICHE ENTSTEHUNG DES STAATES

4.1 Überblick

Justi trennt die historisch-tatsächliche Staatsentstehung von der juristisch-abstrakten Grundlegung des Staates. [1] Am intensivsten bespricht er beide Themenbereiche in *Natur und Wesen*. Das erste Hauptstück trägt den Titel "Von dem Ursprung der Republiken" und behandelt die historisch-tatsächliche Entstehung der Staaten. Das zweite Hauptstück "Von dem Grunde der Republiken" beschäftigt sich mit einer abstrakten Staatskonstruktion. [2] Im vorliegenden Kapitel werden Justis philosophische Grundlagen (4.2.1) und die daraus abgeleitete historisch-tatsächliche Staatsentstehung (4.2.2) erörtert. In diesem Zusammenhang wird eine Übersicht zur Verwendung des Begriffs der Verfassung bei Justi gegeben (4.2.3). Erst die folgenden Kapitel beschäftigen sich mit dem (ebenfalls aus der philosophischen Erkenntnis über die Natur des Menschen abgeleiteten) Endzweck des Staates, der durch diesen Endzweck gerechtfertigten [3] Errichtung des Staatswesens und der im Anschluß an die Staatsgründung erforderlichen Einsetzung einer Regierung.

---

1 Nach *Sommer* (Seite 201 f) befindet sich Justi in einem Spannungsfeld zwischen mechanischer und soziologisch-organischer Staatsauffassung: "Dieses eigentümliche Ineinanderspielen soziologisch-organischer und mechanistischer Betrachtungsweise, die scharfe Gegenüberstellung von gewollter Staatsgründung und spontaner Staatsentstehung ist charakteristisch für die literarhistorische Stellung J.s, der auf einer Seite in seiner Methode beeinflußt ist von den deutschen Naturrechtslehrern ..., auf der anderen Seite ganz dem Einfluß Montesquieus unterliegt, Montesquieus, der so beherrscht ist von der Vorstellung des Irrational-Gewordenen, daß er auf die Vertragsgrundlage gänzlich verzichtet und die Frage nach dem Staatszweck überhaupt nicht mehr aufwirft." (Zur Frage, ob Justi der Staatsentstehung durch Vertrag tatsächlich ablehnend gegenübersteht, siehe unten Seite 129 ff).

2 Nach *Sommer* (Seite 192) und *Partick* (Seite 27) ist die Unterscheidung zwischen philosophischer und juristischer Begründung des Staates in Justis Trennung zwischen den moralischen und den physischen Gründen der Staatsentstehung zu finden (zur aus moralischen und physischen Gründen bestehenden Staatsdefinition Justis siehe unten Seite 117 ff). Beide Autoren übersehen, daß Justis abstrakt-juristische Definition des Staates moralische und physische Gründe kombiniert.

3 *Grundfeste*, Band 2, § 112 (Seite 102), sinngemäß: nur der Endzweck der bürgerlichen Verfassungen, die gemeinschaftliche Wohlfahrt, kann die einzelnen Familien bewegen, in eine bürgerliche Gesellschaft zusammen zu treten.

Wie sehr es Justi an einer Diskussion seiner philosophischen Grundkonzeption gelegen ist, zeigt der Schlußsatz aus *Natur und Wesen*. Justi fordert, daß "die Herrschenden das Wesen und die Natur der Staaten" (in letzter Konsequenz die Natur des Menschen) "einsehen mögen". Für ihn sind es die "allerthörichsten Unternehmen, die je einem Rasenden einfallen können" [1], das Wesen und den Grund der Dinge nicht zu erkennen und dennoch zu regieren. Daß die Hoffnung auf diese grundlegenden Einsichten ihm wenig realistisch erscheint, offenbaren seine Urteile über die tatsächlichen Fähigkeiten der Regenten und Minister. Während er in den unter eigenem Namen veröffentlichten und auf die Basis der Monarchie zugeschnittenen Schriften nicht mit teils scharfer Kritik an den Monarchen spart [2], verwendet er in seinen anonymen Texten volksnähere Formulierungen [3].

Neben der Bedeutung seiner philosophischen Arbeit als d i e Grundlage der politischen Metaphysik und der Einschätzung Justis über deren Stellenwert, bietet auch die moderne Literatur hinreichend Anlaß zu einer Auseinandersetzung mit seinen staatsphilosophischen Erkenntnissen; denn die philosophische Grundkonzeption Justis wird in einem fortschreitenden Verschüttungsprozeß zunehmend entproblematisiert und verfälscht. So versucht *Marchet* [4] (1885), zwischen der allgemeinen und der Rechtsphilosophie Justis zu trennen. Die Rechtsphilosophie besitze eine ungleich größere Bedeutung. Diese Trennung scheint er letztlich zugunsten der These, Justi habe ohne philosophische Basis operiert, wieder

---

1 *Fabeln und Erzählungen*, Zueignung, Seite 7.

2 Anmerkungen zu *Beweiß, daß die Universalmonarchie vor die Wohlfahrt von Europa und überhaupt des menschlichen Geschlechts die größte Glückseligkeit wirken würde* (*Gesammelte Politische und Finanzschriften*, Band 2, Seite 235 - 237): die Universalmonarchie werde in der Regel in eine Despotie umschlagen, da die Regenten "weder weise noch vollkommen" sind; zur Kritik in den *Vergleichungen* siehe oben Seite 55.

3 Die Herrschenden vergleicht er unter anderem mit "Mastschweinen" und "beständig auf dem Kissen liegenden Möpsen" (*Der dicke Landmann und die mageren Pferde* in *Fabeln und Erzählungen*, Seite 134); Darstellung der Regenten und ihrer Minister als Despoten in *Die Kriege der Bienen* (*Fabeln und Erzählungen*, Seite 60 - 63). Ein auszugsweiser Wiederabdruck der Seiten 25 bis 38 aus den *Fabeln und Erzählungen* findet sich in den *Göttingischen Policey Amts-Nachrichten*, Seite 353 - 363. Die Kritik der Seiten 60 - 63 aus den *Fabeln und Erzählungen* ist hier ausgespart.

4 *Marchet*, Seite 284, 290 und 278.

aufzugeben. Nach *Bollnow* [1] (1941) bleibt Justis philosophische Arbeit seiner kameralistischen Leistung gegenüber "gewiß sekundär"; oft stimme Justi (von *Bollnow* nicht belegt) bis auf den Wortlaut mit *Wolff* überein. *Schmelzeisen* [2] (1977) geht davon aus, daß Justi den Staat nicht in Frage stelle.

4.2 Theorie Justis

4.2.1 Staatsphilosophischer Unterbau

Die einzige Legitimationsquelle philosophischer Arbeit ist für Justi entsprechend seinem Wissenschaftsbegriff [3] der praktische Nutzen für die menschliche Gesellschaft . Früh wendet er sich gegen eine Philosophie, die sich "im Ungewissen und Fabelhaften vertieft und das Gewisse aus den Augen verliert" [4]. Selbstbewußt stellt er die praktischen Ergebnisse seiner Philosophie den, so glaubt er, nutzlosen Ansätzen der Größen jener Zeit gegenüber. In diesem Sinne sucht er sich insbesondere von *Leibniz* und dessen Monadenlehre abzugrenzen:

> "Die Philosophie ... träget viel zur menschlichen Glückseeligkeit bey. Allein wenn ein unnützer Weltweiser darüber kommt, dessen Gehirne mit nichts, als abgesonderten Begriffen aus der Metaphysik erfüllet ist, der wendet alle seine Bemühung auf Ergründung vergeblicher Dinge an. Er untersuchet sehr ängstlich, ob die Logik eine Kunst oder eine Wissenschaft sey, und steigt mit seinen Gedanken ins Eingeweide unsrer Erdkugel, oder beschenket die Welt mit seinen Träumereyen von uranfänglichen Theilgen der Materie. ... er verdient aber dadurch den Namen eines unnützen Gelehrten." [5]

Justis Thesen zur Natur des Menschen bilden die Grundlage für die

1 *Bollnow*, Seite 382 f.
2 *Schmelzeisen* (1977), Seite 620, mit Verweis auf *Grundfeste*, Band 2, Seite 483 f.
3 Siehe oben Seite 37 ff.
4 Antrittsrede am Theresianum (1750) in: *Auf höchsten Befehl erstattetes Gutachten*; darin enthalten die *Rede von dem unzertrennlichen Zusammenhang*, Seite 64.
5 *Von den unnützen Bemühungen einiger Gelehrter* (*Moralische und Philosophische Schriften*, Band 2, Seite 57 f).

juristisch-abstrakte Konstruktion des Staates; denn die natürliche Beschaffenheit des Menschen ist Justis Punkt höchster Gewißheit, aus dem er (nach dem Vorbild der Methode *Wolffs* [1]) weitere Erkenntnisse in vernünftigen Schlüssen abzuleiten bemüht ist. [2] Aus ihr ist nicht allein die geschichtliche Entstehung [3] des Staates zu folgern. Vielmehr ergibt sich für Justi das Natur- und damit der Rahmen des Vernunftrechts aus der von Gott gegebenen, durch den menschlichen Verstand noch unverdorbenen Natur des Menschen. [4] Die stete Rückorientierung auf die natürliche Beschaffenheit bestimmt auf diese Weise die gesamte juristische Konstruktion des Staates. Sei es die Frage nach dem movens der Staatstätigkeit [5], wirksamer Machtmäßigungsmethoden [6], der Regierungsform [7], angemessener Gesetze [8] oder die Frage nach dem Endzweck des Staates [9] - Justis Vorschläge gründen immer auf der Natur des Menschen. [10] Sogar in den primär staatswirtschaftsbezogenen Schriften kann Justi auf einleitende Worte zu diesem Bereich nicht verzichten. [11] Seine Lehre von der natürlichen Beschaffenheit des Menschen erweist sich damit als der allgegenwärtige Mittelpunkt der politischen Metaphysik. Die kraft philosophischer Bemühung erkannte Natur des Menschen und das aus

---

1 Siehe oben Seite 39 f.

2 Eine Ausnahme bilden die *Physicalischen und Politischen Betrachtungen* (siehe oben Seite 56 f) und die *Vergleichungen* (siehe oben Seite 55 f).

3 Vgl. *Natur und Wesen*, 1. Hauptstück. Daß Justi als Hilfsvorstellung für den vorstaatlichen Zustand das Verhältnis der "freyen Prinzen und Staaten" , d.h. das Verhältnis zwischen souveränen Staaten, heranzieht (*Natur und Wesen*, § 1, Seite 4, und § 2, Seite 7), ist kein Widerspruch zur ausschließlichen Ableitung der historischen Staatsentstehung aus der Natur des Menschen. Es handelt sich hierbei um eine Hilfsvorstellung und nicht um eine Begründung.

4 Für das Naturrecht: *Von der Herrschaft* (*Deutsche Memoires*, Band 3, Seite 288); zur Beziehung zwischen Natur- und Vernunftrecht siehe unten Seite 261 - 263.

5 *Grundriß*, § 15 (Seite 10); *Natur und Wesen*, § 100 f (Seite 225 ff).

6 Siehe unten Seite 175 ff und 203 ff.

7 Statt vieler Einzelnennungen: *Vergleichungen*, Seite 3.

8 *Natur und Wesen*, § 171 (Seite 378), § 185 (Seite 409).

9 *Natur und Wesen*, § 31 (Seite 61 f).

10 Es trifft nicht zu, daß Justi als den Punkt höchster Gewißheit, aus dem alle Erkenntnis abfließe, den Endzweck des jeweiligen Wissenschaftsgebietes wähle (so aber *Sommer*, Seite 181). Für Justis Staatswissenschaften ist es die Natur des Menschen (nicht der Endzweck des Staates, das ist die gemeinschaftliche Glückseligkeit), auf die er als Grundwahrheit zurückgreift. *Sommers* Ansicht dürfte aus den mißverständlichen Formulierungen Justis in den *Grundsätzen der Policeywissenschaft*, Vorrede der ersten Ausgabe, Seite 8, und *Staatswirtschaft*, Band 1, § 8 (Seite 35), entstanden sein.

11 *Chimäre des Gleichgewichts der Handlung* und *System des Finanzwesens*.

ihr ablesbare natürliche Recht bilden die eigentliche Grundlage der Staatslehre Justis.

Deshalb ist die These [1], es sei bislang übersehen worden, daß Justi als erster in Deutschland wieder eine Staatslehre vorlegte, die nicht vom Naturrecht, sondern von den sozialen Prozessen der Gesellschafts- und Staatsbildung ausging, wenig überzeugend. Begreift man das Naturrecht als

> "ein für alle Völker und Zeiten gültiges Idealrecht, das seine Entstehung nicht der Rechtsordnung durch die Staatsgewalt oder eine andere Sozialautorität verdankt, sondern von Natur aus ebenso für den einzelnen wie auch für den Staat und jede sonstige Gemeinschaft vorgegeben ist" [2],

dann steht die naturrechtliche Basis in Justis politischer Metaphysik außer Zweifel.

Den Kern des philosophischen Unterbaus Justis bildet die Annahme, daß den von Gott mit gleicher Gunst, Rechten und Vorzügen [3] versehenen Menschen allein die Fähigkeit zur Erkenntnis und nicht Erkenntnis an sich gegeben ist. Über Erkenntnis an sich kann der Mensch nicht verfügen, weil Gott neben sich kein weiteres unendliches Wesen erschaffen konnte. Der Mensch besitzt einen (unter diesen Voraussetzungen notwendig immer) eingeschränkten Verstand. Schrittweise wird er seine Fähigkeit zur Erkenntnis ausbauen. [4] Der Endzweck des eingeschränkten Verstandes ist, sich selbst zu regieren. [5] Der Mensch besitzt weder einen

---

1 *Dreitzel*, Seite 160.
2 *Süsterhenn*, Seite 11.
3 *Grundriß*, § 2 (Seite 3).
4 *Abhandlung von dem Zusammenhang der Vollkommenheit der Sprache*, §§ 10 f; *Auf höchsten Befehl erstattetes Gutachten*, Seite 48; *Natur und Wesen*, § 3 (Seite 8 f), § 8 (Seite 19 ff), § 185 (Seite 407 f); *Vergleichungen*, Seite 346; vgl. erg. *Bollnow*.
5 *Betrachtungen über die Monarchien und Aristocratien* (*Gesammelte Politische und Finanzschriften*, Band 2, Seite 177). Den erreichten Grad der Vernunftbestimmung schätzt Justi niedrig ein. Wiederholt stellt er fest, daß die wenigsten Menschen, "die Regenten nicht ausgenommen" (vgl. *Grundriß*, Vorrede, Seite 9 f), "... wahrhaft denkende Wesen sind, sondern ... Wesen, ..., die sich ... nicht durch die Vernunft, sondern durch ... die Leidenschaften regieren lassen." (*Grundfeste*, Band 2, § 452; ähnlich in: *Chimäre des Gleichgewichts der Handlung und Schiffahrt*, Seite 4, und *Der Krieg - eine prosaische Ode* in *Scherzhafte Schriften*, Band 1, Seite 259, und *Betrachtungen über die Monarchien und Aristocratien* in *Politische und Finanzschriften*,

ursprünglichen (a) Herrschafts- noch (b) Gesellschaftstrieb. Die Natur hat dem Menschen nur (c) einen Selbsterhaltungstrieb gegeben. [1]

Eingeschränkte menschliche Vernunft und Selbsterhaltungstrieb sind die beiden Säulen der Staatsphilosophie Justis. Vernunftbegabung und Selbsterhaltungstrieb spielen so zusammen, daß die Eigenliebe zum movens allen Handelns und die Vernunft zum primären gesellschafts- und herrschaftsbildenden Faktor wird.

(a) Ablehnung eines Herrschaftstriebes

Da Zwang und Herrschaft zu den komplizierteren abstrakten Begriffen zählen, kann sie der mit der Fähigkeit zur Erkenntnis versehene Mensch nicht von Natur aus gehabt haben. Er ist demnach weder ursprünglich böse noch hegt er anfänglich den Wunsch, andere zu unterdrücken. Unterdrückungsbegierde und Bosheit sind keine ursprünglichen natürlichen Triebe des Menschen. Als "verderbte" Leidenschaften sind sie die Folgen einer nicht vollständigen Entwicklung des menschlichen Verstandes. [2] Konsequent lehnt Justi einen uranfänglichen, im natürlichen Recht verankerten Krieg aller gegen alle ab. [3] Ausdrücklich wendet er sich gegen den in der Natur des Menschen gegründeten Herrschaftstrieb des *Hobbes*:

> "Allein ob wir gleich in der Natur finden, daß die Thiere Gewalt und Herrschaft übereinander ausüben; und ob wir gleich gewahr werden, daß die Menschen eine ähnliche Neigung haben; so folget ... daraus nicht, daß dieses Verfahren in dem natürlichen Recht gegründet sey, oder gar das ganze natürliche Recht ausmache." [4]

Band 2, Seite 177 f).

1 *Natur und Wesen*, § 31 (Seite 62); *Grundriß*, § 69 (Seite 55).

2 *Natur und Wesen*, § 18 (Seite 39 f), § 8 (Seite 20 - 22); *Grundriß*, § 68 (Seite 53); *Vergleichungen*, Seite 192; *Von der Herrschaft* (*Deutsche Memoires*, Band 3, Seite 288).

3 *Natur und Wesen*, § 3 (Seite 9), § 8 (Seite 19 - 21), § 18 (Seite 39 f); *Grundriß*, § 172 (Seite 212 f) unter Verweisung auf *Montesquieu*, Buch 1, Kapitel 2; vgl. erg. den Aufsatz *Von der Herrschaft eines Thieres über das andere, und der Gewalt, welche die Menschen über die Thiere und über einander selbst ausüben* (*Deutsche Memoires*, Band 3, Seite 276 - 292).

4 *Von der Herrschaft* (*Deutsche Memoires*, Band 3, Seite 278).

Hobbes übersehe, daß zwischen dem natürlichen Recht und der Natur des Menschen zu unterscheiden ist. Die Natur des Menschen umfaßt gute und verderbte Leidenschaften. Der Krieg entsteht aus den verderbten Leidenschaften, nicht aus dem Naturrecht. Das natürliche Recht kann nur aus der inneren, von Gott direkt vorgeschriebenen Natur des Menschen abgeleitet werden, nicht aus der durch den Menschen selbstverschuldet verderbten Natur:

> "Der Grundsatz des natürlichen Rechtes muß ... aus dem Innern der menschlichen Natur hergeleitet werden; allein da der Schöpfer selbst der weise Gesetzgeber davon gewesen ... , so ist nicht anderes möglich, als daß man den Grundsatz desselben aus einer guten Seite der menschlichen Natur herleiten müsse. Man muß nicht die Leidenschaften und die Ausschweifungen der Triebe zum Vorwurf nehmen, sondern die guten Triebe selbst, und diese müssen der Grundsatz und die Richtschnur des natürlichen Rechtes seyn." [1]

Von der Stellung gegen einen uranfänglichen Krieg weicht Justi zeitlebens nicht ab. In der zwei Jahre vor seinem Tod unter einem Pseudonym erschienenen Schrift *Physicalische und Politische Betrachtungen* setzt er dem Herrschaftstrieb des *Hobbes* die Selbsterhaltung als den allgemeinen Grundsatz (oder: das erste und höchste Gesetz [2]) des natürlichen Rechts gegenüber:

> "Des Hobbesius Grundsatz des Naturrechts: wer den andern vermag, der steckt ihn in den Sack, ist nicht gänzlich zu verwerfen, wenn er mit einer vernünftigen Einschränkung angenommen wird. Es ist wahr, daß die ganze Natur in einer gewissen Art von Streit lieget, durch welchen alle Geschöpfe sich vorzüglich vor allen andern bey ihrer Glückseligkeit und Selbsterhaltung zu behaupten suchen." [3]

(b) Ablehnung eines Gesellschaftstriebes

Lehren, die den Ursprung des gesellschaftlichen Lebens aus Trieben ableiten, lehnt Justi ab. [4] Die Gesellschaftsbildung sei

---

1 *Von der Herrschaft* (*Deutsche Memoires*, Band 3, Seite 288).

2 Siehe unten Seite 262.

3 *Physicalische und Politische Betrachtungen*, Seite 71.

4 In seinen frühen Schriften (*Abhandlung von dem Zusammenhang der Vollkommenheit der Sprache*, -1750-, § 3, und in *Auf höchsten Befehl erstattetes Gutachten* -1752-, Seite 49) nennt Justi als gesellschaftsbildende Faktoren den "Trieb der Geselligkeit" und (allein in der

im Grunde allein vernunftbedingt; denn erst der vernünftig werdende Mensch erkennt die Vorteile des gemeinschaftlichen Beistandes. Durch die vernunftbedingte Wahrnehmung seiner Schwäche stellt sich die Furcht als ein erster natürlicher Trieb ein. Auf diese Weise erfährt der Mensch die Notwendigkeit des gesellschaftlichen Zusammenschlusses. [1] Die Gesellschaftsbildung ist also kein Produkt einer uranfänglichen Furcht. Mit ihrer Einführung liefert Justi keinen eigenständigen, neben der Vernunft bestehenden Argumentationsstrang. [2] Auslöser der Gesellschaftsbildung sind vielmehr einzig die durch die Vernunft mögliche Einsicht in die Vorteile der gemeinschaftlichen Zusammenarbeit, die daraus resultierenden gesteigerten Bedürfnisse und die erst jetzt einsetzende Furcht vor deren Nichterfüllung. Desweiteren spreche die Eigenliebe des Menschen, die dafür sorgt, daß der Mensch zunächst vor seinem Mitmenschen flieht, gegen einen Gesellschaftstrieb. [3] Außerdem setze eine Gesellschaft bei ihren Mitgliedern den Begriff der "billigen Teilung" der durch die Gesellschaft erlangten Vorteile voraus. Eine solche Begrifflichkeit könne ob ihrer Komplexität nicht in einem natürlichen Trieb verankert sein. [4] Wenn viele Menschen dennoch glauben, sie besäßen einen natürlichen Trieb zur Gesellschaft, so beruhe dies auf purer Gewohnheit und der "Leere ihres Geistes". [5]

(c) Der Selbsterhaltungstrieb des Menschen

Als einzigen uranfänglichen Trieb hat Gott dem Menschen den Selbsterhaltungstrieb, die rein egoistische Eigenliebe "zu allem das von uns herkommt" gegeben. Der Selbsterhaltungstrieb ist das movens sämtlicher Handlungen. Aus ihm entsteht das Streben nach Verwirklichung der stets auf sich selbst bezogenen Glückselig-

---

Abhandlung) "noch mehr die Erhaltung und Bequemlichkeit des Lebens". Diese These gibt er in seinen späteren Werken auf.

1 *Natur und Wesen*, § 6 (erster Satz), § 8 (Seite 20), § 199 (443 f); *System des Finanzwesens*, Einleitung, § 1 (Seite 1); *Grundfeste*, § 16 (Seite 15).

2 So aber *Brückner*, Seite 230, die Justi insofern Widersprüchlichkeit unterstellt.

3 *Natur und Wesen*, § 193 (Seite 431).

4 *Natur und Wesen*, § 6 (Seite 16 f).

5 *System des Finanzwesens*, Einleitung, § 1 (Seite 1); *Natur und Wesen*, § 5 (Seite 14).

keit. [1] Er ist der Grund, aus dem sogar tugendhafte und weise Menschen geneigt sind, ihre Gewalt möglichst weit zu erstrecken. [2] Der Selbsterhaltungstrieb ist moralisch nicht bewertbar. [3]

Die These, das treibende Moment allen Wollens liege für Justi im Streben nach "gemeinschaftlicher" Glückseligkeit [4], vermag nicht zu überzeugen. Justi kennt keinen ursprünglichen Trieb zur gemeinschaftlichen Glückseligkeit, sondern allein das egoistische Verlangen nach eigener Glückseligkeit.

4.2.2 Historische Entwicklung des Staates

Aufbauend auf der Natur des Menschen läßt sich die historisch-tatsächliche Entstehung des Staates nach Justi in vier Stufen nachzeichnen. Zeitlich aufeinander folgen: (a) der Stand der ersten Wildheit, (b) der Stand der natürlichen Freiheit, (c) der Stand des Krieges und (d) die Einführung der bürgerlichen

---

1 *Natur und Wesen*, § 31 (Seite 62) und § 101 (Seite 226); bestätigt in *Beweiß, daß die Eigenliebe alle Tugenden und alle Laster wirke* (*Moralische und Philosophische Schriften*, Band 1, Seite 83 f) und in *Beweiß, daß alle Menschen gleich glücklich sind* (*Moralische und Philosophische Schriften*, Band 1, Seite 51) sowie in *Von der Herrschaft eines Thieres über das andere* (*Deutsche Memoires*, Band 3, Seite 278) und in *Von der Liebe zu dem Vaterlande* (*Moralische und Philosophische Schriften*, Band 1, Seite 213 f). Die Eigenliebe als natürlichste Eigenschaft des Menschen in *Chimäre des Gleichgewichts der Handlung und Schiffahrt*, Seite 3. In der *Dichterinsul*, Seite 1, schreibt Justi, daß "all unsre Handlungen durch die Eigenliebe regieret werden"; vgl. erg. *Grundriß*, § 69 (Seite 55 f).

2 *Grundriß*, § 173 (Seite 213).

3 *Moralische und Philosophische Schriften*, Seite 85: "Unsre Handlungen sind entweder nach einer wahrhaftigen Vernunft eingerichtet oder nicht. Sind sie der gesunden Vernunft oder dem natürlichen Gesetz gemäß, so sind es Tugenden; sind sie aber demselben entgegen: so sind es Laster. Es veroffenbaret sich demnach aus dem Wesen der Eigenliebe, daß sie beyde, Tugenden und Laster wirken müsse."; *Von der Herrschaft eines Thieres* (*Deutsche Memoires*, Band 3, Seite 286): "Das Bellum omnium contra omnes ist ... in der verderbten Natur des Menschen gegründet. Es entspringet nehmlich aus unsern verderbten Leidenschaften, welche ihren Grund so wohl als die guten in der menschlichen Natur haben. Die Eigenliebe ... trägt auch hier das ihrige mit bey.".

4 Die von *Engelhardt*, Seite 49, FN 64, für diese These angegebene Quelle in der *Rede vom Zusammenhang eines blühenden Zustandes der Wissenschaften* (*Politische und Finanzschriften*, Band 2, Seite 140) bezieht sich auf die Glückseligkeit nach erfolgter Staatsbildung. Als Beleg für die grundlegende Natur des Menschen kann sie nicht dienen. Zu *Engelhardts* Nachweis auf Seite 155: Justi spricht hier zwar von einem Trieb zur gemeinschaftlichen Glückseligkeit, bezieht dies aber auf den bereits im staatlichen Zustand lebenden Menschen. Der von *Engelhardt* angeführte *Rath* (a.a.O., Seite 83) behandelt nicht die Frage, welches das treibende Moment für die menschlichen Handlungen sei, sondern bespricht Justis Endzweck der Republiken.

Verfassungen (die Errichtung des Staates).[1]

(a) Der Stand der ersten Wildheit[2]

Die Menschheitsgeschichte beginnt mit dem Stand der ersten Wildheit. Allein durch ihre Fähigkeit zur Erkenntnis unterscheiden sich die "menschlichen Figuren" von den Tieren. Der Mensch hat ein wenig abstraktes Verständnis seiner Umwelt. Jedenfalls geht es zu weit, ihm eine Vorstellung von komplexen Begriffen wie beispielsweise "Willen", "Zwang" oder "Gesetz" zuzusprechen. Für eine solche Begriffsbildung besteht in dieser Phase noch keine Notwendigkeit; denn die Bedürfnisse des Menschen werden erst mit der aufkeimenden Erkenntnisfähigkeit zunehmen.

(b) Der Stand der natürlichen Freiheit

Die folgende Entwicklungsstufe, der Stand der natürlichen Freiheit, setzt mit den Anfängen des menschlichen Verstandes ein, d.h. mit dem Vorhandensein der zur Erkenntnis von "Existenz" und "Freiheit" erforderlichen Begriffssammlung. Mit diesem Verständnis lebt der Mensch in einem Stand der Freiheit; denn

> "Man kann kein Geschöpf vor frey erachten, wenn es nicht sich selbst, sein Daseyn und seine Freiheit erkennet".[3]

Erst zu diesem Zeitpunkt endet das bloße "Nebeneinanderherleben" der menschlichen Figuren und eine gemeinschaftliche Zusammenarbeit, etwa zur Nahrungsbeschaffung oder zur Abwehr gegen

---

1 Trotz teilweise unscharfer Formulierung trennt Justi zwischen dem "Stand der ersten Wildheit" und dem "Stand der natürlichen Freiheit". In den §§ 1 und 2 *Natur und Wesen* sowie in § 2 *Grundriß* kann der Eindruck entstehen, als vermische er beide Phasen. Die unscharfen Formulierungen erklären sich für den *Grundriß* aus der parallel laufenden Arbeit zu dem kurze Zeit später veröffentlichten Werk *Natur und Wesen*. Die Thematik des *Grundriß* mußte sich in ihrem abstrakten Ausgangspunkt, der Natur des Menschen, zwar mit *Natur und Wesen* decken, damit war es aber nicht erforderlich, zugleich die geschichtliche Entstehung des Staates in allen Einzelheiten und begrifflich an *Natur und Wesen* angepaßt auszuführen. Für *Natur und Wesen*, §§ 1 und 2, erklären sich die Formulierungen aus der Funktion der Abschnitte. Justi wollte an dieser frühen Stelle eine Einführung geben. In den späteren Abschnitten unterscheidet er deutlich zwischen den verschiedenen Entwicklungsstufen.

2 Vgl. insbes. *Natur und Wesen*, § 3 (Seite 8 ff).

3 *Natur und Wesen*, § 4 (Seite 11).

Überfälle von außen, wird möglich. Die sich bildenden Gesellschaften bestehen aus vielen Familien. [1] Ihr "Endzweck" ist der "gemeinschaftliche Beistand" [2], der sich für den einzelnen in der "Teilnehmung an der großen Kraft der Gesellschaft" äußert, d.h. darin, daß jeder Gesellschafter an der durch die Gesellschaftsbildung entstehenden zusammengesetzten Kraft Anteil hat. [3]

Die Gesellschaften im Stand der natürlichen Freiheit kennen nur die Kräftevereinigung. Eine zusätzliche Vereinigung der Einzelwillen der Gesellschaftsmitglieder in einen gemeinsamen Gesellschaftswillen findet nicht statt. Der Wille des einzelnen ist mithin -trotz der Kräftevereinigung- frei. Die Gesellschaft hat keine oberste Gewalt über ihre Mitglieder. Jedes Mitglied kann die Gesellschaft nach Belieben verlassen. Die Menschen leben unter der Herrschaft des Natur- und eines beginnenden Vernunftrechts. Sie sind keinen anderen Gesetzen unterworfen als nur jenen, die aus ihrer eigenen Natur folgen (z.B.: Abhängigkeit der Kinder von den Eltern) oder die sie sich -als Gesetze der Vernunft [4]- auferlegen (z.B.: Notwendigkeit, in fremde Dienste zu treten). [5] Alle Gesellschafter sind insofern gleich. [6]

(c) Der Stand des Krieges

Die Notwendigkeit zur Errichtung des Staates ergibt sich aus der Entwicklung hin zum Stand des Krieges. Stehen an der Wiege des

---

1 *Natur und Wesen*, § 19 (Seite 41).

2 *Natur und Wesen*, § 9 (Seite 22); *System des Finanzwesens*, § 2 (Seite 1); *Grundriß*, § 68 (Seite 52).

3 *Grundriß*, § 3 (Seite 4).

4 Den Aspekt eines beginnenden Vernunftrechts übersieht *Partick* (Seite 4, FN 4, und Seite 5). Seine Folgerung, bei Justi sei die Kompetenz des Naturrechts "sehr weit" gefaßt, vermag nicht zu überzeugen.

5 Vgl. *Natur und Wesen*, § 2, Seite 7 f. A.a.O., § 9, Seite 22: "Ein jeder war noch seinem eigenen Willen und Gesetzen unterworfen, in so ferne er nicht von andern gezwungen wurde". Der Zusatz "insofern er nicht dazu gezwungen wurde" betrifft den Stand des Krieges und ist daher für den zu untersuchenden Stand der natürlichen Freiheit nicht von Bedeutung.

6 *Grundriß*, § 4 (Seite 4). In § 2 (Seite 3 f) nennt Justi den Stand der "natürlichen Freiheit" einen "Stand der Gleichheit" und die "bürgerlichen Verfassungen" einen "Stand der Ungleichheit".

Verstandes weder Bosheit noch die Begierde zu unterdrücken[1], so beginnt nach einiger Zeit die Unterwerfung der schwächeren unter die Gesetze der stärkeren Gesellschaftsmitglieder

> "... und der Zustand zu zwingen, oder gezwungen zu werden, kurz der Stand des Krieges nahm seinen Anfang" [2].

Die Entwicklung liegt in dem nur langsam voranschreitenden Aufbau des menschlichen Verstandes begründet. [3] Im Stand des Krieges leben die Menschen nicht mehr (wie im Stand der natürlichen Freiheit [4]) nur unter den Gesetzen, die aus ihrer eigenen Bestimmung folgen oder die sie sich selbst auferlegen, sondern auch unter von anderen aufgezwungenen Gesetzen.

(d) Die Einführung der bürgerlichen Verfassungen (Die Errichtung des Staates)

Um die innere Unordnung der im Stand des Krieges befindlichen Gesellschaft zu beseitigen, werden die "bürgerlichen Verfassungen" eingeführt. In diesen bürgerlichen Verfassungen leben wir noch heute. [5] Ihr besonderes Kennzeichen ist, daß in ihnen nicht nur eine (in jeder anderen Gesellschaft, sogar der vorstaatlichen, vorhandene) Kräftevereinigung, sondern zusätzlich eine Willensvereinigung erfolgt:

> "Um nun diesen Stand des Krieges aufhörend zu machen; so mußten die in einer Gesellschaft stehenden Menschen auch ihre Willen mit einander vereinigen; und diesen vereinigten Willen mußte ein jedes Mitglied der Gesellschaft seinen besondern Willen unterwerfen" [6].

Das hauptsächliche Unterscheidungsmerkmal der vorstaatlichen von den staatlichen Gesellschaften ist -in Konsequenz der nicht

---

1 *Natur und Wesen*, § 8 (Seite 21); zur Ablehnung eines Herrschaftstriebes bei Justi siehe oben Seite 82 f.

2 *Natur und Wesen*, § 7 (Seite 18).

3 *Natur und Wesen*, § 7 (Seite 17 f), § 10 (Seite 25).

4 Siehe oben Seite 86 f.

5 *Grundriß*, Vorrede, Seite 1.

6 *Grundriß*, § 5 (Seite 4 f).

erfolgten Willensvereinigung- das Fehlen einer obersten Gewalt. [1] In den bürgerlichen Verfassungen wird die vereinigte Kraft durch einen gemeinsamen Willen gesteuert. Zur Durchsetzung dieses Willens besteht eine oberste Gewalt der Gesellschaft über ihre Mitglieder. [2] In den vorstaatlichen Gesellschaften hingegen bedienen sich die in ihrem Willen voneinander und von der Gesellschaft unabhängigen Mitglieder der vereinigten Kräfte nach Belieben. [3]

Für Justi sind die Staaten mithin kein Produkt externer Einflüsse auf die vorstaatliche Gesellschaft. [4] Zur Abwendung von außen kommender Angriffe war der gemeinschaftliche Beistand aus der Gesellschaftsbildung ausreichend. [5] Es war auch nicht das Erfordernis einer allgemeinen gegenseitigen Hilfe, das den Staat notwendig werden ließ. Der Anlaß zur Errichtung bürgerlicher Verfassungen war nach Justi vielmehr allein die Wiederherstellung des inneren Friedens, so daß Person und Eigentum nicht länger willkürlichen Zugriffen anderer Gesellschaftsmitglieder ausgesetzt waren. [6]

Vorstaatliche und staatliche Gesellschaft haben unterschiedliche Endzwecke. Der Endzweck der vorstaatlichen Gesellschaften ist die Teilnahme an der vereinigten Kraft. Als ungleich größer erweist sich der Endzweck der aus Anlaß der Beseitigung des Kriegszustandes errichteten Republiken. Er liegt in der "gemeinschaftlichen Glückseligkeit". [7]

Die Willensvereinigung und die Einsetzung einer obersten Gewalt erfolgen nur nach und nach. Der Prozeß bleibt von den Mitgliedern

---

1 *Natur und Wesen*, §§ 9 - 11 (Seite 22 ff); zur obersten Gewalt als hauptsächlichem Unterscheidungsmerkmal a.a.O., § 9 (Seite 23, Zeile 5) und *System des Finanzwesens*, § 3 (Seite 2).

2 *Grundriß*, § 5 (Seite 5).

3 Siehe oben Seite 87.

4 Anders noch in der Antrittsrede in Wien (in *Auf höchsten Befehl*, Seite 55 f) und in *Betrachtungen über die Monarchien* (*Gesammelte Politische und Finanzschriften*, Band 2, Seite 180).

5 *Grundriß*, § 68 (Seite 53), § 199 (Seite 245); *Natur und Wesen*, § 11 (Seite 26).

6 *Grundriß*, § 199 (Seite 245).

7 *Grundriß*, § 3 (Seite 4); *Natur und Wesen*, § 9 (Seite 22 f); zur gemeinschaftlichen Glückseligkeit als dem Endzweck des Staates siehe unten Seite 103 ff.

der Gesellschaft nahezu unbemerkt. [1] Justi unterscheidet vier historische Konstellationen, die zur Staatsentstehung führen konnten [2]: (1) Der Staat bildet sich aus der väterlichen Gewalt über eine Familie. (2) Der Staat entwickelt sich aus dem Ansehen, das ein Gesellschaftsmitglied durch Tapferkeit und Billigkeit seiner Entscheidungen erwarb. (3) Aus der Unterrichtung des Volkes in nützlichen Künsten kann ebenfalls ein oberherrliches Ansehen entstehen. (4) Schließlich kann der Anführer eines auswandernden Volkes ein Ansehen erwerben, durch das er später als Oberhaupt anerkannt wird.

Justis Ausführungen zur ältesten Regierungsform sind mißverständlich formuliert. [3] Er verwirft die Annahme *Montesquieus*, eine Aristokratie sei zu diesem frühen Zeitpunkt denkbar; denn eine Grundverfassung [4] für die Herrschaft vieler zu errichten, habe die Menschen an der Schwelle zur bürgerlichen Verfassung überfordert. Dem Namen nach bezeichnet er eine "sehr gemäßigte Monarchie" als älteste Regierungsform. Inhaltlich meinte Justi das Gegenteil einer uneingeschränkten Herrschaft [5]: eine aus monarchischen und demokratischen Elementen bestehende vermischte Regierungsform. [6] Die Könige fungierten als Anführer im Krieg, als Richter und Oberpriester. Das Volk verfügte in seinen Versammlungen über die gesetzgebende Gewalt. Erst der Mißbrauch dieser "Monarchie" führte zu anderen bürgerlichen Verfassungen.

4.2.3 Der Begriff der Verfassung bei Justi

Mit dem Begriff der Verfassung verknüpft Justi fünf verschiedene Bedeutungsinhalte.

(1) Zunächst versteht er die Verfassung als Synonym für den

---

1 *Natur und Wesen*, § 11 (Seite 27).
2 *Natur und Wesen*, §§ 12 - 15 (Seite 27 - 35).
3 *Natur und Wesen*, § 17 (Seite 37); *Grundriß*, § 198 (Seite 254).
4 Zur Grundverfassung siehe unten Seite 91 f, 270 - 273, 277 - 279 und 310 - 312.
5 *Betrachtungen über die Monarchien* (*Gesammelte Politische und Finanzschriften*, Band 2, Seite 184).
6 *Natur und Wesen*, § 16 und 17 (Seite 35 ff); *Grundriß*, § 133 (Seite 145 f).

Begriff allgemeiner Zustand. Um einen solchen allgemeinen Zustand geht es ihm, wenn er von den Verfassungen der Kinderzucht [1], der Seele [2], der Rechte [3], der (vorstaatlichen) Gesellschaften [4] etc. spricht. Wenig geeignet erscheint daher *Frensdorffs* [5] Vorschlag, den Begriff der Verfassung bei Justi pauschal mit Ordnung oder Einrichtung zu übersetzen.

(2) Die Verfassungen sind für Justi ferner eine Bezeichnung für Gesetze im weitesten Sinne. [6]

(3) Eine Mischung aus diesen beiden Wortbedeutungen findet sich in dem von Justi als Beschreibung für die vierte Entwicklungsstufe [7] zum Staat gebrauchten Ausdruck "bürgerliche Verfassung". In ihrer primären Bedeutung ist diese bürgerliche Verfassung als bürgerlicher Zustand zu begreifen; denn in Fortführung des Sprachgebrauchs für die drei vorangehenden Stufen hätte Justi bei der vierten Stufe außer der Formulierung bürgerliche Verfassung auch den Terminus (allgemeiner Zu-) Stand der Bürgerlichkeit benutzen können. Andererseits verbindet er mit dem Begriff der bürgerlichen Verfassung als Bezeichnung für die vierte Entwicklungsstufe sogleich einen ihrer wesentlichsten Grundzüge, nämlich, daß sämtliche Gesetze des Staates (alle Verfassungen im Sinne der zweiten Wortbedeutung) letztendlich durch die Willensvereinigung der Bürger entstehen und aus ihr allein ihren Wirkungsanspruch schöpfen.

(4) Der Begriff der bürgerlichen Verfassungen findet nicht nur im Sinne der Abgrenzung des staatlichen von den vorstaatlichen Zuständen Anwendung, sondern wird bisweilen in Gegenüberstellung zu den politischen Verfassungen (d.h. den politischen Gesetzen) als Sammelbezeichnung für die Policey- und bürgerlichen Gesetze gebraucht. [8]

(5) Schließlich kennt Justi unter dem Begriff der Grundver-

---

1 *Moralische und Philosophische Schriften*, Band 1, Seite 97.
2 *Moralische und Philosophische Schriften*, Band 2, Seite 144.
3 *Von Besserung der Rechte* (*Deutsche Memoires*, Band 3, Seite 57).
4 *Ob ein Premierminister einem Staat zuträglich sey* (*Deutsche Memoires*, Band 3, Seite 414).
5 *Frensdorff* (1903), Seite 108.
6 Siehe unten Seite 269 unter (c).
7 Siehe oben Seite 88.
8 Vorrede zu *Politische und Finanzschriften*, Seite 5 f; vgl. erg. unten Seite 269.

fassungen oder Grundgesetze die moderne Bedeutung der Verfassung als der rechtlichen Festlegung der grundlegenden politischen Ordnung des Gemeinwesens in einem von der verfassungsgebenden Gewalt des Volkes erlassenen Staatsgrundgesetz. Der Inhalt dieses Verfassungsbegriffes wird an späterer Stelle erörtert. [1]

4.3 Zum Einfluß von Wolff und Montesquieu [2]

Daß die Staatslehre Justis auf dem Grunde der *Wolffschen* Philosophie beruht, war lange Zeit allgemein anerkannt. [3] Bezüglich der gemeinschaftlichen Glückseligkeit hatte als erste *Sommer* [4] (1920/1925) auf Widersprüche zwischen *Wolff* und Justi aufmerksam gemacht. Gegen Ende der 60er Jahre stellte *von Unruh* die These auf, Justi habe sich mit der Zeit von *Wolff* gelöst. [5] *Ebihara* wies 1985 nach, daß zwischen den Lehren Justis und *Wolffs* ein grundlegendes Spannungsverhältnis besteht.

Die These der vorliegenden Arbeit ist, daß Justi in den Grundlagen seiner Staatstheorie (jedenfalls in der Hauptphase seiner Arbeit, also ab der Mitte des Jahrhunderts [6]) eine *Wolff* weitgehend entgegengesetzte Lehre vertritt. *Montesquieu* ist für Justi insofern von Bedeutung, als er wichtige Impulse für die Weiterentwicklung Justis zu geben vermag. Dies belegt der Vergleich (a) der Beschreibungen des Naturzustandes und (b) des Begriffes sowie der Entstehung der Gesellschaften und des Staates.

---

1 Siehe unten Seite 270 - 273, 277 - 279 und 310 - 312.

2 Siehe oben Seite 5 f und 57.

3 Zusammenstellung bei *Ebihara*, Seite 242, FN 17; ergänzend hinzuzufügen sind *Bollnow* (siehe oben Seite 79) und *Dittrich* in "Kameralisten", Seite 104. Die Argumentation war in den meisten Fällen wenig konkret. Statt vieler vgl. *Frensdorff* (1903), Seite 111: Justis Staatslehre habe mit der *Wolffschen* Philosophie "nicht bloß die gemeinschaftliche Glückseligkeit ... , sondern auch die Consequenzen ... und mancherlei Einzelheiten gemein.".

4 *Sommer*, Seite 210 f.

5 *Von Unruh*, Seite 13.

6 Von der vor dieser Hauptphase liegenden Verehrung für *Wolff* gibt es nur wenige Informationen. Im Jahre 1745 nennt Justi in den *Ergetzungen* (Band 1, Seite 21) als einen der Autoren, deren Schriften "ihren Untergang nicht bei den Würzkrämern finden", neben *Newton, Steele, Locke, Voltaire* und *Leibniz* auch *Wolff*.

(a) Der Naturzustand

Justis Naturzustand stimmt im Ergebnis mit der Schilderung des uranfänglichen Zustandes des Menschen durch *Montesquieu* im "Esprit", Buch 1, Kapitel 2 und 3, überein. Sehr wahrscheinlich von ihm hatte Justi seine Vorstellung von den Grundelementen der natürlichen Beschaffenheit des Menschen (Vernunftbegabung und egoistischer Selbsterhaltungstrieb) [1] übernommen. Trotz aller Ähnlichkeit in den Ergebnissen handelt es sich jedoch lediglich um Impulse, die *Montesquieu* zu geben vermag. Bedingt durch die unterschiedliche Methode [2] mußte Justi eine eigenständige Beweisführung entwickeln. Nur an wenigen Stellen kann er die Argumentation *Montesquieus* übernehmen. So verwertet er beispielsweise Teile aus dessen Beweisführung zur Ablehnung des Herrschafts- [3] und des primären Gesellschaftstriebes [4].

Nur vordergründig deckt sich Justis Naturzustand mit demjenigen *Wolffs*. Auch bei *Wolff* finden sich die Elemente der Vernunftbegabung [5] und der durch die Vernunft regierten Selbstliebe [6]. Nach *Wolff* ist der Mensch "von Anbeginn an verpflichtet, dem Mitmenschen mit seinem Vermögen, seiner Arbeit, seiner Hilfe und seinem Exempel zu dienen" [7]. Justi hingegen kennt keine ursprüngliche ethische Verpflichtung gegenüber dem Mitmenschen oder gar einer Gemeinschaft und wendet sich damit gegen eine Grundnorm des *Wolffschen* Naturrechts, das alles umfassende "Vollkommenheitsprizip" [8]. Deutlich formuliert Justi diese Ablehnung in den

---

1 Siehe oben Seite 82.
2 Siehe oben Seite 40.
3 *Montesquieu*, Buch 1, Kapitel 2: "L'idée de l'empire et de la domination est si composée, et dépend de tant d'autres idées, que ce ne seroit pas celle qu'il auroit d'abord.".
4 *Montesquieu*, Buch 1, Kapitel 2: "J'ai dit que la crainte porterait les hommes à se fuir: mais les marques d'une crainte réciproque les engageroient bientôt à s'approcher.".
5 *Wolff* in "Grundsätze", § 43.
6 *Wolff* in "Grundsätze", § 132 (Seite 85 f): "Die Selbstliebe ... ist die Beschaffenheit des Gemüths, aus seiner eigenen Glückseeligkeit ein Vergnügen zu empfinden. Die Ausübung derselben ... ist ein beständiger und dauerhafter Wille, mit allem Fleiß sich dahin zu bestreben, daß wir glückseelig seyn mögen; ... Es muß dieselbe aber doch durch die Vernunft regiert werden, daß man nicht die scheinbahre Glückseeligkeit mit der wahren verwechselt."
7 *Wolff* in "Vernünftige Gedancken", § 1 (Seite 1 f), und "Grundsätze", § 44; zu diesem Teilaspekt im Vergleich Justi/*Wolff* zuerst *Ebihara*, Seite 242 f.
8 Zum *Wolffschen* Vollkommenheitsprizip: *Bachmann*, Seite 78 - 89.

Physicalischen und Politischen Betrachtungen:

> "Ein jeder Mensch, eine jede Gesellschaft ist nach diesem Rechte (dem Recht der Natur, d. Verf.) befugt, ihre eigene Glückseligkeit vorzüglich vor allen andern zu befördern, weil ihnen ihre eigene Glückseligkeit näher angehet, als die Glückseligkeit aller anderer." [1]

Von der geistesgeschichtlichen Tradition her gesehen, unterliegt Justi mit der Ablehnung einer auf den Mitmenschen bezogenen Vervollkommnungspflicht und der Reduktion allen menschlichen Strebens auf den rein egoistischen Grundtrieb der Selbsterhaltung dem Einfluß des englischen Utilitarismus, wie er von *Hobbes, Locke, Mandeville* und *Butler* vertreten wird. [2]

Wolff und Justi haben ein ähnliches Verständnis der natürlichen Freiheit [3]. Gerade in diesem Bereich ruht Justi ganz wesentlich auf *Wolff*. Demgegenüber behauptet *Ebihara* (im Ergebnis auch *Sommer*), daß es in Justis Theorie von vornherein jenen *Wolffschen* Ausgangspunkt einer Freiheit individualistischer Prägung nicht geben könne [4]; denn der Stand der natürlichen Freiheit sei bei Justi nicht ein der Entstehung jeder Gesellschaft vorausgehender Zustand des Menschen (wie dies bei den meisten Naturrechtslehrern und unter anderem bei *Wolff* der Fall sei), sondern ein bereits gesellschaftlicher Zustand [5]. Indessen vertritt Justi durchaus eine auf die Einzelperson bezogene natürliche Freiheit im Sinne

---

1 A.a.O., Seite 71.

2 *Sommer*, Seite 205 - 215; a.a.O., Seite 215: "Der Utilitarismus, wie ihn Justi im Anschluß an die Engländer vertritt, hatte in Deutschland keinen Boden, mußte in Gegensatz geraten zur deutschen Ethik, die entsprechend ihrer rationalistischen Grundanschauung das Sittliche a priori in der menschlichen Natur begründet sieht."; ähnlich *Partick*, Seite 14.

3 Zum Unterschied im Verständnis der bürgerlichen Freiheit siehe unten Seite 114.

4 *Ebihara*, Seite 246, zielt auf eine Widerlegung der Kritik *Sommers* an Justi ab. *Sommer* (Seite 202) hatte bemängelt, daß Justi weder die Rechte der Individuen noch die Reste der durch den Staat nicht absorbierten natürlichen Freiheit anerkannt habe. *Ebihara* glaubte, nur durch die genannte -wenig überzeugende- Argumentation *Sommer* die Grundlage ihrer These entziehen zu können.

5 *Ebihara*, Seite 240. Vgl. erg. a.a.O.., Seite 244: "Im Gegensatz zu Wolff geht Justi in seiner Staatslehre nicht von den ohne gesellschaftliche Beziehungen lebenden Menschen aus, sondern von dem Stand der natürlichen Freiheit, in dem sich die vom Hausvater regierten, selbständigen Familien einander gegenüberstehen.". Ähnlich *Partick*, Seite 3: "Der eigentliche Ausgangspunkt und die Grundlage für Justis Staatstheorie ist aber nicht der ... Urzustand, sondern eine bereits höhere Stufe, es ist der Zustand der ›natürlichen Freyheit‹.".

Wolffs. Die natürliche Freiheit (libertas naturalis) definiert *Wolff* als

> "Unabhänglichkeit bey den Handlungen von dem Willen eines anderen, oder die Einrichtung seiner Handlungen nach seinem eigenen Willen" [1].

Diese auf das Individuum bezogene Unabhängigkeit des Willens kennzeichnet die zeitlich erste Phase aus Justis Stand der natürlichen Freiheit [2]; denn nach Justi wird die Bildung von Gesellschaften erst möglich, n a c h d e m dieser Zustand der natürlichen Freiheit eingetreten ist. Es trifft deshalb nicht zu, daß es bei Justi von der geschichtlichen Entwicklung her gesehen eine auf die Einzelperson bezogene Freiheit nicht gebe. Und selbst in der abstrakten Konstruktion des Staates vertritt Justi die gleiche (individualistische) Freiheit wie *Wolff*. So wird auch bei *Wolff* die libertas naturalis durch die Entstehung der einzelnen vorstaatlichen Gesellschaften eingeschränkt; schließlich verfügen bei *Wolff* vor der Gründung des Staates nur noch die Oberhäupter der einzelnen Häuser über eine uneingeschränkte Gewalt. [3] Der status naturalis originarius hatte sich durch vertragliche Vereinbarungen zu einem status naturalis adventitus entwickelt. Außerdem zeigen Justis Gesetze des Naturrechts [4] ein gerade auf die Einzelperson bezogenes Verständnis der Freiheit. Justis Gesetze des Naturrechts beanspruchen für jedes Individuum, für alle Familienmitglieder, jederzeit, also auch im Staat, Geltung. Nur weil Justi einzig die ersten Gesetze des Naturrechts aufdeckt und darauf verzichtet (etwa im Anschluß an *Wolff* [5]), einen detaillierten Katalog angeborener Rechte aufzustellen, so ist daraus nicht zu schließen, daß inhaltlich eine auf die Einzelperson bezogene Freiheit bei Justi nicht zu finden wäre.

---

1 *Wolff* in "Grundsätze", § 77.
2 Siehe oben Seite 86.
3 Ähnlich *Klippel*, Seite 36 f.
4 Zum Naturrechtssystem bei Justi siehe oben Seite 77 ff und unten Seite 261 ff.
5 Zu *Wolffs* umfangreichen Katalog angeborener Rechte: *Bachmann*, Seite 107 ff.

(b) Begriff und Entstehung der Gesellschaften und des Staates

(aa) Das personelle Element der Gesellschaften

In der personellen Zusammensetzung der Gesellschaften vertritt Justi eine andere Lehre als *Wolff*. Nach *Wolff* besteht das Haus als zusammengesetzte Gesellschaft aus mindestens zwei der drei einfachen (der väterlichen, der häuslichen, der ehelichen) Gesellschaften. [1] Im Gegensatz dazu ist die Familie bei Justi noch keine Gesellschaft, sondern nur ein "unzerlegbares" [2] (das kleinste) Element der Gesellschaft. Das Verständnis der Familie als dem grundlegenden und unzerlegbaren Baustein (jedenfalls der staatlichen) Gesellschaft ist zwar wesentlich älter und klingt beispielsweise bereits bei *Jean Bodin* (1529 - 1594) [3] und *Johannes Althusius* (1557 - 1638) [4] an; Justis Beschäftigung mit diesem Gedanken dürfte aber auf den Einfluß *Montesquieus* zurückzuführen sein. [5]

(bb) Die Unterscheidung von staatlicher und vorstaatlicher Gesellschaft

Im wichtigsten Unterscheidungsmerkmal der vorstaatlichen von den staatlichen Gesellschaften (der Existenz einer durch die Willensvereinigung erzeugten, mit Machtbefugnissen gegenüber den Gesellschaftsmitgliedern ausgestatteten obersten Gewalt [6]) unterscheidet sich Justi deutlich von *Wolff*. Nach *Wolff* existiert bereits in der vorstaatlichen Gesellschaft eine bindende Vereinbarung der Gesellschaftsmitglieder,

> "... ein Vertrag, mit gemeinschaftlichen Kräften eine gewisse Absicht (das "gemeine Beste", d. Verf. [7]) zu erhalten. ... . Jedes Mitglied der Gesellschaft ist verbunden, das zu tun, was er zu Erhaltung der Absicht tun kann ...; folglich haben die Mitglieder der Gesellschaft das Recht

---

1 *Wolff* in "Grundsätze", § 964 (Seite 692).
2 *Ebihara*, Seite 244.
3 Zu *Bodin* vgl. *Denzer*, Seite 339 m.Nw.
4 Zu *Althusius* vgl. *Erik Wolf*, Seite 188 m.Nw.
5 *Montesquieu*, Buch 1, Kapitel 3: "La puissance politique comprend nécessairement l'union de plusieurs familles.".
6 Siehe oben Seite 88 f.
7 *Wolff* in "Grundsätze", § 837, Seite 615.

> einen, der ein Mitglied ist, anzuhalten seiner Verbindlichkeit ein Genüge zu leisten. Derowegen haben alle zusammen genommen über jede einzelne Person ein Recht." [1]

Für Justi hingegen zeichnet sich die vorstaatliche Gesellschaft dadurch aus, daß sie nur eine unverbindliche und (da eine Obergewalt durch die bloße Kräftevereinigung nicht geschaffen werden kann [2]) rechtlich nicht durchsetzbare Kräftevereinigung darstellt. Deutlicher als *Wolff* trennt Justi damit die vorstaatliche von der staatlichen Gesellschaft.

(cc) Motiv zur Staatsbildung und Rechtfertigung des Staates

Bezüglich des zur Staatsbildung treibenden Moments läßt Justi sich von *Montesquieu* inspirieren. [3] Unter seinem Einfluß gelingt es ihm, sich vom Vollkommenheitsprinzip *Wolffs* und den Vorstellungen der älteren Kameralisten zu befreien. Nach *Wolff* tritt der Mensch in das gesellige Leben ein, weil er in der Einsamkeit der Pflicht nach Vervollkommnung nicht genügen kann:

> "Solcherart ist die menschliche Beschaffenheit, daß niemand sich und seinen Status als Einzelner vervollkommnen kann, sondern jeder dazu die Hilfe des anderen bedarf ... Deshalb verpflichtet das Naturgesetz die Menschen dazu, sich und ihren Status mit vereinten Kräften zu vervollkommnen, und jeder ist gleichfalls verpflichtet, nach dem Maß seines Vermögens zu einer derartigen Vervollkommnung des anderen beizutragen." [4]

An die Stelle des *Wolffschen* Vollkommenheitsprizips tritt bei Justi die rein rationale Abwägung der Vorteile des gesellschaftlichen Zusammenschlusses. Justis Gesellschaft ist ein Ergebnis der Vernunft, nicht das Produkt einer ethischen Verpflichtung des Menschen wie bei *Wolff* oder eines die Gesellschaftsbildung wesentlich fördernden Triebes wie in der von den älteren Kameralisten vertretenen [5] aristotelischen Theorie.

---

1 *Wolff* in "Grundsätze", § 836, Seite 614; vgl. erg. a.a.O. § 838, Seite 616.
2 Siehe oben Seite 87.
3 Siehe oben Seite 93.
4 *Wolff* in "Grundsätze", § 44 (Übersetzung von *Link*, Seite 173).
5 *Partick*, Seite 10 f.

Entsprechend dem Vollkommenheitsprinzip entstehen die Staaten bei *Wolff*, "damit dasjenige durch gemeinschaftliche Kräfte erlangt werden kann, was einzelne Häuser für sich nicht erhalten können". Nur unter anderem verbindet *Wolff* damit die Befreiung von Unrecht. [1] Justi dagegen erhebt in seinen Betrachtungen zur geschichtlichen Entstehung des Staates das Moment der Rechtssicherheit zur Alleinherrschaft. Den Aspekt einer allgemeinen gegenseitigen Hilfe verweist er in den Bereich der vorstaatlichen Gesellschaften. Die Staatsbildung Justis rechtfertigt sich einzig aus der Notwendigkeit der Rechtssicherheit. Hier ist der Begriff des Rechtsstaates im Keim vorhanden; Justis Staat ist zuinnerst ein Rechtsstaat.

(dd) Willens- und Kräftevereinigung

Direkt von *Montesquieu* empfängt Justi den Anstoß zur Entwicklung der für seine politische Metaphysik zentralen Vorstellung der Willens- und Kräftevereinigung. Hier baut Justi unter dem Einfluß des Verfassers des "Esprit" ersichtlich auf älterer Literatur auf. Um konkrete Wirkaussagen zu treffen, ist es erforderlich, zunächst *Montesquieus* Einfluß auf Justi zu erhellen.

Durch die Kräftevereinigung entsteht bei *Montesquieu* der état politique, durch die Willensvereinigung der état civil:

> "La réunion de toutes les forces particulières, dit tres bien Gravina, forme ce qu'on appelle l'état politique. ... Les forces particulières ne peuvent se réunir sans que toutes les volontés se réunissent. La réunion de ces volontés, dit encore très bien Gravina, est ce qu'on appelle l'état civil." [2]

---

1 *Wolff* in "Grundsätze", § 972 (Seite 696 f): "Wir erkennen sehr leicht, daß einzelne Häuser sich selbst dasjenige nicht hinreichend verschaffen können, was zur Nothdurft, Bequemlichkeit und dem Vergnügen, ja zur Glückseligkeit erfordert wird, noch auch ihre Rechte ruhig geniessen, und was sie von andern zu fordern haben, sicher erhalten, noch auch sich und das ihrige wider andere Gewaltthätigkeiten schützen können. Es ist also nöthig, dasjenige durch gemeinschaftliche Kräfte zu erhalten, was eintzelne Häuser vor sich nicht erhalten können. Und zu dem Ende müssen Gesellschaften gebildet werden ... . Eine Gesellschaft, die zu diesem Ende gemacht wird, heisset ein Staat ... .".

2 *Montesquieu*, Buch 1, Kapitel 3.

Weigand übersetzt den état politique mit "staatlicher Zustand" und den état civil mit "Gesellschaftszustand". *Forsthoff* wählt die Worte "Staatsverfassung" und "bürgerliche Verfassung". Unabhängig hiervon gilt, daß *Montesquieu* bei seiner Interpretation *Gravinas* [1] von dem gleichzeitigen Vorhandensein einer Kräfte- und Willensvereinigung zur Staatsbildung ausgeht. Dies bestätigt der Rückgriff auf *Gravina*, auf den sich *Montesquieu* beruft:

> "Nihil est enim aliud civitas, quam publica multorum ad communem utilitatem, ac vitae bonorumque tutamen instituta societas: quae perpetuis publicarum pactionum vinculis, nempe legibus continetur. Quibus firmandis, atque constituendis suam quisque voluntatem contribuunt, propriasque in medium conferunt pro communi securitate vires. Atque his e voluntatibus, et viribus in unum confluentibus, publica voluntas conflatur, summaque potestas: quarum altera dicta lex est, sive communis ratio, vel civilis sapientia, et publica philosophia; altera imperium, sive vis, et potestas universorum." [2]

In der Übernahme der allgemeinen Vorstellung einer zur Staatsbildung erforderlichen Willens- und Kräftevereinigung erschöpft sich der Einfluß *Montesquieus* auf Justi; denn bei Justi erscheinen die beiden Vereinigungen in einer umgekehrten Beziehung. Nur die Willensvereinigung bedingt bei Justi automatisch eine Kräftevereinigung. Für Justi ist (im Gegensatz zu *Montesquieu*- eine bloße Kräfte) ohne Willensvereinigung durchaus denkbar. Eine solche reine Kräftevereinigung erfolgt in der vorstaatlichen Gesellschaft. [3]

Damit trennt Justi die staatliche von der vorstaatlichen

---

1 *Gravina, Gian Vincenzo (1664 - 1718)*.

2 *Gravina* in "Origines iuris civilis", II, xvii, p. 256 (zitiert nach *Waddicor*, Seite 96): "Nichts anderes nämlich ist eine civitas, als eine öffentliche Gemeinschaft vieler Leute zum gemeinsamen Nutzen und eingerichtet als Schutz für das Leben und die Güter. Diese (civitas) wird zusammengehalten durch immerwährende Fesseln öffentlicher Verabredung, natürlich durch Gesetze. Um diese zu stärken und zu begründen, steuert jeder seinen Willen bei und stellt die eigenen Kräfte für die gemeinsame Sicherheit in den Mittelpunkt. Und aus diesen Einzelwillen und Kräften, die auf ein Ziel hin zusammenfließen, entsteht der öffentliche Wille und (gleichzeitig) die höchste Macht: von diesen ist das eine Gesetz genannt worden oder allgemeine Vernunft oder bürgerliche Weisheit und öffentliche Philosophie; die andere Herrschaft, Kraft und Macht aller."

3 Siehe oben Seite 87.

Gesellschaft nicht nur deutlicher als *Wolff* [1], sondern auch deutlicher als *Montesquieu*.

Die These, daß *Montesquieu* erneut einen Impuls zur Entwicklung einer eigenständigen Theorie bietet, wird zusätzlich dadurch gestützt, daß die Idee einer Willens- und Kräftevereinigung in der älterern Literatur abweichend formuliert ist. So hatte beispielsweise *Pufendorf* [2] festgestellt, daß es zur Errichtung des Staates einer (bei ihm allerdings auf Verträgen und Beschlüssen basierenden) Willens- und Kräftevereinigung bedarf. Das Verdienst von *Gravina* und *Montesquieu*, die beide (im Gegensatz zu *Pufendorf*) eine ausdrückliche Beschlußfassung zur Vereinigung nicht kennen, besteht demnach darin, daß sie Justi auf die Möglichkeit einer aus dem Vertragszusammenhang gelösten Willens- und Kräftevereinigung verweisen. [3]

(c) Zusammenfassung

Nach allem hat sich die überlieferte Auffassung, Justi ruhe in seiner philosophischen Grundlegung des Staates wesentlich auf *Wolff*, in der vorliegenden Untersuchung nicht bestätigt. Zwar übernimmt Justi *Wolffs* Begriff der natürlichen Freiheit; damit endet jedoch dessen Einfluß. So wendet sich Justi (inspiriert durch *Montesquieu*) gegen *Wolffs* Grundnorm des Naturrechts, das Vollkommenheitsprinzip, und setzt diesem die von ihm gefundene Natur des Menschen (Vernunftbegabung und Selbsterhaltungstrieb) entgegen. Bezüglich des Begriffs und der Entstehung der Gesellschaften und des Staates steht Justi ebenfalls unter dem Einfluß *Montesquieus*. Von ihm empfängt er den Anreiz zu einer intensiven Auseinandersetzung mit den Vorstellungen der älteren Literatur zur personellen Zusammensetzung der vorstaatlichen und der staatlichen Gesellschaften sowie der Staatsentstehung durch Willens-

---

1 Siehe oben Seite 97.

2 *Pufendorf*, Buch VII, Kapitel 2, §§ 5 - 8; in § 5 schildert *Pufendorf* die erforderliche Willens- und Kräftevereinigung, in § 6 folgt die Vertragslehre; eine deutsche Übersetzung von Kapitel 2 durch *Badura/Hofman* in *Voigt*, Seite 179 - 201.

3 Zu Justis Ablehnung der Vertragstheorie siehe unten Seite 129 ff.

und Kräftevereinigung. *Montesquieu* wird aber, wie mitunter behauptet, von Justi nicht einfach nur intensiv bearbeitet oder korrigiert, sondern der "Esprit" bietet Justi -gerade im Vergleich mit *Wolffs* Lehre- immer neue Impulse zur Entwicklung einer eigenständigen Theorie.

4.4 Rezeption der Thesen Justis [1]

In *Scheidemantels* Kritik an der "Gegenüberstellung von Staat und Natur" [2], insbesondere in dem Unverständnis, das er dem Stand der ersten Wildheit gegenüber zeigt [3], wird deutlich, daß er schon Justis Untersuchungsmethode der schrittweisen Herleitung allen Wissens aus der Natur des Menschen als dem Punkt höchster Gewißheit [4] nicht zu folgen bereit ist. *Scheidemantel* ist zudem nicht in der Lage, sich von dem *Wolffschen* Bild der Entstehung und des Zusammenhangs der vorstaatlichen und staatlichen Gesellschaften zu lösen. [5] Er war, das beweisen seine Erklärungsversuche zu von Justi eindeutig Dargestelltem [6] und die teils schlicht verständnislosen Anmerkungen [7], von Justis philosophischer Grundlegung des Staates überfordert. Konsequent umgeht er in seinem "Allgemeinen Staatsrecht" Ausführungen zu diesem Themenbereich.

Achenwall übernimmt in seiner "Staatsklugheit nach ihren ersten Grundsätzen" von Justi die vernunftbedingte Entstehung des Staates und den wesentlichen Rechtfertigungsgrund für die Existenz des Staatswesens, die Rechtssicherheit. [8] Sein Schweigen zu Justis philosophischer Grundlegung erklärt sich aus dem Aufbau seiner "Staatsklugheit". Das schlagwortartig formulierte

---

1 Siehe oben Seite 4 - 6 und 57 ff.
2 *Scheidemantel, Natur und Wesen,* Anmerkung zu § 1.
3 *Scheidemantel, Natur und Wesen,* Anmerkung zu § 3.
4 Siehe oben Seite 79 ff.
5 *Scheidemantel, Natur und Wesen,* Anmerkung zu den §§ 1 , 25 und 117.
6 *Scheidemantel, Natur und Wesen,* Anmerkungen zu § 1.
7 *Scheidemantel, Natur und Wesen,* § 1, Seite 4, Anm. c); vgl. erg. § 1, Seite 6, Anm. g), § 5, Seite 15, Anm. r) und s), § 8, Seite 19, Anm. t).
8 *Achenwall,* Vorbereitung, 1. Abschnitt, §§ 17 und 6.

Werk war nicht dazu bestimmt, komplexe philosophische Sachverhalte abzuhandeln.

Pfeiffer wendet sich gegen Justis Konstruktion des Naturzustandes, insbesondere gegen dessen Ablehnung eines Gesellschafts- und Herrschaftstriebes und gegen eine im Grunde allein vernuftbedingte Gesellschaftsbildung. [1] Desweiteren bestehe der Unterschied zwischen den Gesellschaften in Justis Stand der natürlichen Freiheit und den staatlichen Gesellschaften nicht darin, daß in ersteren keine oberste Gewalt über die Gesellschaftsmitglieder gegeben sei. Das zeige die Gewalt des Familienvaters über seine Familie. [2]

Ein Einfluß Justis auf *Sonnenfels*, *Martini* und *Bielfeld* ist nicht nachzuweisen.

Nach allem wurden Justis Thesen zum staatsphilosophischen Unterbau und zur geschichtlichen Entstehung des Staates von maßgebenden Gelehrten des 18. Jahrhunderts nicht übernommen.

---

1 *Pfeiffer*, Seite 127 - 134.
2 *Pfeiffer*, Seite 134 f.

5 ENDZWECK DES STAATES

5.1 Überblick

Wie seine Zeitgenossen, so umschreibt auch Justi den Zweck des Staates mit einem Schlagwort des Aufklärungszeitalters [1], der allgemeinen Glückseligkeit. Justis Lehre von der gemeinschaftlichen Glückseligkeit als dem Endzweck des Staates findet sich im *Grundriß*, Erstes Buch, und in *Natur und Wesen*, Drittes Hauptstück ("Von dem Endzwekke der Republiken"). Die Ausführungen in *Natur und Wesen* sind ein nahezu wörtlicher Neuabdruck aus dem *Grundriß*, Erstes Buch, Zweites Hauptstück ("Auf was vor Endzweck sich die Menschen in Staaten oder Republiken begeben haben"). [2]

5.2 Theorie Justis

Der Staat existiert nicht um seiner Selbsterhaltung willen; er rechtfertigt seine Existenz aus der Willensvereinigung der Gesellschaftsmitglieder. [3] Durch die Willensvereinigung wird der gemeinschaftliche Wille, der sämtliche Handlungen der Menschen leiten soll, festgelegt:

> "Wenn viele Willen in einen einzigen Willen vereiniget werden sollen; so müssen sie alle eine und eben dieselbe Sache hauptsächlich wollen, und dieser Hauptwille eines jeden muß alle seine besonderen und Nebenwillen in sich schließen. Kurz, diejenigen, die ihre Willen vereinigen, müssen alle einen gemeinschaftlichen Hauptendzweck haben, der alle ihre Handlungen leitet." [4]

Die Willensvereinigung bestimmt unter anderem [5] über den Endzweck

---

1 *Sommer*, Seite 204; *Würtenberger* (1985), Seite 456.

2 *Grundriß*, § *70*, wird in *Natur und Wesen* zu § 32, 71 zu 33, 72 zu 34, 56 zu 35, 73 zu 36, 74 zu 37, 75 zu 38, 76 zu 41, 77 zu 42.

3 *Grundriß*, § 79 (Seite 69).

4 *Natur und Wesen*, § 30 (Seite 61).

5 Auch die Regierungsform wird durch die Willensvereinigung bestimmt.

des Staates. Der Endzweck besteht in der gemeinschaftlichen Glückseligkeit, d.h. in der "Vereinigung der eigenen Glückseligkeit mit dem allgemeinen Besten" [1].

Die gemeinschaftliche Glückseligkeit ist der Hauptendzweck und nicht -wie dies nach Meinung Justis die Realität sei [2]- ein bloßer Nebenzweck der Regentschaft. Größe, Ansehen und Wohlstand des Regenten sind nur Folgen aus der Erfüllung des Hauptendzwecks. [3] Die gemeinschaftliche Glückseligkeit ist zudem das erste und oberste Gesetz jedes Staates, an dem das gesamte staatliche Handeln zu messen ist. Sie ist die einzige Quelle, aus der die Einrichtungen und Gesetze des Staates, auch die Grundgesetze, abzuleiten sind. [4]

Neben dem Hauptendzweck kommt je nach den besonderen Gegebenheiten des einzelnen Staates ein "besonderer" Endzweck, der den Hauptendzweck näher ausführt, in Betracht. Einen besonderen Endzweck stellt beispielsweise die Entscheidung dar, die gemeinschaftliche Glückseligkeit über den Außenhandel oder die Landwirtschaft zu verwirklichen. [5]

Die gemeinschaftliche Glückseligkeit als der Hauptendzweck des Staates ist zu folgern aus der Natur des Menschen (Eigenliebe und Vernunftbegabung) und der Veranlassung zur Errichtung der Staaten. [6] Wenn der aus der Eigenliebe abgeleitete Endzweck des einzelnen ist, seine Glückseligkeit zu erreichen, dann kann der

---

1 *Natur und Wesen*, § 132 (Seite 302); ähnlich: *Natur und Wesen*, § 181, Seite 402; *Grundriß*, § 67 (Seite 51); die gemeinschaftliche Glückseligkeit als Endzweck des Staates schon in *Deutsche Memoires*, Band 3, Vorrede, Seite 5.

2 *Natur und Wesen*, § 36 (Seite 73 f); *Grundriß*, § 73 (Seite 59).

3 *Natur und Wesen*, § 36 (Seite 75 f); *Die Wirkungen und Folgen*, Buch 1, Seite 138; *Grundriß*, § 35 (Seite 22) und erg. § 65 f (Seite 49 f).

4 *Natur und Wesen*, § 41 (Seite 90 - 92); *Grundriß*, § 76 (Seite 64 f); zur gemeinschaftlichen Glückseligkeit als oberstem Gesetz des Staates und dem Zusammenhang mit den Grundgesetzen siehe unten Seite 268 f.

5 *Natur und Wesen*, § 44.

6 Zur Natur des Menschen und dem Anlaß zur Errichtung der Staaten siehe oben Seite 81 ff. In *Natur und Wesen*, § 33 (Seite 65 - 67) und im *Grundriß*, § 71 (Seite 57), nennt Justi als weiteren Beweis für einen Hauptendzweck der gemeinschaftlichen Glückseligkeit das Wesen der Gesetze. Inhaltlich erschöpft sich diese Argumentation in dem Motiv der Natur des Menschen.

Endzweck vieler nur die gemeinschaftliche Glückseligkeit sein. [1] Außerdem verbietet es die dem Menschen gegebene Vernunftbegabung, daß als Endzweck ein anderer als das gemeinschaftliche Wohlergehen gewählt wird (etwa die Unterwerfung unter eine Willkürherrschaft). [2] Schließlich wurden die Staaten errichtet, um den Stand des Krieges, der die Glückseligkeit der einzelnen Familien hinderte, zu überwinden. [3] Weil die Errichtung des Staates dazu dienen sollte, den einzelnen Familien eine größere Glückseligkeit zu bieten als sie vor der Staatsbildung möglich war, muß der Endzweck des Staates die gemeinschaftliche Glückseligkeit sein. [4]

Als "Mittel zur Erlangung des Endzweckes" [5] formuliert Justi ein Verhältnismäßigkeitsprinzip. Alle Handlungen des Staates müssen vier Eigenschaften aufweisen:

> "Alle diese Haupteigenschaften der anzuwendenden Mittel verdienen ein großes Augenmerk. Sie sind als so viele Grundsätze einer guten Regierung anzusehen, bey deren Außerachtsetzung man allemal in gar merkliche Fehler verfallen wird." [6]

(a) Sie müssen überhaupt in der Lage sein, den Endzweck zu erreichen. [7]
(b) Unter den "verschiedenen Mitteln und Wegen, die zu einerley Endzwecke führen" sind die "besten" auszuwählen. [8]
(c) Sie müssen die "leichtesten" sein; denn es ist ein Gesetz der Natur und der Vernunft, daß keine größere Kraft anzuwenden ist, wenn eine geringere zureichend ist. [9]
(d) Die Mittel müssen "gerecht" sein. [10]

---

1 *Natur und Wesen*, § 31 (Seite 61 - 63).
2 *Natur und Wesen*, § 32 (Seite 63 - 65), § 34 (Seite 67 - 69); *Grundriß*, §§ 70 - 72.
3 Siehe oben Seite 89.
4 *Natur und Wesen*, § 31 (Seite 61 - 63); *Grundriß*, § 68 (Seite 52 - 55).
5 *Grundriß*, § 78 (Seite 67).
6 *Grundriß*, § 78 (Seite 68).
7 *Grundriß*, § 78 (Seite 67): "Die Mittel müssen mit der Natur der Sache übereinstimmen: denn wie würde man sonst den Endzweck der Sache erreichen können."
8 *Grundriß*, § 78 (Seite 67).
9 *Grundriß*, § 78 (Seite 67).
10 *Grundriß*, § 78 (Seite 68) und § 79 (Seite 68 f).

Nach den Werken *Grundriß* (1759) und *Natur und Wesen* (1760) setzt sich die gemeinschaftliche Glückseligkeit aus folgenden vier Elementen zusammen: der Freiheit des Staates (politische Freiheit), der Freiheit der Bürger (bürgerliche Freiheit), der innerlichen/äußerlichen Sicherheit und der innerlichen Stärke. [1]

Diese Inhaltsbestimmung ist das Ergebnis der im Jahre 1750 beginnenden Arbeit Justis zum Endzweck des Staates. Das Übergehen dieses zehnjährigen Entwicklungsprozesses ist der Grund, weswegen Justis konkrete Ausfüllung des Begriffs der gemeinschaftlichen Glückseligkeit bislang nicht erkannt wurde. In nahezu völliger Umgehung der bürgerlichen Freiheit (einer der vier Hauptelemente des Endzwecks) behauptet *Partick* (1938) [2], daß der Staatszweck bei Justi unzulänglich fixiert sei und unter seinem Deckmantel faktisch jede Regierungshandlung vollzogen werden könne. Justis Staatszweck sei nicht in der Lage, das Volk vor empfindlichen Eingriffen in seine intimsten Sphären zu schützen. Dem Staatszweck werde die persönliche Freiheit praktisch geopfert. Justi propagiere ein Bevormundungssystem. Nicht einmal in Ansätzen sei eine Rechtsstaatstheorie erkennbar. Das Glückseligkeitselement der bürgerlichen Freiheit wird auch von *Dittrich* [3] (1974) übergangen. Nach *Engelhardt* [4] (1981) überlasse Justi die inhaltliche Ausfüllung des Begriffs der gemeinschaftlichen Glückseligkeit weitgehend dem Leser.

Die These der vorliegenden Arbeit ist, daß Justi in seinen Hauptwerken *Grundriß* und *Natur und Wesen* über konkrete Vorstellungen zur gemeinschaftlichen Glückseligkeit verfügt. Nur in seinen frühen Schriften ist der Inhalt der gemeinschaftlichen Glückseligkeit schwer zu bestimmen. So bezeichnet er in den *Deutschen Memoires* (1750) die innerliche und äußerliche Sicherheit sowie den Reichtum als Erfüllung (also: Inhalt) bzw. Mittel

---

1 Siehe unten Seite 108 ff; *Natur und Wesen*, § 42 (Seite 92); gleiche Zusammenstellung im *Grundriß*, §§ 31 - 34 (Seite 20 - 22), und § 77 (Seite 65 f).
2 *Partick*, Seite 67, 69, 73, 77, 82 und 107.
3 *Dittrich* in "Justi", Seite 708.
4 Zur Theorie von *Engelhardt* siehe unten Seite 108, FN 1.

zur Erfüllung des Endzwecks. [1] Ähnlich unscharf operiert er in seiner Antrittsrede am Theresianum (1750). Zur Erlangung der (von ihm unsystematisch dargestellten) gemeinschaftlichen Glückseligkeit seien die beiden Haupteigenschaften Sicherheit und Reichtum erforderlich. [2]

Die inhaltliche Ausfüllung dieses frühen Glückseligkeitsbegriffs überläßt Justi in der Tat weitgehend der Vorstellungskraft seiner Leser. Die spätere scharfe Trennung [3] zwischen dem Inhalt und den Mitteln zur Erfüllung der gemeinschaftlichen Glückseligkeit ist hier nicht einmal im Keim angelegt. Die Freiheit des Bürgers als selbständiges und unabdingbares Teilelement der gemeinschaftlichen Glückseligkeit kennt Justi zu diesem Zeitpunkt noch nicht.[4] Erst in der *Staatswirtschaft* (1. Auflage von 1755) hebt er das Element einer "vernünftigen Freiheit" deutlich hervor. [5] Die zweite Auflage (1758) enthält a.a.O. eine Textanmerkung, die erstmals auf die Freiheit der Untertanen als zu ihrer Glückseligkeit "unumgänglich nothwendig" eingeht. Schließlich arbeiten der *Grundriß* (1759) und *Natur und Wesen* (1760) mit einem eigenständigen Glückseligkeitselement der "bürgerlichen Freiheit".

Nach zehnjähriger Entwicklungsarbeit hat Justi den noch 1750 vertretenen Inhalt des Begriffs der gemeinschaftlichen Glückseligkeit (Sicherheit und Reichtum) in *Grundriß* und *Natur und Wesen* (politische Freiheit, bürgerliche Freiheit, innerliche/äußerliche Sicherheit, innerliche Stärke) nicht exakter gefaßt, sondern durch Einführung des Freiheitsbegriffs revidiert.

---

1 A.a.O., Band 3, Vorrede, Seite 5 - 11.

2 *Gesammelte Politische und Finanzschriften*, Band 2, Seite 140 - 145, insbes. Seite 142; *Rede von dem unzertrennlichen Zusammenhang*, Seite 57 f.

3 Vgl. *Grundriß*, Erstes Buch, Erstes und Zweites Hauptstück, im Gegensatz zum Dritten Hauptstück; *Grundriß*, § 78 (Seite 67): "Die Erreichung eines Endzwecks erfordert Mittel; und diese Mittel zu Erlangung des Endzwecks der Staaten sind es demnach, die wir in dem gegenwärtigen Hauptstücke vorstellen wollen.".

4 Justi nennt in seiner Antrittsrede (*Gesammelte Politische und Finanzschriften*, Band 2, Seite 142) zwar die Freiheit, vermeidet es aber, sie als unabdingbares Element der gemeinschaftlichen Glückseligkeit darzustellen.

5 A.a.O., § 22.

Dieser Aspekt wird in modernen Arbeiten übergangen. [1] Eine Antwort auf die Frage, woher der Anstoß zur Umarbeitung des Glückseligkeitsbegriffes rührt, ist erst möglich, nachdem die Teilelemente des moderneren Glückseligkeitsverständnisses Justis inhaltlich geklärt sind. Im folgenden sind zunächst die Begriffe (a) der politischen Freiheit, (b) der bürgerlichen Freiheit, (c) der innerlichen/äußerlichen Sicherheit und (d) der innerlichen Stärke zu untersuchen.

(a) Politische Freiheit (Freiheit des Staates)

Die politische Freiheit ist die Freiheit des Staates und bestimmt sich nach dessen Unabhängigkeit von anderen Staaten. [2] In *Grundriß*, § 81, Satz 1 (Seite 71), scheint es, als wähle Justi die Freiheit des Staates als Oberbegriff für die politische und die bürgerliche Freiheit:

> "Die Freyheit des Staats theilet sich in zween Begriffe, in die politische und bürgerliche Freyheit."

Dieses Verständnis widerspricht den oben [3] angegebenen Fundstellen und der den § 81 einleitenden Abschnittsüberschrift zu *Grundriß*, Erstes Buch, Drittes Hauptstück, Erster Abschnitt, die lautet: "Von den Mitteln, die Freyheit des Staats und des Bürgers zu bewirken". Die in § 81 (Satz 1) genannte Freyheit des Staates meint die Freyheit innerhalb bürgerlicher Verfassungen. Satz 1 müßte, von dem Flüchtigkeitsfehler Justis bereinigt, lauten:

> "Die Freiheit im Zustand der bürgerlichen Verfassung teilt sich in zwei Begriffe, in die politische und bürgerliche Freiheit."

---

1 Statt aller: *Engelhardt*, der zu dem Ergebnis gelangt, daß Justi die inhaltliche Ausfüllung des Begriffs der gemeinschaftlichen Glückseligkeit weitgehend dem Leser überlasse (a.a.O., Seite 49). In diesem Zusammenhang kritisiert *Engelhardt* Justis "absolute Verfügungsmacht der obersten Gewalt" und "Identität von Obrigkeit und Staat" (a.a.O., Seite 54).

2 *Grundriß*, § 77 (Seite 65) und § 32 (Seite 20); in wenig gelungener Formulierung in *Natur und Wesen*, § 42 (Seite 92).

3 Siehe oben Seite 106, FN 1.

(b) Bürgerliche Freiheit (Freiheit des Bürgers)

Die bürgerliche Freiheit betrifft das Verhältnis des Bürgers (d.h. des Hauptes der Familie [1]) zur obersten Gewalt. Da die Freiheit im allgemeinen Sinne in der ungehinderten Ausübung des Willens besteht, muß nach Justi die bürgerliche Freiheit (wegen der freiwilligen Aufgabe eines Teiles des Individualwillens in der Willensvereinigung und der Erklärung des vereinigten Willens durch Gesetze [2]) darin bestehen, daß der Bürger

> "... keine andre Einschränkung seines Willens, als durch die Gesetze zu erleiden hat." [3]

Der Bürger ist folglich frei, wenn der Staat keinen Zwang auf ihn ausüben kann, es sei denn durch rechtmäßige Gesetze:

> "Niemand im Staate muß zu was gehalten seyn, oder zu etwas gezwungen werden können, was die Gesetze ... nicht vorschreiben; und eben so wenig muß er genöthiget werden können, etwas zu unterlassen, was die Gesetze nicht verboten haben. Kurz, der Wille eines jeden Unterthanen muß keinem andern Zwange unterworfen seyn, als dem Zwange gerechter und weiser Gesetze und Ordnungen. Ein anderer Zwang muß weder unmittelbarer noch mittelbarer Weise stattfinden." [4]

Die so verstandene Freyheit ist das "höchste Guth der menschlichen Gesellschaften". [5]

Justi setzt dabei ausdrücklich [6] voraus, daß die staatlichen Gesetze mit der gemeinschaftlichen Glückseligkeit als dem obersten und höchsten Gesetz übereinstimmen. Nach Justi beruht die bürgerliche Freiheit auf der Beschaffenheit der Grundverfassung und der richtigen Ableitung sämtlicher Gesetze (bürgerli-

---

1 *Grundfeste*, Band 2, § 113, Anmerkung (Seite 104): "Diese bürgerliche Freyheit kann sich von niemand, als dem Haupte der Familien verstehen."; zum Bürgerbegriff siehe unten Seite 157.

2 Justi kennt auch eine ökonomische Begründung der Gewissensfreiheit, siehe unten Seite 173.

3 *Grundriß*, § 32 (Seite 21); vgl. erg. § 85 (Seite 77 f).

4 *Grundriß*, § 87 (Seite 80); ähnlich in *Natur und Wesen*, § 66 (Seite 145): "daß niemand zu etwas gezwungen werden kann, was die Gesetze nicht vorgeschrieben haben".

5 *Vergleichungen*, Seite 168.

6 *Grundriß*, § 85 (Seite 78) und § 32 (Seite 21).

che, insbesondere Strafgesetze, aber auch die Gesetze im weiteren Sinne, d.h. des gesamten Handelns des Staates) aus der gemeinschaftlichen Glückseligkeit als oberstem Gesetz. [1] Hierin sieht er den wesentlichen Unterschied seiner Freiheitsdefinition zu derjenigen *Montesquieus*:

> "Wenn also der Herr von Montesquieu ... die Freiheit als ein Recht erkläret, alles zu thun was die Gesetze erlauben, so ist seine Erklärung mangelhaftig: Man muß hinzusetzen, was gerechte, aus der Natur und dem Endzwecke des Staats entstehende Gesetze erlauben." [2]

Unter allen staatlichen Gesetzen schreibt Justi den größten Einfluß auf die bürgerliche Freiheit den Straf- und Abgaberegelungen zu. Für den Einfluß der Strafgesetze auf die bürgerliche Freiheit beruft er sich auf die "vortrefflichen Anmerkungen" *Montesquieus*. [3] So lehnt Justi grausame und strenge Strafen ab. Besonderes Gewicht legt er auf das Prozeßrecht. Der Bürger muß so viele Richter ablehnen können, daß es scheint, als habe er seinen Richter selbst gewählt. [4] Er ist so lange zu hören, als er noch "scheinbare" Einwendungen erheben kann. Auch im Abgabenrecht weist Justi den Staat in seine Grenzen:

> "Abgaben, welche die freyen oder gleichgültigen Handlungen der Menschen einschränken, oder die ohne äußerste Strenge nicht gehoben werden können, stimmen schwerlich mit dem Begriffe von der Freyheit überein." [5]

(c) Sicherheit

Die Sicherheit [6] hat eine äußere und eine innere Seite. Die äußere Sicherheit besteht in der Erhaltung des Friedens gegenüber anderen Staaten. Die innerliche Sicherheit teilt sich in die

---

1 *Natur und Wesen*, § 42 (Seite 93), und *Grundriß*, § 77 (Seite 66), §§ 86 - 88 (Seite 78 - 82); vgl. erg. unten Seite 268 f.
2 *Grundriß*, § 85 (Seite 78).
3 *Grundriß*, § 88 (Seite 81 f).
4 Vorsichtiger ist Justi in den *Vergleichungen* (Seite 170), in denen er in den einfachen Regierungsformen nur in der Demokratie dieses weitgehende Ablehnungsrecht zulassen will.
5 *Grundriß*, § 89 (Seite 82).
6 *Grundriß*, § 77 (Seite 66), §§ 97 - 104 (Seite 95 - 109).

Sicherheit des Staates (allgemeine Sicherheit) und die Sicherheit des Bürgers (besondere Sicherheit). Die allgemeine Sicherheit betrifft den Schutz vor Unruhen, die besondere Sicherheit dient dem Schutz von Person und Vermögen des Bürgers. [1] Die äußerliche Sicherheit wird durch kluges Verhalten gegenüber fremden Mächte und ständige Verteidigungsbereitschaft erreicht. [2] Die innerliche Sicherheit des Staates ist Folge wohlerwogener Maßregeln gegen den Aufruhr [3] und eines allgemeinen innerstaatlichen Gleichgewichts. [4] Die Sicherheit des Bürgers ist Ergebnis einer raschen Anwendung der Gesetze gegen Gewalt und Selbsthilfe. [5] In diesem Zusammenhang formuliert Justi das Gewaltmonopol des Staates:

> "Eine jede Gewaltthätigkeit und Selbsthülfe ist eine Beleidigung und Beschimpfung der Regierung selbst, und ein offenbarer Eingriff in ihre Gerechtsame." [6]

(d) Innerliche Stärke

Die innerliche Stärke des Staates (wahrscheinlich Justis früherer Begriff des Reichtums [7]) erwächst aus dem guten Zustand der vereinigten Kräfte des Volkes (hohe Bevölkerungszahl, natürliche Lage des Landes, gute Versorgungssituation, positive moralische Eigenschaften, Fähigkeiten und Geschicklichkeiten der Gehorchenden und Regierenden) und deren vernünftigem Gebrauch. [8]

> "Die moralische Eigenschaft der Regierenden, die zu der innerlichen Stärke des Staats erfordert wird, kann man mit einem Worte ausdrücken. Sie ist die Weisheit." [9]

Die Weisheit der Regierung ist das "Hauptmittel", auf dem die

---

1 *Grundriß*, § 97 (Seite 95).
2 *Grundriß*, §§ 98 - 100 (Seite 95 - 102).
3 *Grundriß*, § 102 (Seite 104 f).
4 *Grundriß*, § 101 (Seite 102 f).
5 *Grundriß*, § 103 f (Seite 106 - 109).
6 *Grundriß*, § 103 (Seite 106).
7 Siehe oben Seite 107.
8 *Grundriß*, § 33 (Seite 21), § 77 (Seite 66), §§ 90 - 96 (Seite 83 - 94).
9 *Grundriß*, § 96 (Seite 93).

innerliche Stärke des Staates aufbaut; denn sie ist die "Seele" aller anderen Mittel. Sie erfordert einen weisen Plan der Regierung, die Festsetzung von Grundregeln, die selbständige Regierungstätigkeit des Regenten, die weise Wahl der Minister und Staatsbedienten und die Vorsorge für Unglücksfälle. [1]

5.3 Zum Einfluß von Wolff und Montesquieu [2]

Zu klären bleibt, aus welchem Beweggrund heraus Justi ab der Mitte der Fünfziger Jahre seinen Begriff der gemeinschaftlichen Glückseligkeit korrigiert. Die These der vorliegenden Arbeit ist, daß sich Justi unter dem Einfluß *Montesquieus* von *Wolffs* Glückseligkeitsbegriff lösen konnte und so -in einer Mischung des Freiheitsverständnisses von *Montesquieu* und *Wolff*- zu einer eigenständigen, weit über *Montesquieus* "liberté politique" hinausweisenden Fassung der bürgerlichen Freiheit gelangte.

Sommer [3] hat darauf hingewiesen, daß Justis Begriff der allgemeinen Glückseligkeit von dem *Wolffs* in seinem innersten Grunde verschieden ist. Nach *Sommer* steht Justi bei seiner Begründung der gemeinschaftlichen Glückseligkeit unter dem Einfluß der *Leibniz-Wolffschen* Philosophie. Von *Wolff* übernehme Justi im wesentlichen die Überzeugung, daß es unerläßlich sei, eine ethische Forderung (die gemeinschaftliche Glückseligkeit) an die Spitze staatstheoretischer Erörterungen zu stellen. Im übrigen unterscheide sich Justi von *Wolff* bereits dadurch, daß sich das Glückseligkeitsstreben bei *Wolff* als ein objektives Moralgebot darstelle, während es bei Justi aus dem subjektiven Trieb der Selbsterhaltung entspringe.

Nicht nur in dem von *Sommer* geschilderte movens des Glückseligkeitsstrebens weicht Justi von *Wolff* ab. Die Konzepte unter-

---

1 *Grundriß*, § 96 (Seite 94); zur Weisheit siehe unten Seite 194 ff.

2 Siehe oben Seite 5 f und 57.

3 *Sommer*, Seite 205 - 215; *Partick* (Seite 46 - 78, vgl. insbes. Seite 54, 56, 58 f und 61) kommt zu gleichen Ergebnissen.

scheiden sich zudem inhaltlich. *Wolff* hatte die Sicherheit [1] und die Wohlfahrt zum Zweck des Staates erklärt. [2] Allein Justis frühe Begriffe des Staatszweckes (innerliche und äußerliche Sicherheit, Reichtum) erinnern an *Wolff*. In dieser früheren Befangenheit in *Wolffs* Gedankenkreis mußte die liberté politique *Montesquieus* als ein Sprengsatz wirken. Den Gedanken der bürgerlichen Freiheit hatte Justi zunächst zögerlich in der ersten Auflage der *Staatswirtschaft* und -mit bestimmterem Auftreten- in der zweiten Auflage verfochten. Schließlich brach sich der Gedanke der Freiheit im *Grundriß* seine Bahn. [3] Justis Vorrede zum *Grundriß* wirkt durch die Übernahme eines längeren Zitates *Montesquieus* über den Inhalt der Freiheit [4] wie eine Zueignungsschrift an den Verfasser des "Esprit". Indessen zeigt Justi seine Selbständigkeit gegenüber *Montesquieu* in der moderneren Fassung des Freiheitsbegriffs [5] und der Erhebung der Freiheit zu einem der vier Staatszwecke; denn für *Montesquieu* war die liberté politique trotz ihrer überragenden Bedeutung nur ein untergeordnetes Ziel des Staates:

> "Quoique tous les États aient en général un même objet, qui est de se maintenir, chaque État en a pourtant un qui lui est particulier." [6]

Für Justi hingegen war die Freiheit eine der vier maßgeblichen Staatszielbestimmungen.

Von der bürgerlichen Freiheit *Wolffs* setzt Justi sich deutlich ab. Unter der bürgerlichen [7] Freiheit versteht *Wolff*:

> "die Unabhängigkeit des Volkes von dem Willen irgend eines anderen hinsichtlich seiner Entscheidung über die öffentli-

---

1 Die Sicherheit spaltet *Wolff* auf in die Ruhe (Rechtssicherung des einzelnen innerhalb des Staates) und die Sicherheit (Schutz des einzelnen gegenüber auswärtigen Bedrohungen).

2 Zur Staaszwecklehre *Wolffs* vgl. *Bachmann*, Seite 123 f.

3 Siehe oben Seite 107.

4 *Montesquieu*, Buch 11, Kapitel 5.

5 Siehe oben Seite 110.

6 *Montesquieu*, Buch 11, Kapitel 5.

7 Zum Begriff der natürlichen Freiheit bei *Wolff* siehe oben Seite 95.

chen Angelegenheiten" [1].

Wolffs bürgerliche Freiheit wird als eine Freiheit des einzelnen, über die öffentlichen Angelegenheiten mitzubestimmen, interpretiert. [2] Justis bürgerliche Freiheit hingegen war nicht eine bloße Freiheit zum Staat, sondern -wie bei *Montesquieu*- eine Freiheit vom Staat. Allerdings weist Justis Verständnis der Freiheit des Bürgers einen wesentlichen Gedanken *Wolffs* auf. Die Vorstellung eines durch die Staatsbildung nicht aufgesogenen, im staatlichen Zustand fortdauernden Restbestandes der natürlichen Freiheit und einer durch den Endzweck des Staates eingeschränkten staatlichen Machtsphäre hat Justi von *Wolff* übernommen:

> "Da die Herrschaft in einem Staat aus seiner Absicht ermessen werden muß...; so erstreckt sie sich nicht weiter als auf die Handlungen der Bürger, welche zur Beförderung der gemeinen Wohlfahrt gehören; folglich da nur bloß in Absicht dieser Handlungen die natürliche Freyheit der einzelnen Glieder eingeschränckt wird ...: so bleibt sie in Ansehung der übrigen Handlungen uneingeschränckt." [3]

Zusammenfassung

In Justis Lehre vom Endzweck des Staates zeigt sich der bedeutende Einfluß *Wolffs* und *Montesquieus*. Von *Montesquieu* erhält Justi die Anregung, sich von *Wolffs* Begriff der allgemeinen Glückseligkeit zu lösen und die bürgerliche Freiheit zu einem Element des Endzwecks des Staates zu erklären. Von *Montesquieu* empfängt er die Ausgangsdefinition der bürgerlichen Freiheit, die er um das Prinzip des Vorrangs der Staatsziele und der Grundverfassungen [4] ergänzt. Über *Montesquieu* hinaus weist Justi durch die Verknüpfung der Freiheit *Montesquieus* mit dem *Wolffschen* Gedanken des im Staat vorhandenen Restbestandes an natürlicher Freiheit, die der staatlichen Machtausübung Schranken setzt. Aus beiden

---

1 *Wolff* in "Jus Naturae", VIII, § 145 (zitiert nach *Bachmann*, Seite 139).
2 Vgl. *Bachmann*, Seite 140 m.Nw. auf *Wolff*.
3 *Wolff* in "Grundsätze", § 980 (Seite 701); vgl. erg. *Bachmann*, Seite 138 - 140.
4 Zum Begriff der Grundverfassung siehe oben Seite 91 f, und unten Seite 270 - 273, 277 - 279 und 310 - 312.

Quellen schöpft Justi seinen neuen, eigenständigen Freiheitsbegriff. Die Begrenzung der staatlichen Kompetenz durch den Gedanken des Staatszwecks ist eine wesentliche Neuerung in der Geschichte der Staatszwecklehre. [1]

5.4 Rezeption der Thesen Justis [2]

Die Formel vom "Endzweck" des Staates verwendet *Scheidemantel* nicht. Stattdessen wählt er den Begriff der "Absicht aller gesitteter Staaten". Diese Absicht (der Sache nach eine Staatszielbestimmung wie Justis Endzweck) liegt für *Scheidemantel* in der Sicherheit, der Bequemlichkeit und im Nahrungsstand, nicht in der Freiheit. [3] *Scheidemantel* definiert die bürgerliche Freiheit als "unabhängige Wahl der Mittel zur Förderung des gemeinschaftlichen Wohlseins". [4] Ihre Grenzen bestimmt er aus dem Blickwinkel der Machtbefugnisse des Herrschers; denn nicht allein die "Absicht des Staates" (der Endzweck), sondern auch die "Regierung" kann diese Freiheit einschränken. [5] So wird beispielsweise das heimliche oder öffentliche Urteil über die Fehler des Regenten als strafbares Unrecht nicht mehr von der bürgerlichen Freiheit gedeckt. [6]

Auch *Achenwall* spricht von einem Endzweck der "gemeinschaftlichen Glückseligkeit". [7] Inhaltlich unterscheidet sich *Achenwalls* Endzweck weitgehend von der Darstellung bei Justi:

> "... in Absicht auf den Staat aber besteht solche besonders in der Sicherheit und dem Ueberfluß an zeitlichen Gütern aller Mitglieder des Staats sammt und sonders: folglich daß ein jeder Bürger in Ansehung seiner Person, seiner Freyheit, seines Eigenthums, seiner Gerechtsamen gesichert, und ihm die Erlangung der Mittel seiner Wohlfahrt erleichtert werde;

---

1 Zur Geschichte der Staatszwecklehre *Willoweit*, Seite 174 f.
2 Siehe oben Seite 4 - 6 und 57 ff.
3 *Scheidemantel*, "Staatsrecht", § 25 (Seite 31 f) und *Natur und Wesen*, Anmerkung zu § 42.
4 *Scheidemantel*, "Staatsrecht", §§ 214 ff.
5 *Scheidemantel*, "Staatsrecht", § 215.
6 *Scheidemantel*, "Staatsrecht", § 218.
7 *Achenwall*, 1. Teil, 1. Hauptstück, §§ 3, 9, 12, 13.

> der ganze Staat aber in einer ungekränkten Ruhe und Freyheit erhalten, und seine innerliche Stärke und äusserliche Sicherheit befördert werde." [1].

Daß er die Freiheit als einen Bestandteil des Staatszweckes begreift, dürfte auf den Einfluß Justis zurückzuführen sein.

Pfeiffer stimmt Justi zu, daß der Endzweck des Staates (und damit zugleich das erste und oberste Gesetz, nach dem sich alles staatliche Handeln richtet) die gemeinschaftliche Glückseligkeit sei. Der Inhalt des Glückseligkeitsbegriffes Justis wird von *Pfeiffer* zwar nicht vollständig erfaßt, er pflichtet Justi aber vorbehaltslos bei, daß die Freiheit und die Sicherheit zwei Teilelemente der Glückseligkeit sind. [2]

Den Zeitgenossen Justis war es offensichtlich nicht möglich, seinen Begriff der Glückseligkeit inhaltlich vollständig zu erfassen. Aus den Werken *Scheidemantels*, *Achenwalls* und *Pfeiffers* ist jedoch abzulesen, daß Justi die Diskussion um die bürgerliche Freiheit als Staatszielbestimmung entfachte.

---

1 *Achenwall*, 1. Teil, 1. Hauptstück, § 13.
2 *Pfeiffer*, Seite 139 f.

6 ERRICHTUNG DES STAATES UND EINSETZUNG EINER REGIERUNG

6.1 Überblick

Die juristischen Konstruktionselemente zur Errichtung eines Staatswesens und die im Anschluß an die Staatsgründung erforderliche Einsetzung einer Regierung beschreibt Justi ausführlich in *Natur und Wesen*, Zweites Hauptstück ("Von dem Grunde der Republiken"). Eine kürzere Darstellung findet sich in der Einleitung zum *Grundriß*.

6.2 Theorie Justis

6.2.1 Die Vier-Elementen-Lehre

In seiner abstrakten Begründung des Staates (gleichbedeutend: Republik, gemeines Wesen) [1] wählt Justi als juristische Grundkonstruktion eine Vier-Elementen-Lehre. Der Staat beruht auf zwei "sichtbaren" [2] ("körperlichen", "physischen") [3] und auf "moralischen" [4] Gründen. Die vier Gründe des Staates sind (a) die Familien, (b) das Land, (c) die Willens- und (d) die Kräftevereinigung. Als Ergebnis dieser Vier-Elementen-Lehre entsteht der Staat als (e) moralischer Körper.

Häufig wird Justi eine andere Staatskonstruktion zugeschrieben. *Stoltenberg* bezeichnet als die vier Gründe des Staates "Familien, Land, fortdauernde Willensvereinigung und oberste Gewalt". [5]

1 *Grundriß*, § 7 (Seite 6).
2 *Natur und Wesen*, § 23 (Seite 49).
3 *Grundriß*, § 302 (Seite 393).
4 *Natur und Wesen*, § 23 (Seite 49), § 25 (Seite 51).
5 *Stoltenberg* (Seite 213).

Sommer und *Partick* vertreten die These, daß die moralischen Gründe (Willens- und Kräftevereinigung) für die juristisch-abstrakte Staatsdefinition irrelevant sind. [1] Gegen diese Auffassungen stehen die Ausführungen zur Vier-Elementen-Lehre in *Natur und Wesen*. Ausdrücklich trennt Justi die Kapitel über historische Staatsbildung und abstrakte Staatskonstruktion. Die moralischen und physischen Gründe bespricht er erst im Abschnitt über die abstrakte Grundlegung des Staates. Außerdem wird die These einer moralische und physische Gründe umfassenden Vier-Elementen-Lehre bei Justi im *Grundriß* bestätigt. In der Einleitung [2] scheint Justi zwar zunächst eine auf zwei Gründe reduzierte Staatskonstruktion vorzuziehen. Der erste Grund wäre danach die aus Willens- und Kräftevereinigung der Familien entstandene Gesellschaft ("das Volk"), der zweite das Landesgebiet. An späterer Stelle [3] benutzt Justi jedoch die Einteilung aus *Natur und Wesen*. Daß er nicht bereits in der Einleitung zum *Grundriß* in differenzierender Weise auf seine Vier-Elementen-Lehre zu sprechen kommt, ist eine Folge der für ihn typischen schrittweisen Einführung der Leser in ein neues Stoffgebiet.

(a) Familie [4]

Das personale Element in Justis juristischer Konstruktion ist die Familie. [5] Gleich wie im Stand der natürlichen Freiheit die einzelnen Gesellschaften aus Familien bestehen [6], so ist die staatliche Gesellschaft eine Vereinigung vieler Familien. Die Familien setzen sich zusammen aus "Eltern, Kindern und anderen Anverwandten, die in absteigender Linie oder Seiten-Linie in unzertrennter Haushaltung leben". [7] Das Gesinde gehört nicht zur Familie; denn der durch die Willensvereinigung der Familien

---

1 *Sommer*, Seite 192; *Partick*, Seite 27.
2 A.a.O., § 7 f (Seite 6).
3 *Grundriß*, § 302 (Seite 393), § 304 (Seite 395), § 305 (Seite 400).
4 *Grundriß*, § 7 (Seite 6), § 302 (Seite 393); *Natur und Wesen*, § 19 (Seite 41), § 229 (Seite 519); *Grundfeste*, Band 1, § 1, Satz 2 (Seite 3), Band 2, § 112 (Seite 102), § 125 (Seite 121).
5 Anders *Sommer*, Seite 193 f, 199, 201: die Familie sei nur innerhalb der soziologischen Betrachtungsweise Justis der Urgrund des staatlichen Lebens.
6 Siehe oben Seite 87.
7 *Grundfeste*, Band 2, § 131 (Seite 128).

erstrebte Endzweck der gemeinschaftlichen Glückseligkeit kann sich auf das Gesinde, das nur für eine gewisse Zeitspanne bei der Familie lebt, nicht erstrecken. [1]

Von den Familien als dem ersten körperlichen Grund des Staates ist das Volk zu unterscheiden. Den Begriff Volk verwendet Justi als Bezeichnung für die aufgrund der Willens- und Kräftevereinigung entstandene Gesellschaft der Hausväter. Die Grunddefinition des Volkes gibt Justi im *Grundriß*, § 8:

> "Eine solche Gesellschaft von Menschen, die sich zu Beförderung ihrer Glückseligkeit unter einer obersten Gewalt mit einander vereiniget haben, wird ein Volk genennet..." [2]

Stollberg-Rilinger [3] verwirft Justis Volksbegriff als unklar. Zum Beweis führt sie ein nach ihrer Ansicht bestehendes Spannungsverhältnis zwischen § 8 und § 9 des *Grundriß* an. Während der § 8 das Volk als eine Gesellschaft von Menschen definiere, die sich bereits unter einer obersten Gewalt zusammengefunden hätten, gehe § 9 davon aus, daß das Volk die oberste Gewalt erst noch installiere. Der § 9, Satz 1, lautet:

> "Wenn ein Volk seine Kräfte und seinen Willen vereiniget, und den Gebrauch der vereinigten Kraft dem vereinigten Willen überläßt ..., das ist, wenn es eine höchste Gewalt errichtet; so beruhet diese Gewalt anfangs unstreitig bey dem Volke, da sie durch Vereinigung seiner Kräfte und Willen entstehet."

Der Vergleich der von *Stollberg-Rilinger* angeführten Texte vermag keine widersprüchliche Verwendung des Begriffes Volk zu belegen. Das Volk ist vielmehr Justis widerspruchsfrei verwendete Bezeichnung für die nach der Staatsgründung existierende staatliche Gesellschaft der Hausväter. *Stollberg-Rilinger übersieht*, daß zwischen § 8 und § 9, Satz 1, erster Halbsatz bis zum Semikolon,

---

1 *Grundfeste*, Band 2, § 144 (Seite 147).

2 *Grundriß*, § 8 (Seite 6); vgl. erg. *Grundfeste*, Band 1, § 10 (Seite 11). Daß Justi von einer Gesellschaft der Hausväter ausgeht, zeigen insbesondere seine Erklärungen im Zusammenhang mit dem Demokratiebegriff, siehe unten Seite 218 ff.

3 A.a.O., Seite 106, FN 5.

kein Widerspruch besteht. Der erste Halbsatz des § 9 ist eine auf den zweiten Halbsatz abzielende vereinfachend formulierte Bedingung und legt keinen zeitlichen Ablauf fest. Ihre These könnte mithin allein im Vergleich des § 8 mit dem Rest des § 9 (ab Satz 2) eine Stütze finden:

> "Das Volk kann demnach entweder diese Gewalt selbst ausüben und über deren Ausübung Anordnungen machen; oder es kann solche andern auftragen. Alle Gewalt im Staate entstehet demnach von dem Volke, welches allemal die Quelle derselben ist. Die Gewalt also, vermöge deren das Volk über Ausübung der obersten Gewalt Anordnung macht, oder solche andern aufträgt, heißet die Grundgewalt des Volks, und ist von der thätigen obersten Gewalt unterschieden, welche blos durch die Anordnung der ersten entstehet. Diese Grundgewalt des Volks gehöret zu dem Wesen des Staats; und ist auch bey der unumschränkten obersten Gewalt allemal vorhanden. Sie kann nur durch Zerstörung des Staats, entweder durch gänzliche Ueberwindung eines auswärtigen Feindes, oder durch innerliche Tyranney über den Haufen geworfen werden."

Im Unterschied zu § 9, Satz 1 ("höchste Gewalt"), geht es bei der "obersten Gewalt" des folgenden Textes nicht um die durch Willens- und Kräftevereinigung entstehende und ursprünglich immer beim Volk liegende Gewalt. Vielmehr bezieht sich der zitierte Rest des § 9 auf die von der Grundgewalt nach der Staatsbildung erst noch zu konkretisierende "oberste" (Regierungs-) Gewalt. Diese "oberste Gewalt" des § 9 ist eine andere als die in § 8 genannte "oberste Gewalt". Der § 8 hebt mit der Bezeichnung "oberste Gewalt" nur noch einmal das Abgrenzungskriterium der staatlichen zu den vorstaatlichen Gesellschaften, das Justi in § 5 erarbeitet hatte, hervor. Die Erwähnung der "obersten Gewalt" in § 8 hat allein zum Ziel, verdeutlichend vor Augen zu führen, daß in den staatlichen -im Gegensatz zu den vorstaatlichen- Gesellschaften alle Gesellschaftsmitglieder dem über ihnen stehenden vereinigten Willen unterworfen sind.

(b) Land [1]

Der zweite sichtbare Grund der Staaten ist, daß die Familien eine abgegrenzte Oberfläche des Erdbodens als ihnen zugehörig bewohnen. Die in den europäischen Staaten verstreut lebenden Juden könnten, selbst wenn sie durch eine Willensvereinigung eine oberste Gewalt über sich setzten, keinen eigenen Staat bilden.

(c) Willensvereinigung [2] **(Das Wesen der Republik I** [3]**)**

Die Willensvereinigung ist der erste moralische Grund und das "hauptsächliche Mittel" zur Erhaltung des Staates.

Jede Familie verfügt über einen einheitlichen Familienwillen. [4] Von der Auffassung eines einheitlichen Familienwillens als kleinster Willenseinheit des Staates scheint Justi an zwei Stellen abzuweichen. In der *Grundfeste* räumt er ein, daß neben den Familien auch einzelne Menschen ihre Kräfte und ihren Willen miteinander vereinigen könnten:

> "Wenn viele, in dem Stande der natürlichen Freiheit lebende, einzelne Menschen, oder Familien, ihre Kräfte und ihren Willen mit einander vereinigen, um ihre gemeinschaftliche Glückseligkeit zu befördern; so entstehet daraus ein Staat oder Republik (Siehe Wesen und Natur der Staaten 2 Hauptst. §.23. u. 25.). Ein Staat, oder Republik ist demnach ein Zusammenhang vieler einzeln Familien, die ihre Kräfte und ihren Willen mit einander vereiniget haben, ..." [5]

---

1 *Natur und Wesen*, § 21 (Seite 44 ff); *Grundriß*, § 8 (Seite 6).

2 *Natur und Wesen*, § 23 und § 25 (Seite 49 ff).

3 Zum Wesen der Republik vgl. erg. unten Seite 124 ff.

4 *Natur und Wesen*, § 23 (Seite 49): "Wenn aus diesen einzelnen Familien eine Republik entstehen soll, so müssen alle diese einzelnen Familien ihren Willen mit einander vereinigen". A.a.O., § 25 (Seite 51): "Alle einzelne Familien, die solchergestalt ihre Willen miteinander vereinigen...". Die Geschlossenheit des Familienwillens folgt zudem aus dem Zusammenspiel von *Natur und Wesen*, § 48 (Seite 106, Zeile 2 - 5: "Jede Familie verfügt über einzelne Kräfte") mit *Grundriß*, § 7 (Seite 6: "... ein Staat bestehet aus vielen Familien, die i h r e Kräfte und i h r e n Willen mit einander vereiniget haben."), Sperrung durch den Verfasser. Die Tatsache, daß jede Familie über einen einheitlichen Willen verfügt, wird in den modernen Arbeiten übergangen; statt aller: *Stollberg-Rilinger*, Seite 106, Zeile 5.

5 *Grundfeste*, Einleitung, § 1, Satz 1 (Seite 3).

Im *System des Finanzwesens* schreibt Justi, nachdem er in § 3 [1] auf die §§ 23 und 25 in *Natur und Wesen* verwiesen hatte:

> "... die Natur der bürgerlichen Verfassungen, die in der Vereinigung der Kräfte und der Willen vieler einzelnen Menschen bestehet (§.3.) .... damit die einzelnen Willen ihres besondern Vortheils halber die gemeinschaftliche Glückseligkeit nicht außer Augen setzten; so mußten alle einzeln Willen einem gesammten oder vereinigten Willen gehorchen, der unaufhörlich zur Absicht hatte, die besondern und einzeln Vortheile und Glückseligkeiten mit dem gemeinschaftlichen Vortheile und einer allgemeinen Glückseligkeit in ein genaues Verhältniß und Übereinstimmung zu setzen. Folglich kann in einem Staate kein einziger vorhanden seyn, welcher der obersten Gewalt nicht unterworfen ist." [2]

Daß Justi in beiden Texten von der Familie als kleinster Willenseinheit des Staates ausgeht, ergibt sich aus der jeweiligen Verweisung auf die §§ 23 und 25 in *Natur und Wesen*. Hätte er seine Auffassung zu den möglichen Trägern eines Einzelwillens geändert, wäre der Verweis auf *Natur und Wesen* unterblieben. Für die *Grundfeste* folgt dieses Ergebnis zudem aus dem zweiten Satz des zuletzt angeführten Zitates sowie aus dem sinnentsprechenden § 2, Satz 1:

> "Da in denen bürgerlichen Gesellschaften viele einzelne Familien ihre Kräfte und ihren Willen ... mit einander vereinigen ..." [3].

Nach allem entstanden die Abweichungen im *Grundriß* und im *System des Finanzwesens* aus der Kürze der Darstellungen. Eine Entwicklung in Justis Theorie läßt sich durch sie nicht belegen. Die kleinste Willenseinheit innerhalb des Staates ist der Familienwille.

Zum Ausdruck gebracht wird der Familienwillen durch das Haupt der Familie, den Hausvater, als dem Inhaber der häuslichen Gewalt. [4]

---

1 *System des Finanzwesens*, § 3 (Seite 2).
2 *System des Finanzwesen*, § 5 (Seite 2).
3 *Grundfeste*, Einleitung, § 2, Satz 1, Seite 4.
4 *Grundfeste*, Band 2, Anmerkung zu § 113, Seite 103 f.

Die Familienväter schließen keinen Staatsvertrag [1], sondern sie vereinigen die verschiedenen Willen. Durch diese Willensvereinigung, die das Wesen des Staates ausmacht [2], unterscheidet sich der bürgerliche Stand vom Stand der natürlichen Freiheit:

> "Hierdurch wird der bürgerliche Stand von dem Stande der natürlichen Freyheit unterschieden. Die Freyheit des eignen Willens ist der wesentliche Charakter der natürlichen Freyheit. Die Aufgebung dieses besondern Willens und die Vereinigung mit seinen Mitbürgern in einen einzigen Willen, ist der unterscheidende Charakter der bürgerlichen Verfassung." [3]

Den konkreten Inhalt der Willensvereinigung schreibt Justi nicht vor. Die Willensvereinigung ist nicht durch Pflichtinhalte vorbelastet und insofern wertneutral. [4] Das erste moralische Konstruktionselement der Republik erschöpft sich in der rein formalen Bestimmung, daß die Willen zu vereinigen sind. Aus der Vernunftbegabung des Menschen entnimmt Justi eine Grenze:

> "Der Wille der Völker bei Eintretung in die Republiken, ist also ohne Zweifel dieser, daß sie ihre natürliche Freyheit nur in so fern aufgeben und sich der Regierung und Gesetzen eines andern unterwerfen wollen, als es der Endzweck der Republiken unumgänglich erfordert." [5]

Der Staat wird alle Unglücksfälle überstehen solange die Willensvereinigung fortdauert. [6] Um einen "getrennten oder gedoppelten" Willen zu vermeiden, bedarf es der fortdauernden Vereinigung der Einzelwillen, das heißt der stetigen Schöpfung und Hervorbringung des gemeinsamen Willens. Durch seine Forderung nach einer "stetigen Schöpfung und Hervorbringung" der Willensvereinigung formuliert Justi ein Verbot der politischen Willensbildung durch eine dem Volk übergeordnete Einheit.

---

1 So aber *Schmelzeisen* (1957), Seite 364, FN 8; zur Frage einer Vertragstheorie bei Justi siehe unten Seite 129 ff.
2 *Natur und Wesen*, § 23 (Seite 49); vgl. erg. unten Seite 125.
3 *Natur und Wesen*, § 23 (Seite 49 f).
4 Anders wohl *Ebihara*, Seite 240.
5 *Natur und Wesen*, § 18 (Seite 39).
6 *Natur und Wesen*, § 24 (Seite 50).

(d) Kräftevereinigung [1] (Das Wesen der Republik II [2])

Da bei jedem verständigen Wesen der Wille die Kräfte leitet und die Willenseinheit Familie durch ihre Mitglieder über eine Vielzahl ihr eigener Kräfte verfügt, muß der zweite moralische Grund der Staaten die Vereinigung aller einzelnen Familienkräfte in eine einzige Kraft sein. Nicht, wie verschiedentlich behauptet [3], eine durch die Kräftevereinigung neu entstehende Gesamtkraft, sondern der Prozeß der Kräftevereinigung selbst, ist der zweite moralische Grund der Staaten. Im Unterschied zur Vereinigung der Willen der einzelnen Familien tritt bei der Vereinigung der Kräfte an die Stelle einer Betrachtung der Familie als geschlossener Verband der Mensch als kleinstmögliche, einer Vereinigung zuzuführende Einheit. [4] Zu den Kräften des Menschen zählt alles, wodurch er dem Staat nützen kann, auch das Privateigentum und seine persönlichen Fähigkeiten. [5]

Die aufgrund der Kräfte- u n d der Willensvereinigung entstandene neue einheitliche Kraft ist die oberste Gewalt. Die oberste Gewalt zeigt sich damit -entgegen *Ebihara* [6]- als das Produkt beider moralischer Gründe.

Eben weil die oberste Gewalt nicht allein das Ergebnis einer Kräfte- sondern einer mit der Willensvereinigung einhergehenden Kräftevereinigung ist [7], besteht kein Widerspruch zwischen dem in *Natur und Wesen* geschilderten Wesen der Staaten (Willensvereinigung [8]) und der in der *Grundfeste* als das Wesen der Staaten bezeichneten obersten Gewalt. In der *Grundfeste* schreibt Justi:

---

1 *Natur und Wesen*, §§ 25 f (Seite 51 ff).
2 Zum Wesen der Republik vgl. erg. oben Seite 121 und unten Seite 125.
3 *Partick* (Seite 28).
4 *Natur und Wesen*, § 120 (Seite 275): "Alle einzelne Menschen, die eine Republik zusammen ausmachen, haben ein jeder vor sich eine Kraft...".
5 *Natur und Wesen*, § 48 (Seite 105 f).
6 *Ebihara* (Seite 240) übersieht, daß die Willensvereinigung stets eine Kräftevereinigung umfaßt. So kommt er -trotz Kenntnis von *Natur und Wesen* § 25 (Seite 52)- zu dem Ergebnis, die oberste Gewalt sei das Produkt der Kräftevereinigung.
7 Auch im Stand der natürlichen Freiheit findet eine Kräftevereinigung statt. Sie führt mangels Willensvereinigung nicht zur Bildung einer obersten Gewalt (*Grundfeste*, § 1, Seite 3).
8 Siehe oben Seite 123.

> "Diese einzige Kraft, die aus der Vereinigung aller einzelnen Kräfte entstehet, ist nunmehr dasjenige, was man die oberste Gewalt nennet: ... . Die oberste Gewalt aber ist es hauptsächlich, was das Wesen der Staaten ausmacht, und wodurch sie von denen Gesellschaften im Stande der natürlichen Freiheit unterschieden werden." [1]

Nach allem besteht das Wesen der Staaten in der Grundlegung der obersten Gewalt durch Willens- und Kräftevereinigung. [2]

Problematisch ist im Zusammenhang mit dem Element der Willensvereinigung die in *Natur und Wesen* gewählte Zuordnung der Begriffspaare "Willensvereinigung - bürgerlicher Stand/Wesen der Republik" und "Kräftevereinigung - vollkommene Bildung der Republik/politischer Staat":

> "... diese Vereinigung der Willen ist es, was den bürgerlichen Stand, oder das Wesen einer Republik ausmacht. Hierdurch wird der bürgerliche Stand vom Stand der natürlichen Freiheit unterschieden." [3] ... "Die Vereinigung aller einzelnen Kräfte in eine einzige Kraft ist ... es eben, was den politischen Staat ausmacht, oder wodurch die Republik vollkommen gebildet wird." [4]

Die Unterscheidung zwischen unvollkommener und vollkommener Bildung des Staates widerspricht seinem System der gleichzeitig erfolgenden Willens- und Kräftevereinigung. Bei diesem logischen Bruch handelt es sich um eine Nachwirkung der *Wollfschen* Unterscheidung von civitas und res publica. [5] Die Begriffe des bürgerlichen Standes und des politischen Staates erinnern an *Montesquieus* Unterscheidung von état politique und état civil. [6]

---

1 *Natur und Wesen*, § 25 (Seite 52).
2 Bestätigt in *System des Finanzwesens*, § 3 (Seite 2).
3 *Natur und Wesen*, § 23 (Seite 49).
4 *Natur und Wesen*, § 25 (Seite 51 f).
5 Siehe unten Seite 131, FN 1.
6 Siehe oben Seite 98 f.

(e) Der Staat als moralischer Körper [1]

Als Ergebnis der Willens- und Kräftevereinigung durch die (ein bestimmtes Land bewohnenden) Familien entsteht ein "neuer, einfacher, unzertrennlicher moralischer Körper", der Staat. Der Staatskörper existiert unabhängig von jeder konkreten Ausgestaltung der Willensvereinigung und jeder über die bloße Willensvereinigung hinausgehenden Aktivität des Staatsvolkes. Zur Errichtung des Staates bedarf es keiner Festlegung von Grundgesetzen durch die Grundgewalt des Volkes, keiner vertragsweisen Einsetzung der Regierung und keiner Regierungshandlung durch die/den Regenten. Da das gesamte Volk die geschaffene Macht nicht gebrauchen kann, ist es zwar erforderlich, durch die Grundgesetze festzulegen, "wie" und durch den vertragsweisen Vergleich zu bestimmen "durch wen" die staatliche Gewalt ausgeübt werden soll; diese Festlegung der Regierungsform und Einsetzung der Regierung ist aber keine Voraussetzung für die Entstehung des Staates. Die Erschaffung des Staatkörpers ist allein das Ergebnis der Vier-Elementen-Lehre.

Für den Zeitraum nach der Staatsgründung geht Justi nicht von der gleichzeitigen Existenz eines natürlichen (physischen) Staatskörpers einerseits und eines moralischen Staatskörpers andererseits aus. [2] Vielmehr erzeugt die Willens- und Kräftevereinigung der in einem bestimmten Gebiet lebenden Familien nur den einen moralischen Staatskörper. Das zeigt sich nicht zuletzt in Justis Vergleich des menschlichen Körpers (den er als "körperliche Maschine" beschreibt [3]) mit dem Staatskörper (der für ihn einen "moralischen Körper" oder eine "moralische Maschine" darstellt):

> "Ein Staat ist ein moralischer Körper; er ist eine Maschine, deren Zusammenhang und Thätigkeit blos auf moralischen Einrichtungen und Thätigkeiten beruhet." [4]

---

1 *Natur und Wesen*, § 28 (Seite 56), § 100 (Seite 225 f); *Grundriß*, § 15 (Seite 10), § 301 f (Seite 391 - 394).

2 So aber *Partick* (Seite 27).

3 *Grundriß*, § 301 (Seite 392).

4 *Grundriß*, § 302 (Seite 393).

Der Staatskörper, vom Band der Gesetze zusammengehalten [1], hängt in allen Teilen auf eine bestimmte Weise zusammen. Die höchste Erkenntnis in den Staatswissenschaften liegt für Justi im Wissen um den Systemzusammenhang der (durch ihn in Deutschland zum Topos gemachten [2]) Staatsmaschine:

> "... Man kann in keinem Theile dieser Maschine eine Verbesserung mit guten Erfolge vornehmen, wenn nicht alle übrigen Theile damit übereinstimmen. Man würde sonst einen monströsen Theil in die Maschine einflicken, der anstatt dieselbe zu verbessern, den guten Fortgang der übrigen Räder und Triebfedern hemmen würde." [3]

Unter Beachtung des Systemzusammenhangs könnte der Staat von ewigem Bestand sein, weil er im Gegensatz zur körperlichen Maschine Mensch eine moralische Maschine ist. Das Verderben des Staatskörpers ist eine Folge der Einflüsse der menschlichen Schwachheiten auf die moralischen Gründe des Staates, das heißt auf die Willens- und Kräftevereinigung. Der Untergang der körperlichen Gründe des Staates (Familien und Land) durch Katastrophen, die nicht in moralischen Gründen wurzeln, sind bloße Unglücksfälle. [4] Wenn auch die menschlichen Schwachheiten immer bestehen werden, so daß niemals ein Staat existieren kann, der mit vollkommener Weisheit regiert wird,

> "... so kann doch die Verfassung ... des Staats dergestalt beschaffen seyn, daß die menschlichen Schwachheiten niemals ... den Untergang des Staats ... verursachen." [5]

Wie die Gesetze und Einrichtungen des Staates beschaffen sein müssen, um den menschlichen Schwächen möglichst wenig Einfluß auf die beiden moralischen Gründe der Vier-Elementen-Lehre zu geben, wird das Thema der folgenden Kapitel sein.

---

1 *Grundriß*, § 238 (Seite 305).

2 *Stollberg-Rilinger*, Seite 105.

3 *Vollständige Abhandlung*, Seite 30; ähnlich in *Die Nothwendigkeit einer genauen Belohnung und Bestrafung der Bedienten eines Staates* (*Politische und Finanzschriften*, Band 1, Seite 102 f) und in *Natur und Wesen*, § 28 (Seite 57).

4 *Grundriß*, §§ 302 f (Seite 393 f).

5 *Grundriß*, § 301 (Seite 392).

6.2.2 Die Einsetzung einer tätigen obersten Gewalt durch vertragsweisen Vergleich

Der Staat existiert bereits vor der Festlegung der Regierungsform und der Einsetzung einer Regierung. [1] Erst nach erfolgter Staatsgründung erläßt das Volk kraft seiner Grundgewalt die Grundverfassungen (gleichbedeutend: die Grundgesetze [2]) des Staates und bestimmt so unter anderem über die Regierungsform. Nach dem Erlaß der Grundgesetze erfolgt die Einsetzung der regierenden Person(en) durch vertragsweisen Vergleich zwischen dem Volk und dem zukünftigem Inhaber der obersten Gewalt. Bedingt durch den vertragsweisen Vergleich besteht zwischen Volk und Herrscher kein Verhältnis der Über/Unterordnung, sondern beide sind gleichberechtigte Vertragspartner. Das betont Justi in seiner Ablehnung einer richterlichen Gewalt des Volkes über die/den Regenten:

> "Der Fehler liegt hauptsächlich darinnen, daß man sich vorstellet, das Volk trage vermöge seiner Grundgewalt jemand die thätige oberste Gewalt Gesetz- oder Befehlsweise auf, so wie ein Herr seinem Unterthan etwas auszurichten anbefiehlet. Allein, das ist eine sehr falsche Vorstellung von der Sache. Das Volk setzet vermöge seiner Grundgewalt die Grundverfassungen oder Grundgesetze des Staats fest; und hier verhält es sich als Gesetzgeber. Allein, wenn dieses geschehen ist, so vergleicht es sich mit jemand Vertragsweise, daß er die Verwaltung ... der obersten Gewalt nach Maaßgebung dieser Grundgesetze übernehmen soll." [3]

Den Gedanken, daß die Machtbefugnis der Regenten auf öffentlichen oder stillschweigenden Verträgen und nicht auf eigener Machtvollkommenheit beruht, hatte Justi schon in den *Deutschen Memoires* (1750) verfochten. [4] Die Vorstellung der von einem Herrschaftsvertrag unabhängigen Staatsentstehung und einer grundverfassungsgebenden Gewalt des Volkes entwickelt er in seinen späteren Schriften.

---

1 Siehe oben Seite 126.

2 Zum Begriff der Grundverfassung siehe oben Seite 91 f, und unten Seite 270 - 273, 277 - 279 und 310 - 312.

3 *Natur und Wesen* § 47 (Seite 102).

4 *Ob ein Premierminister einem Staate zuträglich sey* (*Deutsche Memoires*, Band 3, Seite 415 f); Neuabdruck des Aufsatzes in *Gesammelte Politische und Finanzschriften*, Band 1, Seite 240.

6.2.3 Kritik anderer Auffassungen

Die zentrale Stelle der Kritik Justis an den Vertragstheorien findet sich in *Natur und Wesen*, § 27 (Seite 54 ff). Kein anderer Abschnitt aus seinem Gesamtwerk führte zu ähnlich großen Mißverständnissen. Es ist deshalb erforderlich, zunächst die Argumentation Justis und daran anschließend den Streitstand in der Literatur darzustellen.

(a) Argumentation Justis

Die Staatsgründung durch einen geschichtlich konkret nachweisbaren Vertragsschluß lehnt Justi ab (anders bei der vertragsweisen Einsetzung einer Regierung [1]):

> "Allein, zu geschweigen, daß wir in dem vorhergehenden Hauptstücke genugsam gezeiget haben, wie höchstwahrscheinlicher Weise die Republiken nur nach und nach und gleichsam unvermerkt, ohne deshalb gefaßten ordentlichen Entschluß entstanden sind, so daß man dabey schwerlich weder an einen Vertrag, noch an Decrete gedacht hat ...;" [2]

Justi bestreitet nicht nur das konkrete geschichtliche Datum. Er wendet sich insbesondere gegen eine auf Vertragsbasis gegründete abstrakt-juristische Konstruktion des Staates. Der Staatsgründung durch Verträge stellt er sein -so glaubt er- "verständlicheres" Modell der Willensvereinigung gegenüber. In Fortführung des obigen Zitates heißt es:

> "...so wird auch meines Erachtens das Wesen, der Grund und die Bildung der Republiken keineswegs so gut erläutert, als wenn man die Vereinigung der Willen und der Kräfte vieler Familien zum Grunde der Entstehung der Staaten annimmt."

---

1 Die von Justi in seiner Abhandlung *Ob ein Premierminister einem Staate zuträglich sey* (*Deutsche Memoires*, Band 3, Seite 413 - 415; Neuabdruck des Aufsatzes in *Gesammelte Politische und Finanzschriften*, Band 1, Seite 238) erwähnten "pacti", die er als konkrete geschichtliche Daten begreift, sind nur die Verträge zur Einsetzung einer Regierung. Die Staatsgründung betreffen sie nicht.

2 *Natur und Wesen*, § 27 (Seite 55).

Er verwirft die Auffassung, die Staatsentstehung sei an einem Vertrag zur Gesellschaftsbildung und den beiden anschließenden Beschlußfassungen oder Dekreten über das Ziel des Staates und die Einsetzung einer obersten Gewalt festzumachen:

> "Diejenigen, welche sonst, ihre Gedanken gründlich vorzutragen, gewohnt gewesen sind, haben behauptet, daß zu Entstehung eines Staats ein Vertrag und zwey Entschlüsse, oder Decrete erfordert würden." [1]

Die Distanz zu den Vertragstheoretikern liegt in der unterschiedlichen Sicht des Gesellschaftsvertrages begründet. Den Gesellschaftsvertrag der Vertragstheoretiker versteht Justi nicht als Schöpfung einer rechtsfähigen Person und insofern als Teilelement der Staatskonstruktion. Für ihn ist der Gesellschaftsvertrag der Vertragstheoretiker eine bloße Art "Kräftevereinigungs-Vereinbarung" ohne juristische Konsequenz. Der Gesellschaftsvertrag wird von Justi inhaltlich mit der Kräftevereinigung seines Modells der vorstaatlichen Gesellschaften gleichgesetzt. [2] Aus diesem Grund ergibt er für Justi unabhängig von jeder Staatsbildung sehr wohl einen Sinn; eben als die Absichtserklärung über die gegenseitige Hilfeleistung in den vorstaatlichen Gesellschaften. [3] Ein Vertrag "beieinander zu bleiben" (der Gesellschaftsvertrag) schafft für Justi noch keine rechtsfähige Person. Da nach seiner Ansicht derartige Gesellschaftsverträge im vorstaatlichen Bereich als bloße Kräftevereinigungs-Vereinbarungen ohne juristische Konsequenzen bleiben, sind sie ihm als Grundlage für spätere Entschlüsse oder Dekrete wertlos:

> "Ein Vertrag bey einander zu bleiben, macht noch nichts wesentliches von der bürgerlichen Verfassung aus. Dieser kann auch bey einer Gesellschaft statt finden, ohne daß sie deshalb zur Republik wird. Wenn man aber so fort nach diesem Vertrage Entschlüsse oder Decrete annimmt; so setzet man vielleicht die bürgerliche Verfassung und die oberste Gewalt voraus, ehe sie vermittelst dieser Decrete entstanden war."

---

1 *Natur und Wesen*, § 27 (Seite 54).

2 Zur Kräftevereinigung in den vorstaatlichen Gesellschaften siehe oben Seite 86 f.

3 Im Ergebnis wohl auch *Partick*, Seite 31.

Justi zielt mit dieser Kritik wohl insbesondere auf *Wolff*, bei dem der Staat im Falle der Volksregierung durch einen Vertrag und zwei Entschlüsse, im Falle einer Übertragung der Herrschaft durch zwei Verträge und drei Entschlüsse, entsteht.[1] Seine Kritik kann in gleicher Weise auf *Pufendorf* (zwei Verträge und zwei Entscheidungen)[2] und *Thomasius* (zwei Verträge und ein Beschluß)[3] bezogen werden. Nur in Kritik an solchen Vertragstheorien, welche die Staatsgewalt durch Verträge u n d mit Hilfe von Dekreten und Beschlüssen begründen, stellt Justi fest:

> "Man würde viel besser gethan haben, wenn man diese zwey Entschlüsse gleichfalls als Verträge angesehen hätte."

In diesem Zitat spiegelt sich erneut das grundlegend andere Verständnis, das Justi dem Gesellschaftsvertrag der Vertragstheoretiker beimißt. Indem der Gesellschaftsvertrag *Wolffs* eine einheitliche moralische Person zur Verfügung stellt [4], kann er den zwischen Gesellschafts- und Herrschaftsvertrag anstehenden Entscheidungen den Charakter von Beschlüssen einer rechtsfähigen Person verleihen. Ein Vertragsschluß ist in diesem Falle nicht erforderlich. Für Justi hingegen ist es (bedingt durch die Interpretation des Gesellschaftsvertrages der Vertragstheoretiker als Kräftevereinigungs-Vereinbarung, die keine oberste Gewalt und keinen vorstaatlichen moralischen Körper schaffen konnte) nicht möglich, auf einer durch Gesellschaftsvertrag geschaffenen

---

1 Bei *Wolff* entsteht die res publica durch einen Gesellschaftsvertrag, die "Vereinbarung über die zur Erreichung der Staatszwecke dienlichste Organisation", desweiteren -falls das Volk die Gewalt sich nicht selbst vorbehält- die Entscheidung, unter welchen Bedingungen die Übertragung erfolgen soll, die Wahl des Herrschers und den Unterwerfungsvertrag. Falls eine Demokratie eingerichtet wird, besteht die dritte Stufe aus der Festlegung verschiedener Bestimmungen über die Artikulation des Volkswillens (Einberufung, Wahl, Abstimmungsrecht bezüglich der Reichstage). Der vierten Stufe entspricht die Einsetzung eines Senats für routinemäßige oder dringende Maßnahmen. Die civitas, von *Wolff* selbst mit Staat übersetzt, entsteht bereits mit dem Gesellschaftsvertrag. (Darstellung der Lehre *Wolffs* übernommen von *Bachmann*, Seite 130 f, 134).

2 *Pufendorf* läßt den Staat durch den Gesellschaftsvertrag, den anschließenden Beschluß (decretum) über die Regierungsform, die Wahl eines Regenten und dem mit diesem zu schließenden Herrschaftsvertrag entstehen (Darstellung der Vertragslehre *Pufendorfs* bei *Bachmann*, Seite 129, letzter Satz, und Seite 129, FN 48; bei *Pufendorf* selbst vgl. Buch VII, Kapitel 2, § 7 f; eine deutsche Übersetzung von Kapitel 2 durch *Badura/Hofman* in *Voigt*, Seite 179 - 201).

3 Bei *Thomasius* entsteht der Staat durch den Vertragsschluß über das Zusammenleben, den Beschluß über die Regierungsform und den Vertrag zur Übertragung der maiestas (*Rüping*, Seite 36).

4 Vgl. *Bachmann*, Seite 132 f m.Nw.

rechtsfähigen Person aufzubauen. Aus dieser Sicht mußte er die Vertragslehre insofern kritisieren, als sie die Staatsgewalt nicht ausschließlich auf Verträge gründet.

Nach allem zeigt sich Justi nicht als Gegner einer reinen Vertragstheorie. Eine solche reine Vertragstheorie, die bis zur endgültigen Staatsgründung auf jeglichen Beschluß und jedes Dekret verzichtet, ist für Justi nicht undenkbar. Das belegt das Zitat oben Seite 131. Mit dieser Stellungnahme ist Justis Kritik an der Vertragstheorie beendet. Sein Schlußsatz

> ("Ueberdies kann die Vereinigung der Willen und Kräfte auch stillschweigend geschehen, welches der wirklichen Entstehungsart der Republiken am gemäßesten ist.")

verteidigt demnach nicht die Theorie vom stillschweigenden Vertragsschluß. Justi greift hier lediglich die Rechtfertigung seiner eigenen Theorie wieder auf und ergänzt sie um das Argument der stillschweigend möglichen Willensvereinigung.

Im unklaren läßt Justi den Leser darüber, aus welchen Gründen er das Modell der Willensvereinigung einer reinen Vertragstheorie vorzieht. Da Justi bei der reinen Vertragstheorie keine besonderen Schwachstellen hervorhebt, ist davon auszugehen, daß er die Ablehnung dieser Theorie aus ihrem allgemeinen Vertragscharakter schöpft. Folglich muß es ein Kernanliegen Justis gewesen sein, bei der juristisch-abstrakten Begründung des Staates die Form einer vertraglichen Abmachung zu vermeiden. Die Verbindlichkeit der Staatsgründung sollte auf andere Weise, eben durch die Vereinigung der Willen, erzeugt werden. Das Motiv, das Justi veranlaßt haben könnte, ein der Vertragslehre entgegengesetztes Modell der Staatsentstehung zu verfechten, zeigt ein Vergleich mit der Lehre *Wolffs*.

Bei *Wolff* "gibt jeder einzelne eine Verpflichtungserklärung gegenüber der Gesamtheit der übrigen einzelnen ab und empfängt seinerseits als Teil der Gesamtheit die entsprechenden Erklärungen der übrigen einzelnen" [1]:

> "Da aus einem Vertrage, wodurch ein Staat errichtet wird ..., die Verbindlichkeit entsteht ...; so ist jedes einzelnes Glied allen zusammengenommen das gemeine Beste nach seinen Kräften zu befördern verbunden, und alle zusammengenommen sind jedem einzelnen Gliede verbunden davor zu sorgen, daß es ihm an hinlänglichem Lebensunterhalt, an Ruhe und Sicherheit nicht fehle ... . haben alle das Recht, einen jeden insbesondere anzuhalten, daß er seiner Verbindlichkeit ein Genüge leiste." [2] ... "Da das Recht, welches alle zusammen über einen jeden ins besondere haben, darinnen bestehet, daß sie vorschreiben, was ein jeder zu thun hat ...; so ist es eine Herrschaft ..., welches die Herrschaft eines Staats, oder die Staatsherrschaft (imperium civile), oder auch desselben Gewalt (potestas civile) genannt wird. Sie entsteht also aus dem Vertrage, wodurch der Staat errichtet werden." [3]

Nach *Wolff* besteht die juristisch relevante, die civitas schaffende Grundkonstruktion in einem Geflecht von zwischen den Bürgern wirkenden Willenserklärungen. Dagegen erhält Justis Willensvereinigung ihre rechtliche Verbindlichkeit nicht aus der Absprache mit anderen Personen, sondern aus der Tatsache, daß sich die Einzelwillen in einem gemeinschaftlichen Ziel, dem gemeinsamen Willen, treffen. Mit anderen Worten: in Justis Staat herrscht der über allen stehende vereinigte Wille und nicht die zwischen allen wirkende Absprache. Während *Wolffs* Staat auf der Ebene der Beziehungen der Bürger untereinander erzeugt wird, verlagert Justi die Staatsidee in eine zweite, über dem einzelnen stehende Ebene. Auf dieser abstrakten Ebene bildet sich der gemeinsame Wille. Bürger und Staat stehen sich direkt und nicht durch die Vermittlung der Mitbürger gegenüber. Justi zog die Theorie der Willensvereinigung den Vertragstheorien wohl deshalb vor, weil sie nach seiner Auffassung (als die von jeder primären staatsrechtlichen Beziehung zum Mitbürger befreite Staatskonstruktion) dem Bürger einen direkteren Bezug zum Staat verschafft. Justi scheint davon auszugehen, daß der direktere Bezug zum Staat ein höheres Staatsbewußtsein und damit innerstaatliche

---

1 *Bachmann*, Seite 132 m.Nw.
2 *Wolff* in "Naturrecht", § 975 (Seite 698 f).
3 *Wolff* in "Naturrecht", § 977 (Seite 701).

Sicherheit gewährleistet.

(b) Streitstand in der Literatur

Die Frage, ob Justi als Gegner oder Verfechter der Vertragstheorie zu sehen ist, war früh Gegenstand des wissenschaftlichen Interesses. *Gierke* [1] und *Marchet* [2] nennen Justi einen (bei *Gierke* zusätzlich: "bedeutenden") "Gegner der Vertragstheorie in der Blütezeit der Lehre vom Staatsvertrag".

In Teilen seiner Begründung richtig erfaßt, ist Justis Ablehnung der Vertragslehre bei *von Unruh* [3], *Dreitzel* [4] und *Becher* [5]: Justi habe die Vertragslehre mit dem Argument verworfen, daß diese nicht den historischen Erfahrungen entspreche. Auch *Roscher* [6] sieht eines der Argumente: Justi kämpfe gegen die Annahme eines Gesellschaftsvertrages, weil dieser bereits "eine Art von Staatsgewalt voraussetze". *Ebihara* [7] entwickelt die These, daß Justi die Vertragstheorie verwerfen mußte, um die Grundstruktur des Standes der natürlichen Freiheit, die häusliche Gewalt des Familienvaters, in den staatlichen Zustand hinüberzuretten. Hätte Justi eine vertragliche Konstruktion verfochten, so wäre der Bruch zwischen Natur- und staatlichem Zustand zu groß gewesen, als daß ein Übergang der hausväterlichen Gewalt möglich wäre. [8] Bei dieser Argumentation übersieht *Ebihara*, daß Justi durchaus in der Lage ist, die hausväterliche Gewalt innerhalb des staatlichen Zustandes auf abstrakter Grundlage zu rechtfertigen. [9] Die wahren Motive zur Ablehnung einer Vertragstheorie liegen, wie gezeigt, in der Konstruktionsform des Vertrages begründet. [10]

---

1 *Gierke*, Seite 122, FN 127.
2 *Marchet*, Seite 291.
3 *Von Unruh*, Seite 14.
4 *Dreitzel*, Seite 167.
5 *Becher*, Seite 86 f.
6 *Roscher* (1868), Seite 85.
7 *Ebihara*, Seite 246, FN 37.
8 *Ebihara*, Seite 246 und 241 f.
9 Siehe unten Seite 155 ff.
10 Siehe oben Seite 132 ff.

Die überwiegende Meinung in der Literatur geht davon aus, daß dem Gesellschaftsbegriff Justis die Idee der Vertragslehre zugrunde liege. Ohne nähere Begründung vertreten *Gerloff* [1], *Schmidt* [2] und wohl auch *Kuriki* [3] diesen Standpunkt.

Nach *Partick* [4] stimmt Justis Willensvereinigung in ihrem Wesen mit dem Gesellschaftsvertrag der Vertragstheoretiker überein. Justi konstruiere durch die Willensvereinigung eine juristische Einheit, nach deren Erschaffung er sich demjenigen zuwenden könne, was die Vertragstheoretiker klar als ausdrücklichen Herrschafts- oder Unterwerfungsvertrag bezeichneten. Sowohl in der Willensvereinigung als auch im Gesellschaftsvertrag gehe es mithin um die einheitliche Willensfähigkeit als Voraussetzung zur Rechtsfähigkeit. Mit dieser Argumentation zeigt *Partick*, daß er das Kernanliegen Justis, die Ablehnung der Vertragsform als Mittel zur Konstruktion des Staates, nicht sieht. *Particks* weitere These, daß Justi "in der Konstruktion und der gedanklichen Beibehaltung des Sozial- und des Herrschaftsvertrages vielfach den klassischen Formulierungen *Pufendorfs* und seiner Schule, insbesondere *Wolffs*, zustimme", wird nicht belegt. [5] Wegen des Widerspruchs zwischen Justi und den Vertragstheoretikern war es nicht möglich, Nachweise für diese These zu erbringen.

Brückner [6] sieht Justi als Vertragstheoretiker. Die Republik entstehe zunächst ohne ausdrücklichen Vertrag, werde aber, nachdem die Obrigkeit sich konstituiert habe, durch einen Vertrag bestätigt. Die Vermengung der bei Justi strikt getrennt behandelten geschichtlichen Betrachtung des Staates und seiner juristischen Konstruktion führt *Brückner* zu diesem Ergebnis.

---

1 *Gerloff*, Seite 39.
2 *Schmidt*, Seite 275.
3 *Kuriki*, Seite 568.
4 *Partick*, Seite 32 f.
5 *Partick*, Seite 34, mit einem wenig hilfreichen Hinweis auf *Voltelini*, Seite 76 ff.
6 *Brückner*, Seite 230.

Nach *Sommer* [1] zählt Justi nur zu den Gegnern eines "ausdrücklichen" Vertrages. Er lasse Sozial- und Herrschaftsvertrag als Entstehungsursache des Staates gelten. Das Wesentliche des Vertrages, die "Aneinanderreihung individueller Rechtsbeziehungen" finde sich auch bei Justi. *Stollberg-Rilinger* [2] und *Engelhardt* [3] lehnen, wohl im Anschluß an *Sommer* [4], nur den Vertragsschluß als historisches Faktum, nicht aber einen Vertrag als gedanklich-abstrakte Konstruktion, ab.

6.3 Zum Einfluß von Wolff und Montesquieu [5]

Daß der Staat den Zusammenschluß mehrerer Familien, die ihre Kräfte und Willen miteinander vereinigen, in sich begreift, dieser Gedanke findet sich, wenn auch nicht im Rahmen einer bewußt lückenlosen Aufzählung staatsbildender Faktoren, bei *Montesquieu* [6]. Da Justi noch im Jahre 1750 nicht einmal im Ansatz über die Möglichkeit einer Ablehnung der Vertragstheorie spekuliert [7], ist davon auszugehen, daß der entscheidende Anstoß zur Entwicklung seiner Theorie der Willensvereinigung und der Vier-Elementen-Lehre durch den "Esprit" gegeben wurde. Deshalb ist es wohl auf den Einfluß *Montesquieus* und *Gravinas*, die beide eine vom Vertrag gelöste Willens- und Kräftevereinigung vertreten [8], zurückzuführen, daß Justi sich zum entschiedenen Gegner der Vertragstheorien, wie sie von *Pufendorf, Thomasius* und *Wolff* verfochten wurden, entwickelt. [9]

Die Ablehnung der Vertragsform bedeutet nicht, daß *Wolff* in der juristisch-abstrakten Konstruktion des Staates über keinen Einfluß auf Justi verfügt. In Detailfragen zur Vier-Elementen-

---

1 A.a.O., vgl. insbes. Seite 192 am Ende und 199 - 202.
2 *Stollberg-Rilinger*, Seite 106, FN 4.
3 *Engelhardt*, Seite 55, FN 105.
4 Eine ausdrückliche Berufung auf *Sommer* findet sich nur bei *Engelhardt*.
5 Siehe oben Seite 5 f und 57.
6 *Montesquieu*, Buch 1, Kapitel 3.
7 Siehe oben Seite 128.
8 Siehe oben Seite 98 ff.
9 Siehe oben Seite 99 f und 131 ff.

Lehre und zur Staatsentstehung generell sind Vorstellungen *Wolffs* eingegangen. So ist die Tatsache, daß bei Justi die Willensvereinigung gleichzeitig die maximale Eingriffsbefugnis des Staates festschreibt, auf seinen Einfluß zurückzuführen. Schon *Wolff* hatte die These vertreten, daß die Absprache der Bürger bei der Staatsbildung gleichzeitig einen Restbestand der natürlichen Freiheit im Staatswesen sichert. [1] Die Idee, den Herrschaftsvertrag aus dem Akt der Staatsgründung auszublenden und den Staat somit von der Person des Herrschers zu lösen, dürfte Justi ebenfalls von *Wolff*, der sich in dieser Hinsicht von den meisten anderen Naturrechtlern unterscheidet [2], übernommen haben.

Über *Montesquieus* und insbesondere *Wolffs* Vorstellungskraft hinaus weist Justis Definition des Staates durch die Vier-Elementen-Lehre, die in unmittelbarer Nähe zur Drei-Elementen-Lehre *Jellineks* steht. [3] Für *Wolff* war der Endzweck des Staates noch ein notwendiger Bestandteil jeder Definition der res publica. [4] Zwar zielt die Willensvereinigung Justis unter anderem auf die Bestimmung eines Endzweckes ab. Dieser Endzweck ist jedoch kein unabdingbares Element der Staatsdefinition. Die grundlegende Neuerung gegenüber *Wolff*, der die eigentlichen Definitionsmerkmale des Staates an dessen Endzweck festlegte [5], war, den Staat primär als reine Organisationsform, die von einer inhaltlichen Vorbestimmung durch Staatszwecke befreit ist, zu begreifen.

---

1 *Partick*, Seite 30; *Wolff* in "Grundsätze", § 980 (Seite 701): "Da die Herrschaft in einem Staate aus seiner Absicht ermessen werden muß ...; so erstrecket sie sich nicht weiter als auf die Handlungen der Bürger, welche zur Beförderung der gemeinen Wohlfahrt gehören; folglich da nur bloß in Absicht dieser Handlungen die natürliche Freyheit der einzeln Glieder eingeschränckt wird ...; so bleibt sie in Ansehung der übrigen Handlungen ungekränckt." .

2 *Bachmann*, Seite 134 f.

3 Justis oberste Gewalt, die aus den beiden moralischen Elementen der Willens- und Kräftevereinigung entsteht, entspricht dem Begriff der Staatsgewalt bei *Jellinek*.

4 *Wolff* in "Vernünftige Gedanken", § 214 (Seite 162).

5 Zu *Wolff* vgl. *Bachmann* (1977), Seite 125, und *Schmieders*, Seite 164.

6.4 Rezeption der Thesen Justis [1]

Bezüglich der Vier-Elementen-Lehre kritisiert *Scheidemantel* das Element des Staatsgebietes. Ein dem Volk eigentümlich zugehörendes Staatsgebiet sei zur Konstitution des Staates nicht erforderlich. [2] Die modernere Auffassung vertritt *Scheidemantel* zur personellen Zusammensetzung des Staates. Es sei nicht einsichtig, warum nur Familien und nicht einzelne Menschen Mitglieder des Staates sein könnten. [3] Den von Justi besprochenen Streit um die vertragliche Entstehung der Staaten bezeichnet *Scheidemantel* als "Wortspiele". Der Staat entstehe nur durch Vereinigung und Unterwerfung. Beides könne ausdrücklich oder stillschweigend, in Güte oder mit Gewalt erfolgen. Letzlich vertrete auch Justi mit seiner Theorie der Willens- und Kräftevereinigung diesen Standpunkt. [4] *Scheidemantel* übergeht damit die Kernpunkte in Justis Theorie: die strikte Ablehnung der gängigen Vertragslösungen und der Staatsentstehung durch Gewalt oder Unterwerfung. Justis vom Staatszweck befreite Definition des Staates durch die Vier-Elementen-Lehre wird ebenfalls nicht gesehen. *Scheidemantel* greift mit seiner Definition des Staates über den Endzweck [5] ersichtlich auf *Wolff* [6] zurück. Daß aufgrund der Willens- und Kräftevereinigung eine oberste Gewalt und der Staat als einfacher moralischer Körper entstehe, ist *Scheidemantel* nicht einsichtig; denn die Existenz einer obersten Gewalt sei ein Kennzeichen des Staates und der knechtischen Gesellschaft. [7] Überhaupt sei der Staat kein einfacher Körper, sondern ein Ganzes, das aus mehreren kleinen Gesellschaften zusammengesetzt ist. [8]

Schon *Stollberg-Rilinger* betonte die "Abhängigkeit und teils wörtliche Übereinstimmung der Ausführungen *Achenwalls* zu Justis

---

1 Siehe oben Seite 4 - 6 und 57 ff.
2 *Scheidemantel, Natur und Wesen*, Anmerkung zu § 21.
3 *Scheidemantel, Natur und Wesen*, Anmerkung zu § 19.
4 *Scheidemantel, Natur und Wesen*, Anmerkungen zu § 27; zur Theorie *Scheidemantels* vgl. erg. ders. in "Das allgemeine Staatsrecht", §§ 31 - 32.
5 *Scheidemantel, Natur und Wesen*, Anmerkung zu § 21.
6 Zu *Wolff* siehe oben Seite 138.
7 *Scheidemantel, Natur und Wesen*, Anmerkung zu § 25.
8 *Scheidemantel, Natur und Wesen*, Anmerkung zu § 117.

Staatsbegriff". [1] In der Tat hat *Achenwall*, obwohl er zu keiner geschlossenen Staatsdefinition gelangt, im Prinzip die Vier-Elementen-Lehre Justis übernommen. [2] Allerdings ruht er im Gegensatz zu Justi auf der Vertragslehre. [3]

Justis Lehre von den moralischen Gründen des Staates (Willens- und Kräftevereinigung) wird von *Pfeiffer* gelobt und ohne Vorbehalte übernommen. [4] Im Anschluß an Justi unterscheidet auch er zwischen der Staatsgründung und der vertraglicher Einsetzung einer Regierung. [5]

Die Ausführungen von *Scheidemantel* und *Achenwall* belegen, daß Justis Ablehnung der Vertragslehre und Begriffsbestimmmung des Staates über die Vier-Elementen-Lehre, selbst wenn sie nicht vollständig verarbeitet werden konnte, jedenfalls Anlaß zu einer Überprüfung bisheriger Positionen gab. *Pfeiffers* Lob der Arbeit Justis über die moralischen Gründe des Staates weist zusätzlich auf die besondere Bedeutung der Vier-Elementen-Lehre Justis hin. Daneben dürfte Justi insbesondere mit seiner Vorstellung, daß der Staat -losgelöst von der Person des Herrschers und unbeachtet der Staatszwecklehre- über personale Qualität verfügt, auf seine Zeitgenossen gewirkt haben. [6]

---

1 *Stollberg-Rilinger*, Seite 80.

2 *Achenwall*, 1. Teil, 1. Hauptstück, §§ 1 - 8.

3 *Achenwall*, 1. Teil, 1. Hauptstück, § 20.

4 *Pfeiffer*, Seite 137: "Nicht weniger verdient die Erklärung von dem moralischen Grund der Republik allen Beifall, wir können also ohnbedenklich ... fortschreiten.". Justis Unterscheidungsmerkmal zwischen vorstaatlicher und staatlicher Gesellschaft wird von *Pfeiffer* allerdings kritisiert, siehe oben Seite 102.

5 *Pfeiffer*, Seite 137 f und 141.

6 Zur Diskussion um die Rechtspersönlichkeit des Staates und der Staatszwecklehre in der zweiten Hälfte des 18. Jahrhunderts: *Willoweit*, Seite 175 ff.

7 MACHTBEFUGNISSE VON VOLK UND REGIERUNG

7.1 Überblick

Die grundlegenden Befugnisse von Volk und Regierung bespricht Justi in *Natur und Wesen*, 4. Hauptstück ("Von der Natur der obersten Gewalt in allen Staaten", §§ 45 - 61); ergänzend ist das 7. Hauptstück heranzuziehen ("Von dem Verhältnis der obersten Gewalt und der Untertanen gegen einander", §§ 117 - 147). Im Jahre 1758 wurden die §§ 119 - 129 aus *Natur und Wesen* in den *Neuen Wahrheiten* [1] in sprachlich leicht geänderter Form vorab veröffentlicht. Zu beachten sind ferner aus der *Staatswirtschaft* § 6 und aus dem *Grundriß* § 9.

7.2 Theorie Justis

7.2.1 Grundgewalt des Volkes

Zunächst wird (a) Justis Definition und Argumentation zur Grundgewalt des Volkes untersucht. Danach sind (b) die Aufgaben der Grundgewalt zu klären. Anschließend (c) wird das aus der Grundgewalt des Volkes abgeleitete Widerstandsrecht bestimmt.

(a) Die Grundgewalt

Die erste umfassende Beweisführung zur Existenz einer (ausdrücklich als solche bezeichneten) Grundgewalt des Volkes bietet der *Grundriß*. In seiner Argumentation greift Justi auf die Vier-Elementen-Lehre [2] zurück. Da die Familien ihren eigenen Willen und ihre eigenen Kräfte zur Staatsbildung vereinigt haben, beruhe die dadurch entstehende höchste (abstrakte) Gewalt zunächst beim

---

1 A.a.O., 12. Stück, 4. Abhandlung, Seite 688 - 703: *Betrachtungen über das enge Band zwischen dem Regenten und den Unterthanen.*

2 Siehe oben Seite 117 ff.

Volk [1]. Wenn die höchste Gewalt beim Volk beruhe, dann müsse es als Grundgewalt die Quelle aller staatlicher Gewalt sein. Kraft seiner Grundgewalt könne das Volk die oberste Gewalt -nachdem es abstrakte Anordnungen zu deren Ausübung getroffen habe- entweder selbst in Händen halten oder deren Verwaltung anderen auftragen:

> "Wenn ein Volk seinen Willen und seine Kräfte vereiniget, und den Gebrauch der vereinigten Kraft dem vereinigten Willen überläßt ..., das ist, wenn es eine höchste Gewalt errichtet; so beruhet diese Gewalt anfangs unstreitig bey dem Volke, da sie durch Vereinigung seiner Kräfte und seiner Willen entstehet. Das Volk kann demnach entweder diese Gewalt selbst ausüben und über deren Ausübung Anordnungen machen; oder es kann solche andern auftragen. Alle Gewalt im Staate entstehet demnach von dem Volke, welches allemal die Quelle derselben ist. Die Gewalt also, vermöge deren das Volk über die Ausübung der obersten Gewalt Anordnungen macht, oder solche andern aufträgt, heißet die Grundgewalt des Volks, und ist von der thätigen obersten Gewalt unterschieden, welche durch die bloße Anordnung der ersten entstehet. Diese Grundgewalt des Volks gehöret zu dem Wesen des Staats; und ist auch bey der unumschränktesten obersten Gewalt allemal vorhanden." [2]

Der *Grundriß* (1759) bietet somit die erste ausdrückliche Nennung und umfassendere Argumentation zur Grundgewalt des Volkes. Es ist jedoch keineswegs "das erste Buch in deutscher Sprache, in dem sich der Grundsatz findet, daß alle Gewalt im Staat vom Volk entsteht" [3]. Die Ehre gebührt der vier Jahre zuvor erschienenen ersten Auflage der *Staatswirtschaft* (1755). Schon damals hatte Justi dem Prinzip nach die Grundgewalt des Volkes verfochten. So schreibt er in § 6 der *Staatswirtschaft*:

> "Die oberste Gewalt in dem Staate rühret solcher Gestalt ungezweifelt von dem Volke her; ein Satz, der heute zu Tage so allgemein für wahr erkennet wird, als gefährlich er ehedem den kleinen Geistern zu seyn schien."

Die Beweisführung seiner These erschöpft sich im Jahre 1755 in dem Hinweis, daß "die Menschen sich zur Errichtung des Staates

---

1 Zur Abgrenzung der Begriffe Familie und Volk siehe oben Seite 118 - 120.

2 *Grundriß*, § 9 (Seite 7).

3 *Von Unruh*, Seite 13.

zusammengeschlossen" hätten. Die Vier-Elementen-Lehre war noch nicht entwickelt und stand für eine schlüssige Argumentation nicht zur Verfügung. Vielleicht hatte Justi seine Ausführungen angesichts der politischen Wirklichkeit bewußt undeutlich gehalten. Hierfür spricht, daß er in den späteren Abschnitten der *Staatswirtschaft* auf seine These, daß die oberste Gewalt "unstreitig" von dem Volke herrühre, zwar zurückgreift, den praktisch-politischen Nutzen dieser Erkenntis aber eher vorsichtig formuliert. Ein Beispiel gibt seine Stellungnahme zum Widerstandsrecht des Volkes:

> "Gleichwie aber die oberste Gewalt in dem Staate unstreitig von dem Volke herrühret; so dürfen sie sich dennoch unter Vorwendung ihrer Pflichten nicht gebrauchen lassen ..., wenn sich der Regent offenbar als ein Feind des Volkes bezeiget. Allein dieser Vorfall hat sich vielleicht noch nie ereignet, weil es auch den größten Tyrannen nie an scheinbaren Vorwänden ermangelt, und es dannenhero niemals offenbar vor Augen liegt, daß ein Alleinherrscher feindlich gegen sein Volk verfahre." [1] ... "Ja wenn auch die Befehle der obersten Gewalt offenbar unbillig und ungerecht wären: so können doch die Unterthanen sich des Gehorsams keineswegs entbrechen." [2]

Daß das Volk in allen Staaten die Grundgewalt besitzt, ist wenige Jahre später einer der Kernsätze der Schriften *Grundriß* [3] (1759) und *Natur und Wesen* [4] (1760). Schließlich bietet die These von der Grundgewalt des Volkes in *Leben und Character* (1761) das wichtigste Argument zum Beweis der Rechtmäßigkeit einer Befreiung von der Willkürherrschaft des sächsischen Ministerpräsidenten *Graf Heinrich von Brühl* (1761): die Grundgewalt gebe dem Volk das Recht, einen Minister wie *Brühl* zu verhaften und verurteilen zu lassen. [5]

(b) Die Aufgaben der Grundgewalt im einzelnen

Die Aufgaben der Grundgewalt bestehen (aa) in der Errichtung der

---

1 *Staatswirtschaft*, Band 1, § 332 (Seite 345 f).
2 *Staatswirtschaft*, Band 1, § 340 (Seite 355).
3 *Grundriß*, § 27 (Seite 18), § 47 (Seite 29).
4 *Natur und Wesen*, § 46 (Seite 98).
5 Zu *Brühl* siehe oben Seite 1, FN 3.

Grundgesetze und (bb) der Einsetzung einer Regierung. Danach ruht die Grundgewalt des Volkes. Sie wird in zwei Fällen wieder aktiv: (cc) bei Änderung der Grundgesetze und (dd) im Staatsnotstand.

(aa) Errichtung der Grundgesetze

Der vereinigte Wille des Volkes erklärt sich durch Gesetze. Bevor in einem Staatswesen andere Gesetze gegeben werden, muß der vereinigte Wille des Volkes die Umstände für die Ausübung der obersten Gewalt bestimmen. Die erste Aufgabe der Grundgewalt ist die Errichtung dieser Grundgesetze (gleichbedeutend: Grundverfassungen) des Staates. [1] Die Grundgesetze werden nach Maßgabe des obersten Gesetzes der Republik (der gemeinschaftlichen Glückseligkeit) [2] durch das Volk abgefaßt. [3] Dabei verhält sich die Grundgewalt als "Gesetzgeber"[4].

(bb) Einsetzung einer Regierung

Justis Überlegungen zur Rolle der Grundgewalt bei der vertragsweisen [5] Einsetzung der Regierung wirken zunächst widersprüchlich. Im *Grundriß* scheint er davon auszugehen, daß die Grundgewalt als Vertragspartner des späteren Herrschers handelt:

> "Die Grundgewalt des Volks verhält sich bey Errichtung der Grundgesetze ... als Gesetzgeber. Allein, wenn sie nunmehr nach Maasgebung der errichteten Grundgesetze ... die oberste Gewalt an andre überträgt; so handelt sie nicht als Gesetzgeber, sondern vertragsweise ... ." [6]

Natur und Wesen bietet die Sicht, daß das Volk, nachdem die Grundgewalt die Grundgesetze gegeben hat, den Vertrag mit dem Herrscher schließt:

> "Das Volk setzet vermöge seiner Grundgewalt die Grundver-

---

1 *Grundriß*, § 10 (Seite 7); zum Regelungsbereich der Grundgesetze siehe unten Seite 270 - 273, 277 - 279, und 310 - 312.

2 Zur gemeinschaftlichen Glückseligkeit als oberstem Gesetz des Staates siehe unten Seite 268 f.

3 *Natur und Wesen*, § 41 (Seite 91).

4 *Grundriß*, § 11 (Seite 8).

5 Zur Einsetzung der Regierung durch vertragsweisen Vergleich siehe oben Seite 128 f.

6 *Grundriß*, § 11 (Seite 8).

> fassungen oder Grundgesetze des Staates fest; und hier verhält es sich als Gesetzgeber. Allein, wenn dieses geschehen ist; so vergleicht es sich mit jemand vertragsweise, daß er die Verwaltung ... der obersten Gewalt nach Maaßgebung dieser Grundgesetze übernehmen soll." [1]

Diese Textstelle birgt keinen Widerspruch zum *Grundriß*; sie bietet eine weniger mißverständliche Formulierung. Dem zukünftigen Herrscher sollte, entsprechend der Natur eines Vertrages, ein gleichberechtigter, nicht ein durch die Bezeichnung als Grundgewalt übergeordnet erscheinender Vertragspartner an die Seite gestellt werden. Deshalb hatte es Justi in *Natur und Wesen* vorgezogen, das Volk beim Vertragsschluß nicht mit dem Begriff der Grundgewalt in Verbindung zu bringen. Der Sache nach ist es in beiden Schriften das Volk, das kraft seiner Grundgewalt befugt ist, dem zukünftigen Herrscher ein Vertragsangebot zu unterbreiten, diesem jedoch nicht in seiner Eigenschaft als Grundgewalt, sondern als gleichberechtigter Vertragspartner gegenübertritt. Aus dieser gleichberechtigten Stellung von Herrscher und Volk schließt Justi auf eine der Grundgewalt nicht zustehende Aufgabe. Da Vertragsschließende keine richterliche Gewalt über ihren Partner haben können, erstreckt sich die Grundgewalt nicht auf die richterliche Macht über den Herrscher. [2] In dieser Freistellung des Herrschers "ist Justi ganz in den unangefochtenen Vorstellungen seiner Zeit verhaftet". [3]

Nach der Einsetzung der Regierung ruht die Grundgewalt des Volkes und wird in zwei Fällen, (cc) bei Änderung der Grundgesetze und (dd) im Staatsnotstand, wieder aktiv.

(cc) Änderung der Grundgesetze

Allein die Grundgewalt kann über die Änderung der Grundgesetze beschließen:

---

1 *Natur und Wesen*, § 47 (Seite 102 f).

2 *Natur und Wesen*, § 47 (Seite 102 f); bestätigt im *Grundriß*, § 11 (Seite 8); wenig überzeugend *von Unruh*, Seite 17: der Herrscher werde für spezielle Maßnahmen deshalb nicht verantwortlich gemacht, weil Justi ihn einer transzendentalen Verantwortung unterworfen sieht.

3 *Von Unruh*, Seite 17.

> "Kein Monarch in der Welt, er sey auch noch so uneingeschränkt, kann demnach eine Gewalt über die Grundverfassungen des Staats haben, und die Veränderung der Regierungsform, die Nachfolge in der Regierung und alle anderen Grundverfassungen sind gänzlich außer den Grenzen ihrer Macht ... . Denn wie können sie über dasjenige einige Gewalt haben, was selbst der Grund und Ursprung ihrer eignen Macht ist?" [1]

Deshalb erwacht die Grundgewalt, falls eine Änderung der Grundgesetze des Staates erforderlich werden sollte.

(dd) Staatsnotstand

Den zweiten Fall für das Wiedererwachen der Grundgewalt bildet der Staatsnotstand, d.h.

> "Wenn endlich der Staat in der äußersten Gefahr des Unterganges stehet, es sey durch auswärtige Feinde , denen man nicht widerstehen kann, oder durch die üblen Maaßregeln der obersten Gewalt." [2]

Das Volk erhält für die Situation, daß dem Endzweck des Staates nicht genügt wird, ein aktives Eingriffsrecht in das politische Geschehen. Ohne diese Kompetenz nennt Justi die bürgerlichen Verfassungen "nicht einen Strohhalm wert" [3]. Unklar ist, ob die Regierungsgewalt des Regenten im Staatsnotstand automatisch endet oder ob es einer förmlichen Rücknahme des Regierungsauftrages bedarf. Nach *Natur und Wesen*, § 46 (Seite 101) erfolgt der Rückfall von selbst:

> "Alle Gewalt, die von einem andern angeordnet ist, höret der Natur der Sache nach so fort auf, und fällt wieder auf ihren Ursprung zurück; so bald es offenbar ist, daß diese angeordnete Gewalt ihrem Endzwecke kein Genüge leisten kann."

Für die vermischten Regierungsformen wird das Verfahren an späterer Stelle bestätigt. [4] Dagegen fordert Justi in *Natur und*

---

1 *Natur und Wesen*, § 46 (Seite 99).
2 *Natur und Wesen*, § 46 (Seite 101).
3 *Leben und Character*, Teil 2, Seite 151.
4 *Natur und Wesen*, § 131 (Seite 301).

Wesen, § 47 (Seite 103), einen aktiven Entzug der Regierungsgewalt:

"Alles, was das Volk vermöge seiner Grundgewalt thun kann, wenn die thätige oberste Gewalt denen Grundgesetzen und dem Endzweck der Republiken offenbar entgegen handelt, ist, daß es den Auftrag von der Ausübung der obersten Gewalt zurück nimmt ...".

(c) Das Widerstandsrecht insbesondere

Daß ohne ein aktives Eingriffsrecht im Staatsnotstand die bürgerlichen Verfassungen "nicht einen Strohhalm wert" [1] sind, kennzeichnet Justis späte Haltung zum Widerstandsrecht. Seine früheren Stellungnahmen sind deutlich an den politischen Gegebenheiten ausgerichtet.

(aa) *Deutsche Memoires*

Noch im dritten Band der *Deutschen Memoires* (1750) vertritt Justi eine bedingungslose Orientierung des Volkes an der absolutistischen Realität:

"Aus demjenigen, was wir hier ... angeführet ist zu ersehen, daß die jetzige Verfassung unserer Republiquen und ihrer Regierungsform, der Natur des Menschen im geringsten nicht zuwider, sondern derselben vollkommen gemäß sey. Weil wir uns nicht selbst beschützen können, sondern den Schutz der Mächtigern bedürfen: so müssen wir denselben allen Gehorsam und Ehrerbietung erweisen. ... Vornehmlich müssen wir der Ordnung der Republik gehorchen. Denn es ist alles so eingerichtet, daß immer einer den andern zu befehlen hat ... Es ist demnach eines jeden Schuldigkeit, dieser Ordnung sich in geringsten nicht zu widersetzen ... ." [2]

(bb) *Staatswirtschaft*, erste Auflage

In der ersten Auflage der *Staatswirtschaft* (1755) wird ein Widerstandsrecht des Volkes theoretisch anerkannt. Praktisch bleibt es ohne Konsequenz. [3] Justi erhebt den Gehorsam (entgegen

---

1 *Leben und Character*, Teil 2, Seite 151.
2 *Von der Herrschaft eines Thieres über das andere* (*Vermischte Anmerkungen*, Seite 291).
3 Siehe oben Seite 143.

den späteren Ausführungen [1]) sogar zum "Wesen der Republik" [2]. Entgegen seinen späteren Stellungnahmen [3] wendet er sich in § 18 der *Staatswirtschaft* gegen die Lehre der Monarchomachen:

> "Man würde sich einen fehlerhaften Begriff machen, wenn man sich einen Regenten als einen Verwalter oder Vorsteher der höchsten Gewalt und der Angelegenheiten des gemeinen Wesens vorstellen wollte. Auf diese Art würde man den Regenten zu einem Bedienten des Staates machen, und die Republik über ihn setzen, so daß er von einem Statthalter nicht zu unterscheiden seyn würde. Dieses ist der falsche Begriff der Monarchomachorum, woraus hernach so viele schädliche und gefährliche Sätze abfließen." [4]

Die bereits in der ersten Auflage der *Staatswirtschaft* befindliche Anmerkung zu § 18 präzisiert diese Kritik. Justi bemängelt den "vornehmsten Grundsatz" der Monarchomachen: die Unterordnung des Monarchen unter das Volk und die sich daraus ergebende Möglichkeit, den Regenten zur Verantwortung zu ziehen oder sich diesem mit Gewalt zu widersetzen, sei verdammlich und offenbar wider das Wesen einer Republik.

(cc) *Staatswirtschaft*, zweite Auflage

Die zweite Auflage der *Staatswirtschaft* (1758) belegt eine langsam einsetzende Wendung hin zu einem passiven Widerstandsrecht. Nachdem er in der neu eingefügten Anmerkung zu § 341 festgestellt hatte, daß die Machtübertretung durch den Monarchen in der Regel die Folge einer mangelhaften Grundverfassung sei, schreibt er:

> "Wenn also die Unterthanen keine solche das Gleichgewicht der verschiedenen Gewalten beständig unterhaltende Grundverfassung erwählet haben; so haben sie schon, vermöge ihrer Grundverfassung, ein größeres Vertrauen auf ihren Regenten bezeuget, und sie sind daher um so weniger berechtiget, bey der s c h e i n b a r e n Ueberschreitung seiner Gewalt den Gehorsam zu verweigern." [5]

---

1 Siehe oben Seite 121 - 125.
2 *Staatswirtschaft*, Band 1, § 337 (Seite 351).
3 Siehe unten Seite 149.
4 *Staatswirtschaft*, 1. Auflage, § 18; vgl. erg. a.a.O., § 345 (Seite 360 f).
5 Zitat a.a.O., Sperrung durch den Verfasser.

Justi spricht die Konsequenz dieser Erkenntnis nicht aus - aber aus dem Sinnzusammenhang mit § 340 folgt, daß er ein passives Widerstandsrecht in einem durch die Grundverfassung wohl eingerichteten Staat für den Fall befürwortet, daß der Monarch seine Befugnisse nicht nur "scheinbar", sondern "offenbar" übertritt.

(dd) *Natur und Wesen*

In *Natur und Wesen* (1760) ist Justi die Lösung von den Zeitumständen endgültig geglückt. Ohne Umschweife stellt er fest, daß sich die Gehorsamspflicht der Untertanen wegen der ständigen Willensvereinigung des Volkes allein auf die mit dem vereinigten Willen in Einklang stehenden Gesetze erstreckt. Damit entfalle die Gehorsamspflicht, wenn das vom Regenten gegebene Gesetz "offenbar" nicht dem vereinigten Willen entspricht. [1] Die Voraussetzung eines "offenbaren" Widerspruchs führt Justi nicht weiter aus und beläßt es damit bei einer nur relativen Bestimmung des Widerstandsrechts. [2] Außerdem hat Justi in *Natur und Wesen* seine Haltung zu den Monarchomachen geändert. So berichtet er von den "offenbaren Wahrheiten der ersten Sätze" jener Lehre. [3] Im Gegensatz zu seiner früheren Stellungnahme in der *Staatswirtschaft* [4] vermeidet es Justi bewußt, die Lehrsätze der Monarchomachen im einzelnen zu besprechen. Stattdessen verweist er pauschal auf ihre Fehler, "aus der unstreitigen Grundwahrheit der Grundgewalt des Volkes falsche Schlüsse zu ziehen". Wäre er in eine Diskussion eingestiegen, hätte er zugeben müssen, daß er den ehemals von ihm "verdammlich" genannten Grundsatz eines aktiven Widerstandsrechts mittlerweile teilt. Von der früheren, in der Formulierung recht scharfen Ablehnung der Monarchomachischen Lehre bleibt in *Natur und Wesen* nur noch die Kritik an der persönlichen Haftung des Regenten gegenüber dem Volk.

---

1 *Natur und Wesen*, § 131 (Seite 299 f) und § 135 (Seite 308).

2 Zum Verständnis Justis bezüglich der Voraussetzungen eines "offenbaren" Widerspruchs siehe unten Seite 150.

3 *Natur und Wesen*, § 47 (Seite 104).

4 Siehe oben Seite 148.

(ee) *Leben und Character des Grafens von Brühl*

Die in *Leben und Character des Grafens von Brühl* (1761) vorgeschlagenen Maßnahmen zur Befreiung von der Willkürherrschaft des sächsischen Ministerpräsidenten Graf *Heinrich von Brühl* gipfeln im Hinweis auf "das unstreitige Recht der Grundgewalt, sich in diesem Falle tätig zu erweisen". [1] Als Neuerung wird in *Leben und Character* ein dem Widerstandsrecht vorgeschalteter Schlichtungsversuch zwischen Volk und Herrscher eingeführt. Zudem konkretisiert Justi sein Verständnis des in *Natur und Wesen* [2] als Voraussetzung für ein Widerstandsrecht nicht näher ausgeführten Begriffes des "offenbaren" Widerspruchs zwischen dem vereinigtem Willen und dem durch den Herrscher gegebenen Gesetz. Die Anforderungen an die inhaltliche Ausfüllung des Begriffes "offenbar" waren verhältnismäßig leicht zu erfüllen. So nennt Justi als Beispiele einer "offenbaren Ungerechtigkeit und Tyranney" die grundlose Verfolgung rechtschaffener Leute, jede (sogar die gesetzlich legitimierte) finanzielle Plünderung der Untertanen (Ausgabe von wertlosen Steuerscheinen, Angriff auf das bewegliche und unbewegliche Vermögen von Witwen und Waisen) und die unrechtmäßige Wegnahme von Eigentum durch den Staat. [3] Damit ist es wahrscheinlich, daß die Schwelle für ein aktives Eingriffsrecht des Volkes in die Staatsgeschäfte, als deren Voraussetzung in *Natur und Wesen* ein "offenbarer" Widerspruch zwischen vereinigtem Willen und tatsächlich gegebenem Gesetz gefordert wird, relativ niedrig liegt. Eine weitere Konkretisierung liegt in der Beschreibung der möglichen Maßnahmen der Grundgewalt gegen unlautere Minister. Im Gegensatz zum Regenten können die Minister, weil sie in die vertragliche Vereinbarung zwischen Volk und Herrscher nicht eingebunden sind, kraft der Grundgewalt verhaftet und verurteilt werden. Es bleibt allerdings offen, wie eine solche Rechtsprechung funktioniert und aufgrund welchen Rechts geurteilt wird.

---

1 Siehe oben Seite 2.
2 Siehe oben Seite 149.
3 *Leben und Character*, Band 2, Seite 27 - 42.

(ff) *Vergleichungen*

Die *Vergleichungen* (1762) bieten eine Bestätigung des dem aktiven Widerstandsrecht vorgeschalteten Schlichtungsversuches:

> "So viel ist gewiß, daß einer, oder etliche wenige, wenn sie auch die weisesten und tugendhaftigsten Männer wären, kein Recht haben, diesem Uebel mit Gewalt abzuhelfen. Sie würden sich dadurch der Rechte der obersten Gewalt anmaaßen, und allemal Verbrecher seyn. Aber die Reichs- und Landstände, die Representanten des Volkes, nämlich die Vasallen und Obrigkeiten, und die Stimme des gesammten Volkes, müssen nach allen gesunden Begriffen das Recht haben, der Sache allenfalls mit Gewalt abhelfliche Maaße zu geben. Wenn sie vereiniget dem Monarchen über die böse Regierung seiner Günstlinge umständliche und ehrerbietige Vorstellung, aber vergeblich gethan haben; so sind sie allerdings befugt, sich dieser Feinde von der Wohlfahrt des Staats zu bemächtigen, und ihnen selbst den Proceß zu machen. Diese Befugniß kann man der Grundgewalt des Volkes nicht absprechen, von welcher alle oberste Gewalt herrühret, und welche auch in der unumschränkten Monarchie sich so fort thätig erweisen kann, wenn die oberste Gewalt zu wirken verhindert ist, oder offenbar das Unglück des Volkes befördert." [1]

(gg) Ergebnis

Innerhalb eines Jahrzehnts entwickelte sich Justi vom Verteidiger des absolutistischen Gehorsamsstaates zu einem Vorkämpfer der Idee der Grundgewalt und des aktiven Widerstandsrechtes des Volkes. Mit Blick auf *Brühl* (und diesbezüglich in eindeutiger Absicht) beschreibt Justi im *Leben und Character* die möglichen Maßnahmen gegen einen tyrannischen Minister. [2]

Der offene Widerspruch zwischen den bisherigen Stellungnahmen zu Justis Widerstandsrecht erklärt sich aus der Verkennung dieses Entwicklungsganges. So wird Justi von der einen Seite als gemäßigter Konzessionstheoretiker beschrieben. Andere stellen den revolutionären Gehalt der Idee eines aktiven Widerstandsrechts heraus, übersehen jedoch Justis Bemühen um eine Beseitigung der Willkürherrschaft *Brühls* und vermögen mit dem großen Wort des "revolutionären Charakters" nicht zu überzeugen.

---

1 *Vergleichungen*, Seite 409.

2 Siehe oben Seite 2 f.

Nach *Sommer* [1] zeigt sich Justi in seiner Stellungnahme zum Widerstandsrecht als "gemäßigter Konzessionstheoretiker"; die Grundgewalt könne nur den Auftrag zur Verwaltung der obersten Gewalt zurücknehmen, die Ausübung der Gerichtsbarkeit über den Herrscher sei ihr jedoch versagt. Justi stelle sich in scharfen Gegensatz zur radikalen Richtung der Monarchomachen [2] und nähere sich *Pufendorf* an, der trotz energischer Betonung der verfassungsmäßigen Beschränkung der Staatsgewalt dem Volk das Recht zur Auflehnung gegen den Herrscher versage. *Von Unruh* [3] hingegen bescheinigt Justis Widerstandsthese einen "geradezu revolutionären Charakter". Das gleiche gelte für dessen Anerkennung der Grundlagen der Monarchomachischen Lehre. Daß bei Justi eine Entwicklung zu verzeichnen ist, vermutet *Roscher*. Er sieht allerdings einen rückschrittlichen Entwicklungsgang. *Roscher* hat hervorgehoben, daß Justi den Untertanen gegen den Verfassungsbruch des Herrschers -in einem Aufsatz aus den *Gesammelten Politischen und Finanzschriften* (1761) im Widerspruch zu *Natur und Wesen* (1760)- nur ein Recht der Vorstellung zubilligt. [4] Indessen handelt es sich bei der von *Roscher* erwähnten Abhandlung um einen nicht korrigierten Wiederabdruck des Aufsatzes *Kurzer systematischer Grundriß aller Oeconomischen und Cameralwissenschaften* [5], den Justi nach eigenen Worten seinen Vorlesungen in Wien zugrundegelegt hatte. Der genannte Grundriß beinhaltet demnach keine neue Ansicht Justis aus dem Jahre 1761, sondern verweist auf den Erkenntnisstand des Jahres 1754.

7.2.2 Oberste Gewalt als Staatsgewalt

Die Grunddefinition der obersten Gewalt als einer durch die Grundgewalt erschaffenen abstrakten Staatsgewalt gibt Justi in *Natur und Wesen*:

---

1 *Sommer*, Seite 198 (mit Nachweis auf *Natur und Wesen*, § 47, und *Staatswirtschaft*, § 18).
2 Zur Lehre der Monarchomachen vgl. *Treumann*, insbes. Seite 7 - 15 und 49 - 79.
3 *Von Unruh*, Seite 14.
4 *Roscher* (1868), Seite 86 f, mit Nachweis auf *Natur und Wesen*, Seite 238 f, und *Gesammelte Politische und Finanzschriften*, Band 1, Seite 543.
5 Zum Aufsatz *Kurzer systematischer Grundriß* siehe oben Seite 16, FN 4.

"Wenn viele Familien ihre Kräfte mit einander in eine einzige Kraft vereinigen; so entsteht daraus der politische Staat; und der Gebrauch dieser gesammten Kraft ist dasjenige, was man die oberste Gewalt im Staate nennet (§.25.). Diese oberste Gewalt ist eben dasjenige, was man durch die Majestät, Majestätsrechte, oberherrliche Gewalt, Landeshoheit, und dergleichen Begriffe ausdrücket; und ein jedes Volk, das frey und unabhänglich ist, und mithin über den Gebrauch seiner vereinigten Kräfte ohne Einrede eines anderen Verfügungen machen kann, besitzet die Majestät, oder die Majestätsrechte. Dieser Begriff gehet gar nicht auf die Macht des Staats, oder auf die Würde seines Regenten, sondern lediglich auf die Unabhänglichkeit und den freyen Gebrauch der vereinigten Kraft des Volkes." [1]

7.2.3 Oberste Gewalt als tätige oberste Gewalt

Justi verwendet den Begriff der obersten Gewalt einerseits als Synonym für die Staatsgewalt, andererseits als Bezeichnung für die regierenden Mitglieder des Staates:

"Ein jeder Staat besteht aus zween Theilen, aus der obersten Gewalt und dem Volke, aus Regierenden und Gehorchenden." [2]

Diese oberste Gewalt wird von Justi mitunter auch als tätige oberste Gewalt bezeichnet. [3] Von der obersten Gewalt, verstanden als Staatsgewalt, ist die oberste Gewalt als Bezeichnung einer Person(engruppe) zu unterscheiden.

Die Verfügungsmacht der tätigen obersten Gewalt erstreckt sich nicht auf die Grundgesetze. Selbst die uneingeschränkte tätige oberste Gewalt hat keine Macht über die Grundverfassungen des Staates; denn

"... wie können sie über dasjenige einige Gewalt haben, was selbst der Grund und Ursprung ihrer eignen Macht ist?". [4]

---

1 *Natur und Wesen*, § 45 (Seite 97); wenig überzeugend: die Gleichsetzung von Grundgewalt und Majestät bei *Stollberg-Rilinger*, Seite 106.
2 *Grundriß*, § 23 (Seite 15).
3 *Natur und Wesen*, § 117 (Seite 272); *Grundriß*, § 11 (Seite 8).
4 *Natur und Wesen*, § 46 (Seite 99).

In der *Staatswirtschaft* hatte Justi zur Stellung des Herrschers noch vorgetragen, daß es falsch sei, ihn als einen Verwalter der Staatsgewalt und einen Bedienten des Staates zu bezeichnen. [1] Damit wollte Justi zum Ausdruck bringen, daß der Herrscher nicht in einem Unterordnungsverhältnis zum Volk steht. [2] Der Sache nach war die tätige oberste Gewalt bereits in der *Staatswirtschaft* auf eine reine Verwaltung der Staatsgewalt beschränkt. In der *Staatswirtschaft* [3], im *Grundriß* [4] und in *Natur und Wesen* [5] weist Justi immer wieder darauf hin, daß der tätigen obersten Gewalt allein der Gebrauch der vereinigten Kräfte des Staates aufgetragen ist. Erst in *Natur und Wesen* wird die Tätigkeit des Herrschers ausdrücklich als eine Verwaltung fremden Eigentums beschrieben:

> "(Die tätige oberste Gewalt, d. Verf.) ist nicht der Staat selbst; sie gehöret nur zum Staate. Der Staat hat ihr nur die Verwaltung seiner vereinigten Kraft aufgetragen; dadurch aber erlanget sie so wenig ein Eigenthum über die Güter der Privatpersonen, als der Gevollmächtigte ein Eigenthum über die Güter seines Gewalthabers erlanget, die er verwaltet." [6]

Eigentümer aller Güter der Privatpersonen ist nicht der Herrscher, sondern der Staat:

> "Der gesammte Staat hat das Obereigenthum über alle Güter der Privatpersonen; und er muß freylich dasselbe haben, weil er ein einfacher moralischer Körper ist, der aus denen vereinigten Willen und Kräften vieler einzeln Familien entstanden ist." [7]

---

1 Siehe oben Seite 148.
2 Siehe oben Seite 128 und 144 f.
3 *Staatswirtschaft*, Band 1, § 19 (Seite 48).
4 *Grundriß*, § 9 (Seite 7).
5 *Natur und Wesen*, § 48 (Seite 105).
6 *Natur und Wesen*, § 49 (Seite 108 f); *Grundriß*, § 199 (Seite 246): "Wenn der gesammte Staat ein Obereigenthum über die Güter der Bürger hat und sich derselben in einer dringenden Nothwendigkeit zu seiner Wohlfahrt gebrauchen kann; so irren doch diejenigen Rechtsgelehrten gar sehr, die ein solches Obereigenthum dem Regenten, oder der obersten Gewalt zuschreiben. Der gesammte Staat und die oberste Gewalt sind ganz verschiedene Begriffe.".
7 *Natur und Wesen*, § 49 (Seite 108).

7.2.4 Staatsgewalt und Familiengewalt

Staat und Familie sind grundsätzlich getrennte Machtbereiche, die von verschiedenen Machthabern regiert werden. Das Familienhaupt regiert seine Familie (a), der Staat regiert den Hausvater (b).

(a) Die häusliche Gewalt des Familienhauptes

Die häusliche Gewalt des Familienhauptes wird durch die Einrichtung der bürgerlichen Gesellschaft nicht beeinträchtigt; denn es ist (1) mangels Kenntnis der besonderen Umstände innerhalb der Familien dem Staat nicht möglich, die innere Regierung jeder Familie zu übernehmen, (2) mit der bürgerlichen Freiheit [1] nicht vereinbar, weil es nicht der Absicht der einzelnen Familien bei ihrem Eintritt in die bürgerliche Gesellschaft entspricht, und (3) auch nicht dem vernünftigen Endzweck einer weisen Regierung gemäß. [2] Nachdem Justi mit dem ersten Argument einer rein praktischen Erwägung Raum gibt, verweist der zweite Begründungsstrang auf die mit der Natur des Menschen übereinstimmende Motivation bei der juristischen Konstruktion des Staates:

> "Wenn ein Hausvater in eine bürgerliche Gesellschaft tritt; so kann man ohne eine ungereimte Voraussetzung nicht annehmen, daß er den Willen hat, sich dadurch der Gewalt und des Ansehns über seine Familie zu begeben, oder solche in Dingen, die mit dem gemeinschaftlichen Besten der Gesellschaft keinen Zusammenhang haben, einschränken zu lassen." [3]

Mit dem dritten Argument bezieht sich Justi auf den Endzweck der Gesellschaft, die gemeinschaftliche Glückseligkeit. Diese könne nur erlangt werden, wenn die Regierung jeder Familie die Freiheit lasse, ihr eigenes Bestes auf ihre besondere Art und Weise zu erreichen.

Personell erstreckt sich die Gewalt des Hausvaters (aa) auf die

---

1 Zum Begriff der bürgerlichen Freiheit siehe oben Seite 109 f.
2 *Grundfeste*, Band 2, § 127 (Seite 122) unter Verweis auf § 113 (Seite 102 - 104).
3 *Grundfeste*, Band 2, § 113 in der Anmerkung (Seite 103).

Familie, (bb) auf jeden, der den Hausfrieden stört, und (cc) auf das Gesinde, soweit die Dienstleistungen betroffen sind.

(aa) Familie

Durch Erzeugung, Schutz und Ernährung [1] steht die häusliche Gewalt über die Kinder dem Hausvater, bei dessen Abwesenheit der Hausmutter zu. [2] Die häusliche Gewalt des Mannes über die Frau [3] ergibt sich aus dem ihr gewährten Schutz und ihrer Ernährung. Liegt ein Auftrag des Hausvaters vor, so hat die Frau über die Kinder (eine dem Hausvater untergeordnete) Gewalt.

(bb) Störer des Hausfriedens

Die häusliche Gewalt betrifft jeden, der den Hausfrieden stört:

> "Vermöge dieser Unverletzlichkeit des Hausfriedens ist ... ein Hausvater befugt, durch alle dienliche Maaßregeln, und erforderlichen Falls mit Gewalt, dasjenige zu verhintern und abzustellen, sowohl in Ansehung seiner Familie, als des Gesindes, was die Ruhe des Hauses stöhren, oder den Hausfrieden verletzen kann; ... ." [4]

(cc) Gesinde

Das Gesinde besteht nicht aus Sklaven (das widerspräche dem Natur- und Völkerrecht). [5] Mangels eigenen Gewerbes hat das Gesinde keine Bürgereigenschaft. [6] Das Gesinde setzt sich aus "freyen Leuthen" zusammen, so daß eine Kompetenz des Hausvaters nur insofern besteht, als dies mit der Dienstleistung des Gesindes notwendigerweise verbunden ist. [7] Die Unterwerfung des Gesindes erfolgt stillschweigend bei Abschluß des Dienstvertrages. [8]

---

1 *Grundfeste*, Band 2, § 132 (Seite 128 f).
2 *Grundfeste*, Band 2, § 127 (Seite 122).
3 *Grundfeste*, Band 2, § 133 (Seite 132 f).
4 *Grundfeste*, Band 2, § 155 (Seite 186).
5 *Grundfeste*, Band 2, § 145 (Seite 148 f).
6 Zum Bürgerbegriff siehe unten Seite 157.
7 *Grundfeste*, Band 2, § 146 (Seite 150).
8 *Grundfeste*, Band 2, § 147 (Seite 151).

(b) Die Regierung des Staates über das Familienhaupt

Die wesentliche Eigenschaft eines Bürgers besteht nach Justi darin, "seiner eigenen Haushaltung und seinen eigenen Geschäften vorzustehen". [1] Allein das Haupt einer Familie, kein sonstiges Familienmitglied, kann Bürger sein. [2] Nur die Bürger sind Mitglieder der (deshalb auch) "bürgerlichen" Gesellschaft [3]. Nichtbürger steigen, wenn sie die genannten Voraussetzungen erfüllen, also ein "eigen Gewerbe" annehmen, zum Bürgerstand auf. Die Kinder [4] und das Gesinde [5] sind (noch) keine Bürger. Ebenso gilt umgekehrt, daß die Eigenschaft als Bürger endet, sobald der Betreffende "sich bei einem anderen vermiethet (bei einem anderen in Diensten steht, d.Verf.) und seine eigene Haushaltung aufgibt". [6]

Um die häusliche Regierung zu unterstützen [7], und um den Mißbrauch der häuslichen Gewalt zu vermeiden, ist es erforderlich, daß der Staat das Haupt der Familie, den Hausvater, regiert. [8] Der Hausvater befindet sich in einer Doppelstellung. Einerseits ist er ein (der Staatsgewalt direkt unterworfener) Bürger des Staates, andererseits ist er der Regent seiner Familie.

Der Staat ist befugt, dem Hausvater Gesetze zur Regierung seiner Familie zu geben, wenn dadurch der Endzweck des Staates, die gemeinschaftliche Glückseligkeit, betroffen ist. Die dem Hausvater gegenüber Frau und Kindern zustehende Gewalt umfaßt als vom Staat nicht zu entziehende [9] Zwangsmittel die mäßige Züchtigung und die Drohung mit dem Entzug der Erbschaft [10]. Die häusli-

---

1 *Grundfeste*, Band 2, § 146 (Seite 151).
2 *Grundfeste*, Band 2, § 113 in der Anmerkung (Seite 104).
3 *Grundfeste*, Band 2, § 113 am Ende der Anmerkung (Seite 104).
4 *Grundfeste*, Band 2, § 112 (Seite 102), § 113 in der Anmerkung (Seite 104).
5 *Grundfeste*, Band 2, § 113 in der Anmerkung (Seite 104).
6 *Grundfeste*, Band 2, § 146 (Seite 151).
7 *Grundfeste*, Band 2, § 113 (Seite 103).
8 *Grundfeste*, Band 2, § 128 (Seite 123 f).
9 *Grundfeste*, Band 2, § 141 (Seite 143).
10 *Grundfeste*, Band 2, § 141 (Seite 143).

che Gewalt gibt kein Recht über das Leben der Kinder. [1] Äußerstenfalls kann der Familienvater die Hilfe des Staates in Anspruch nehmen. Auf Anrufung der Obrigkeit muß der Staat einen Richterspruch des Hausvaters ("gelindes Gefängnis, Zuchthaus mit und ohne Schläge und dergleichen") vollziehen, ohne daß der Staat die Angelegenheit untersuchen könnte. Dies gilt jedoch nicht für öffentliche Verbrechen. [2]

Die Analyse des Zusammenspiels der Familien- und Staatsgewalt zeigt, daß es Justi nicht gelungen ist, die Machtbereiche von Staat und Familie in einem widerspruchsfreien System zu organisieren. Zwar entsteht zunächst der Eindruck, als handele es sich bei der Ausübung der Familien- und Staatsgewalt um scharf abgegrenzte Kompetenzbereiche, als sei die innerfamiliäre Ordnung allenfalls mittelbar über die Regierung des Hausvaters von der Staatsgewalt beeinflußt und als sei jeder Mensch im Staat über das grundlegende System der Familiengewalt als Binnenordnung und der Staatsgewalt als übergeordneter außerfamiliärer Ordnung [3] einer eindeutigen Gewaltunterworfenheit zugewiesen. Die nähere Betrachtung läßt ein anderes Bild entstehen. So sind die Mitglieder der Familien und das Gesinde gleichzeitig der Gewalt des Hausvaters und der Staatsgewalt unterworfen; bei öffentlichen Verbrechen [4] und für den Fall, daß der Familienvater sich "bei ärgsten Ausschweifungen" seiner Familie nicht der Hilfe des Staates bedient [5], besteht ein direktes Zugriffsrecht des Staates. Ungeklärt ist außerdem die Stellung des Gesindes; denn die Kompetenz des Hausvaters erstreckt sich nur auf die Erfüllung der Dienstpflichten. Dadurch ist das Gesinde dem direkten Zugriff des Staates ausgesetzt. Da die Willensvereinigung unter Ausschluß des Gesindes erfolgte [6], ist der Großteil der Bevölkerung mithin einer durch sie nicht legitimierten Staatsgewalt unterworfen.

---

1 *Grundfeste*, Band 2, § 134 (Seite 133 f); wiederholt in *Physicalische und Politische Betrachtungen*, Seite 137 f.
2 *Grundfeste*, Band 2, § 142 (Seite 145).
3 *Schmelzeisen* (1957), Seite 364 f.
4 Siehe oben Seite 158.
5 *Grundfeste*, Band 2, § 142 (Seite 145).
6 Siehe oben Seite 118 f.

7.3 Justi als Vertreter der Volkssouveränität

(a) Der Souveränitätsbegriff Justis

Den Begriff Souveränität, verstanden als "einseitige, letzverbindliche Entscheidungszuständigkeit und rechtliche Gestaltungsmacht" [1], kennt Justi nicht. Dem gesamten Begriffsfeld Souveränität kommt eine andere Bedeutung zu. Unter einem "Souverain" versteht Justi den rechtmäßigen Verwalter der obersten Gewalt. [2] Der Gegenbegriff zum "Souverain" ist der Untertan. [3] Unter "Souverainität" versteht Justi den Besitz des Herrscheramtes. [4] Die "souveraine Gewalt" begreift Justi als eine "bis auf die Grundgewalt keiner anderen Macht unterworfene Gewalt". So schreibt er bei der Besprechung der platonischen Republik [5], die -wie alle anderen Staatsformen- auf der Grundgewalt des Volkes aufbaut:

> "Der gesammte Körper des persönlichen Adels ist allein souverain und ununterwürfig." [6]

Die Sicht der souveränen Gewalt als der einem anderen Organ nicht unterworfenen Gewalt bestätigt Justi im *Grundriß*:

> "..., und es verdienet wahrhaftig ein mitleidiges Lächeln, daß die Schweden die souveraine Gewalt ihrer Könige ... bloß um deshalb abgeschaffet haben, weil sie durch diese uneingeschränkte Gewalt der Könige in verderbliche auswärtige Kriege gestürzet worden sind, die das Land arm gemacht haben, und daß dennoch bey Abschaffung der souverainen Gewalt niemand eingefallen ist, in ihrer Grundverfassung die nöthige Einrichtung zu mache, daß nicht eben dieses von einer überwiegenden Faction geschehen könnte." [7]

---

1 *Böckenförde*, Seite 326 m.Nw.

2 *Leben und Character*, Teil 2, Seite 147; vgl. erg. die Verwendung des Begriffes "souverainer Monarch" in *Grundriß*, § 297 (Seite 385).

3 *Grundfeste*, Band 2 (Seite 350); vgl. erg. *Physicalische und Politische Betrachtungen*, Seite 137.

4 *Grundriß*, § 337 (Seite 467).

5 Zur platonischen Republik siehe unten Seite 232 ff.

6 *Grundriß*, § 168 (Seite 206).

7 *Grundriß*, § 304 (Seite 398).

Nach allem verbindet Justi mit dem Begriff der Souveränität die Vorstellung einer rechtmäßigen, keiner anderen Macht als der Grundgewalt unterworfenen tätigen obersten Gewalt. Aufgrund der eigenständigen Bedeutung, die Justi dem Begriffsfeld der Souveränität beimißt, ist es nicht möglich, ihn (jedenfalls in seiner eigenen Terminologie) einen Verfechter der Volkssouveränität zu nennen.

(b) Kritik an der Souveränitätslehre Justis

Die modernen Arbeiten stehen Justis Souveränitätslehre kritisch gegenüber: den Gedanken der Volkssouveränität habe Justi nicht bzw. nicht konsequent ausgeführt.

Nach *Partick* [1] ist Justi "nicht schlechthin ein Vertreter der Souveränitätslehre", weil er "in hohem Maße die unbeschränkte Herrschergewalt in vielen Belangen" stütze. Dadurch erscheine Justi als ein Vertreter des Absolutismus. Trotz theoretisch konzessionsloser Anerkennung der Volkssouveränität statte Justi den Herrscher, sobald die praktische Existenz des Staates berührt sei, mit den höchsten Machtmitteln aus. Dabei trete das Recht des Volkes in den Hintergrund. Dies sei eine begreifliche und berechtigte Konzession an die damaligen Verhältnisse. [2] Die wesentlichste Stütze seiner Argumentation sieht *Partick* in Justis "nachdrücklichster Wendung zugunsten der Herrschergewalt", im § 18 der *Staatswirtschaft*, "wo er geradezu den Boden seiner Volkssouveränitätslehre völlig zu verlassen scheint und sich als Vertreter des Absolutismus legitimiert" [3]. Justi habe die Volkssouveränität bloß theoretisch abgesichert, aber nicht geklärt, von welcher Abordnung des Volkes und nach welchen Maßstäben die Tätigkeit des Herrschers zu kontrollieren ist. [4]

---

1 *Partick*, Seite 88.
2 *Partick*, Seite 91 f.
3 *Partick*, Seite 90.
4 *Partick*, Seite 107; ähnlich a.a.O., Seite 128.

Nach *Marchet* [1] überragt Justi in seinem Kampf gegen die absolute Herrschersouveränität viele seiner Vorgänger und Zeitgenossen. Andererseits bemängelt *Marchet* Inkonsequenzen in der konkreten Organisation der Volkssouveränität. So habe das souveräne Volk "oft verzweifelt wenig Bedeutung, die Organe des Volkes hingegen erfreuen sich einer übermächtigen Wichtigkeit und Machtfülle". Für seine These beruft sich *Marchet* auf den "drastischen Widerspruch" zum Gedanken der Volkssouveränität in § 18 der *Staatswirtschaft*. Außerdem übertrage das Volk in der unumschränkten Monarchie seine ganze Macht an den Fürsten und dieser sei nur verpflichtet, seine Macht nicht zu überschreiten. *Marchet* folgert nun -ohne weitere Nachweise anzuführen-, daß Justi zwar theoretisch an eine Souveränität des Volkes gedacht habe, er aber in der praktischen Verwaltung die Machtvollkommenheit des Fürsten betone.

Indem *Partick* und *Marchet* allein aus der *Staatswirtschaft* heraus argumentieren, konnten sie die Weiterentwicklung der Thesen Justis nicht erfassen. Ohne die Würdigung der Entwicklung seiner Thesen innerhalb des Gesamtwerkes kann Justis Theorie nur verfälschend wiedergegeben werden. [2] *Partick* hat zudem übersehen, daß Justi durchaus festlegt, wer konkret die Tätigkeit des Herrschers kontrolliert. [3] Die von *Marchet* als wesentliche Stütze seiner Argumentation gewählte These, das Volk trete in der unumschränkten Monarchie seine gesamte Macht an den Herrscher ab, ist ebenfalls nicht zu belegen. [4] Vielmehr schreibt Justi ausdrücklich, daß bei der "unumschränktesten obersten Gewalt" das Volk über die Grundgewalt verfügt. [5] Damit hat das Volk sogar in der absoluten Monarchie die ausschließliche Kompetenz zur Änderung der Grundgesetze und ein aktives Widerstandsrecht.

Nach allem steht Justi auf dem Boden der Lehre von der Volkssou-

---

1 *Marchet*, Seite 291 und 298 - 300.
2 Statt vieler Einzelbeispiele siehe oben Seite 147 - 152.
3 Siehe unten Seite 175 ff, 203 ff.
4 Für die Monarchie siehe unten Seite 210 ff.
5 Siehe oben Seite 142.

veränität. Das Volk ist die Quelle aller Gewalt des Staates. Bei ihm allein liegt die letztverbindliche Entscheidungszuständigkeit und rechtliche Gestaltungsmacht innerhalb des Staatswesens. Der Herrscher ist ein bloßer Verwalter der ihm auf Abruf vertragsweise überlassenen vereinigten Kräfte. Es wäre eine grobe Fehleinschätzung seiner Leistungen, Justi einen Vertreter des Absolutismus zu nennen. Das zeigt nicht zuletzt die Verfolgung wegen der in seiner Schrift *Leben und Character* [1] verfochtenen Thesen der Volkssouveränität und des aktiven Widerstandsrechts.

7.4 Zum Einfluß von Wolff und Montesquieu [2]

Für die ausschließlich dem Hausvater zukommende Stellung als Bürger steht Justi unter dem Einfluß älterer Literatur. Schon bei *Pufendorf* findet sich die These, daß nicht alle Mitglieder des Hauses, sondern nur die den Gesellschaftsvertrag schließenden Hausväter Bürger des Staates sind. [3] So bleibt Justi -wie im Ergebnis *Montesquieu*- hinter dem bei *Wolff* [4] vorhandenen Ansatz zurück, daß auch einzelne Personen einen Staat gründen und als Bürger zu betrachten sind.

Die Idee der Volkssouveränität konnte Justi von *Montesquieu* nicht übernehmen; denn *Montesquieu* geht in seiner englischen Verfassung von einer Dreiteilung der Souveränität aus. Die These von der Souveränität des Volkes empfängt Justi nach eigenen Aussagen von *Thomasius*, der gelehrt hatte, daß die oberste Gewalt nicht unmittelbar von Gott an den Regenten übertragen sei, die Regentschaft sich vielmehr durch das Volk legitimiere. Zum Streit [5] zwischen *Thomasius* und dem dänischen Hofprediger *Masius* schreibt Justi:

"Es fehlet nicht viel, daß man diese unstreitige Wahrheit,

---

1 Siehe oben Seite 1 ff.
2 Siehe oben Seite 5 f und 57.
3 *Pufendorf*, VII, Kap. 2, § 20.
4 Nachweis bei *Bachmann*, Seite 128 f.
5 Zum Streit *Thomasius/Masius*: *Rüping*, Seite 64.

daß die oberste Gewalt von dem Volke herrühret, ehedem als ein großes Staatsverbrechen angesehen hätte. Wenigstens konnte sich Masius in Coppenhagen dieses Satzes wider den vortrefflichen Thomasius bedienen, um durch den weltlichen Arm des Thomasius Schriften verfolgen zu lassen. So ist es mit den ersten Gedanken von den Gegenfüßern, mit der Bewegung der Erde, und mit vielen andern Wahrheiten, gleichfalls ergangen, die nachfolgenden Zeiten als unstreitig richtig haben erkennen müssen, ob sie gleich die vorhergehenden zu ihrer Schande verfolget haben. Mich deucht, die Großen sollten sich hierdurch gegen neue Lehrsätze behutsam machen lassen." [1]

Kuriki [2] wies darauf hin, daß sich der Ansatz eines Gedankens der Grundgewalt bereits bei *Wolff* finde. Justi habe diesen Gedanken klarer formuliert. Für die These *Kurikis* scheint zu sprechen, daß nach *Wolff* "die Staatsherrschaft aus dem Vertrag zur Errichtung des Staates entsteht und diese ursprünglich bei dem Volk als eine ihm eigentümlich unkörperliche Sache liegt" [3]. Außerdem legt *Wolff* die Entscheidung über die Grundgesetze zunächst in die Hände des Volkes. [4] Allerdings hat Justi die Grundgewalt des Volkes nicht nur klarer formuliert, sondern ihr eine weit über *Wolff* hinausweisende Bedeutung verschafft. Bei Justi existiert die Grundgewalt bedingungslos in allen Staaten (also selbst bei der unumschränktesten obersten Gewalt) und zu jeder Zeit. Die Grundgewalt kann allein durch die Zerstörung des Staatskörpers beseitigt werden [5]. *Wolff* hingegen geht davon aus, daß die ursprüngliche Herrschaft des Volkes unwiderruflich übertragen werden könne. [6] Zwar gelten in diesem Falle für die Ausübung der Herrschaft die allein vom Volk gegebenen und zu ändernden Grundgesetze. Sollten sie jedoch Regelungslücken aufweisen, so obliegt deren Ausfüllung, hat sich das Volk nicht ausdrücklich diese Befugnis vorbehalten, dem Herrscher. [7] Bei

---

1 *Staatswirtschaft*, beide Auflagen, § 6 in der Anmerkung; ähnlich in *Natur und Wesen*, § 46 (Seite 89 f).

2 *Kuriki*, Seite 570 m.Nw. auf *Wolff*, "Grundsätze", Seite 701, 704 f und 707 f.

3 *Wolff*, "Grundsätze", § 981 (Seite 710 f).

4 *Wolff*, "Grundsätze", § 984 (Seite 704 f).

5 *Grundriß*, § 9 (Seite 7).

6 *Wolff*, "Grundsätze", § 982 (Seite 702).

7 *Wolff*, "Grundsätze", § 984 (Seite 705); zum Verständnis der "Grundgesetze" bei *Wolff* siehe unten Seite 277 ff.

Justi hingegen liegt die Änderung der Grundgesetze immer in der ausschließlichen Kompetenz der Grundgewalt des Volkes.

Der Gedanke, daß in jedem Staat Grundgesetze existieren, über die der Herrscher keine Macht hat, bietet nicht nur gegenüber *Wolffs* "regnum legitimum" [1], sondern auch gegenüber *Montesquieu* eine entscheidende Neuerung. So waren für *Montesquieu* [2] die "lois fondamentales" noch lediglich die Gesetze, "die aus der Natur des Staates entstehen".

Wolff hatte auf das Souveränitätsdenken Justis dennoch Einfluß. *Wolff* vertrat die sachliche/personelle Aufteilbarkeit der öffentlichen Gewalt und gelangte so zur Organsouveränität einerseits, zur Staatssouveränität andererseits. [3] Wenn Justi die "souveraine" Gewalt als eine bis auf die Grundgewalt keiner anderen Macht gewaltunterworfen beschreibt [4], dann spiegelt dies nichts anderes als eine Weiterentwicklung der Thesen *Wolffs*; nur daß Justi von *Wolff* für das Zusammenspiel der Gewalten allein die Organsouveränität übernimmt und diese mit dem von *Thomasius* empfangenen und von ihm weiterentwickelten Gedanken einer Souveränität des Volkes ergänzt. Außerdem könnte gerade *Wolffs* vorsichtigere Formulierung der Grundgewalt Justi den Anstoß zur Entwicklung seiner Theorie gegeben haben. [5]

In der Frage des Widerstandsrechtes bleibt *Wolff* [6] weit hinter Justi zurück. Justi hatte ein aktives Widerstandsrecht schon bei

---

1 Zum "regnum legitimum" bei *Wolff* vgl. *Würtenberger* (1973), Seite 70 - 72.

2 *Montesquieu*, Buch 2, Kapitel 1: "Voilà ce que j'appelle la nature de chaque gouvernement. Il faut voir quelles sont les lois qui suivent directement de cette nature, et qui par conséquent sont les premièrs lois fondamentales.".

3 Zu *Wolff* vgl. *Bachmann*, Seite 147 - 158.

4 Siehe oben Seite 159 f.

5 Vgl. die Fabel "Der Wolf und die streitenden Ziegen" (*Fabeln und Erzählungen*, Seite 125 f): Der Wolf, der vorgeblich einen Streit zwischen den Ziegen beilegen will und sich hierfür auf einen Pakt mit den Vorfahren der Ziegen beruft, erhält zur Antwort: "Deine guten Absichten, mein werther Herr Wolff, haben wir schon von weiten gesehen. Wenn aber unsre Vorfahren wirklich so thöricht gewesen sind, einen solchen Bund mit dir zu machen, und wenn es deine redliche Meynung ist, uns in Schutz zu nehmen; o, so bitten wir demüthig, daß du geruhen mögest uns wider dich selbst zu schützen.".

6 *Wolff*, "Grundsätze", §§ 1080 und 1083.

einem "offenbarem" Widerspruch zum Endzweck des Staates vertreten. Praktisch mußte sich das Volk bei *Wolff*, konnte es über das Recht der Gegenvorstellung keinen Erfolg erzielen, stets den Maßnahmen der Obrigkeit fügen. Ein aktives Widerstandsrecht war einzig für den Fall vorgesehen, daß der Besitz der Herrschaft unrechtmäßig erlangt war oder daß der Regent gegen die Grundgesetze handelte. Bei Verstößen gegen die Naturgesetze blieb dem Volk nur die passive Gehorsamsverweigerung. [1]

Nach allem ist es der überragende Einfluß *Wolffs*, der Justi zur Entwicklung seiner Theorie der Grundgewalt, der Grundgesetze und des aktiven Widerstandsrechts des Volkes führte. *Montesquieu* ist diesbezüglich von untergeordneter Bedeutung.

7.5 Rezeption der Thesen Justis [2]

Scheidemantel verwirft Justis Theorie der ruhenden Grundgewalt, die im Falle einer Änderung der Grundgesetze und des Staatsnotstandes erwacht. Justis These bewirke eine Trennung der in Wirklichkeit untrennbaren Majestät. [3] In seinem "Allgemeinen Staatsrecht" rückt *Scheidemantel* die Grundgewalt sogar in die Nähe der "sittlichen Gewalten". [4] Die Macht der Grundgewalt über die Grundgesetze endet bei ihm praktisch immer am Vetorecht des Monarchen. [5] Auch das Recht zum Widerstand bleibt in seiner abstrakten Fassung weit hinter Justis Vorstellungen zurück. So sind die Bürger bei *Scheidemantel* nur dann keinen Gehorsam schuldig, wenn der Regent Gesetze gibt gegen die Gottheit, gegen die Tugend, gegen die Erhaltung des Staates und der Majestät, gegen die Erhaltung des Lebens, der Ehre, der Güter und der Freiheit sowie bei "ungerechtfertigter Vermehrung des Vorteils des Regenten". [6] Außerdem kennt *Scheidemantel* kein aktives Wider-

---

1 *Wolff*, "Grundsätze", § 1079 - 1083 (Seite 787 - 791).
2 Siehe oben Seite 4 - 6 und 57 ff.
3 *Scheidemantel*, *Natur und Wesen*, Anmerkung zu § 46.
4 *Scheidemantel*, "Allgemeines Staatsrecht", § 256 (Seite 254).
5 *Scheidemantel*, "Allgemeines Staatsrecht", § 261 (Seite 259).
6 *Scheidemantel*, "Allgemeines Staatsrecht", § 259 (Seite 256 f).

standsrecht. Konsequent kritisiert er die Äußerungen Justis über die ersten Lehrsätze der Monarchomachen. [1] *Scheidemantel* vertritt zudem die Einheit der Persönlichkeiten von Staat und Herrscher.[2]

Achenwall übernimmt Justis Unterscheidung zwischen der (ursprünglich) beim Volk liegenden Grundgewalt und der an (eine) bestimmte Person(en) übertragenen obersten Gewalt. [3] Im Vergleich zu Justi wird die Aufgabe der Grundgewalt nicht eindeutig festgelegt. Sie ist an der Änderung der Grundgesetze jedenfalls mit beteiligt. [4] Undeutlich bleibt *Achenwall* ebenfalls in seiner Stellungnahme zum Widerstandsrecht des Volkes. Von Justi empfängt er die Vorstellung, daß zur Ausübung des Widerstandsrechts ein "offenbarer" Mißbrauch der obersten Gewalt berechtigt. [5]

Pfeiffer lobt Justis Unterscheidung zwischen Grundgewalt und tätiger oberster Gewalt. Gleiches gilt für die Befugnis der Grundgewalt des Volkes, bei offenbarer Zerrüttung des Staates den Auftrag zur Ausübung der staatlichen Macht an die tätige oberste Gewalt zu widerrufen. [6] Justis Ausführungen zum Widerstandsrecht des Volkes werden von *Pfeiffer* aufgenommen:

> "Endlich sagt unser Autor, hört das Band zwischen Regenten und Untertanen ... auf, wo der Regent dem Wesen und Endzwecke eines Staats kein Genüge leisten kann, oder selbigem offenbar entgegenhandelt. ... Ich finde hierbei nur zu erinnern, daß nicht ein Theil des Volkes, nicht die Klagen mismüthiger Rebellen, nicht das einigen Mitgliedern wiederfahrene Unrecht, sondern bloß die allgemeine Stimme des Volkes ... berechtigt sei, sich offenbaren Tiranneien zu widersetzen, einzelne Glieder der Gesellschaft aber ruhig bleiben." [7]

Deutlicher als seine Vorgänger und Nachfolger trennt Justi Staat

---

1 *Scheidemantel, Natur und Wesen,* Anmerkung zu § 47.
2 *Scheidemantel, Natur und Wesen,* Anmerkung zu § 49.
3 *Achenwall,* 1. Teil, 1. Hauptstück, §§ 21, 23 - 27; 1. Teil, 4. Hauptstück, § 1; 1. Teil, 5. Hauptstück, § 1.
4 *Achenwall,* 3. Hauptstück, § 12; 5. Hauptstück, § 2.
5 *Achenwall,* 4. Hauptstück, § 11.
6 *Pfeiffer,* Seite 141 f.
7 *Pfeiffer,* Seite 162.

und Herrscheramt, tritt für die Volkssouveränität und ein aktives Widerstandsrecht des Volkes ein, überträgt dem Volk die grundverfassungsgebende und -ändernde Gewalt. Damit überragt er seine Zeitgenossen (selbst *Achenwall* und insbesondere *Bielfeld* [1]) im Inhalt und in der deutlicheren Formulierung der Kompetenzen des Volkes. Justi hat in diesem Bereich, das zeigen die Stellungnahmen von *Scheidemantel*, *Achenwall*, *Pfeiffer* und *Bielfeld*, einer wichtigen Diskussion den Weg bereitet.

---

1 Siehe oben Seite 67 ff.

8 PFLICHTEN DER GEHORCHENDEN UND DER REGIERENDEN RECHTE DER GEHORCHENDEN

8.1 Überblick

Die regierenden und gehorchenden Mitglieder des Staates sind die Hauptbestandteile des Staatswesens. [1] Zwischen beiden Teilen besteht ein enges Band. [2] Die Pflichten und Rechte im Verhältnis zwischen Regierenden und Gehorchenden regeln die politischen Gesetze. Die grundlegenden Pflichten und Rechte sind durch Grundgesetze festgeschrieben. [3] Die Pflichten von Regent und Untertanen behandelt Justi insbesondere im siebten Hauptstück von *Natur und Wesen* ("Von dem Verhältnis der obersten Gewalt und der Untertanen gegeneinander", §§ 117 - 147). Die Rechte werden nicht zusammenhängend dargestellt.

8.2 Theorie Justis

8.2.1 Pflichten der Gehorchenden

Nach Justi sind die Pflichten der Gehorchenden leicht faßbar:

> "Die wahre bürgerlichen Pflichten sind so beschaffen, daß sie auch der gemeinste Verstand leicht begreifen kann. ... Aus diesen Betrachtungen folgen zweyerley Wahrheiten, ...; erstlich, daß es ... fast allemal an der Regierung liegt, wenn die ersten ihren Pflichten ... entgegen handeln, und zweytens, daß die Strafen nicht das eigentliche Hülfsmittel sind, wodurch dieser Entgegenhandlung abgeholfen wird." [4]

Als Pflichten der Untertanen nennt Justi:

---

1 *Natur und Wesen*, § 117 (Seite 272), § 119 (Seite 274); *Grundriß*, § 23 (Seite 15).
2 *Grundriß*, § 29 (Seite 19).
3 Zu Justis Lehre von den Gesetzen siehe unten Seite 259 ff.
4 *Vergleichungen*, Seite 193.

(a) Treue zum Regenten und zum Staat [1]

Die Treue bedeutet, daß der Untertan nichts unternehmen darf, das offenbar zum Nachteil des Regenten und des Staates wirkt.

(b) Gehorsam gegenüber den Gesetzen [2]

Eine Gehorsamspflicht besteht nur gegenüber den Gesetzen, nicht gegenüber der Person des Herrschers.

(c) Widerstandspflicht [3]

Die Gehorsamspflicht endet im Falle unrechtmäßiger [4] Gesetze. Befolgt der Untertan solche Gesetze, macht er sich strafbar und kann von einem Regierungsnachfolger zur Verantwortung gezogen werden. Justi scheint demzufolge -obwohl niemals expressis verbis genannt- von einer Widerstandspflicht des Bürgers auszugehen.

(d) Förderung der Wohlfahrt des Staates [5].

8.2.2 Pflichten des/der Regierenden

Der "Inbegriff aller Pflichten des Regenten" [6] ist, für die gemeinschaftliche Glückseligkeit zu sorgen. Der Regent darf sich keine Gewalt über die Grundgesetze anmaßen. [7] Er muß in seinen Handlungen dem vereinigten Willen des Volkes entsprechen und darf seinen privaten Willen nicht in die Staatsgeschäfte einfließen lassen [8]. Er muß sein Volk lieben [9] und gütig sein [10]. Er darf die Kräfte des Staates nicht mißbrauchen, er soll sie mehren [11] und sich in ihrem Gebrauch mäßigen [12]. Er hat

"niemals Strenge anzuwenden, als wo die Wohlfahrt des Staats

---

1 *Natur und Wesen*, § 132 f (Seite 302 ff).
2 *Natur und Wesen*, § 134 f (Seite 305 f).
3 *Natur und Wesen*, § 135 (Seite 307 f); zum Widerstandsrecht siehe oben Seite 147 ff.
4 Zur Rechtmäßigkeit der Gesetze siehe unten Seite 260 f.
5 *Natur und Wesen*, § 136 (Seite 309 f).
6 *Grundriß*, § 30 (Seite 20), § 105 (Seite 109 f), § 107 (Seite 111 f), § 326 (Seite 446); *Natur und Wesen*, § 138 f (Seite 316).
7 *Natur und Wesen*, § 138 (Seite 315); vgl. erg. oben Seite 153 f und 161 f.
8 *Natur und Wesen*, § 138 (Seite 316); *Grundriß*, § 37 (Seite 23), § 108 (Seite 112 f).
9 *Natur und Wesen*, § 142 (Seite 321 f).
10 *Natur und Wesen*, § 143 (Seite 322 f).
11 *Grundriß*, § 113 (Seite 117 f).
12 *Natur und Wesen*, §§ 144 - 147 (Seite 324 ff); zur Selbstmäßigung der Regierung siehe unten Seite 189 ff.

> und der zu dem Ende beschlossene Endzweck auf keine andere Art erreichet werden kann." [1]

Der Regent muß jedermann Gehör gewähren. [2] Pflicht jeder Regierung ist es, die natürliche Freiheit der Untertanen so wenig einzuschränken, als es mit dem Endzweck des Staates noch vereinbar ist. Die Regierung muß den Bürgern darum "alle mögliche und vernünftige Freiheiten, unter anderem die Freiheit, über die Regierung zu urteilen" [3] und die Religions- und Gewissensfreiheit [4] gewähren. Die beste Regierung ist diejenige, welche sich der natürlichen Freiheit am meisten nähert. [5] Der Regent hat in eigener Person zu regieren. Allein ihm -nicht seinen Mätressen, Gemahlinnen, Günstlingen [6] und Staatsbedienten [7]- hat das Volk das Regierungsamt übertragen. In diesem Zusammenhang wendet sich Justi gegen das Amt des Premierministers. In der Anmerkung zu einem Artikel im zweiten Band der *Deutschen Memoires (1750)*, der sich positiv zum Institut des Premierministers äußert, entgegnet Justi:

> "Tausend offenbar schädliche und in der Welt durch die Beispiele genugsam zu Tage liegende Folgerungen entständen daraus." [8]

Im dritten Band der *Deutschen Memoires* [9], in *Natur und Wesen* (1760), den *Gesammelten Politischen und Finanzschriften* [10] und im *Grundriß* [11] (1759) bekämpft Justi den Ministrissimus vor allem mit vertragstheoretischer Argumentation. Gegen den sächsischen

---

1 *Natur und Wesen*, § 144 (Seite 325); ähnlich *Grundriß*, § 111 f (Seite 115 f): "niemals eine größere Kraft anwenden, wenn eine geringere zureichend ist"; zu Justis Verhältnismäßigkeitsprinzip siehe oben Seite 105.
2 *Leben und Character*, Teil 2, Seite 23.
3 *Grundriß*, § 114 (Seite 118 f).
4 Zur Gewissens- und Religionsfreiheit siehe unten Seite 173.
5 *Natur und Wesen*, § 18 (Seite 40).
6 *Vergleichungen*, Seite 364 und 390 - 412.
7 *Vergleichungen*, Seite 415.
8 A.a.O., Seite 30 - 40.
9 *Deutsche Memoires*, Band 3, Seite 412 - 425; nahezu wörtlicher Wiederabdruck in *Gesammelte Politische und Finanzschriften*, Band 1 (Seite 235 - 247).
10 *Gesammelte Politische und Finanzschriften*, Band 1 (Seite 235 - 247).
11 Daß Justi gerade im *Grundriß* dem Institut des Ministrissimus so große Beachtung schenkt, erklärt sich aus der Entstehungsgeschichte des Werkes, siehe oben Seite 53.

Premier und aus seiner Sicht "Prototypen des Ministrissimus und Despoten" [1], den *Grafen von Brühl* [2], verfaßt Justi schließlich drei satirische Schriften unter dem Titel *Leben und Character des Grafens von Brühl*. Er bezeichnet *Brühl* unter anderem als eine "stinkende und eiternde Wunde des Landes" [3] und "Landesplage" [4].

8.2.3 Rechte der Gehorchenden

Die grundlegenden Rechte der Gehorchenden, also diejenigen Rechte, die sich unmittelbar aus der Regierungsform des Staates ergeben, sind in der Grundverfassung zu regeln (z.B. das Abstimmungsrecht). Die übrigen Rechte ergeben sich aus den anderen politischen Gesetzen. [5]

Die in der Grundverfassung zu regelnden Rechte sind dem Kapitel über die Regierungsformen zu entnehmen. [6] Da die im folgenden geschilderten Rechte in keinem zwingenden Verhältnis zu einer bestimmten Regierungsform stehen, ist davon auszugehen, daß Justi sie in den anderen politischen Gesetzen regeln will. Die Aufzählung ist nicht abschließend, sondern umfaßt nur die von Justi ausdrücklich als Rechte bezeichneten Positionen. [7]

- Vortragsrecht gegenüber dem Regenten persönlich

Das Recht, "demütige Vorstellung an den Regenten zu tun, ist das allergeringste, über das die Untertanen verfügen". [8]

- Recht auf Entschädigung

Mußte ein Bürger seine Güter für die gemeinschaftliche Glückse-

---

1 Ähnlich im Ausdruck: *Koch* (1973), Seite 63 f.
2 Zu Brühl siehe oben Seite 1 - 3.
3 *Leben und Character*, Teil 2, Seite 142.
4 *Leben und Character*, Teil 2, Seite 143.
5 Siehe unten Seite 269 ff und 272, FN 7.
6 Siehe unten Seite 203 ff.
7 Bei der Wertung dieser Zusammenstellung darf nicht übergangen werden, daß die grundlegende Position der bürgerlichen Freiheit bereits im höchsten Gesetz des Staates, der Bestimmung über den Endzweck, festgelegt ist, siehe oben Seite 103 ff und unten Seite 268 f.
8 *Vergleichungen*, Seite 32; *Natur und Wesen*, § 70 (Seite 159).

ligkeit aufwenden, dann ist er von den übrigen Mitgliedern des Staates bis auf den von ihm mitzutragenden Anteil zu entschädigen. [1]

- Widerstandsrecht [2]

- Gewissens- und Religionsfreiheit

Es ist eine aus dem Naturrecht abfließende Pflicht und ökonomisch erforderliche Notwendigkeit, daß der Staat eine "vollkommene Gewissensfreiheit" gewährt. Justis Gewissensfreiheit betrifft einmal die Gewissensfreiheit im engsten Sinne, daneben die Religionsausübung im eigenen Haus.

> "Niemand darf wegen dessen, was er vor sich in der Stille glaubet, oder wegen der Art, womit er Gott in seinem Hause dienet, zur Verantwortung gezogen werden." [3]

Die (ebenfalls aus wirtschaftlichen Erwägungen heraus zu gewährende) Religionsfreiheit betrifft die Religionsausübung in der Öffentlichkeit. [4] Ihr sind aus dem Endzweck des Staates heraus Grenzen gesetzt. [5]

8.3 Zum Einfluß von Wolff und Montesquieu [6]

Die von Justi im *Grundriß* entwickelte Lehre zur Pflicht der Selbstmäßigung des Regenten [7] ruht auf den Anregungen, die er durch die Beschäftigung mit dem Pflichtensystem *Wolffs* [8] erhielt. [9]

---

1 *Natur und Wesen*, § 39 (Seite 82 f).

2 Zum Widerstandsrecht siehe oben Seite 170.

3 Zitat aus *Vollständige Abhandlung*, Seite 34; zur ökonomischen Begründung des Rechts auf Gewissensfreiheit vgl. *Staatswirtschaft*, Band 1, § 93 (Seite 124 f); a.a.O., § 143 (Seite 165 f): "Die Gewissensfreiheit wird nicht nur zur Bevölkerung des Landes, und überhaupt zur Wohlfahrt des Staats erfordert; sondern sie ist auch der Vernunft ... vollkommen gemäß.".

4 *Vollständige Abhandlung*, Seite 32 - 33.

5 Siehe unten Seite 265 f.

6 Siehe oben Seite 5 f und 57.

7 Siehe unten Seite 189 ff.

8 Zu *Wolffs* Pflichtensystem vgl. "Grundsätze", § 1075 - § 1087.

9 Ähnlich bereits *Marchet*, Seite 291 f.

Auch bei *Wolff* findet sich eine (weniger ausführlich behandelte) Pflicht zur Selbstmäßigung. Über *Wolffs* Vorstellungskraft hinaus geht Justis Andeutung einer Widerstandspflicht der Untertanen. Ein besonderer Einfluß *Montesquieus* auf Justis Pflichtensystem ist nicht nachzuweisen.

8.4 Rezeption der Thesen Justis [1]

In seiner Pflichtenlehre [2] bleibt *Scheidemantel* hinter Justi zurück. Im Gegensatz zu ihm ist der Untertan nicht den Gesetzen, sondern der Person des Herrschers Gehorsam schuldig. [3] Außerdem kennt *Scheidemantel* eine Justis Widerstandspflicht geradezu widerstreitende Pflicht zur "Geduld gegen böse Regenten" [4]. Eine geschlossene Pflichtenlehre, die auf Justi zurückzuführen wäre, beschreibt *Achenwall* nicht. *Pfeiffer* würdigt Justis Bemühungen um die Beschreibung des engen Bandes zwischen Regierenden und Gehorchenden und der daraus abzuleitenden Pflichten und Rechte[5]:

> "Ich unterschreibe mit Vergnügen die umständliche Erklärung obiger Pflichten, die der Herr Verfasser so schön ausgearbeitet hat ... ." [6]

Eine Widerstandspflicht des einzelnen lehnt er jedoch ausdrücklich ab. [7]

---

1 Siehe oben Seite 4 - 6 und 57 ff.
2 *Scheidemantel* "Allgemeines Staatsrecht", §§ 231 - 249.
3 A.a.O., § 231.
4 A.a.O., § 239.
5 *Pfeiffer*, Seite 159 - 167.
6 *Pfeiffer*, Seite 166 f.
7 Siehe oben Seite 166.

9 DIE LEHRE VON DER GUTEN REGIERUNG

9.1 Überblick

Das Volk hat in allen Staaten die Grundgewalt, kraft deren es die Grundgesetze, also unter anderem [1] die Bestimmungen über die Regierungsform, schafft. Eine Regierung kann vermöge der durch die Grundgesetze vorgeschriebenen guten Regierungsform (und deshalb "ihrer Natur nach" [2]) gut sein. So können die Grundgesetze beispielsweise die gesetzgebende und die vollziehende Gewalt auf unterschiedliche Art je verschiedenen Verwaltern anvertrauen. Wirklichkeitsnäher ist nach Justi der Fall, daß eine Gewaltenteilung in der Grundverfassung nicht vorgeschrieben wird. Wenn diese (folglich nicht bereits ihrer Regierungsform oder "ihrer Natur" nach gute) Regierung gut werden will, ist es erforderlich, daß sie sich aus eigener Bewegung selbst einschränkt. Andernfalls wird eine "Tyranney" entstehen. [3] Demnach gibt es -ganz allgemein- zweierlei Arten von guten Regierungen: solche, die es "ihrer Natur nach" sind (d.h. vermöge der durch die Grundverfassung festgelegten Regierungsform), und solche, die es mangels einer grundgesetzlich festgelegten guten Regierungsform erst kraft eigener Mäßigung werden. [4] Beide Arten guter Regierungen sind noch nicht vollkommen gut. Zu ihrer vollkommenen Güte bedarf es zusätzlich der "Weisheit" dieser Regierung:

> "Einem Menschen, der wegen genauer Aufsicht gut ist, und einen andern, der durch sein Temperament und durch seine Mäßigung gut ist, kann man deshalb noch keine vollkommene Güte beymässen. Der erste würde vielleicht böse seyn, wenn

---

1 Zum Inhalt der Grundgesetze siehe unten 270 - 273.

2 Zur Gleichsetzung der Regierungsform mit der Natur des Staates vgl. *Natur und Wesen*, § 100 (Seite 225): "Die verschiedenen Regierungsformen, die wir in dem vorhergehenden Hauptstücke betrachtet haben, sind die Natur der Staaten.".

3 *Grundriß*, § 182 (Seite 223); ähnlich § 189 (Seite 232).

4 *Grundriß*, §§ 47 - 50 (Seite 29 f), § 124 (Seite 131), § 180 (Seite 221). Den Begriff der Mäßigung benutzt Justi in erster Linie im Sinne einer Selbstmäßigung der Monarchie (*Vergleichungen*, Seite 144; *Grundriß*, Überschrift zu Buch 3). Das darf nicht darüber hinwegtäuschen, daß die Mäßigung (oder: Einschränkung) ein allgemeines Prinzip seiner Staatslehre ist, das sowohl die Einschränkung durch die per Grundgesetze festgeschriebene Regierungsform als auch die Selbsteinschränkung umfaßt.

> er Raum und Freyheit hätte; und der andre kann bey aller Güte ... sich und andern Schaden zufügen. Es gehet also bey den Regierungen noch etwas ab, ehe sie vollkommen gut werden. Die Weisheit ist es, die ihnen ermangelt; ..." [1]

Dementsprechend gliedert sich das vorliegende Kapitel wie folgt: Der erste Hauptabschnitt (9.2.1) beschäftigt sich mit den ihrer Natur nach (d.h. ihrer Regierungsform nach) guten Regierungen. Justi kennt im wesentlichen zwei Mittel, um die Regierung ihrer Natur nach gut zu machen. Der erste Weg besteht darin, für die gemischten Regierungsformen eine durch Grundgesetze abgesicherte Gewaltenteilung einzuführen. Die zweite Möglichkeit liegt in der ebenfalls durch Grundgesetze abgesicherten Einführung der Regierungsform der so bezeichneten "platonischen Republik". Weil auch die platonische Republik unter anderem [2] auf der Gewaltenteilungslehre aufbaut, ist es zweckmäßig, in diesem ersten Hauptabschnitt allein die Grundzüge der Gewaltenteilungslehre ohne Rücksicht auf eine spezielle Regierungsform zu besprechen. Die konkrete Formulierung der Gewaltenteilung in den verschiedenen Regierungsformen und die ausführliche Beschreibung der platonischen Republik sind wegen des Umfanges der erforderlichen Erläuterungen dem Kapitel "Regierungsformen" vorbehalten. Im anschließenden zweiten Hauptabschnitt (9.2.2) sollen die Grundzüge der Lehre von der Selbstmäßigung der nicht schon ihrer Regierungsform nach guten Regierungen besprochen werden. Der dritte Hauptabschnitt (9.2.3) beschäftigt sich mit der "Weisheit", durch die beide Arten guter Regierungen ihre vollkommene Güte erreichen. Der vierte Hauptabschnitt (9.2.4) faßt Justis Lehre von den Hauptquellen der Regierungsfehler zusammen.

Die Gewaltenteilung bespricht Justi unter anderem in der *Staatswirtschaft* (2. Auflage, § 20), im *Grundriß,* 2. Buch ("Von denen Grundverfassungen der Staaten, wodurch die Regierungen ihrer Natur nach gut werden") und in *Natur und Wesen*, 4. und 5. Hauptstück ("Von der Natur der obersten Gewalt in allen Staaten"

---

1 *Grundriß,* § 49 (Seite 29 f).

2 Es wäre deshalb nicht richtig, für die Güte der Natur einer Regierungsform das Element der Gewaltenteilung zur Alleinherrschaft zu erheben.

und " Von den verschiedenen Regierungsformen"). Die "Abhandlung von der Anordnung und dem Gleichgewichte der Hauptzweige der obersten Gewalt, worauf die Glückseligkeit und Freyheit des Staats hauptsächlich ankommt" wurde im Jahre 1758 erstmals und unter Verwendung einer kleinen Textergänzung drei Jahre später erneut veröffentlicht. [1] Die Selbstmäßigung der Regierung ist das Thema des *Grundriß*, Buch 3 ("Von der Güte der Regierung, welche durch ihre eigene Mäßigung entstehet") und der *Vergleichungen*. Die Weisheit der Regierung als Voraussetzung für deren vollkommene Güte bespricht Justi im *Grundriß*, Buch 4 und 5 ("Von der Weisheit einer guten Regierung" und "Von den Fehlern und Gebrechen wodurch die Regierungen böse werden").

9.2 Theorie Justis

9.2.1 Grundzüge der Gewaltenteilungslehre

9.2.1.1 Einteilung und interne Organisation der Gewalten

Den unmittelbaren Impuls zur intensiven Auseinandersetzung mit der Gewaltenteilung erhält Justi von *Montesquieu*. Für seine Motivation zur Entwicklung einer Gewaltenteilungslehre verweist er ausdrücklich auf den Verfasser des "Esprit":

> "Nichts kann so leicht gemißbrauchet werden, als eine große und unumschränkte Gewalt. Derjenige, welcher weiß, daß seine Gewalt von keiner Gegengewalt eingeschränket ist, verkennet auch gar leicht die Schranken, die sie ihrer Natur nach hat. Der Herr von Montesquieu sagt: ›Es ist eine beständige Erfahrung, daß jeder Mensch geneigt ist, die Gewalt, die er in Händen hat, zu mißbrauchen. Er gehet so weit, bis er Schranken findet. Wer sollte es wohl glauben? Die Tugend selbst hat Schranken nöthig‹. Diese Anmerkung ist so richtig, daß man noch hinzusetzen kann, daß auch so gar die Weisen ihre Gewalt immer mehr zu erweitern geneigt sind. Sie tun dies nicht aus ungerechten Absichten. Sie glauben, daß

---

1 *Neue Wahrheiten*, 1758, 12. Stück, Abhandlung Nr. 6, Seite 706 -730; *Gesammelte Politische und Finanzschriften*, 1761, Band 2, Abhandlung Nr. 1, Seite 3 - 29; die Textergänzung auf den Seiten 28 und 29 der *Gesammelten Politischen und Finanzschriften* ist nicht von Bedeutung.

sie immer mehr Gutes ausrichten können, je mehr sie Gewalt haben." [1]

In der zweiten Auflage der *Staatswirtschaft* (1758) hatte Justi erstmals die Gewaltenteilung erwähnt. Die Teilung der Gewalten bezeichnet er als d i e unabdingbare Voraussetzung der Freiheit schlechthin:

> "Die Güte der Regierungsformen, und mithin die Freyheit und Glückseligkeit des Staats beruhet l e d i g l i c h auf der weisen Anordnung und Einrichtung dieser dreyerley Gewalten." [2]

Konsequent nennt er jeden nicht gewaltenteilenden Staat eine Despotie:

> "Besitzet ein einziger diese drey Gewalten ganz uneingeschränkt; so ist es keine Monarchie mehr, sondern der abscheulichste Despotismus." [3]

Die anfängliche Begeisterung, mit der Justi die Gewaltenteilung an sich noch in der *Staatswirtschaft* als das einzig mögliche Mittel zur Sicherung der Freiheit benennt, wird rasch durch eine weniger emotionale Haltung ersetzt. Im Wissen um ergänzende Sicherungsmöglichkeiten (aktives Widerstandsrecht des Volkes, Repräsentation etc.) ist die grundgesetzlich abgesicherte Gewaltenteilung in Justis späteren Schriften nicht mehr das "lediglich", sondern nur noch das "hauptsächlich" zur Verfügung stehende Mittel zur Sicherung der Freiheit:

> "Die Glückseligkeit des Staats, und die Freyheit der Bürger, beruhet h a u p t s ä c h l i c h auf der vernünftigen Anordnung und dem Gleichgewichte der Hauptzweige der obersten Gewalt in der Grundverfassung des Staats." [4]

---

1 *Grundriß*, § 128 (Seite 136 f).

2 *Staatswirtschaft*, 2. Auflage, § 20 (Sperrung durch den Verfasser).

3 *Staatswirtschaft*, 2. Auflage, § 20.

4 *Neue Wahrheiten*, 1758, 12. Stück, Seite 706; wörtlich wiederholt in *Gesammelte Politische und Finanzschriften*, 1761, Band 2, Seite 3 (Sperrung durch den Verfasser).

Damit zwischen den Gewalten ein "vernünftiges Gleichgewicht" entstehen kann, müssen die Grundgesetze die Befugnis und die gegenseitige Abhängigkeit der einzelnen Gewalten festlegen:

> "Zu dem Ende müssen die Grundgesetze nicht allein die gerechten Gränzen einer jeden Gewalt bestimmen, sie müssen nicht allein eine jede zertheilte Macht gleich stark machen, damit sie einander das Gleichgewicht halten können; ... sondern die Grundverfassungen müssen auch eine jede zertheilte Macht dergestalt von einander abhängig machen, daß keine ohne die andre einen Schritt gehen kann." [1]

In dieser Unterwerfung der Gewaltenteilung unter die ausschließliche Entscheidungsbefugnis der das Grundgesetz gebenden Gewalt des Volkes unterscheidet sich Justi ganz wesentlich von *Montesquieu*.

Justi vertritt eine Zweiteilung der Gewalten. Nur in seiner ersten Stellungnahme zur Gewaltenteilung verwendet Justi noch (ersichtlich im Anschluß an *Montesquieu*) den Gedanken der Dreiteilung. So spricht er in der zweiten Auflage seiner *Staatswirtschaft* (1758) von den "drei Hauptklassen der Befugnisse und Gerechtsame der obersten Gewalt": gesetzgebende Gewalt, richterliche Gewalt (gleichbedeutend: Verwaltung der Gerechtigkeit) und vollziehende Gewalt (gleichbedeutend: Verwaltung der Staatssachen). In den wenig später erschienenen *Neuen Wahrheiten* (1758) [2] vertritt Justi erstmals die Zweiteilung der obersten Gewalt in einen gesetzgebenden und einen vollziehenden Zweig. Ein eigenständiger dritter Hauptzweig der richterlichen Gewalt wird abgelehnt.

Die Zweiteilung der Gewalten ist das Ergebnis einer Analyse der Staatsaufgaben. Der Staat hat Gesetze zu geben und diese zu vollziehen. Dementsprechend kann jeder Staat nur über zwei "souveraine" [3] Gewalten verfügen: (a) die Gesetzgebung und (b) die

---

1 *Grundriß*, § 136 (Seite 152 f).

2 *Neue Wahrheiten*, 12. Stück, Seite 707 ff.

3 *Neue Wahrheiten*, 12. Stück, Seite 708; *Grundriß*, § 138 (Seite 156); zu Justis Verständnis der Souveränität siehe oben Seite 159 ff.

Vollziehung. [1] Die (c) richterliche Macht ist eine "subordinirte" Gewalt.

(a) Gesetzgebung

Die Gesetzgebung "veroffenbart den vereinigten Willen des Staats" [2] und erläßt dem Endzweck des Staates gemäße Regeln:

> "Die aus diesem Endzwecke und der Natur des Staats entstehenden nothwendigen Verhältnisse und Regeln zu bestimmen und vestzusetzen, oder die zur Glückseligkeit des Staats erforderlichen Maasregeln und Entschließungen zu ergreifen; das ist der Begriff, den man unter der Gesetzgebung verstehen muß; und daraus besteht das erste große Hauptgeschäffte der obersten Gewalt." [3]

Die gesetzgebende Macht hat keine Gewalt über die Grundgesetze; denn diese stehen in der ausschließlichen Änderungsbefugnis der Grundgewalt des Volkes. [4] Sogar für den Fall, daß das Volk die gesetzgebende Gewalt durch seine Repräsentanten ausüben läßt, haben die "Gevollmächtigte" über die Grundverfassungen jedenfalls so lange keine Entscheidungskompetenz, als nicht eine ausdrückliche Weisung des Volkes vorliegt. [5]

Die gesetzgebende Macht hat so viele Unterabteilungen, wie Arten der Gesetze existieren. Da die oberste Gewalt über die Grundgesetze keine Macht hat, verfügt sie über drei Unterabteilungen (je eine für die Policey-, bürgerlichen- und Cameralgesetze). [6]

---

1 *Natur und Wesen*, § 51 (Seite 113); *Grundriß*, § 13 (Seite 8) und § 138 (Seite 155); *Neue Wahrheiten*, 12. Stück, Seite 707 ff; *Gesammelte Politische und Finanzschriften*, Band 1, Seite 6 ff.

2 *Grundriß*, § 13 (Seite 8); ähnlich *Grundfeste*, Band 2, Seite 467.

3 *Grundriß*, § 138 (Seite 155).

4 *Grundriß*, § 139 (Seite 156 f); zur Errichtung und Änderung der Grundgesetze durch die Grundgewalt siehe oben Seite 141 ff.

5 *Grundriß*, § 142 (Seite 160 f).

6 Zu den Unterabteilungen der gesetzgebenden Macht vgl. *Natur und Wesen*, § 52 (Seite 114 f); *Grundriß*, § 139 (Seite 156 f); *Neue Wahrheiten*, 12. Stück, Seite 709; zu den verschiedenen Gesetzesarten siehe unten Seite 269.

(b) Vollziehung

Die Vollziehung "gebraucht die vereinigte Kraft zur Ausführung und Vollziehung des Willens" [1]:

> "Dahingegen die vestgesetzten Gesetze und Regeln, oder die genommenen Maasregeln und Entschließungen zu vollziehen, auszuüben und in Erfüllung zu bringen, das zweyte große Hauptgeschäft der obersten Gewalt ausmacht." [2]

Da die Sicherheit, als deren eigentlicher Garant die vollziehende Gewalt fungiert, eine innere und äußere Seite aufweist, muß die vollziehende Macht zwei Abteilungen haben. [3] Die sich mit der äußeren Sicherheit befassende Abteilung ist die "vollziehende Gewalt der Staatsangelegenheiten" ("vollziehende Macht in Staatssachen" [4]). Ihr untersteht das Heer. Die gesetzgebende Macht bestimmt insofern nur über Heeresgröße und -unterhalt. Die vollziehende Macht in Staatssachen ist nicht teilbar. Die mit der inneren Sicherheit betraute Abteilung ("vollziehende Macht in innern Landesangelegenheiten") gliedert sich in je eine Unterabteilung für die besonderen Gesetzesarten. Die wichtigste [5] Unterabteilung ist die "vollziehende Gewalt der bürgerlichen Gesetze" (gleichbedeutend [6]: "die Macht, richterliche Aussprüche zu tun", "die Macht, Rechtssprüche zu tun", "die richterliche Gewalt", "die Verwaltung der Gerechtigkeit"). Die Formel der "Vollziehung der bürgerlichen Gesetze" darf nicht darüber hinwegtäuschen, daß Justi den Richtern auch die Verwaltung der peinlichen Gesetze überträgt. [7]

---

1 *Grundriß*, § 13 (Seite 8).

2 *Grundriß*, § 138 (Seite 155).

3 Zu den Unterabteilungen der vollziehenden Macht vgl. *Natur und Wesen*, § 53 (Seite 115); *Grundriß*, § 139 (Seite 157); *Neue Wahrheiten*, 12. Stück, Seite 708 f; zum Endzweck der Sicherheit siehe oben Seite 110 f.

4 *Grundriß*, § 139 (Seite 157); *Natur und Wesen*, § 56 (Seite 121); *Von dem Gleichgewichte* (*Gesammelte Politische und Finanzschriften*, Band 1, Seite 6 und *Neue Wahrheiten*, 12. Stück, Seite 709).

5 *Natur und Wesen*, § 53 (Seite 116).

6 *Von dem Gleichgewichte* (*Gesammelte Politische und Finanzschriften*, Band 1, Seite 7 ff, und *Neue Wahrheiten*, 12. Stück, Seite 709 ff).

7 *Grundriß*, § 140 (Seite 158); *Von dem Gleichgewichte* (*Neue Wahrheiten*, 12. Stück, Seite 709).

(c) Richterliche Tätigkeit

Weil die beiden Staatsaufgaben nur zwei souveräne Gewalten zulassen, kann die richterliche Macht kein eigenständiger Hauptzweig der obersten Gewalt sein:

> "Diese zwey Hauptgeschäffte begreifen alles in sich; und es gibt kein drittes, was man diesen beyden an die Seite setzen könnte, oder was nicht schon darunter begriffen wäre. Wenn demnach der Herr von Montesquieu die oberste Gewalt in drey Hauptzweige abtheilet ... , so macht er eine Eintheilung, die nicht auf das Wesentliche der Sache gerichtet ist." [1]

Die richterliche Macht ist eine "subordinierte" [2] Gewalt. Von der gesetzgebenden Gewalt ist sie durch die Anwendung der Gesetze abhängig:

> "Allein, die richterliche Macht kann niemals eine souveraine Gewalt ausmachen. Sie muß ihrer Natur nach von der gesetzgebenden Gewalt abhängen und die neuen Gesetze vor Augen haben, welche die gesetzgebende Macht zu ertheilen vor gut befindet;... ." [3]

Die Abhängigkeit von der vollziehenden Gewalt ergibt sich aus der Kontrolle der Rechtmäßigkeit der Gerichtsverfahren durch die Vollziehung. [4]

Justi sieht den Beweggrund, aus dem *Montesquieu* die richterliche Gewalt als eigenständigen Zweig von der Gesetzgebung und der Vollziehung nicht nur "abteilt", sondern als eigenem Machtbereich "trennt" [5], sehr wohl. *Montesquieu* habe, so schreibt Justi, die richterliche Macht wegen ihrer besonderen Gefährlichkeit den beiden anderen Gewalten gegenüberstellt. [6] Justi glaubt jedoch,

---

1 *Grundriß*, § 138 (Seite 155 f).

2 *Grundriß*, § 141 (Seite 159); *Neue Wahrheiten*, 12. Hauptstück, Seite 708.

3 *Grundriß*, § 138 (Seite 156).

4 Siehe unten Seite 186 f.

5 Vgl. den unterschiedlichen Gebrauch von "distribution" und "séperation" im "Esprit", Buch 11, Kapitel 6.

6 *Von dem Gleichgewichte* (*Neue Wahrheiten*, 12. Stück, Seite 710 und *Gesammelte Politische und Finanzschriften*, Band 1, Seite 7); zu Justis Verständnis der richterlichen Macht als freiheitssicherndem Element: *Vergleichungen*, Seite 168; *Staatswirtschaft*, Band 2, Seite 538.

durch das von ihm vorgeschlagene System der Gerechtigkeitsverwaltung die Freiheit des Bürgers besser sichern zu können.

9.2.1.2 Herstellung des Gleichgewichts zwischen den Gewalten

Die Gewalten sind durch die Grundverfassung des Staates mit einem gegenseitigen Verhinderungsrecht auszustatten, so daß

> "... eine immer das Recht hat, die andere zu verhindern, wenn sie die Wohlfahrt und die Grundverfassungen des Staats außer Augen setzen will. Da auf diese Art keine ohne die andere etwas Wichtiges thun kann; ... ; so sehen sich beyde genöthiget, zum Besten des Staats zu arbeiten." [1]

Entsprechend der gefundenen Zweiteilung der Staatsaufgaben und der obersten Gewalt [2] sind allein die gesetzgebende und die vollziehende Macht in ein Gleichgewicht zu setzen:

> "In Ansehung der richterlichen Gewalt, die allemal subordiniret ist, ist kein Gleichgewichte mit denen übrigen beyden höchsten Mächten nöthig ... ." [3]

Die richterliche Gewalt ist in dieses Modell so zu integrieren, daß das Gleichgewicht zwischen vollziehender und gesetzgebender Gewalt nicht gestört wird. In Fortführung des obigen Zitates heißt es:

> "... es ist nur erforderlich, daß ihre Subordination und Abhänglichkeit von beyden Mächten wohl eingerichtet ist." [4]

---

1 *Natur und Wesen*, § 59 (Seite 131).

2 Siehe oben Seite 179 f.

3 *Von dem Gleichgewichte* (*Gesammelte Politische und Finanzschriften*, Band 1, Seite 15, und *Neue Wahrheiten*, 12. Stück, Seite 718); nur bei Kenntnis dieser Textstelle wird die auf der jeweils folgenden Seite befindliche Feststellung, daß "diese drei Gewalten in ein gerechtes Gleichgewicht und Verhältnis zu setzen sind", verständlich.

4 *Von dem Gleichgewichte* (*Gesammelte Politisch und Finanzschriften*, Band 1, Seite 15, und *Neue Wahrheiten*, 12. Stück, Seite 718); vgl. erg. *Grundriß*, § 146 (Seite 168): "Weder die gesetzgebende noch die vollziehende Macht kann die richterliche Gewalt mit der ihrigen verbinden, ohne eine allzu große Obermacht über den anderen Theil zu erlangen ... Es fragt sich demnach, wie die richterliche Macht in einer vermischten Regierungsform auszuüben ist, ohne das so nöthige

Somit ist zunächst (a) das Gleichgewicht zwischen gesetzgebender und vollziehender Macht zu klären. Im Anschluß daran soll (b) die Abhängigkeit der subordinierten von den beiden souveränen Gewalten untersucht werden. Schließlich sind (c) die Änderungen festzustellen, die sich in diesem System bei Berücksichtigung der Adelsschicht ergeben.

(a) Gleichgewicht zwischen den souveränen Gewalten

Die vollziehende Gewalt muß über alle Angelegenheiten der Vollziehung uneingeschränkt entscheiden, insbesondere über Krieg und Frieden, Bündnisse und Einsatz der Streitkräfte. [1] Weil die Gesetzgebung durch ihre gesetzgeberische Tätigkeit über ein "natürliches Übergewicht" verfügt, kann die vollziehende Macht ihre Befugnisse nicht mißbrauchen.

> "Ja die vollziehende Macht ist in gewisser Maaße allemal von der gesetzgebenden Macht abhänglich, weil die Vollziehung sich allemal nach der Gesetzgebung richten muß. Auf Seiten der vollziehenden Macht befindet sich also niemals ein Uebergewichte, welches das gerechte Verhältniß und Gleichgewichte gegen die gesetzgebende Macht aufheben könnte." [2]

Das natürliche Übergewicht macht es andererseits erforderlich, der vollziehenden Gewalt zwei Vorrechte zu geben [3]: die Bestätigung der beschlossenen Gesetze sowie die Einberufung und Auflösung der gesetzgebenden Körperschaft:

> "Sie muß erstlich das Recht haben, die gesetzgebende Macht zu verhindern, oder derselben Einhalt zu thun, wenn sie zu weit gehen und die Grundverfassungen, oder die Wohlfahrt des Staats außer Augen setzen will. Dieses Recht zu verhindern kommt darauf an, daß die Einwilligung der vollziehenden Macht bey allen neuen Gesetzen nothwendig ist, welche die

---

Gleichgewicht zwischen beyden Mächten aufzuheben." Die unscharfe Formulierung aus § 141 (Seite 159) "Gleichgewicht zwischen gesetzgebender, vollziehender und subordinirter richterlicher Macht" erklärt sich aus der für Justi typischen schrittweisen Anführung seiner Leser.

1 *Grundriß*, § 144 (Seite 165).

2 *Grundriß*, § 145 (Seite 165); ähnlich *Von dem Gleichgewichte* (*Neue Wahrheiten*, 12. Stück, Seite 716, und *Gesammelte Politische und Finanzschriften*, Band 1, Seite 14).

3 *Grundriß*, § 142 (Seite 160 - 164).

> Representanten des Volks beschlossen haben, und daß ohne diese Einwilligung die neuen Gesetze keine Gültigkeit haben. ... Das zweyte Vorrecht ... bestehet darinnen, daß sie den gesetzgebenden Körper zusammen zu berufen und denselben eine Zeitlang, oder gänzlich wieder zu trennen befugt ist. Die Gesetzgebung ist nicht unaufhörlich und zu allen Zeiten nöthig. ... Das Recht, sich zu trennen, kann nicht bey ihm selbst beruhen, weil er sich sonst vielleicht niemals trennen, sondern beständig an Erweiterung seiner Macht arbeiten würde; ... ." [1]

Einer Unterdrückung der Gesetzgebung vermöge dieser Vorrechte wird durch die "unstreitige" Aufgabe der gesetzgebenden Macht, jährlich die Stärke der Streitmacht zu bestimmen und die erforderlichen finanziellen Mittel bereitzustellen, begegnet. [2] Außerdem besteht eine jährliche Rechenschaftspflicht über den Verbleib der Haushaltsgelder. Allerdings sind bei schlechter Verwaltung (der Haushaltsgelder [3]) allein die Minister, nicht der Monarch, zur Verantwortung zu ziehen. [4]

Die vollziehende Gewalt wird im günstigsten Fall durch eine einzige Person ausgeübt (Gewährleistung der Schnelligkeit und Geheimhaltung). [5] Die gesetzgebende Macht sollte dem Volk übertragen werden. Das ist zum einen die Konsequenz der bürgerlichen Verfassung; denn die Menschen, die sich in einer bürgerlichen Verfassung zusammengeschlossen haben, sollen sich selbst regieren:

> "Da ein jeder vernünftiger Mensch, der Freyheit und Erkenntnis hat, sich selbst regieren soll; so muß auch ein freyes und gesittetes Volk sich selbst regieren, in so weit es darzu fähig ist." [6]

---

1 *Grundriß*, § 142 (Seite 163 f).

2 *Grundriß*, § 145 (Seite 167): "Wenn man jemand etwas auf beständig verwilligte; so ist es eben das, als wenn man ihm dasselbe vermöge seines eigenen Rechts einräumet. Der natürliche Erfolg hiervon konnte kein andrer, als die gänzliche Unterdrückung der gesetzgebenden Macht seyn."; zur jährlichen Bewilligung vgl. erg. *Von dem Gleichgewichte* (*Gesammelte Politische und Finanzschriften*, Band 1, Seite 14, und *Neue Wahrheiten*, 12. Stück, Seite 715).

3 *Grundriß*, § 145 (Seite 167).

4 Der Herrscher unterliegt als Vertragspartner des Volkes nicht dessen Richterspruch, siehe oben Seite 128.

5 *Grundriß*, § 144 (Seite 165).

6 *Grundriß*, § 141 (Seite 159).

Zum anderen ist das Volk über den Zustand des Landes am besten informiert und deshalb zur Gesetzgebung "vorzüglich geeignet". [1] Aus praktischen Gründen sollte es die Gesetzgebung in mittleren und großen Staaten durch Repräsentanten ausüben. Auch die "geringste Klasse des Volkes" ist bei den Repräsentantenwahlen stimmberechtigt. [2]

Um der Gewaltenteilung schädliche Interessenkonflikte zu vermeiden und den Staat personell dennoch bestmöglich auszustatten, legt Justi die Bestimmung über die Unvereinbarkeit bestimmter Ämter in die Hände des Volkes:

> "(Es) ... muß ein Representante des Volks so fort seine Stelle verlieren, wenn er nach seiner Erwählung in die Dienste des Staats tritt, in so fern er nicht von neuen erwählet wird; ... ." [3]

(b) Die Abhängigkeit der subordinierten Gewalt von den souveränen Gewalten

Die richterliche Gewalt mit einer der beiden souveränen Gewalten zu verbinden, scheidet aus, weil das Gleichgewicht unter diesen Umständen gefährdet ist:

> "Derjenige Theil, welcher die richterliche Macht in Händen hat, erlanget ... ein allzu großes Uebergewicht über den andern Theil." [4]

Die richterliche Gewalt wird je nach Regierungsform unterschiedlichen, zumeist vom Volk gewählten Trägern überantwortet. [5] Die Richter stehen unter der Kontrolle der vollziehenden Gewalt. Sie

---

1 *Grundriß*, § 141 (Seite 159); wiederholt in *Betrachtungen über Monarchien und Aristocratien* (*Gesammelte Politische und Finanzschriften*, Band 2, Seite 182).

2 *Grundriß*, § 141 (Seite 159); anders in *Von dem Gleichgewichte* (*Neue Wahrheiten*, 12. Stück, Seite 727; Neuabdruck in *Gesammelte Politische und Finanzschriften*, Band 1, Seite 24 f).

3 *Grundriß*, § 141 (Seite 160).

4 *Grundriß*, § 140 (Seite 158).

5 Die Erblichkeit des Richteramtes wird als "sehr barbarische Einrichtung" grundsätzlich abgelehnt (*Vergleichungen*, Seite 186); andererseits verteidigt Justi die erbliche Gerichtsbarkeit in *Natur und Wesen*, § 68 (Seite 152).

bestimmt über die Gestaltung der Verfahren und prüft auf Antrag deren rechtmäßige Durchführung [1]:

> "... So wie sie von der gesetzgebenden Macht, in Ansehung neuer Gesetze, und der Aufsicht zu Aufrechterhaltung der alten, abhängt; so muß sie von der vollziehenden Macht, in Ansehung der Form und der Rechtmäßigkeit ihres Verfahrens, unterworfen seyn. [2]"

Ein direkter Zugriff der Vollziehung auf ein schwebendes Verfahren ist unzulässig. Mit Nachdruck weist Justi in diesem Zusammenhang darauf hin, daß die Regelungen zur Ausübung der richterlichen Macht, insbesondere die Einsetzung eines höchsten Gerichts [3], zu den Grundgesetzen des Staates zählen. [4] Insofern ist die richterliche Unabhängigkeit bei Justi sogar durch die Grundgesetze abgesichert. [5]

(c) Berücksichtigung des Adels in der Gewaltenteilung

Im Falle der aus den drei einfachen Regierungsformen zusammengesetzten vermischten Regierungsform ergeben sich wegen der Notwendigkeit einer Berücksichtigung der Adelsschicht Änderungen im System der Gewaltenteilung. Da es unbillig ist, dem Adel keinen Anteil an den Geschäften des Staates zu lassen, ist ihm die richterliche Gewalt zu übertragen. Das Richteramt darf nicht erblich sein. Die aus dem niederen Adel stammenden unteren Richter werden entweder alljährlich in jedem Bezirk neu gewählt oder es müssen so viele Richter zur Verfügung stehen, daß jeder

---

1 Bestätigt in *Staatswirtschaft*, Band 2, § 601, Seite 697, und in *Grundsätze*, Seite 298: Die beiden Instanzen unterstehen der Aufsicht des Justizdepartements, das keine Entscheidungen in der Sache fällt. Ihm obliegt die "Gesetzgebung und die Aufsicht über die Einhaltung eines ordnungsgemäßen Verfahrens". Es nimmt die Beschwerden über "verweigerte" Justiz entgegen.

2 *Von dem Gleichgewichte* (*Neue Wahrheiten*, 12. Stück, Seite 718; *Gesammelte Politische und Finanzschriften*, Band 1, Seite 15); vgl. erg. *Grundriß*, § 138 (Seite 156), und *Neue Wahrheiten*, 12. Stück, Seite 708, *Gesammelte Politische und Finanzschriften*, Band 1, Seite 5.

3 *Von dem Gleichgewichte* (*Neue Wahrheiten*, 12. Stück, Seite 721, und *Gesammelte Politische und Finanzschriften*, Band 1, Seite 19).

4 *Von dem Gleichgewichte* (*Neue Wahrheiten*, 12. Stück, Seite 709, und *Gesammelte Politische und Finanzschriften*, Band 1, Seite 7); *Grundriß*, § 140 f, Seite 157 - 159; ähnlich *Staatswirtschaft*, zweite Auflage, Band 1, Anmerkung zu § 106: "Die Einrichtung der Gerichte regeln in den unumschränkten Reichen die Grundgesetze".

5 Gegen eine richterliche Unabhängigkeit bei Justi: *Schmelzeisen* (1977), Seite 640.

Beklagte alle ihm befangen erscheinenden Richter ablehnen kann. [1] Die oberen Gerichtsstühle werden aus dem hohen Adel besetzt (teils nach Wahl des Königs teils nach Wahl der Provinzen). Ihr hauptsächliches Arbeitsgebiet sind die Klagen der gesetzgebenden Macht gegen die Bedienten des Staates wegen "übler" Vollziehung. Die Aufsicht über diese Richter führen der König oder die gesetzgebende Macht. Um einen möglicherweise ungerechtfertigten Angriff von gesetzgebender Macht und Körper des Adels gegen einen Staatsbedienten abwehren zu können, besitzt der König ein Begnadigungsrecht. [2] Außerdem ist der Adel an der gesetzgebenden Gewalt zu beteiligen. Alles andere würde die "gerechte Gleichheit in den Gerechtsamen" [3] verletzen. Allerdings hat der Adel, weil er bezüglich der Finanzgesetze lediglich über ein Vetorecht verfügt, praktisch keinen bedeutenden Anteil an der Gesetzgebung:

> "In einer weislich eingerichteten Grundverfassung einer vermischten Regierungsform kann ... der Körper des Adels an der gesetzgebenden Macht in Ansehung der Bestimmung der Abgaben höchstens keinen anderen Antheil haben, als daß er das Recht zu verhindern hat ... Bey allen andern Arten der Gesetze aber ist es billig, daß der Körper des Adels mit dem gesetzgebenden Körper des Volks gleiche Befugnis und Mitwirkung habe." [4]

Sind die Gewalten durch die Grundverfassung in ein "vernünftiges" Gleichgewicht gesetzt,

> "so ist das die allerweiseste und glücklichste Regierung, unter welchen die Menschen je leben können." [5]

Durch die Beschränkung der königlichen Macht zugunsten der notwendigen Mitwirkung des Volkes entwickelt Justi zwar einen Grundzug der deutschen konstitutionellen Monarchie [6], jedoch

1 *Grundriß*, § 146 (Seite 168 f).
2 *Grundriß*, § 146 (Seite 170 f); vgl. erg. *Von dem Gleichgewichte* (*Gesammelte Politische und Finanzschriften*, Band 1, Seite 15, und *Neue Wahrheiten*, 12. Stück, Seite 718).
3 *Grundriß*, § 147 (Seite 171).
4 *Grundriß*, § 147 (Seite 172 f).
5 *Natur und Wesen*, § 97 (Seite 218).
6 Vgl. *Würtenberger* (1988), Seite 64, und *Dreitzel*, Seite 170.

findet sich bei Justi kein monarchisches Prinzip [1]; denn der Träger der Staatsgewalt ist allein das souveräne Volk. [2] Damit verbunden erweisen sich die (einzig vom Volk gegebenen und zu ändernden) Grundgesetze bei Justi grundsätzlich [3] auch nicht als eine mehr oder minder freiwillig eingegangene Selbstbeschränkung der monarchischen Gewalt, sondern sie bilden die Grundlage der Macht des Königs. Außerdem werden die Grundgesetze vom Volk beschlossen, also nicht wie in der konstitutionellen Monarchie einseitig vom König aus der Fülle seiner Staatsgewalt gewährt bzw. oktroyiert. [4]

9.2.2 Selbstbeschränkung der obersten Gewalt

Der Abschnitt über die Grundzüge der Gewaltenteilungslehre (9.2.1) behandelte Regierungen, die durch eine in der Grundverfassung vorgeschriebene Regierungsform zur Güte geführt werden. Regierungen, die nicht bereits ihrer Natur nach (d.h. vermöge der grundgesetzlich festgeschriebenen Regierungsform) gut sind, müssen die Güte von sich aus entwickeln, d.h. ihre Gewalt "aus eigener Bewegung" mäßigen. [5] Mit diesen Regierungen beschäftigt sich der vorliegende Abschnitt.

Ausgangspunkt der Überlegungen Justis ist die Gefahr des Machtmißbrauchs der allein durch die Selbsteinschränkung gemäßigten tätigen obersten Gewalt. [6]

> "Allein bei einer ... uneingeschränkten und unzertheilten Gewalt ist nichts so zweifelhaftig und ungewiß, als diese Beförderung seiner Wohlfahrt. Es ist also der Natur eines verständigen Wesens gemäß, daß es eine solche Gewalt mit Abneigung und Widerwillen, mit Schrecken, und wenn es den

---

1 Zum monarchischen Prinzip: *Böckenförde* (1976), Seite 114 ff, und (1984), Seite 326 f.
2 Siehe oben Seite 141 ff.
3 Ausnahme siehe unten Seite 191.
4 Siehe oben Seite 143 ff.
5 Zur freiwilligen, den Regeln der Klugheit entsprechenden Selbsteinschränkung vgl. *Natur und Wesen*, § 57 (Seite 123 - 127); *Grundriß*, § 38 (Seite 24 f), §§ 47 f (Seite 29), § 170 (Seite 211), § 180 (Seite 221); *Vergleichungen*, Seite 145.
6 *Natur und Wesen*, § 59 (Seite 129); *Grundriß*, § 38 (Seite 24 f).

nachtheiligen Einfluß derselben in seine Wohlfahrt empfindet, mit Abscheu ansehen muß."[1]

In Wirklichkeit, so glaubt Justi, beruht eine uneingeschränkte, unzerteilte oberste Gewalt fast nie auf freiwilligem Auftrag; sie entsteht durch Eroberung oder Unterdrückung der Rechte des Volkes.[2]

Für alle uneingeschränkten Gewalten in den verschiedenen einfachen Regierungsformen bestehen jeweils unterschiedliche Methoden zur Selbsteinschränkung. Da die konkreten Maßnahmen zur Machtmäßigung aus eigener Bewegung je nach Regierungsform variieren, soll im vorliegenden Abschnitt die allgemeine Konstruktion dieser Selbsteinschränkung besprochen werden.[3]

Das Prinzip der Selbstbeschränkung ist für Justi eine logische Folgerung aus dem "größten Vorzug" der gemäßigten Regierungen, der darin besteht, daß der Untertan nicht von dem Willen des Regenten, sondern von "festgesetzten Gesetzen" abhängig ist. Mithin muß die Selbstbeschränkung auf (a) der Mäßigung und (b) der Festsetzung des Willens aufbauen.[4]

(a) Mäßigung des Willens

Die Mäßigung bedeutet, daß die Regierung ihren Willen der Vernunft unterwirft. Da ein vernunftgeleiteter Wille nur das seiner Natur, seinem Wesen und seinem Endzweck entsprechende erstreben kann, darf eine vernunftgeleitete Regierung sich nur zum Ziel setzen, was mit Natur[5], Wesen[6] und Endzweck[7] des

---

1 *Grundriß*, § 175 (Seite 215); vgl. erg. § 177 (Seite 217), § 172 (Seite 212), § 174 (Seite 214).

2 *Natur und Wesen*, § 55 (Seite 118 f); *Betrachtungen über die Monarchien und Aristokratien* (*Gesammelte Politische und Finanzschriften*, Band 2, Seite 184).

3 Zu den jeweiligen Prinzipien der Selbsteinschränkung siehe unten Seite 211 - 216 und 220.

4 *Grundriß*, § 182 (Seite 223), § 189 (Seite 231 f).

5 Zur Natur des Staates (den Regierungsformen) siehe unten Seite 203 ff.

6 Zum Wesen des Staates (der Grundlegung der obersten Gewalt durch die Willens- und Kräftevereinigung) siehe oben Seite 121 ff.

7 Zum Endzweck des Staates siehe oben Seite 103 ff.

Staates übereinstimmt:

> "So wie der freye Wille eines jeden Menschen allemal böse seyn wird, wenn er nicht der Vernunft gehorchet; so wird auch eine uneingeschränkte Regierung allemal böse seyn, wenn sie nicht ihren Willen nach der Vorschrift der Vernunft einrichtet und mäßiget." [1]

Der Regent darf insbesondere niemals seinen persönlichen Willen bzw. den Willen Dritter in die Staatshandlungen einfließen lassen. [2]

(b) Festsetzung des Willens

Die Mäßigung des Willens wird die Willkür innerhalb des Staates nicht verhindern. Zusätzlich muß die Regierung ihren Willen "festsetzen". [3] Die Festsetzung des Willens geschieht durch (1) die Grundgesetze, (2) die bürgerlichen Gesetze, (3) die Annahme guter Grundsätze und Grundregeln, (4) einen weisen Plan der Regierung, sowie durch die Reglementierung aller Einrichtungen und Tätigkeiten des Staates. [4]

(1) Festsetzung durch die Grundgesetze

Bei der Festsetzung des Willens durch die Grundgesetze handelt es sich, da die Grundgesetze der Änderungsbefugnis des Herrschers entzogen sind, im Grunde um eine freiwillige und verbindliche Unterwerfung des Herrschers unter den Willen der Grundgewalt.

(2) Festsetzung durch bürgerliche Gesetze

Die Regierung muß gute bürgerliche Gesetze erlassen und diese

---

1 *Grundriß*, § 182 (Seite 223).

2 *Grundriß*, § 184 f (Seite 224 ff).

3 *Grundriß*, § 182 (Seite 223).

4 *Grundriß*, § 187 f (Seite 228 - 232). Indem *Sommer*, Seite 221, allein auf *Die Chimäre des Gleichgewichts von Europa*, Seite 39, zurückgreift, konnte sie die in Justis späteren Schriften differenziert vorgetragenen Machtmäßigungsmethoden nicht korrekt einordnen. Zu wenig überzeugenden Ergebnissen gelangt sie nicht zuletzt mangels hinreichender Durchsicht der von ihr angegebenen Quelle. So schreibt sie, daß Justi das Kriterium für die Weisheit einer Regierung allein in einem festgesetzten Plan sehe, "nicht etwa in den Herrscher rechtlich bindenden Verfassungsgrundsätzen"; dagegen aber a.a.O., Seite 39, Zeile 11 - 15.

"unparteiisch" durchführen.

(3) Festsetzung durch die Annahme (a) guter Grundsätze und (b) Grundregeln

Die für alle uneingeschränkten Regierungsformen gleichen Grundsätze und je unterschiedlichen Grundregeln beinhalten fundamentale Wertentscheidungen. [1]

(a) Grundsätze

(aa) Grundsatz der Gütigkeit und Gelindigkeit [2]

Der erste Grundsatz einer guten Regierung ist der Grundsatz der Gütigkeit und Gelindigkeit. [3] Strenge Strafen dürfen nur bei Verbrechen Anwendung finden. "Unerhebliche Kleinigkeiten" (wie z.B. die unehrerbietige Rede von der Person des Regenten) zählen nicht zu diesen Verbrechen. Der Grundsatz verbietet außerdem die Einführung von Abgaben, zu deren Durchsetzung äußerste Strenge eingesetzt werden müßte (Steuern auf Salz und Tabak). [4] Der Grundsatz gilt nur im Verhältnis der Regierenden zu den Untertanen. Der Fall, daß Bezugssubjekt ein Untertan in seiner speziellen Funktion als Staatsbedienter ist, wird durch ihn nicht erfaßt. Die Bedienten des Staates stehen in einer besonderen Verbindung zur obersten Gewalt und unterliegen einer Art besonderem Gewaltverhältnis:

> "Die Gütigkeit und Gelindigkeit der Regierung muß vornehmlich gegen die Unterthanen gerichtet seyn; und die Bedienten des Staats sind nur in so fern darunter begriffen, als sie Unterthanen sind. So bald man sie aber als Bediente des Staats betrachtet; so müssen sie ohne alle Nachsicht zu Beobachtung ihrer Schuldigkeit und zu genauer Erfüllung ihrer Pflichten angehalten werden." [5]

---

1 *Grundriß*, § 190 (Seite 233).

2 *Grundriß*, § 191 f (Seite 233 ff); vgl. erg. *Vergleichungen*, Seite 194 und 209; *Die gütigen und die strengen Väter* (*Fabeln und Erzählungen*, Seite 1 - 24).

3 *Grundriß*, § 191 (Seite 235).

4 *Grundriß*, § 191 (Seite 235).

5 *Grundriß*, § 192 (Seite 235 f); vgl. erg. *Von der Belohnung und Bestrafung der Bedienten des Staats* (*Gesammelte Politische und Finanzschriften*, Band 1, Seite 102 - 114).

(bb) Grundsatz, das Volk reich zu machen [1]

Das Volk muß mit allen notwendigen Gütern versorgt sein. Eine gute Regierung wird den Reichtum des Landes so breit wie möglich streuen, ohne dadurch den "Trieb zum Fleiß und zum Vorzug" zu ersticken; denn der Staat hat nicht die Aufgabe, unter den Bürgern eine absolute Gleichheit in der Verteilung des Vermögens zu bewirken.

(cc) Grundsatz der Redlichkeit [2]

Die Redlichkeit ist die "große und unverbrüchliche Richtschnur aller Staatshandlungen". Dies schließt listiges Verhalten nicht aus, soweit es Treu und Glauben nicht verletzt.

(dd) Grundsatz der Sparsamkeit [3]

Alljährlich ist in "Gesetzesform" ein Wirtschaftsetat zu erstellen:

> "Ein solcher Wirthschaftsetat muß ein unverbrüchliches Gesetz und Richtschnur bey allem Aufwande seyn; und der Regent selbst muß sich in Ansehung der Chatulle und aller seiner besondern Ausgaben demselben gemäß bezeigen. ... Ein solcher Wirthschaftsetat ist so unumgänglich nothwendig, daß man sich ohne denselben gar keine gute Regierung vorstellen kann." [4]

In der Forderung nach einer gesetzlichen Festlegung des Haushaltsplanes weist Justi über das Verständnis seiner Zeit hinaus; denn "der damaligen Zeit lag es fern, den Etats gesetzesgleiche oder gesetzesähnliche Geltung beizumessen" [5]. Die Haushaltspläne wurden als Dienstanweisungen verstanden, denen die Verwaltung zu gehorchen hatte. Eine Bindung des Monarchen beinhalteten sie nicht.

---

1 *Grundriß*, § 193 f (Seite 239 ff).

2 *Grundriß*, § 195 f (Seite 241 ff).

3 *Grundriß*, § 197 (Seite 243) und §§ 203 - 208 (Seite 252 ff); zur Sparsamkeit als Grundsatz der chinesischen Regierung und zur Verschwendung als europäische Realität vgl. *Vergleichungen*, Seite 61 - 82, insbes. Seite 77, 81 f und 280.

4 *Grundriß*, § 207 (Seite 257).

5 *Mussgnug*, Seite 75; zur Geschichte des Staatshaushaltsplanes in Preußen und Österreich a.a.O., Seite 66 - 77.

(b) Grundregeln

Im Gegensatz zu den unter (a) besprochenen Grundsätzen existieren keine für jede uneingeschränkte Regierungsform gleichermaßen geltenden Grundregeln. Die Grundregeln der Monarchie, Aristokratie und Demokratie sind im Kapitel über die Regierungsformen nachzulesen. [1] Außer in diesem Sinne verwendet Justi den Begriff der Grundregel noch in anderer Bedeutung. Im *Grundriß*, 4. Buch, 1. Hauptstück, benutzt er die "vestgesetzte Grundregel der Regierung" als Synonym für eine politische Weisheitsregel, derzufolge jede Regierung einen Plan ihrer Tätigkeit erstellen muß. [2] Während die Grundregeln des vorliegenden Abschnitts auf die Machtmäßigung einer uneingeschränkten Regierung abzielen, werden sie im Falle der Weisheitsregel zu politischen Klugheitsregeln für alle Regierungsformen.

(4) Festsetzung durch einen weisen Plan und Entwurf der Regierung [3]

Die Regierung muß einen Plan erstellen, auf welche spezielle Art (z.B. Handel, Landwirtschaft) und durch welche konkreten Maßnahmen sie den Staat zur Glückseligkeit führen will. Dabei soll sich die Regierung an der besonderen Natur und Beschaffenheit des Staates orientieren. Der Plan muß möglich, wahrscheinlich und gerecht sein.

9.2.3 Weisheit einer guten Regierung [4]

Regierungen, die durch die Grundverfassungen des Staates (9.2.1) oder kraft ihrer eigenen Mäßigung (9.2.2) gut sind, können trotz allem Fehler begehen. Zur vollkommenen Güte beider Regierungsarten bedarf es der Weisheit dieser Regierung. [5] Die fünf Teilelemente der Weisheit sind: (1) ein weiser Plan und Entwurf

---

1 Siehe unten Seite 212 - 215, 216 und 220.
2 *Grundriß*, § 214 (Seite 264); hierzu unten Seite 195.
3 *Grundriß*, § 188 (Seite 230) und §§ 212 - 223 (Seite 263 ff); zur Planung im Kameralismus vgl. *Würtenberger* (1985).
4 *Grundriß*, 4. Buch, §§ 209 - 386.
5 *Grundriß*, § 49 (Seite 29 f).

jeder Tätigkeit [1], (2) das weise Verhalten gegenüber Untertanen und auswärtigen Mächten, (3) eine weise Ordnung und Einrichtung der Regierung, (4) die Weisheit des Regenten sowie (5) weise Auswahl, Einsatz und Führung der Staatsbedienten. [2]

(1) Plan und Entwurf jeder Tätigkeit

Der weise "Plan und Entwurf" einer Regierung ist eine Weisheitsregel und zugleich ein notwendiges Mittel zur Festsetzung des Willens der uneingeschränkten Regierung. [3]

(2) Verhalten gegenüber Untertanen und auswärtigen Mächten

Die Weisheit verlangt, sich gegenüber Untertanen [4] und fremden Staaten [5] redlich und gerecht zu verhalten. Die Regierung wird in gutem Ansehen stehen, wenn sie die Grundgesetze beachtet und für die Einhaltung der übrigen Gesetze und Ordnungen Sorge trägt, ihren reiflich erwogenen Befehlen unverbrüchlichen Gehorsam verschafft, alle Untertanen unparteilich und in gerechter Gleichheit behandelt und keinen Anlaß zu Intrigen und Parteienbildungen am Hof und im Staat gibt.

(3) Ordnung und Einrichtung der Regierung [6]

Nicht das höchste Gesetz des Staates (d.h. der allgemeine Endzweck des Staates, die gemeinschaftliche Glückseligkeit) [7], sondern die aus ihm gefolgerten und mit dem besonderen [8] Endzweck des Staates und dem Regierungsplan [9] übereinstimmenden "Maximen" bilden die Entscheidungsrichtlinien für die Verwaltung. [10] Der Regent hat diese Maximen festzusetzen und die auf der Grundlage dieser Ordnung vorgeschlagenen Entscheidungen auf Übereinstimmung

---

1 Ähnlich *Leben und Character*, Band 1, Seite 7.
2 *Grundriß*, §§ 209 - 211 (Seite 261 f). Die Punkte 1 - 3 bezeichnet Justi (a.a.O., § 210) als "allgemeine Eigenschaften einer weisen Regierung".
3 *Grundriß*, § 188 (Seite 230); zum Inhalt dieser Weisheitsregel siehe oben Seite 194.
4 *Grundriß*, § 236 - § 246 (Seite 302 ff).
5 *Grundriß*, § 225 - § 235 (Seite 281 ff).
6 *Grundriß*, § 247 - § 260 (Seite 319 - 336).
7 Siehe unten Seite 268 f.
8 Siehe oben Seite 104.
9 Siehe oben Seite 194.
10 *Grundriß*, § 253 (Seite 327).

mit dem höchsten Gesetz zu prüfen. [1] Falls der durch den Staatsbedienten ausgearbeitete Vorschlag nicht in Übereinstimmung mit den Gesetzen steht, entscheidet der Regent ausnahmsweise selbst [2]; denn es wäre ein Fehler, wollte der Regent grundsätzlich an der Entscheidung von Einzelfällen mitwirken:

> "Ein weiser Regent soll weder sein eigner Staatskanzler, noch sein Justitzpresident, noch sein Kriegsminister, noch sein Finanzpresident seyn. Er soll der oberste Directeur der ganzen Maschine seyn, davon alle diese Geschäffte nur besondere Theile sind; und er thut seinem Amte eine völlige Genüge, wenn er die Ordnung, den Zusammenhang und die Uebereinstimmung der Maschine aufrecht erhält und über alles die Oberaufsicht führet. Es ist nicht möglich, daß der Regent sich selbst in eine gewisse Art von Geschäfften einlassen und selbst daran arbeiten kann, ohne die genaue Aufmerksamkeit auf das Ganze, und die Ordnung der Maschine zu vernachlässigen, welches doch seine hauptsächlichste Pflicht ist." [3]

(4) Weisheit des Regenten [4]

Der Fürst muß gelehrt sein, er muß die Natur und Eigenschaften der Dinge erkennen.

(5) Weise Auswahl, Einsatz und Führung der Staatsbedienten [5]

(a) Grundsätze

In der Verwaltung des Staates dürfen keine überflüssigen Ämter geschaffen werden. [6] Die "Bedienungen" müssen voneinander abgesondert sein, d.h. verschiedene Ämter dürfen nicht von derselben Person wahrgenommen werden, weil sonst eine gegenseitige Kontrolle der Bedienten nicht möglich ist. [7] Die Titel müssen den tatsächlich wahrgenommenen Ämtern entsprechen. [8]

---

1 *Grundriß*, § 255 (Seite 329 f).
2 *Grundriß*, § 256 (Seite 331).
3 *Grundriß*, § 258 (Seite 333); ähnlich *Vollständige Abhandlung*, Seite 31.
4 *Grundriß*, § 261 - § 274 (Seite 337 - 353); vgl. erg. oben Seite 78.
5 *Grundriß*, § 275 - § 297 (Seite 354 - 386).
6 *Grundriß*, § 277 (Seite 355 ff).
7 *Grundriß*, § 278 (Seite 357 f).
8 *Grundriß*, § 279 (Seite 358 f).

(b) Auswahl der Amtsträger

Die Besetzung der Ämter wird nur in der erblichen Aristokratie durch das Los bestimmt. In allen anderen Regierungsformen werden die Bedienten bei Einstellung und Beförderung nach ihrer Gelehrsamkeit, ihren Verdiensten und ihrer Treue ausgewählt. [1] Der Ämterkauf ist ausgeschlossen. [2] Jeder Bediente muß zunächst ein "geringes" Amt verwalten. [3]

(c) Belohnungen und Strafen

Bediente die über ihre Pflicht hinaus ihr Amt mit Fleiß, Eifer und Treue verrichten, sind zu belohnen. Die Belohnung besteht in der Regel aus der Beförderung, der Verleihung besonderer Ehren oder einer Gehaltserhöhung, in Ausnahmefällen in größeren Geldgeschenken und der Verleihung von Gütern und Herrschaften. Zu bestrafen sind alle Handlungen, die sich außerhalb des Bereiches der bloßen Schwachheiten bewegen. Bediente der unteren und mittleren Ebene werden ohne Nachsicht bestraft. In Hinblick auf die Öffentlichkeit sind bei den obersten Staatsbedienten vorsichtigere Maßnahmen anzuwenden. Das einzige Verbrechen, das auf keiner Ebene Nachsicht verdient, ist die Untreue. Sie erstreckt sich von finanzieller Bereicherung bis zur Außerachtsetzung der Wohlfahrt des Staates zu eigenen Gunsten. Justi erwägt eine Absicherung der Unbestechlichkeit durch strafbewehrte Grundgesetze:

> "Meines Erachtens soll es demnach ein Grundgesetz eines jeden ... Staats seyn, daß dessen Staatsbediente, Reichstags- und Regierungs-Mitglieder von keiner auswärtigen Macht, sie stehe bereits mit dem Staate in genauer Freundschaft und Bündniß, oder nicht, unter keinerley Vorwande Geschenke, Gnadenbezeigungen und Wohlthaten annehmen sollen, bey Strafe des ewigen Gefängnisses und des Verlustes aller seiner Ehrenstellen und Bedienungen." [4]

---

1 *Grundriß*, §§ 280 - 286 (Seite 359 - 369); *Vergleichungen*, Seite 459: "Wir sind in Europa von dem Grundsatze, daß niemand zu Staatsbedienungen zuzulassen sey, dessen Gelehrsamkeit nicht die strengsten Prüfungen ausgestanden habe, soweit entfernet, daß eine gründliche Gelehrsamkeit, die man mit dem verächtlichen Namen der Pedanterey beleget, vielmehr an vielen Höfen eine der größten Hinternisse ist, zu ansehnlichen Bedienungen zu gelangen."; ähnlich a.a.O., Seite 465.

2 *Grundriß*, § 287 (Seite 369 f).

3 *Grundriß*, § 283 (Seite 363).

4 *Grundriß*, § 297 (Seite 386).

9.2.4 Hauptquellen der Regierungsfehler

(a) Allgemeine Quellen des Verderbens aller Staaten

Die Staaten sind moralische Maschinen, die sich -im Gegensatz zur körperlichen Maschine Mensch- nicht abnutzen. [1] Ein Staat kann theoretisch von ewiger Dauer sein; denn

> "... obzwar die menschlichen Schwachheiten von der Wirkung der Staatsmaschine unzertrennlich sind, ...; so kann doch die Verfassung und Einrichtung des Staats dergestalt beschaffen seyn, daß die menschlichen Schwachheiten niemals so viel Einfluß haben können, das Verderben und den Untergang des Staats zu verursachen." [2]

Wenn der Staat nicht von dieser Dauerhaftigkeit ist, dann liegt dies an den Fehlern in den moralischen Gründen des Staates. [3] Davon zu unterscheiden sind Unglücksfälle (Schadensereignisse bezüglich der körperlichen Gründe des Staates, soweit sie nicht Wirkungen der Fehler in den moralischen Gründen sind). [4] Die Willensvereinigung (erster moralischer Grund der Staaten) kann durch die Nichtachtung des vereinigten Willens oder durch einen "bösen" vereinigten Willen "verderben". Sind die Grundgesetze schlecht beschaffen, so kann dies nur durch innere Unruhen beseitigt werden; denn wer einen Vorteil in ihrer Beschaffenheit findet, wird niemals in eine Änderung einwilligen. Die Kräftevereinigung (zweiter moralischer Grund der Staaten) "verdirbt" durch den Fehlgebrauch dieser Kraft seitens der obersten Gewalt. [5]

(b) Die Eroberungsbegierde [6]

Mit Natur und Endzweck der bürgerlichen Verfassungen ist es nicht zu vereinbaren, daß ein Staat über seine Selbstverteidigung

---

1 *Grundriß*, § 301 (Seite 391 ff).
2 *Grundriß*, § 301 (Seite 392).
3 *Grundriß*, § 301 (Seite 391 ff); zu den moralischen Gründen des Staates (Willens- und Kräftevereinigung) siehe oben Seite 117 und 121 ff.
4 *Grundriß*, § 302 (Seite 393 f).
5 *Grundriß*, § 305 (Seite 400 ff).
6 *Grundriß*, § 314 - § 319 (Seite 423 ff).

hinaus die Eroberung fremder Staaten zu einem Hauptzweck macht. Die Eroberungsbegierde ist eine Hauptquelle des Verderbens der Staaten.

(c) Die Begierde, die Gewalt zu erweitern [1]

Wenn die Grundverfassungen die Gewalten nicht in das oben [2] beschriebene gerechte Gleichgewicht zueinander setzen, so wird jede Gewalt nur zur Erweiterung ihrer Macht arbeiten. Nicht allein diejenigen Regierungen, die kein gerechtes Gleichgewicht zwischen den Gewalten kennen, sind fehlerhaft,

> "... sondern auch diejenigen, deren Grundverfassung ein gerechtes Verhältniß der Gewalten angeordnet haben; so bald nämlich die eine oder die andre Macht sich einfallen läßt, ihre Gewalt zu erweitern. Denn ... diese Bemühungen werden schon eine Quelle von vielen Fehlern ... werden." [3]

So wird die Absicht des Königs von England, die Freiheiten des Volkes zu unterdrücken, zwar wenig Erfolg haben, aber dennoch dazu führen, daß er schlecht regiert. Er wird Bündnisse nur mit solchen Staaten schließen, die seine Unterdrückungsabsichten unterstützen. Er wird seine innerstaatlichen Handlungen nicht mehr an der gemeinschaftlichen Glückseligkeit orientieren, sondern sie an ihrer Tauglichkeit, seine Gewalt zu erweitern, messen. Die Einkünfte des Staates werden nicht zu ihren Endzwecken, sondern zur Bestechung der Reichstagsmitglieder oder der Repräsentanten des Volkes dienen. Die Staatsämter werden nach dem persönlichen Nutzen für den König, nicht aber nach Fähigkeit, Verdienst und Treue vergeben.

Regenten, die sich von einer solchen Begierde leiten lassen, verdienen bei einem wohl eingerichteten Verhältnis der Gewalten keine Entschuldigung. Schwerlich zu mißbilligen hingegen ist das

---

1 *Grundriß*, § 320 - § 324 (Seite 434 ff); zur Begierde, die Gewalt zu erweitern vgl. erg. oben Seite 84 f.

2 Siehe oben Seite 183 ff.

3 *Grundriß*, § 320 (Seite 435).

Streben nach Erweiterung ihrer Macht, falls die Grundverfassung des Staates so schlecht beschaffen ist, daß die gesetzgebende Macht die vollziehende Gewalt zu unterdrücken beginnt.

> "Vielmehr, da eine solche Grundverfassung offenbar wider die Natur und Endzweck eines jeden Staats streitet ... ; so ist es die Pflicht eines jeden ... Mitbürgers auf erlaubten und gerechten Wegen an der Verbesserung einer so unglücklichen Staatsverfassung zu arbeiten. Wie viel weniger ... kann es einem Könige verdacht werden, der vorzüglich zu Beförderung der Wohlfahrt des Staats berufen ist ... , daß er eine so unselige Grundverfassung abzuändern ... suchet." [1]

Wenn beispielsweise der schwedische König danach trachtet, seine Gewalt zu erweitern, so kann dies angesichts der schlechten schwedischen Grundverfassung nicht mißbilligt werden. [2]

Auf Seiten der gesetzgebenden Gewalt bewirkt die Begierde, die Macht zu erweitern, die absolute Unterdrückung der Menschen. [3]

(d) Mißtrauen der Regierung [4]

Die drei genannten Fehler erzeugen eine neue Quelle des Verderbens, das Mißtrauen gegen die Untertanen. Eine gute Regierung muß vorsichtig, aber niemals ohne Anlaß mißtrauisch sein.

(e) "Böse" Ministerpräsidenten und Günstlinge [5]

Es ist allein der Despotie gemäß, daß der Regent einen Ministrissimus ernennt, der über die Angelegenheiten des Staates im Namen des Regenten befiehlt. [6] "Böse Ministrissimi und Günstlinge" sind

> "... eine Hauptquelle von Fehlern und Gebrechen der

---

1 *Grundriß*, § 323 (Seite 439).

2 Zur schwedischen Grundverfassung vgl. *Grundriß*, § 304 (Seite 397); die im *Grundriß* erwähnte anonyme Schrift stammt von *Niklas von Ölreich*; zu Justis Kritik an der schwedischen Grundverfassung siehe oben Seite 159.

3 *Grundriß*, § 324 (Seite 442).

4 *Grundriß*, § 325 - § 330 (Seite 444 ff).

5 *Grundriß*, § 331 - § 343 (Seite 452 ff); zum Ministrissimus vgl. erg. oben Seite 171 f.

6 *Grundriß*, § 332 (Seite 454 ff).

Regierungen ... , aus welcher das Elend und Unglück der Völker sich allezeit in ganzen Strömen ergossen hat. Die Geschichte nämlich wimmelt gleichsam von Beyspielen von bösen Ministrissimis und Günstlingen, welche das Vertrauen ihrer verblendeten Fürsten und ihre geringe Einsicht gemißbrauchet haben, um ihrem Ehrgeize und Hochmuth, ihrer Herrschsucht und hohen Absichten, ihrer unersättlichen Bereicherungsbegierde, ihren Lüsten, Ueppigkeit, Pracht und Verschwendung eine Genüge zu leisten, und welche dadurch denen Völkern, die von ihren einfältigen Regenten dergleichen Miethlingen überlassen worden sind, überaus viel Noth, Jammer und Elend zugezogen haben." [1]

9.3 Zum Einfluß von Wolff und Montesquieu [2]

Den unmittelbaren Impuls zur Auseinandersetzung mit der Gewaltenteilungslehre hat Justi von *Montesquieu* empfangen. [3] Der Einfluß *Montesquieus* ist anfänglich so groß, daß Justi dessen Dreiteilung der Gewalten übernimmt. Und selbst in der späteren Zweiteilung ist *Montesquieu* zu erkennen. Insbesondere erinnern an ihn: die jährliche Bewilligung der Finanzmittel durch die gesetzgebende Gewalt, die gleichberechtigte Mitbestimmung des Adels im normalen Gesetzgebungsverfahren, das Vetorecht des Adels in der Steuergesetzgebung, das Recht der vollziehenden Gewalt zur Einberufung, Vertagung und Schließung des Parlaments und zur Ausübung des Oberbefehls über das Heer. Andererseits weist Justi durch die Verankerung und Absicherung der Gewaltenteilung in der Grundverfassung des Staates über *Montesquieu* hinaus. Eine wesentliche Abweichung besteht auch in der Behandlung der richterlichen Gewalt. Durch die Einführung des in der Grundverfassung vorgeschriebenen Systems kontrollierter Abhängigkeiten (und nicht durch die von *Montesquieu* vorgeschlagene Trennung der richterlichen Gewalt von den beiden anderen Gewalten) sucht Justi die Gefährlichkeit der richterlichen Macht einzuschränken.

Wohl aus der Beschäftigung mit *Wolffs* differenzierter Zusammen-

---

1 *Grundriß*, § 331 (Seite 452 f); die Passage "... Elend und Unglück der Völker sich in ganzen Strömen ergießen..." ist wiederholt a.a.O. in § 337 (Seite 465).
2 Siehe oben Seite 5 f und 57.
3 Siehe oben Seite 177.

stellung der unterschiedlichen Kombinationsmöglichkeiten der sachlich und personell aufteilbaren öffentlichen Gewalt entwickelt Justi die Vorstellung, daß die gesetzgebende und vollziehende Macht "souveraine" (d.h. nur der Grundgewalt unterworfene) Gewalten sind. [1] Im übrigen verzichtet Justi - entgegen *Wolff*- auf eine nähere Begründung für die grundsätzliche Möglichkeit der Aufteilung der öffentlichen Gewalt. Sie ist ihm selbstverständlich.

9.4 Rezeption der Thesen Justis [2]

Zuverlässige Wirkungsaussagen zum Einfluß der Lehre der Gewaltenteilung Justis sind nicht möglich, da sich Justis und *Montesquieus* Modelle vielfältig überschneiden. Hinzu kommt, daß nach Justi eine große Zahl unterschiedlichster Gewaltenteilungslehren diskutiert wurde. Es bedarf einer eigenständigen Arbeit über die Gewaltenteilungslehren der zweiten Hälfte des 18. Jahrhunderts, um hier konkrete Wirkungen zu ermitteln. Sicher ist, daß Justi maßgeblich daran beteiligt war, Deutschland mit den Grundzügen der Gewaltenteilung vertraut zu machen. Das belegt nicht zuletzt eine Stellungnahme *Pfeiffers* zu Justis Bevorzugung der vermischten Regierungsformen in *Natur und Wesen*:

> "Der Herr Verfasser erklärt zuförderst die mancherlei Arten der vermischten Regierungsformen, und erkennet diejenige für die vollkommenste, die aus allen drei einfachen zusammengesetzt ist, und wo die vollziehende Macht in den Händen des Königs, die gesetzgebende in den Händen des Volks oder seiner Repräsentanten, die richterliche Macht in den Händen des Adels sich befindet, und alle drei Gewalten in der Grundverfassung des Staats so weislich eingerichtet sind, daß sie in einem gerechten Gleichgewichte mit einander stehen. ... Ich bin von ganzem Herzen der nemlichen Meinung, und wenn Herr von Justi fortfährt zu sagen: >Allein, wenn die drei Gewalten im Staate nicht in einem Gleichgewichte mit einander stehen, so kann auch eine solche vermischte, aus allen drei Regierungsformen zusammengesetzte Regierung sehr schlecht seyn<, so stimme ich hierin bei ... ." [3]

---

1 Siehe oben Seite 164.

2 Siehe oben Seite 4 - 6 und 57 ff.

3 *Pfeiffer*, Seite 151 f.

10 REGIERUNGSFORMEN

10.1 Überblick

Die wichtigsten Quellen zur Lehre von den Regierungsformen (der "Natur der Staaten" [1]) sind *Natur und Wesen*, 5. und 6. Hauptstück ("Von den verschiedenen Regierungsformen", "Von den Triebfedern der verschiedenen Regierungsformen"), der *Grundriß*, 2. Buch ("Von denen Grundverfassungen der Staaten, wodurch die Regierungen ihrer Natur nach gut werden") und die *Vergleichungen der Europäischen mit den Asiatischen und anderen vermeintlich barbarischen Regierungen* (speziell Buch 1, Abschnitt 1 und 2). Von Bedeutung sind ferner die Aufsätze: "Abhandlung von der Anordnung und dem Gleichgewichte der obersten Gewalt, worauf die Glückseligkeit und Freyheit des Staats hauptsächlich ankommt" [2] und "Betrachtungen über die Monarchien und Aristokratien" [3].

Die bisherigen Stellungnahmen zu Justis Lehre von den Regierungsformen beruhen auf der Grundlage eines wenig vollständigen Quellenstudiums. Bereits das (von Justi unmißverständlich beschriebene) technische Zusammenspiel der einzelnen Gewalten wird entstellend wiedergegeben, die von Justi als theoretisch beste Regierungsform vorgeschlagene "platonische Republik" und ihre Grundlegung im *Grundriß* und in *Natur und Wesen* übergangen. [4]

---

1 *Natur und Wesen*, § 100 (Seite 225); ähnlich in *Grundfeste*, Band 2, § 416 (Seite 482); hier fügt Justi ergänzend hinzu, daß die "Natur des Staates" auch auf die natürliche Beschaffenheit des Landes ankomme.

2 Siehe oben Seite 177.

3 *Gesammelte Politische und Finanzschriften*, Band 2, Abhandlung Nr. X, Seite 176 - 190.

4 *Schmidt* (Seite 275) erwähnt beiläufig, daß Justi im *Grundriß* (Seite 187 - 188) eine aus Demokratie und Aristokratie vermischte Regierungsform als beste Regierungsart vorschlage. Auch er übersieht die von Justi a.a.O. auf den Seiten 183 - 208 entwickelte platonische Republik. Einzig *Small* (1909), Seite 427 - 431, referiert in seiner Arbeit "The Cameralists" über diese Regierungsform.

10.2 Theorie Justis

10.2.1 Einfache und vermischte Regierungsformen

Unter einer Regierungsform versteht Justi "die Art und Weise der Ausübung und Verwaltung der obersten Gewalt". [1] Die Regierungsform bestimmt sich nach den Grundgesetzen oder einer vor langer Zeit eingeführten Gewohnheit, die statt der Grundgesetze gilt. [2] Je nach den die verschiedenen Hauptzweige [3] der obersten Gewalt ausübenden Personen(gruppen) sind vier [4] Regierungsformen zu unterscheiden:

(1) Monarchie: Verwalter der gesamten obersten Gewalt ist eine einzige Person

(2) Aristokratie: Verwalter der gesamten obersten Gewalt ist ein besonderer Teil des Volkes

(3) Demokratie: Verwalter der gesamten obersten Gewalt ist das Volk, also die Gesellschaft der die Familien repräsentierenden Hausväter [5].

Die Formen (1) bis (3) werden als einfache Regierungsformen bezeichnet:

> "Die einfachen sind diejenigen, wo sich die oberste Gewalt ganz und unzertheilt, entweder in den Händen eines Monarchen, oder des Adels, oder des gesamten Volks befindet." [6]

(4) Vermischte Regierungsformen: Die oberste Gewalt wird aufgeteilt und an verschiedene Verwalter übertragen.

> "Vermischte Regierungsformen sind diejenigen, die aus denen einfachen Regierungsformen zusammengesetzet, oder deren Grundverfassungen auf die Natur von mehr als einer Regierungsform errichtet sind. Das Wesen dieser vermischten Regierungsarten kommt darauf an, daß die oberste Gewalt sich

---

1 *Natur und Wesen*, § 62 (Seite 137).

2 *Natur und Wesen*, § 62 (Seite 137).

3 Zu den Hauptzweigen der obersten Gewalt siehe oben Seite 177 ff.

4 *Natur und Wesen*, § 63 (Seite 138).

5 *Natur und Wesen*, § 63 (Seite 138); *Grundriß*, § 127 (Seite 133), § 130 (Seite 140), § 12 (Seite 8); zum Hausvater siehe oben Seite 155 ff.

6 *Grundriß*, § 127 (Seite 133); vgl. erg. a.a.O., § 12 (Seite 8).

niemals unzertheilt in einerley Händen befindet [1], sondern daß die oberste Gewalt vermöge der Grundverfassungen in verschiedene Theile abgesondert und verschiedenen Händen anvertrauet ist (§.54.); daher denn eine eingeschränkte oberste Gewalt entstehet." [2]

Eine vermischte Regierungsform liegt nicht vor, wenn die oberste Gewalt nur zu einem geringen Teil in ihrer Gesetzgebungsbefugnis eingeschränkt ist. Bedarf es lediglich zum Erlaß neuer Abgaben der Zustimmung der Stände, so werden diese die Geldzuweisungen aus Furcht oder als Folge von Bestechungen stets genehmigen. Notfalls wird in einem solchen Staat der Regent seine Wünsche ohne Erlaubnis der Stände durchsetzen. Infolgedessen handelt es sich in diesem Fall um eine einfache Regierungsform. [3]

Die vermischte wird von Justi auch als zusammengesetzte [4] oder eingeschränkte [5] Regierungsform bezeichnet. Mit dem Begriff der Einschränkung ist bei Justi vorsichtig zu operieren. So führen die einfachen Regierungsformen nicht in jedem Falle zur Ausbildung einer uneingeschränkten obersten Gewalt. Der Grund liegt darin, daß Justi unter dem Schlagwort der "Einschränkung" zwei unterschiedliche Machtmäßigungsmethoden behandelt, die beide das Ergebnis einer Einschränkung der obersten Gewalt erbringen. Die erste Machtmäßigungsmethode ist die Selbstbeschränkung des Herrschers. [6] In einer einfachen Regierungsform, z.B. einer Monarchie, wird sich die oberste Gewalt aus Gründen der politischen Klugheit aus eigener Bewegung mäßigen. [7] Auch in dieser Selbstbeschränkung sieht Justi eine "Einschränkung" der obersten Gewalt. In dem gewählten Beispiel der Monarchie wäre also (trotz freiwilliger Selbstbeschränkung des Monarchen) nach wie vor eine "uneingeschränkte Regierungsform", allerdings mit (selbst-) eingeschränkter oberster Gewalt, gegeben. Die zweite Mäßigungs-

---

1 Bestätigt in *Grundriß*, § 14 (Seite 9).
2 Zitat aus *Natur und Wesen*, § 93 (Seite 210 f); ähnlich *Grundriß*, § 14 (Seite 9).
3 *Natur und Wesen*, § 98 (Seite 220).
4 *Grundriß*, § 127 (Seite 133), § 131 (Seite 142).
5 *Grundriß*, § 241 (Seite 310).
6 Siehe oben Seite 189 ff.
7 Siehe unten Seite 211 ff.

methode, die im Ergebnis zu einer Einschränkung der obersten Gewalt führt, ist die Konstruktion einer vermischten Regierungsform. Nur eine solche "eingeschränkte" Regierungsform verfügt begriffsnotwendig immer über eine eingeschränkte oberste Gewalt.

Mit anderen Worten: liegen die beiden Hauptzweige der obersten Gewalt (Gesetzgebung und Vollziehung)

> "... insgesamt und unzertheilt in einerley Händen ..."

dann handelt es sich um eine uneingeschränkte Regierungsform mit einer uneingeschränkten obersten Gewalt. Die oberste Gewalt kann sich jedoch durch Selbstmäßigung einschränken und wird dadurch zu einer eigeschränkten obersten Gewalt in einer uneingeschränkten Regierungsform. "In einerley Händen" liegen die beiden Hauptzweige, wenn entweder eine einzige Person mit ihrer Verwaltung betraut ist, oder wenn diese Aufgabe einem bestimmten Körper zukommt. [1] Befinden sich die Hauptzweige

> "... von einander abgesondert in verschiedenen Händen ..."

oder hat

> "... die oberste Gewalt nicht alle darzu gehörige Theile in freyer Ausübung, sondern bey diesem oder jenem Theile die Mitwirkung und Einwilligung andrer nöthig ..., so nennet man dieses eine eingeschränkte oberste Gewalt". [2]

Justis Verwendung der Begriffe zeigt, daß es wenig hilfreich ist, wenn moderne Arbeiten ohne vorangehende Definition von Justis "eingeschränkter Monarchie", "eingeschränkter Demokratie" oder "eingeschränkter Aristokratie" berichten. [3] Monarchie, Aristokratie und Demokratie unterliegen zwar einer freiwilligen

---

1 *Natur und Wesen*, § 56 (Seite 121).

2 *Natur und Wesen*, § 54 (Seite 117).

3 Statt vieler: *Frensdorff* (1903), Seite 117, Zeile 12 - 14). Dafür, daß Justi in seinen späteren Werken eine eingeschränkte Monarchie in diesem Sinne nicht kennt, vgl. *Natur und Wesen*, § 67 (Seite 146, Zeile 20 - 25); dieser Standpunkt war in der *Staatswirtschaft*, 2. Auflage, § 20, Seite 50, sechstletzte Zeile bis Seite 51, Zeile 4, noch nicht erarbeitet.

Selbsteinschränkung der obersten Gewalt, sind aber, von der Regierungsform her gesehen, stets uneingeschränkt.

Neben der Einteilung der Staaten (gleichbedeutend: Republiken im weiteren Sinne [1]) nach ihrer Regierungsform steht die Einteilung in Republiken im engeren Sinne und in Reiche. Reiche (oder auch: Kronen) sind Staaten, in denen eine einzige Person herrscht. Republiken in der engeren Bedeutung sind diejenigen Staaten, die nicht monarchisch regiert werden. [2] In den vermischten Regierungsformen entstehen bei Beteiligung des monarchischen Elements "eingeschränkte Reiche", durch die Mischung von Aristokratie und Demokratie "eingeschränkte Republiken". [3]

10.2.2 Despotie [4]

Die Despotie ist keine eigenständige Regierungsform. [5] Sie ist eine aus dem Mißbrauch von Monarchie oder Aristokratie [6] entstandene Herrschaftsart, welche die Grundgewalt des Volkes aufgehoben und damit den Staat beseitigt hat. Das wesentliche Unterschei-

---

1 *Natur und Wesen*, § 64 (Seite 139).

2 *Grundriß*, § 22 (Seite 14).

3 *Natur und Wesen*, § 93 (Seite 211). Die Einteilung der vermischten Regierungsformen nach dem Hauptgewicht eines Elements (*Grundriß*, § 22, Seite 14 f) hat Justi in *Natur und Wesen* stillschweigend aufgegeben.

4 *Natur und Wesen*, § 73 (Seite 162 f).

5 In den *Vollständigen Abhandlungen* (1758), Seite 37 f, scheint Justi die Despotie noch als eine eigenständige Regierungsform zu sehen; dagegen aber *Natur und Wesen* (1760), § 65 (Seite 142), und *Von dem Verhältniß des Adels gegen den Staat und die Commercien* (*Gesammelte Politische und Finanzschriften*, Band 1 von 1762, Seite 159). Im *Grundriß* (1759), § 176 (Seite 215), verwendet Justi für die Despotie den Ausdruck Regierungs a r t . Aus § 21 (a.a.O.) folgt, daß damit keine neue Regierungs f o r m geschaffen werden sollte. Letzteres bestätigt in *Leben und Character*, Band 2 (1761), Seite 148: "Ich gestehe gern ..., daß alle bürgerliche Verfassungen nicht einen Heller werth sind, wenn die Völker sich müssen gefallen lassen, daß sie von denjenigen, welche das Ruder in Händen haben, offenbar unglücklich gemacht werden, um die Lüste der regierenden Personen zu vergnügen. Allein eine so unselige Regierungsart kann es nach allen Begriffen des Natur- und Völkerrechts gerechter Weise gar nicht geben.". Zur Verwendung der Formel "despotische Regierungsform" in *Physicalische und Politische Betrachtungen*, Seite 89, siehe unten Seite 229.

6 Justi behandelt die Despotie in *Natur und Wesen*, § 73 (Seite 162 f), und im *Grundriß*, § 21 (Seite 14), nur in Abgrenzung zur Monarchie; in *Natur und Wesen*, § 65 (Seite 142), stellt er fest, daß auch eine Aristokratie despotisch werden kann. Damit hat er sich von seiner im *Grundriß*, a.a.O., geäußerten Auffassung, der Mißbrauch der Aristokratie sei die Oligarchie, gelöst.

dungsmerkmal der Despotie von den Regierungsformen, die Vernichtung der Grundgewalt, wird erst in *Natur und Wesen* eindeutig herausgestellt. Zwar erwähnt Justi bereits im *Grundriß*, daß der Despot die "Grundgesetze über den Haufen geworfen habe" [1] und eine "Gewalt ohne alle Schranken" [2] ausübe. Die ausdrückliche Feststellung, daß die Beseitigung der Grundgewalt des Volkes durch den Despoten das wesentliche Unterscheidungsmerkmal zu den Regierungsformen sei, wird, obwohl Justi die Grundgewalt des Volkes spätestens in der *Staatswirtschaft* [3] zumindest theoretisch begründet hatte, in *Natur und Wesen* getroffen. Danach ist eine "uneingeschränkte Gewalt" nicht schon deshalb despotisch, weil sich die oberste Gewalt in der Hand eines einzigen (Körpers) befindet. Sie wird erst dann zur Despotie, wenn die Grundgewalt des Volkes (und somit der Staat) vernichtet ist. [4]

In Justis Definition der Despotie ist eine bemerkenswerte Entwicklung zu verzeichnen. Zum Themenkreis der Despotie bezieht er erstmals im Jahr 1758 Stellung. In der zweiten Auflage der *Staatswirtschaft* vertritt er im Kern den Standpunkt des späteren Art. 16 der Erklärung der Menschen- und Bürgerrechte vom 26. August 1789 und der Französischen Verfassung vom 3. September 1791:

> "Besitzet ein einziger diese drey Gewalten ganz uneingeschränkt; so ist es keine Monarchie mehr, sondern der abscheulichste Despotismus." [5]

Deshalb müsse die Grundverfassung dafür sorgen, daß eine solche Gewaltenvereinigung in einer Person niemals stattfinde:

> "Kurz, das Wesen einer vernünftigen Grundverfassung erfordert, daß sich diese drei Gewalten niemals ganz

---

1 *Grundriß*, § 21 (Seite 14); ähnlich: a.a.O., § 128 (Seite 134) und § 187 (Seite 228).
2 *Grundriß*, § 176 (Seite 215); ähnlich: a.a.O., § 177 (Seite 216 f).
3 Siehe oben Seite 142.
4 *Natur und Wesen*, § 54 (Seite 117).
5 *Staatswirtschaft*, 2. Auflage, § 20 (Seite 49); § 20 wurde neu in die 2. Auflage eingefügt, so daß der neue § 21 den Inhalt des § 20 der Erstauflage wiedergibt.

uneingeschränkt in einerlei Händen befinden k ö n n e n." [1]

Eine ähnliche Vorstellung findet sich in einem aus demselben Jahr stammenden Aufsatz:

> "Wenn die gesetzgebende und vollziehende Macht, und die subordinirte richterliche Gewalt in den Händen einer einzigen Person, einer einzigen Gesellschaft, oder eines gewissen Körpers im Staate, mit einander vereiniget sind; so stehet die Freyheit der Bürger allemal in höchster Gefahr. ... Die Despoterey kömmt hauptsächlich darauf an, daß der Despote alle diese drey Gewalten in seiner Person mit einander vereiniget; ... ." [2]

Im *Grundriß* (1759) formuliert Justi bereits vorsichtiger,

> "... daß der Despot eine Gewalt ohne alle Schranken besitzet, daß er diese Gewalt lediglich an seine Person verknüpfet, ohne dieselben durch die Grundverfassungen des Staats zu vertheilen... ." [3]

Nachdem er sich in *Natur und Wesen* durch den Rückgriff auf das abstraktere Merkmal einer "Beseitigung der Grundgewalt des Volkes" von seiner früheren Definition der Despotie ("alle Zweige der obersten Gewalt in einer Hand vereinigt") gelöst hatte, scheint er diesen gemäßigteren Standpunkt in den *Vergleichungen* zu bestätigen. Den Unterschied zwischen der Despotie und der unumschränkten Gewalt sieht Justi in den *Vergleichungen* darin, daß der Despot die Grundgesetze des Staates nicht beachtet. [4] Mit keinem Wort erwähnt er seine frühere Auffassung, nach der schon der alle Gewalten in sich vereinigende Monarch despotisch war.

Gegen eine Meinungsänderung Justis spricht möglicherweise der im Jahre 1760 in seinen *Gesammelten Politischen- und Finanzschriften* erneut veröffentlichte Aufsatz aus den *Neuen Wahrheiten* (1758),

---

1 A.a.O., Seite 50 (Sperrung durch den Verfasser).

2 *Abhandlung von der Anordnung und dem Gleichgewicht der Hauptzweige der obersten Gewalt* (*Neue Wahrheiten* -1758-, 12. Stück, Seite 709 f, und *Gesammelte Politische und Finanzschriften*, Band 1, Seite 7 f).

3 *Grundriß*, § 176 (Seite 215).

4 *Vergleichungen*, Seite 51.

in dem Justi seine frühere Auffassung unkorrigiert wiederholt. Da Justi die Neuabdrucke seiner Aufsätze bisweilen berichtigte oder wenigstens mit einer diesbezüglich klärenden Einleitung versah [1], könnte ein unkorrigierter Wiederabdruck aus den *Neuen Wahrheiten* auf ein Festhalten an der früheren Meinung hinweisen. [2] Andererseits ist es durchaus möglich, daß Justi die Korrektur dieser Stelle vergessen hatte.

10.2.3 Einfache Regierungsformen

10.2.3.1 Monarchie [3]

Die oberste Gewalt liegt unzerteilt in den Händen einer einzigen Person. Wie in den anderen Regierungsformen, in denen sich die oberste Gewalt ihrem Endzweck und ihren Grenzen gemäß verhält, werden die Grundverfassungen (Grundgesetze) aufrecht erhalten und die Bürger leben unter festgesetzten Gesetzen [4]. Die (der Verfügungsmacht des Monarchen entzogenen und allein durch die Grundgewalt zu ändernden [5]) Grundverfassungen der uneingeschränkten Monarchie müssen Regelungen enthalten über: [6]

(a) die Thronfolge (unter anderem ist zu regeln, daß das Volk mangels successionsfähiger Nachfolger einen neuen Regenten wählen kann. Außerdem ist die Erziehung des Regierungsnachfolgers festzulegen. Denkbar ist ferner eine Bestimmung, wonach Fremde von der Thronfolge ausgeschlossen sind.) [7]

(b) die Religion innerhalb des Staates

(c) die "unparteyische Gerechtigkeit" (das ist: "Festsetzung der

---

1 Siehe oben Seite 50, FN 1.

2 Zur mehrfachen Verwendung seiner Texte siehe oben Seite 45 f.

3 *Natur und Wesen*, §§ 66 - 73; *Grundriß*, § 128 (Seite 134 ff).

4 *Natur und Wesen*, § 66 (Seite 144); *Grundriß*, § 128 (Seite 134).

5 Zur Ohnmacht der obersten Gewalt bezüglich der Grundgesetze siehe oben Seite 153 f; für die Monarchie bestätigt in *Natur und Wesen*, § 67 (Seite 146), und in *Von dem Gleichgewichte* (*Neue Wahrheiten*, 12. Stück, Seite 720, und *Gesammelte Politische und Finanzschriften*, Band 1, Seite 18).

6 *Natur und Wesen*, § 67 (Seite 145 ff).

7 *Von dem Gleichgewichte* (*Neue Wahrheiten*, 12. Stück, Seite 720 f, und *Gesammelte Politische und Finanzschriften*, Band 1, Seite 17 f); zur durch Grundgesetze festgeschriebenen Erziehung des Thronfolgers *Vergleichungen* Seite 333 - 357, insbes. Seite 336.

Gesetze" und Garantie althergebrachter Gerichtskörper):

> "Hierzu gehören festgesetzte Gesetze; und ob zwar der Monarch die Gesetzgebung hat: so erfordert es doch die Festsetzung der Gesetze, daß neue Gesetze niemals auf schon geschehene Fälle erstrecket werden können. Wenn ... zu Aufrechterhaltung der Justiz von alten Zeiten her gewisse Corpora vorhanden sind; so gehören auch diese unter die Grundverfassungen des Staats; ... ." [1]

Neben dem Rückwirkungsverbot umfaßt die Forderung nach der Festsetzung der Gesetze, daß der Gesetzesinhalt verbindlich festzulegen ist. [2]

(d) die Erhaltung der hergebrachten Privilegien der Untertanen (erbliche Gerichtsbarkeit und weitere Gerechtsame des Adels) [3]

(e) die Unveräußerlichkeit der Domainen (Bei Veräußerung können die Domainen ihren Zweck, zum Unterhalt des Regenten und der Regierung zu dienen, nicht mehr erfüllen. [4]).

Zur Garantie der Grund- und festgesetzten Gesetze schlägt Justi ein besonderes Sicherungssytem vor. [5] Dieses Sytem, die "Gesetzesverwahrung", ist allerdings kein notwendiger Bestandteil der monarchischen Grundverfassung.

Die Gesetzesverwahrung erfolgt durch die Einsetzung sogenannter Worthalter. Die Worthalter werden auf Lebenszeit ernannt, stehen nicht im Dienst des Monarchen und dürfen nur mit Erlaubnis einer Versammlung des Volkes verhaftet oder bestraft werden. Je zwei

---

1 *Natur und Wesen*, § 67 (Seite 148).

2 Die "unparteyische Gerechtigkeit" (*Natur und Wesen*, § 66, Seite 145) wird von *Frensdorff* als Unparteilichkeit der Gerichte interpretiert. Indessen wird die Unparteilichkeit der Gerichte gerade nicht durch die Grundverfassung der Monarchie garantiert. Sonst wäre die (nicht zur Grundverfassung gehörende) Grundregel, nach welcher der ununterbrochene Lauf der Justiz zu achten ist (siehe unten Seite 215), überflüssig. Erst diese Grundregel sorgt für die Unparteilichkeit der Gerichte. Einen deutlichen Hinweis, daß für ihn die Unparteilichkeit der Gerichte und deren Voraussetzung (das Eingriffsverbot für Monarch und Minister) nicht notwendig zum Regelungsbereich der Grundgesetze gehören, gibt Justi zudem in seinem Aufsatz *Von dem Gleichgewichte*, in dem er zwischen den Grundgesetzen und der Nichteingiffsregelung bezüglich des Monarchen und der Minister trennt (*Neue Wahrheiten*, 12. Stück, Seite 721, Zeile 6 - 10; Neuabdruck in *Politische und Finanzschriften*, Band 1, Seite 18, 24 - 27).

3 *Natur und Wesen*, § 68 (Seite 152).

4 *Staatswirtschaft*, Band 2, § 74 (Seite 99).

5 *Natur und Wesen*, § 70 (Seite 156 ff).

Worthalter aus einer Provinz (nicht: Adelige, Minister oder -wie *Montesquieu* glaubt- das Parlament) erhalten die Aufgabe, in bestimmten Fällen an den Monarchen Bericht zu erstatten:

> "Diese Worthalter müßten über alles, was sie denen Grundverfassungen des Staats entgegen und der Wohlfahrt des Staats und ihrer Provinz für nachtheilig hielten, dem Monarchen in Person Vorstellung thun dürfen." [1]

Das Zitat könnte so verstanden werden, als müßten die Worthalter allein diejenigen Verletzungen der Grundgesetze melden, die sich für den Staat nachteilig auswirken. Der Aufgabenkreis, den Justi vor Augen hatte, war weiter. Die Worthalter sollten zusätzlich zu den Verletzungen der Grundgesetze über die Mißachtung der festgesetzten Gesetze sowie über alles nach ihrer Ansicht dem Staat Nachteilige berichten. Schon in der Begründung für die Einführung der Gesetzesverwahrung fordert Justi, daß auch die Verletzung der festgesetzten Gesetze, also nicht allein diejenige der Grundgesetze, zu melden ist. Weiter folgt aus Justis Verständnis des Staates als moralischem Körper, in dem kein Teil etwas erleiden kann, ohne einen anderen Teil in Mitleidenschaft zu ziehen [2], daß die Nichtbeachtung der Grundgesetze für den Staat automatisch mit Nachteilen verbunden ist. Deshalb war es aus Justis Sicht nicht erforderlich, die Berichterstattung durch die Gesetzesverwahrer an das zusätzliche Erfordernis einer Gefährdung der Wohlfahrt des Staates zu knüpfen. Folglich ist der zweite Satzteil des obigen Zitates als selbständige Sinneinheit zu begreifen. Die Worthalter müssen mithin über a l l e s dem Staat Nachteilige berichten. Damit ist die Gesetzesverwahrung über die Worthalter nicht allein ein Instrument, das die Regierung in ihren durch die Grundverfassung gesetzten Grenzen halten soll. Die Einführung der Gesetzesverwahrung beinhaltet darüber hinaus den Versuch, eine öffentliche Meinung zu institutionalisieren.

---

1 *Natur und Wesen*, § 70 (Seite 158).

2 Siehe oben Seite 127.

Die Kompetenz der Worthalter erschöpft sich nicht in einem Vortragsrecht, das politisch ohne Konsequenzen bleibt. Im Falle äußerster Gefahr für den Staat kann durch Mehrheitsbeschluß der Gesetzesverwahrer eine (aus Repräsentanten bestehende) Generalversammlung des Volkes herbeigeführt werden. Justi bricht seine Betrachtungen an dieser Stelle ab und geht nicht darauf ein, welche Beschlüsse durch die Generalversammlung gefaßt werden können. Es steht zu vermuten, daß er die Repräsentanten in diesem Falle ausnahmsweise [1] als Vertreter der Grundgewalt des Volkes begreift. Nach einer Einberufung durch die Gesetzesverwahrer wären die Repräsentanten demnach über alle Angelegenheiten des Staates uneingeschränkt entscheidungsbefugt. Der Vorwurf, das theoretisch souveräne Volk habe bei Justi in der Staatspraxis wenig Bedeutung [2], vermag deshalb nicht einmal in der uneingeschränkten Monarchie zu überzeugen.

Ist unter den gegebenen Verhältnissen die Einführung einer Gesetzesverwahrung nicht möglich [3], muß sie bei einer gütigen und weisen Alleinherrschaft durch die Qualität der sogenannten "Grundregeln" [4] ersetzt werden. [5] Die Grundregeln sind nicht mit den Grundgesetzen zu verwechseln. Während die Grundgesetze allein der Entscheidungsbefugnis der Grundgewalt unterliegen, handelt es sich bei den Grundregeln um freiwillig eingegangene Selbstbeschränkungen des Regenten, um "aus eigener Bewegung" auferlegte politische Klugheitsregeln, die dieser im Gegensatz zu den Grundgesetzen nach Belieben ändern kann. [6] Nach Justi bilden die im folgenden beschriebenen sechs Grundregeln einen guten Ersatz für die Gesetzesverwahrung.

---

1 Die Repräsentanten sind grundsätzlich keine Vertreter der Grundgewalt, siehe oben Seite 180.

2 Siehe oben Seite 161.

3 *Natur und Wesen*, § 71 (Seite 160): "Ich gestehe gar gern, daß zu Einführung dieser Art der Gesetzesverwahrung sehr wenig Hoffnung vorhanden ist.".

4 Zu den Grundregeln siehe oben Seite 192 ff.

5 *Natur und Wesen*, § 71 (Seite 160).

6 Zum Verständnis der Grundregeln als Selbsteinschränkung siehe *Grundriß*, § 38 - 43 (Seite 24 - 27); *Natur und Wesen*, § 57 (Seite 123 - 126); § 71 (Seite 160); § 78, Zeile 1 - 9 (Seite 177); § 92, Zeile 9 ff (Seite 208); § 147 (Seite 330, Zeile 12 ff).

(1) "Freyheit" [1]

Da die Menschen bei ihrem Eintritt in die bürgerlichen Gesellschaften ihre natürliche Freiheit nur insofern aufgeben, als dies zur dauerhaften Wiederherstellung der inneren Ordnung erforderlich ist, kann auch der Staat die natürliche Freiheit des Bürgers nur insoweit einschränken, als es die gemeinschaftliche Glückseligkeit erfordert. Den Untertanen ist eine "vernünftige Freyheit" zu gewähren.

> "Niemand ... muß unmittelbarer oder mittelbarer Weise gezwungen werden können, etwas zu thun oder zu unterlassen, was die, der Wohlfahrt des Staats gemäßen Gesetze nicht vorschreiben." [2]

(2) "Eigenthum" [3]

Die Menschen sind hauptsächlich wegen des Schutzes ihrer Person und Güter vor den Ungerechtigkeiten anderer in bürgerliche Verfassungen eingetreten. [4] Das Eigentum der Untertanen ist deshalb grundsätzlich unantastbar.

> "Das Eigenthum der Unterthanen muß die allerheiligste und unverletzlichste Sache vor den Regenten und aller Bedienten des Staats seyn, und niemand muß darinnen Eingriffe, Unrecht und Gewaltthätigkeiten weder durch offenbare Gewalt, noch durch hinterlistige und unter dem Schein des Rechtes angesponnene Bedrückungen und Verfolgungen zu befürchten haben." [5]

In Ausnahmefällen ist es möglich, auf das Eigentum der Untertanen zuzugreifen. Durch die Kräftevereinigung hat der Staat (nicht der Regent [6]) das Obereigentum an sämtlichem Privatvermögen erlangt. Dieses Obereigentum darf nicht willkürlich und nur im Falle der unumgänglichen Notwendigkeit für die Wohlfahrt des Staates ausgeübt werden. Im übrigen besteht eine Entschädigungspflicht

---

1 Vgl. *Grundriß*, § 39 (Seite 25) und § 198 (Seite 244); zu Justis Freiheitsverständnis siehe oben Seite 108 ff.
2 *Grundriß*, § 39 (Seite 25).
3 Vgl. *Grundriß*, § 40 (Seite 25), § 199 (Seite 245 ff).
4 Siehe oben Seite 87 ff.
5 *Grundriß*, § 40 (Seite 25).
6 Siehe oben Seite 153 f.

des Staates. Eingriffe sind dem einzelnen, weil alle an der Wohlfahrt und den Beschwerden des Staates gleichen Anteil haben, bis auf den auf ihn entfallenden Teil zu ersetzen. Damit formuliert Justi keine neue Erkenntnis, sondern nur eine Forderung auch seiner Zeitgenossen; denn daß der Staat bei dringendem Bedarf für das gemeine Wohl unter der Voraussetzung einer entsprechenden Entschädigung auf die Güter der Bürger zurückgreifen darf, "gehört zu den überkommenen Grundsätzen des gemeinen deutschen Rechts, der in den §§ 74 und 75 Einleitung zum ALR nur bestätigt, nicht aber neu geschaffen wurde" [1].

(3) Ununterbrochener Lauf der Justiz [2]

In kleinen Staaten mit geringem Umfang anderer Staatsgeschäfte kann der Regent in eigener Person Recht sprechen. Allein in solchen Staaten wird der Herrscher über genügend Zeit verfügen, sich sachkundig zu machen und ein gerechtes Urteil zu fällen. In größeren Staaten verliert sich diese Eigenschaft. Damit der Hof in dieser Situation nicht zu einem "Kaufhaus der Gerechtigkeit" verkommt, dürfen weder der Regent noch seine Minister in den "ordentlichen Lauf der Verwaltung der Gerechtigkeit" (gleichbedeutend: Lauf der Justiz [3]) eingreifen. Der Regent hat die Richterstellen und deren personelle Besetzung anzuordnen. Außerdem führt er -mit entsprechender Strafkompetenz- die Aufsicht über die Verwaltung der Gerechtigkeit.

(4) Nichterhöhung der Abgaben [4]

Die Abgaben dürfen nur im äußersten Notfall erhöht werden.

(5) Kriegsvermeidung [5]

Kriege sind nur im äußersten Notfall zur Selbsterhaltung des Staates zu führen.

---

1 *Rüfner*, Spalte 147.

2 *Grundriß*, § 41 (Seite 26), § 200 (Seite 247); *Von dem Gleichgewichte* (*Neue Wahrheiten*, 12. Stück, Seite 721, und in *Gesammelte Politische und Finanzschriften*, Band 1, Seite 18 f).

3 *Grundriß*, § 41 (Seite 26), § 200 (Seite 247).

4 *Grundriß*, § 42 (Seite 26 f), § 201 (Seite 248 ff).

5 *Grundriß*, § 43 (Seite 27), § 202 (Seite 250 ff).

(6) Unverletzlichkeit der Grundverfassungen

Als sechste Grundregel nennt Justi in *Natur und Wesen* die Unverletzlichkeit der Grundverfassungen. [1]

10.2.3.2 Aristokratie [2]

Bei der Aristokratie liegt die oberste Gewalt in den Händen eines Volksteiles.

Um zu verhindern, daß jemand mit allzugroßer Macht versehen wird, sind alle Stellen in Regierung und Staat auf bestimmte Zeitspannen bemessen. [3] Zudem werden sie, mit Ausnahme der Militärstellen, durch Losentscheid besetzt.

Als uneingeschränkte Macht hat sich der regierende Adel an die für den uneingeschränkten Monarchen aufgestellten Grundregeln zu halten. [4] Zusätzlich gelten für ihn die Grundregeln, sich in seinen Vorteilen zu mäßigen, sich insbesondere nicht der Abgabenpflicht zu entziehen sowie die äußeren Anzeichen des Reichtums nicht zur Schau zu tragen. [5] Für die Verwaltung der Staatsbedienungen soll der Adel keine Vergütung erhalten. [6]

Justi kennt zwei Formen der Aristokratie. Die oberste Gewalt kann von einem einzigen Collegium verwaltet werden oder auf verschiedene Collegien verteilt sein. Wegen der Notwendigkeit der Mäßigung jeder uneingeschränkten obersten Gewalt sollte die oberste Gewalt nicht unzerteilt von einem einzigen Collegium des Adels ausgeübt werden:

---

1 Speziell für die Monarchie: *Natur und Wesen*, § 71 (Seite 160); als grundsätzliches Erfordernis in den uneingeschränkten Regierungsformen vgl. *Natur und Wesen*, § 57 (Seite 125).

2 *Natur und Wesen*, §§ 74 - 82; *Grundriß*, § 129 (Seite 137 ff).

3 *Natur und Wesen*, § 79 (Seite 179 f).

4 Zu den Grundregeln des uneingeschränkten Monarchen siehe oben Seite 213 - 216.

5 *Natur und Wesen*, § 78 (Seite 177 f).

6 *Physicalische und Politische Betrachtungen*, Seite 85 f; Justi benutzt a.a.O. nicht ausdrücklich die Bezeichnung Grundregel, aus dem Zusammenhang der Forderungen auf Seite 85 f folgt, daß er dennoch eine Grundregel meint.

"Wir haben die Folgen davon, wenn alle Zweige und Abtheilungen der obersten Gewalt sich in einerley Händen, entweder eines einzigen, oder eines einzeln Körpers befindet, schon oben (§. 56.), vorgestellet; ... . Wenn ... also eine Aristokratie nur in etwas billig seyn will; so muß sie die Hauptzweige der obersten Gewalt von einander absondern und durch verschiedene Collegia verwalten lassen. Ein Collegium muß die gesetzgebende Gewalt besitzen, ein anderes muß die vollziehende Macht in Staatssachen in Händen haben, ein drittes muß die Vollziehung der Policeyangelegenheiten verwalten und ein viertes muß die richterliche Macht ausüben. Da die Mitglieder solcher Collegiorum und die Collegia selbst selten einerley Grundsätze, Neigungen und Absichten haben; so entstehet dadurch ein Gleichgewichte unter diesen Gewalten, wodurch der Zustand des Bürgers noch in etwas erträglich wird." [1]

Die Collegien werden aufeinander "eifersüchtig" sein und sich so in Schranken halten. [2] Den dahinter stehenden Mechanismus deckt Justi im *Grundriß* auf: "eine jede geteilte Macht wird geteilte Absichten veranlassen" [3].

In beiden Varianten der Aristokratie handelt es sich, obgleich Justi von der Aufteilung der Hauptzweige der obersten Gewalt auf verschiedene Collegia spricht, um eine "uneingeschränkte Regierungsform", weil in jedem der Fälle der Adel als einheitlicher Körper über die oberste Gewalt verfügt. [4]

Die genannten Collegien dürfen, weil einzig die Grundgewalt über Änderungen der obersten Gewalt zu entscheiden hat, weder personell noch strukturell ohne Zustimmung des Volkes verändert werden. [5]

---

1 *Natur und Wesen*, § 77 (Seite 175 f).

2 *Grundriß*, § 129 (Seite 139).

3 *Grundriß*, § 20 (Seite 13).

4 *Natur und Wesen*, § 74 (Seite 167): "(Die Aristokratie, d. Verf.) hat mit der uneingeschränkten Monarchie ganz einerley Beschaffenheit; nur daß hier der Adel an die Stelle des Monarchen tritt, dessen Gewalt in Ansehung seines ganzen Körpers eben so uneingeschränkt ist, als die Gewalt des Monarchen."; vgl. erg. die Definition der uneingeschränkten Regierungsform, oben Seite 204 ff.

5 Nach *Natur und Wesen*, § 74 (Seite 168), ist es kein Widerspruch, daß der Monarch bei personellen Änderungen in den Staatsämtern keiner Zustimmung bedarf. In der Monarchie bleibt die oberste Gewalt auch bei personellen Änderungen in den Ministerien bei dem Monarchen bestehen. In der Aristokratie findet eine Veränderung der obersten Gewalt selbst statt.

10.2.3.3 Demokratie [1]

In der Demokratie liegt die oberste Gewalt unzerteilt in den Händen des Volkes, d.h. der die Familien repräsentierenden Hausväter [2], soweit diese über Verstand und Willen verfügen.[3]

Sie wird, je nach praktischer Möglichkeit und größtmöglichem Vorteil für den Staat, teils durch die direkte Stimmabgabe der Bürger in den Versammlungen, teils durch vom Volk gewählte Magistratspersonen (die "Minister" [4] des Volkes) und Richter ausgeübt. [5] Die Gesetzgebung ist vorrangige Aufgabe der Versammlungen. In Ausnahmefällen (Unaufschiebbarkeit oder Vorbereitung einer Entscheidung) ist der Magistrat entscheidungsbefugt. Da die Vollziehung eine unaufhörliche Tätigkeit erfordert und das Volk nicht ständig versammelt bleiben kann [6], wird diese Aufgabe durch die gewählten Personen wahrgenommen. Bei wichtigen Angelegenheiten (insbesondere: Krieg und Frieden, Bündnisse) kann nur das Volk entscheiden. Der Grund hierfür ist die auftragsweise Übertragung der vollziehenden Macht an die Magistrate. Im Gegensatz zu den vermischten Regierungsformen mit Volksbeteiligung, in denen der König oder der Adel die vollziehende Macht uneingeschränkt ausübt, bleibt in der Demokratie das Volk der Oberherr über die Magistrate. [7] Diese müssen in den Versammlungen des Volkes Rechenschaft von der Vollziehung geben. [8] Die oberste Gewalt des Volkes wird durch die Magistrate ebensowenig ein-

---

1 *Natur und Wesen*, §§ 83 - 92; *Grundriß*, § 130 (Seite 140 ff).
2 *Natur und Wesen*, § 92 (Seite 207 f); *Grundriß*, § 130 (Seite 140).
3 *Natur und Wesen*, § 110 (Seite 253); zum Hausvater vgl. erg. oben Seite 155 ff.
4 *Grundriß*, § 130 (Seite 140); *Natur und Wesen*, Teilüberschrift zu § 87 (Seite 197).
5 In *Natur und Wesen* (1760) geht Justi auf die in *Von dem Gleichgewichte* (*Neue Wahrheiten* aus dem Jahr 1759, 12. Stück, Seite 724; Neuabdruck in *Gesammelte Politische und Finanzschriften*, Band 1, Seite 22 f) verfochtene Einrichtung der Repräsentanten nicht mehr ein. Auf der Suche nach einem Mittel zur Selbstmäßigung der Demokratie hatte Justi vorgeschlagen: "Meines Erachtens muß sich das Volk die gesetzgebende Macht vorbehalten, die es in denen allerwichtigsten Fällen durch die einzelnen Bürger, in den wichtigen Fällen durch seine Repräsentanten, und in geringen Fällen durch einen Ausschuß aus denen Repräsentanten ausüben lassen kann. Gleichwie aber dem Volke, als wahren Oberherrn, auch die vollziehende Macht zusteht; so muß es, wie der Monarch seine Minister hierzu erwählen ... ".
6 *Natur und Wesen*, § 84 (Seite 192).
7 *Natur und Wesen*, § 85 (Seite 193); ähnlich a.a.O., § 92 (Seite 208).
8 *Grundriß*, § 130 (Seite 140).

geschränkt wie die Gewalt des Monarchen durch die Arbeit seiner Minister. [1] Um zu verhindern, daß die Magistrate ihre Gewalt zu weit ausdehnen und den Staat in eine Monarchie oder Aristokratie umwandeln, könnte an ein Mittel gedacht werden ähnlich dem Beispiel der römischen Tribunen, welche die Handlungen des Magistrats jeden Augenblick verhindern konnten. [2] Die vollziehende Gewalt in Justizsachen (gleichbedeutend: richterliche Macht [3]) darf nicht vom Volk ausgeübt werden, sondern ist Richtern, die allerdings bei Unbilligkeit der Urteile zur Verantwortung zu ziehen sind, zu übertragen. Das Volk in seiner Gesamtheit ist Emotionen zu sehr ausgesetzt, als daß es diese Aufgabe wahrnehmen könnte. [4]

Magistratspersonen und Richter werden vom Volk jeweils auf ein Jahr [5] gewählt. Das Volk ist zu entsprechenden Wahlen durchaus in der Lage. [6] Die Wahl ist das "vornehmste Majestätsrecht" des Volkes. [7] Der Wahlmodus gehört unter die Grundgesetze des Staates. Wahlberechtigt sind (wegen der Gleichheit als der grundsätzlichen Natur der Demokratie) alle Bürger, ausgenommen die Armen, weil sie weder Verstand noch Willen besitzen. [8] Die Wählbarkeit kann, soll aber nicht, von der Einteilung in bestimmte Klassen abhängig gemacht werden. [9] Alle Stimmen haben gleichen Zählwert. Die Anzahl der möglichen und der zur Gültigkeit eines Beschlusses erforderlichen Stimmen müssen bekannt sein. [10] Die Stimmabgabe erfolgt geheim. [11]

---

1 *Natur und Wesen*, § 92 (Seite 208).

2 Justi läßt offen, ob er die Einführung der Tribunen befürworten soll. Er verweist auf die Möglichkeiten des Mißbrauchs dieses Amtes. Zum Ganzen vgl. *Natur und Wesen*, § 85, am Ende (Seite 194 f); *Grundriß*, § 130 (Seite 140 f); *Von dem Gleichgewichte* (*Neue Wahrheiten*, 12. Stück, Seite 725 und *Gesammelte Politische- und Finanzschriften*, Band 1, Seite 22 f).

3 *Natur und Wesen*, § 86 (Seite 195).

4 *Natur und Wesen*, § 87 (Seite 195 f).

5 *Natur und Wesen*, § 91 (Seite 205).

6 In *Natur und Wesen* § 87 (Seite 197 f) bestätigt Justi seine diesbezüglich vollständige Übereinstimmung mit *Montesquieu*.

7 *Natur und Wesen*, § 88 (Seite 198 ff).

8 *Natur und Wesen*, § 90 (Seite 202 - 204).

9 *Natur und Wesen*, § 90 (Seite 202 ff).

10 *Natur und Wesen*, § 89 (Seite 200 ff).

11 *Natur und Wesen*, § 88 am Ende (Seite 200).

Jede uneingeschränkte Gewalt muß sich selbst mäßigen. [1] Eine Mäßigung über Grundregeln (wie bei Monarchie und Aristokratie) [2] ist in der Demokratie nicht möglich. Hier ist ein "wirkliches" Mittel erforderlich: durch das Veto einer besonderen Einrichtung (Sittenrichter oder Priester) muß das Volk veranlaßt werden, erneut über seine Beschlüsse zu beraten. [3]

10.2.4 Vermischte Regierungsformen

Die wesentliche Eigenschaft guter vermischter Regierungsformen ist, daß die oberste Gewalt (unter Beachtung eines gerechten Gleichgewichts zwischen den beiden Hauptzweigen der obersten Gewalt [4]) in der Grundverfassung auf verschiedene Verwalter übertragen wird. [5]

10.2.4.1 Monarchie und Aristokratie [6]

Bei der Mischung von Monarchie und Aristokratie besitzt der König die vollziehende, der Adel die gesetzgebende Macht oder wenigstens den größten Anteil an ihr. Je größer die Absonderung voneinander und je besser das Gleichgewicht beider Teile zueinander sind, desto dauerhafter ist der Staat. Das Gleichgewicht wird durch ein gegenseitiges Verhinderungsrecht erreicht. Der König besitzt ein Vetorecht gegenüber der Gesetzgebung. [7] Auf Seiten der Gesetzgebung sind zwei Varianten denkbar, um die Macht des Königs zu begrenzen. Zum einen ist es möglich, daß der Adel das Kriegsheer bildet. Die zweite Möglichkeit besteht in der Bestimmung des Adels über die Heeresstärke und der jährlichen Bewilligung der erforderlichen Finanzmittel.

---

1 Siehe oben Seite 189 f.
2 Siehe oben Seite 213 - 216.
3 Vgl. *Natur und Wesen*, § 92 (Seite 208 f).
4 Siehe oben Seite 177 ff.
5 *Grundriß*, § 20 (Seite 13 f).
6 *Natur und Wesen*, § 94 (Seite 211 ff); *Grundriß*, § 132 (Seite 143).
7 *Natur und Wesen*, § 94 (Seite 212).

10.2.4.2 Monarchie und Demokratie [1]

Bei den aus monarchischen und demokratischen Elementen zusammengesetzten Staaten hat der Monarch die vollziehende Macht. Dem Volk gebührt "natürlicher Weise" [2] (wie in allen anderen vermischten Regierungsformen mit demokratischem Element) die gesetzgebende Macht; denn niemand kennt den Zustand und die Bedürfnisse des Volkes besser als das Volk:

> "Die Bürger sind allemal zur Gesetzgebung besser geschickt als die weiseste Regierung jemals sein kann. Niemand kann ihren Zustand, ihre Bedürfnisse, ihre Noth, ihre Kräfte besser kennen als sie selbst, ..." [3]

Die Grundverfassung muß, soll sie dauerhaft sein, weise eingerichtet werden. Das Gleichgewicht zwischen den Gewalten wird über die "Rechte einander zu verhindern" [4] entsprechend der zweiten [5] Variante der Mischung von Monarchie und Aristokratie hergestellt. Die gesetzgebende Macht muß insbesondere darauf achten, ihren "vornehmsten Theil" [6], die Bestimmung der Heeresstärke und der dafür erforderlichen Finanzmittel, nicht aufzugeben.

Bezüglich des Abstimmungsrechtes unterscheidet Justi (im Gegensatz zu seiner Beschreibung der Demokratie) zwischen kleinen und größeren Staaten. Während in der Demokratie zu jeglichen Abstimmungen nur zuzulassen ist, wer über "Verstand und Willen" verfügt [7], existiert eine solche Einschränkung des Wahlrechts in der aus monarchischen und demokratischen Elementen zusammengesetzten Regierungsform nur in den kleineren Staaten. In größeren Staaten hingegen übt das Volk die gesetzgebende Macht durch seine Repräsentanten aus. [8] Die direkte Stimmabgabe in der

1 *Natur und Wesen*, § 95 (Seite 214 ff).
2 *Natur und Wesen*, § 95 (Seite 214).
3 *Betrachtungen über die Monarchien und Aristocratien* (*Politische und Finanzschriften*, Seite 182); ähnlich in *Grundriß*, § 141 (Seite 159), und § 161 (Seite 194).
4 *Natur und Wesen*, § 95 (Seite 214).
5 Siehe oben Seite 220.
6 *Natur und Wesen*, § 95 (Seite 215).
7 Siehe oben Seite 219.
8 *Grundriß*, § 133 (Seite 144 f), § 141 (Seite 159).

gesetzgebenden Versammlung wird durch die Wahl von Repräsentanten ersetzt. Zu diesen Wahlen ist sogar "die geringste Sorte des Volks" zuzulassen; denn auch diese ist in der Lage, die Fähigkeit der Kandidaten zu beurteilen. [1] Das passive Wahlrecht ist nicht an die obrigkeitlichen Personen der Stadt und des Bezirkes gebunden. [2]

10.2.4.3 Aristokratie und Demokratie [3]

Die gesetzgebende Macht liegt beim Volk, die vollziehende beim Adel oder einem ständigen Senat. Das Gleichgewicht wird entsprechend der aus monarchischen und demokratischen Elementen zusammengesetzten Regierungsform eingerichtet.

10.2.4.4 Monarchie, Aristokratie und Demokratie [4]

Die Aufgaben von König und Volk ergeben sich aus den Erwägungen zur monarchisch-demokratischen Regierungsform. Die vollziehende Macht befindet sich aus praktischen Gründen in der Hand einer einzelnen Person, folglich des Königs. Die gesetzgebende Macht wird durch das Volk oder dessen Repräsentanten als der am besten über den Zustand des Landes informierten Gruppe übernommen.

Der Adel [5] hat keinen Anteil an der vollziehenden Macht in Staatssachen [6], da er sonst die Schnelligkeit der Vollziehung hindern würde. Er kann keinen Anteil an der gesetzgebenden Macht über Steuern und Abgaben haben, weil das Volk die meisten dieser Lasten zu tragen hat. Deshalb ist die Bewilligung des Militärhaushaltes einzig Sache des Volkes. Wie bereits oben bei der

---

1 *Grundriß*, § 133 (Seite 144 f) und § 141 (Seite 159).
2 *Grundriß*, § 141 (Seite 159).
3 *Natur und Wesen*, § 96 (Seite 216); *Grundriß*, § 134 (Seite 146 ff).
4 *Natur und Wesen*, § 97 (Seite 217 ff); *Grundriß*, § 135 (Seite 148 ff), § 147 (Seite 171 ff).
5 Zur Beteiligung des Adels vgl. erg. oben Seite 187 ff.
6 Zum Begriff vollziehende Macht in Staatssachen siehe oben Seite 181.

Mischung von Monarchie und Demokratie festgestellt, würde das Gleichgewicht gestört, wenn Volk oder Monarch die richterliche Macht ausübten. Aus diesen Gründen ist dem Adel als Teil der vollziehenden Macht die oberste Verwaltung der Gerechtigkeit zu übertragen. Gleichzeitig ist der Adel an der gesetzgebenden Macht durch Mitwirkungs- und Verhinderungsrechte insofern zu beteiligen, als die genannten Sachgebiete nicht betroffen sind. Daß dem Adel nicht die richterliche Macht oder Teile der gesetzgebenden Macht überantwortet werden, sondern gleichzeitig die richterliche Macht (als ein Ausschnitt aus der vollziehenden Macht) und Teile der gesetzgebenden Macht zukommen, ergibt sich insbesondere aus der ersten Vorstellung dieser Regierungsform im *Grundriß*. [1] Justi geht von Anbeginn davon aus, daß das Volk die Gesetze gebe, der Monarch diese vollziehe und der Adel an einigen Stücken der gesetzgebenden "und" vollziehenden Macht Anteil habe. Die richterliche Macht des Adels erstreckt sich auch auf Streitigkeiten zwischen der gesetzgebenden Macht und den Ministern betreffend den Vorwurf, daß die Minister die Abgaben schlecht verwaltet haben:

> "Hier kann die gesetzgebende Macht nicht Richter seyn, weil sie zugleich Kläger ist. ... die vollziehende Macht nicht Richter seyn, weil sie, oder ... ihre Ministers, der beschuldigte Theil sind. Da kann nun niemand ... unparteyischer untersuchen, als der Körper des Adels ...; und dergleichen Fälle werden sich mehr ereignen, wo der Körper des Adels einen Mittler zwischen der vollziehenden und gesetzgebenden Macht zur großen Wohlfahrt des Staats abgeben kann. Auf diese Art kann diese Regierungsform die allervortrefflichste unter allen werden; ... ." [2]

10.2.5 Triebfedern der Regierungsformen [3]

> "Die verschiedenen Regierungsformen ... sind die Natur der Staaten. ... Seine Natur verursachet es, warum er sich so und auf keine andere Art bewegen kann. Allein, diese Natur ist nicht selbst der Grund seiner Bewegung. Ein jeder Staat

1 *Grundriß*, § 14 (Seite 9).
2 *Grundriß*, § 135 (Seite 149 f); ähnlich a.a.O., § 146 (Seite 170).
3 *Natur und Wesen*, 6. Hauptstück.

muß also noch einen besonderen Grund der Thätigkeit in sich selbst haben." [1]

Der moralische Grund aller Handlungen des Menschen ist die Selbstliebe. Die Tätigkeit des Staates muß ebenfalls in der Selbstliebe gründen. [2] Der Grund der Tätigkeit des Staatskörpers ist "die Liebe zu sich selbst" [3], d.h. die Liebe des Vaterlandes (gleichbedeutend: Liebe der Regierungsform [4]). [5] Die Liebe des Vaterlandes bedarf als rohe Kraft einer "vernünftigen Leitung". [6] Diese Leitung erfolgt über die Triebfeder der politischen (oder: bürgerlichen [7]; nicht: moralischen [8]) Tugend. Diese Tugend besteht in der Erfüllung der bürgerlichen Pflichten gegen den Staat und die Mitbürger.

Außer der Tugend als allgemeine Triebfeder für alle Staaten besitzt jede Regierungsform, weil sich der Staatskörper nur nach seiner besonderen Natur bewegen kann, noch eine besondere Triebfeder. Diese besondere Triebfeder ist in der Monarchie die Ehre (Begierde nach Vorzug), in der Aristokratie die Mäßigung und in der Demokratie die Liebe zur Gleichheit. [9]

10.2.6 Justis Wertung der genannten Regierungsformen

Theoretisch sind alle Regierungsformen gleich gut, solange die entsprechenden Triebfedern in vollkommener Stärke wirken. [10] Unterschiede bestehen dann nur im "Temperament" des Staates. Die

---

1 *Natur und Wesen*, § 100 (Seite 225).
2 *Natur und Wesen*, § 100 f (Seite 225 ff).
3 *Grundriß*, § 15 (Seite 10).
4 *Natur und Wesen*, § 102 (Seite 228); *Grundriß*, § 15 (Seite 10).
5 *Natur und Wesen*, § 101 (Seite 226 f); wiederholt in *Chimäre des Gleichgewichts der Handlung*, Seite 25, und in *Grundriß*, § 15 (Seite 10); in *Von der Liebe zu dem Vaterlande* (*Moralische und Philosophische Schriften*, Band 1, Seite 211) versteht Justi die "Liebe zum Vaterland" schon als eine Tugend an sich.
6 *Grundriß*, § 15 f (Seite 10).
7 *Grundfeste*, Band 1, Einleitung, § 19 (Seite 19).
8 *Natur und Wesen*, § 106 (Seite 240).
9 *Grundriß*, § 17 (Seite 11); *Natur und Wesen*, §§ 107 - 110 (Seite 243 - 256); *Grundfeste*, Band 2, § 119 (Seite 119).
10 *Grundriß*, § 126 (Seite 132).

Wahl der Regierungsform hängt von den besonderen Umständen des Einzelfalles ab, beispielsweise von:

- der Größe des Volkes (ein großes Volk wählt wegen der Geschwindigkeit der Vollziehung die Monarchie; ein kleines Volk wegen des geringeren Haushalts, der eine Pracht wie in der Monarchie nicht zuläßt, die Republik),
- dem besonderen Endzweck des Staates (ein mittelgroßes oder großes Volk, das seinen Endzweck auf Handlung und Schiffahrt ausgerichtet hat, wählt wegen der Sorge für die Wirtschaft eine vermischte Regierungsform),
- der besonderen Lage des Staates (die Bewohner eines gebirgigen Landes wählen die Republik, weil sie imstande sind, sich aus eigener Kraft zu verteidigen; geworbene Kriegsheere, wie in der Monarchie, wären schädlich). [1]

Da in fast allen Staaten mangels guter Grundregeln [2] und Einrichtungen sowie wegen der menschlichen Schwachheiten die Triebfedern verletzt sind, verdienen in der Praxis [3] die wohl eingerichteten vermischten den Vorzug vor den einfachen Regierungsformen. Der wesentliche Vorteil der vermischten Regierungsformen besteht darin, daß die Macht nicht "in einerley Händen" liegt und deshalb schwerer zu mißbrauchen ist. [4] Die nach dem Muster der vermischten Regierungsformen gebildeten Regierungen können, wenn durch die Grundverfassungen keine Gewalt ein Übergewicht hat [5], durch diese weise Einrichtung der Grundverfassungen schon "ihrer Natur nach" niemals "böse" sein. [6] Die in diesem Sinne wohl eingerichteten Regierungsformen sind in der Praxis den einfachen Regierungsformen vorzuziehen. Ist das Gleichgewicht der Gewalten in den vermischten Regierungsformen schlecht eingerichtet, so sind in der praktischen Anwendung Monarchie, Demokratie oder Aristokratie vorzuziehen. [7] Bei dieser Bevorzugung bezieht sich

---

1 *Natur und Wesen*, § 236 (Seite 532 ff).
2 Zu den Grundregeln siehe oben Seite 194 und 213 - 216.
3 Zur Monarchie als theoretisch bester Regierungsform siehe unten Seite 226 ff.
4 *Grundriß*, § 19 (Seite 12 f), § 126 (Seite 132 f), § 131 (Seite 142).
5 *Grundriß*, § 137 (Seite 154 f).
6 *Grundriß*, § 131 (Seite 142).
7 *Grundriß*, § 150 (Seite 177).

Justi nicht auf die (gemessen an Justis Definition ebenfalls einfache [1]) Regierungsform der platonischen Republik [2]. Das ergibt sich daraus, daß Justi das oben zitierte Urteil in seiner Untersuchung über die "Wirkungen der Regierungsformen auf die Güte der Regierung" (*Grundriß*, Buch 2, Hauptstück 1) fällt. Die platonische Republik behandelt Justi erst später (*Grundriß*, Buch 2, Hauptstück 3) unter der Fragestellung:

> "Ob durch eine vortreffliche Einrichtung der Grundverfassungen eine Regierungsform entstehen kann, die, vermöge ihrer Natur, nothwendig, und allezeit vollkommen gut seyn muß".

Zur Illustration der unterschiedlichen Wirkungen der beiden Hauptgruppen der Regierungsformen dient Justi das Bild eines Flusses:

> "Eine einfache Regierungsform ist ein Strom, dessen Ufer nicht verwahret sind, der zwar zuweilen ganz ruhig in seinem Bette fließet, aber der alsofort austreten und alles überschwemmen wird, so bald er durch wilde Fluthen und durch Sturmwinde aufschwillet. Eben so können die einfachen Regierungsformen sehr gut seyn; diese uneingeschränkte Gewalt aber wird alsobald denen Menschen erschrecklich, so bald sie durch die Lüste und durch die Leidenschaften in Bewegung gesetzet wird. Allein die vermischten Regierungsformen sind ein Strom, der in Ufern fließet, die mit Dämmen sehr wohl verwahret sind. Ein jeder Zweig der obersten Gewalt findet hier seine Einschränkung an dem andern Zweige; und außer einem sehr großen Verderben des Staats, oder einer sehr übel eingerichteten Grundverfassung kann keiner viel Böses thun." [3]

(a) Monarchie

Mit Nachdruck [4] betont Justi, daß die Monarchie nur bei Beachtung der Grundregeln [5] die vorzüglichste unter allen anderen (auch

---

1 Siehe unten Seite 235, FN 4.
2 Siehe unten Seite 232 ff.
3 *Grundriß*, § 126 (Seite 133 f).
4 *Natur und Wesen*, § 72 (Seite 162): "Allein, ich gestehe gern, daß dieses: **Wenn**, von überaus großer Wichtigkeit bey dem Vorzuge ist, den ich der Monarchie beylege, und daß dahero dieser Vorzug zwar allemal möglich, aber selten wirklich ist."; vgl. erg. *Grundriß*, § 128 (Seite 135).
5 Zu den Grundregeln siehe oben Seite 194 und 213 - 216.

unter den vermischten! [1]) Regierungsformen ist; denn sie verkörpert die am wenigsten gekünstelte Maschine. Der Vorteil der Monarchie liegt in der schnellen Reaktionsmöglichkeit der Regierung. [2] Weil dies eine Parteibildung, der Grund des Verderbens der Staaten, verhindert, wird der Staat dauerhaft. Die Monarchie kann im Vergleich zu den anderen Regierungsformen den stärksten Staatskörper erzeugen. [3] Sie ist am ehesten in der Lage, ohne Gefahr ihrer selbst Eroberungen zu machen. [4] Justi bemängelt jedoch, daß die Grundregeln (als der eigentliche Auslöser des Vorzugs der Monarchie) in der Praxis selten beachtet werden. [5] Zudem ist die Freiheit der Wissenschaft von allen Regierungsformen in der Monarchie am meisten gefährdet. [6] Wegen der Nähe jeder uneingeschränkten obersten Gewalt zur Despotie ist die Monarchie nicht ungefährlich. Da die Anzahl der schlechten Menschen überwiegt, ist die Wahrscheinlichkeit nicht gering, daß die monarchische Regierung mißbraucht wird. Und selbst bei einem weisen Monarchen besteht die Möglichkeit, daß er seine Gewalt mißbraucht. [7] Die Vorzüge der Monarchie liegen nach Justi darum nicht in der Natur der Regierungsform begründet, sondern sind lediglich das Ergebnis einer weisen, sich aus eigener Bewegung einschränkenden Regentschaft. [8]

Nach allem ist die Monarchie für Justi nur theoretisch eine gute Regierungsform. An die Verwirklichung ihrer Vorteile in der Praxis glaubt er nicht. Zwar bezeichnet Justi noch im Jahre 1750, wohl unter dem Einfluß, in den Dienst *Maria Theresias* getreten zu sein, die Monarchie als "der Natur des Menschen im Geringsten

---

1 *Natur und Wesen*, § 72 (Seite 161): "... so muß ich bekennen, daß ich die Monarchien unter allen andern Regierungsformen für die vorzüglichste halte..."; *Grundriß*, § 128 (Seite 135): "... kenne ich keine vortrefflichere Regierungsform ..."; vgl. erg. oben Seite 225.

2 *Natur und Wesen*, § 67 (Seite 147); *Grundriß*, § 128 (Seite 134).

3 *Natur und Wesen*, § 72 (Seite 161).

4 *Vergleichungen*, Seite 129 f.

5 *Natur und Wesen*, § 72 (Seite 162).

6 *Ob eine monarchische Regierungsform dem Wachsthum der Wissenschaften zuträglich sey* (*Scherzhafte Schriften*, Band 3, Seite 130 - 145, insbes. Seite 144).

7 *Grundriß*, § 128 (Seite 136).

8 *Grundriß*, § 128 (Seite 135); zur Einschränkung der Monarchie aus eigener Bewegung siehe oben Seite 189 ff und 211 ff.

nicht zuwider" [1]. Und auch die *Staatswirtschaft* (1755/1758) setzt die monarchische Regierungsform als selbstverständlich voraus. [2] Allerdings bietet deren zweite Auflage (durch die -später aber wieder zurückgenommene- Gleichstellung der unumschränkten Monarchie mit der Despotie [3]) im neu eingeführten § 20 die schärfste Ablehnung der monarchischen Regierungsform in den unter eigenem Namen veröffentlichten Schriften. Gemäßigter sind bereits die Ausführungen im *Grundriß* [4] (1759). Noch knapper und vorsichtiger formuliert, wenn auch im Kern aufrechterhalten, ist die Kritik in *Natur und Wesen* [5] (1760). Nur auf die Universalmonarchie gemünzt und deshalb indirekt gegen die Machthaber seiner Zeit gerichtet, ist Justis Anmerkung, es sei eine Verkennung der Tatsachen, in einer langen Reihe der Regierungsfolge nichts als vollkommene und weise Regenten zu erwarten [6]. Die *Vergleichungen* (1762) offenbaren einzig dem Kenner seiner Schriften, wie verhaßt ihm das in der Wirklichkeit vorgefundene monarchische System noch immer war. [7] Die aufgestaute Wut gegen die Monarchie bricht sich dann in einem seiner letzten Werke, den anonym erschienenen *Physikalischen und Politischen Betrachtungen* (1769) Bahn. Die schon früher in der *Staatswirtschaft* vorgenommene Gleichsetzung der unumschränkten Monarchie mit der Despotie kommt hier ein letztes Mal deutlich zum Ausdruck:

> "Ich glaube so gar, daß eine Monarchie am glücklichsten ist, wenn sie so wenig Umgang als möglich mit andern Nationen hat. Der Unterthan in der Monarchie schätzet sich nur so lange vor glücklich, als er keine andern Regierungsformen, und mithin seine Sclaverey nicht kennet." [8]

---

1 *Von der Herrschaft* (*Deutsche Memoires*, Band 3, Seite 290).

2 *Staatswirtschaft*, Band 1, § 11 (Seite 39): "Da wir in diesem Buche die monarchische Regierungsform voraussetzen..."; ähnlich a.a.O., Band 2, § 591 (Seite 689).

3 Siehe oben Seite 208 f.

4 A.a.O., § 128 (Seite 134 ff).

5 A.a.O., § 72 (Seite 161 f).

6 *Beweiß, daß die Universalmonarchie vor die Wohlfahrt von Europa und überhaupt des menschlichen Geschlechts die größte Glückseligkeit wirken würde* (*Gesammelte Politische und Finanzschriften*, Band 2, Seite 236, Anmerkung).

7 *Vergleichungen*, Seite 98 - 100: Justi zieht die (wie er mehrfach feststellt: "nicht der Vernunft entsprechende") Erbfolge einem Wahlreich vor.

8 *Physicalische und Politische Betrachtungen*, Seite 144.

Schließlich weicht Justi unter dem Druck der Realität von seiner bisherigen Einteilung der Regierungsformen ab und anerkennt voller Hohn die Regierungsform eines "despotischen Reiches". [1]

(b) Aristokratie [2]

Wird eine Monarchie nicht errichtet, so hat das gesamte Volk die gleiche Befugnis zur Teilhabe an der obersten Gewalt. Deshalb ist die Aristokratie die "allerunbilligste" [3] Regierungsform. Da sich ein Teil des Volkes einen ungerechtfertigten Vorzug gegenüber dem anderen Teil anmaßt, besteht eine ständige Umsturzgefahr. Das Volk wird ebenso versuchen, die Aristokratie zu überwinden, wie einzelne Mitglieder des Adels bemüht sein werden, die ganze Macht an sich zu reißen. Die Aristokratie kann dem Volk weit weniger Freiheit zugestehen als die Monarchie, die diese Gefahr nicht kennt. [4] Gewalt und Unterdrückung sind die Konsequenzen dieser Regierungsform. [5] Ist die oberste Gewalt auf zwei Collegien verteilt [6], so werden die negativen Wirkungen der Aristokratie gemäßigt, aber nicht vollständig beseitigt. Die Natur der aristokratischen Regierungsform besitzt nur geringen Einfluß auf die Güte der Regierung. [7]

(c) Demokratie [8]

Die Demokratie hat ihrer Natur nach wenig Einfluß auf die Güte

---

1 *Physikalische und Politische Betrachtungen*, Seite 98 f; zur Definition eines "Reiches" siehe oben Seite 207.

2 *Natur und Wesen*, § 76 (Seite 172 f); *Grundriß*, § 129 (Seite 137 ff); vgl. erg. *Von dem Gleichgewichte* (*Neue Wahrheiten*, 12. Stück, Seite 723, und *Gesammelte Politische und Finanzschriften*, Band 1, Seite 21): "Unter allen Regierungsformen tauget die Regierung des Adels am allerwenigsten etwas ... . Das sind allemal so viel kleine Despoten, als Edelleute vorhanden sind ... ."; *Vergleichungen*, Seite 189: "Die Despotischen Regierungen, und in verschiedenen Betracht auch die Aristocratien, sehen ihre Unterthanen als bloß thierische Wesen an; ..."; negative Darstellung der Aristokratie bereits in *Die Dichterinsul* (1745), Seite 96.

3 *Natur und Wesen*, § 75 (Seite 168).

4 *Grundriß*, § 129 (Seite 138).

5 *Grundriß*, § 132 (Seite 143).

6 Siehe oben Seite 216 f.

7 *Grundriß*, § 129 (Seite 137).

8 *Grundriß*, § 130 (Seite 141 f).

der Regierung. Die Einführung von Tribunen und Sittenrichtern [1] bietet angesichts der Mißbrauchsmöglichkeiten dieser Ämter keine optimale Lösung.

(d) Monarchie/Aristokratie [2]

Bei einer Mischung von Monarchie und Aristokratie wird die Glückseligkeit "nicht allzu groß" sein. Die Regierungsform ist nur dann erträglich, wenn zwischen Adel und König ein Gleichgewicht besteht. [3]

(e) Monarchie/Demokratie [4]

Hier ist jede Gewalt in der jeweils besten Hand. Das Volk, das vorzüglich zur Gesetzgebung geeignet ist, wird sich niemals nachteilige Gesetze geben. Der König, der diese Gesetze vollzieht, kann nichts Böses ausrichten. Das Volk wird in vollkommener bürgerlicher Freiheit leben. Die Natur der Regierungsform hat eine große Wirkung auf die Güte der Regierung. [5]

(f) Aristokratie/Demokratie [6]

Auch diese Republik wird ihre "Glückseligkeit befördern können und zu großen Dingen geschickt" sein. Jedoch hindert das Mißtrauen zwischen Volk und Adel die Dauerhaftigkeit dieser Regierungsform.

(g) Monarchie/Aristokratie/Demokratie

Unter den vermischten Regierungsformen ist diese die allernatürlichste und billigste. Im Vergleich mit allen Regierungsformen gilt:

---

1 Siehe oben Seite 219 f.
2 *Grundriß*, § 132 (Seite 143 f).
3 *Grundriß*, § 132 (Seite 143).
4 *Grundriß*, § 133 (Seite 144 ff).
5 *Grundriß*, § 133 (Seite 144).
6 *Natur und Wesen*, § 96 (Seite 216); *Grundriß*, § 134 (Seite 146 ff).

"Wenn diese dreyerley Gewalten in der Grundverfassung des Staats dergestalt weislich eingerichtet sind, daß eine ohne die andere nichts thun kann, und daß immer eine die andere zu verhindern im Stande ist, so bald sie üble Maaßregeln ergreifen will; wenn sie mithin in einem gerechten Gleichgewichte mit einander stehen;... ; so ist das die allerweiseste und glücklichste Regierung, unter welchen die Menschen je leben können. Die Regierungsform von England ist wirklich also beschaffen;... Allein, wenn die drey Gewalten im Staate nicht in einem gerechten Gleichgewichte mit einander stehen; so kann auch eine solche vermischte, aus allen drey Regierungsformen zusammengesetzte Regierung sehr schlecht seyn." [1]

Obwohl die aus dem monarchischen, demokratischen und aristokratischen Element zusammengesetzte vermischte Regierungsform über kleinere Mängel verfügt, hält Justi sie gegenüber den anderen vermischten Regierungsformen für vorzugswürdig:

"Diese Mängel sind allemal klein gegen die großen Gebrechen aller andern vermischten Regierungsformen, welche ein solches Gleichgewicht unter denen verschiedenen Gewalten gar nicht haben." [2]

Unlösbar erscheint Justi beispielsweise die Frage, auf welche Weise das "ohne Zweifel bestehende Recht" des Volkes, die den Repräsentanten gegebene Vertretungsvollmacht zu widerrufen, gesichert werden kann. Ein imperatives Mandat jedenfalls hält Justi für wenig sinnvoll; denn er will die Entscheidungsfindung dem Gewissen der Repräsentanten überantworten:

"Die Representanten dergestalt von ihren Städten und Bezirken abhängig zu machen, daß sie bey jeder Angelegenheit Bericht erstatten und auf Instruction und Befehl warten müssen, kann man ... nicht anrathen. Dieses würde eine ... große Unthätigkeit und Langsamkeit ... veranlassen, ... Allein in einem Staate, wo das Volk die gesetzgebende Macht besitzet, ist es unumgänglich nöthig, daß es diese zeitige gesetzgebende Macht der eignen Einsicht seiner Representanten anvertrauet, ohne denenselben, außer einer allgemeinen Instruction, in jeder besondern Angelegenheit Vorschriften zu geben." [3]

---

1 *Natur und Wesen*, § 97 (Seite 218 f); ähnlich *Grundriß*, § 135 (Seite 150).
2 *Grundriß*, § 153 (Seite 183).
3 *Grundriß*, § 153 (Seite 182).

10.2.7 Die Platonische Republik

Vollkommene Regierungsformen, die zwangsläufig zu einer dauerhaft guten Regierung führen müßten, sind wegen der menschlichen Leidenschaften nicht möglich. Denkbar, aber wirklichkeitsfern, ist allenfalls eine Regierungsform, welche die großen Fehler der anderen Staatsformen vermeidet. [1] Eine solche theoretisch beste Regierungsform, die platonische Republik, stellt Justi in seinem *Grundriß* ausführlich vor:

> "Sollte wohl eine Regierungsform möglich seyn, die gar keine Fehler und Unvollkommenheiten an sich hätte, sondern welche vermöge ihrer vortrefflichen Grundverfassungen eine Regierungsart darstellte, die ihrer Natur nach allezeit und vollkommen gut seyn müßte? Wenn man diese Frage nach aller ihrer Strenge verstehet, so muß man ohne Bedenken mit nein antworten ... Wenn man aber unter dieser Frage verstehet, ob eine Regierungsform möglich ist, die von allen denen großen Fehlern und Gebrechen befreyet ist, die wir in denen bürgerlichen Verfassungen so häufig wahrnehmen, die ihren Bürgern alle Sicherheit, Freyheit und Glückseligkeit gewähren kann, worzu sie vermöge ihrer schwachen Natur jemals gelangen können, und welche zugleich gegen alle Zufälle von innen und außen alle Stärke und Dauerhaftigkeit besitzet, deren ein Staat fähig ist, so muß man allerdings mit ja antworten. ... wir hier eine Art von einer platonischen Republik ... bauen werden, von welchen man ohne eine lächerliche Erwartung sich nicht einbilden kann, daß es bei dem heutigen Zustand der Reiche und Staaten jemals zur Wirklichkeit kommen wird." [2]

Im folgenden ist zunächst (a) Justis Grundüberlegung zum Aufbau der platonischen Republik darzustellen. Danach sind (b) die Träger der gesetzgebenden und vollziehenden Gewalt zu nennen. Den konkreten Aufbau und die Hilfsorgane der Regierung bestimmen die Abschnitte (c) "Die drei Regierungscollegien" und (d) "Die subordinierten Collegien". Daraufhin sind Zusammensetzung und Funktionen (e) des "Collegiums der Sittenrichter" und (f) der "Versammlung des gesamten Adels" zu beschreiben. Abschnitt (g) erläutert die Wahl zu den einzelnen Gremien.

---

1 *Grundriß*, § 154 (Seite 183 f).

2 *Grundriß*, § 154 (Seite 183 f).

(a) Grundüberlegung zum Aufbau der platonischen Republik

Ausgangspunkt für die Gestaltung der Regierungsform der platonischen Republik ist die "Natur des Menschen". [1]

> "Wenn ... ein vernünftiges ... Volk ... eine Regierungsverfassung erwählen will, so muß es die menschlichen Begierden in seinem Plane zum Grunde legen. ... ; und die größte Geschicklichkeit und Weisheit des Werkmeisters wird darauf ankommen, daß er die Begierden und Leidenschaften der Menschen als das Mittel brauchet; um das Gebäude des Staats stark und dauerhaftig ... zu machen." [2]

Die platonische Republik muß hauptsächlich auf der stärksten der menschlichen Leidenschaften, der aus der Selbstliebe [3] erwachsenden Begierde nach dem Vorzug, aufgebaut werden. [4] Da die sich selbst überlassene Ehrbegierde (als erste Triebfeder dieser Regierungsform) sowohl zum Guten als zum Bösen neigen kann, muß sie durch eine zweite Triebfeder, die Tugend, geleitet werden. [5] Eine aus demokratischen und aristokratischen Elementen bestehende "vermischte" [6] Regierungsform kann diese beiden Triebfedern am stärksten entfalten. Eine Mischung aus Demokratie und Monarchie (überhaupt eine Regierungsform, die über ein monarchisches Element verfügt) ist weniger geeignet. Die Existenz eines Königs ist der zweiten wesentlichen Triebfeder des Staates, der Tugend, nicht förderlich. [7]

Erste Triebfeder: Die Begierde nach dem Vorzug [8]

Die Ehrbegierde der Bürger ist durch die Verleihung gewisser

---

1 *Grundriß*, § 158 (Seite 188); a.a.O., § 155 (Seite 184); zur Natur des Menschen siehe oben Seite 79 ff.

2 *Grundriß*, § 155 (Seite 185).

3 Zur Selbstliebe siehe oben Seite 84 f.

4 *Grundriß*, § 155 (Seite 184 ff).

5 *Grundriß*, § 156 (Seite 185 ff).

6 Die platonische Republik ist -entgegen Justi- keine vermischte, sondern eine einfache Regierungsform, siehe unten Seite 235, FN 4.

7 *Grundriß*, § 157 (Seite 187).

8 Schon im Jahre 1750 bespricht Justi in seinem Aufsatz *Von einer für verdiente Leute einzuführenden besondern Würde und Ehrenzeichen* (*Deutsche Memoires*, Band 3, Seite 212 ff) verschiedene Teilaspekte dieser ersten Triebfeder. Sie in ein Regierungssystem einzubauen, gelingt ihm erst im *Grundriß*.

"Merkzeichen" der Ehre anzutreiben. Die Auszeichnung erfolgt öffentlich. Als Kennzeichen kommt, nachdem der erbliche Adel durch einen neu einzuführenden persönlichen Adel ersetzt wurde, die Verleihung des Adelsprädikats in Betracht. Da der neue Adel nicht erblich ist, werden die Ausgezeichneten nicht versuchen, Sonderinteressen zu verfolgen; ihre nicht adeligen Nachkommen wären als einfache Bürger den geschaffenen Nachteilen ebenfalls ausgesetzt. [1]

Zweite Triebfeder: Die Tugend

Das Volk wird nur dann tugendhaft sein, wenn Gesetze und Sitten übereinstimmen. Da beide sich in Wirklichkeit nicht decken [2], muß das Gesetzbuch auch die Sitten vorschreiben, wenigstens sind die Gesetze und Sitten in Übereinstimmung zu bringen. Ein Mittel, die in diesem Sinne übereinstimmenden Gesetze und Sitten aufrecht zu erhalten, könnte ein neu einzuführendes Collegium der Sittenrichter sein.

Der neue Adel und das Collegium der Sittenrichter sind die beiden zentralen Einrichtungen der platonischen Republik.

(b) Träger der gesetzgebenden und vollziehenden Gewalt [3]

In den bereits besprochenen gemischten Regierungsformen mit demokratischem Element wurde stets dem Volk die gesetzgebende Gewalt übertragen. Der wesentliche Grund hierfür war, daß sich das Volk durch die Übernahme der gesetzgebenden Gewalt vor Unterdrückung schützen kann. Daneben war von Bedeutung, daß sich die Kenntnis des Volkes über den Zustand des Landes positiv auf die Gesetzgebung auswirkt. Im Unterschied hierzu besteht in der platonischen Republik keine Notwendigkeit, dem Volk die gesetzgebende Gewalt zu überlassen; denn es gibt -wegen der Ersetzung

---

1 *Grundriß*, § 159 (Seite 190 f).

2 Als Beispiele benennt Justi in *Grundriß*, § 160 (Seite 192): nach dem Gesetz wird der Betrüger verurteilt, nach den Sitten geehrt, wenn er nur reich ist; nach dem Gesetz sind Duelle verboten, nach den Sitten gefordert; weitere Beispiele a.a.O.

3 *Grundriß*, § 161 (Seite 194 f).

des erblichen durch den neu eingeführten persönlichen Adel- keine Gruppe innerhalb des Landes, die ein von der Wohlfahrt des gesamten Volkes abgesondertes Interesse haben könnte. [1] Das Volk hat die Aufgabe, aus dem Körper des gesamten (nunmehr persönlichen) Adels die Regierungsmitglieder zu wählen. Die gewählte Regierung übernimmt die Aufgaben der Gesetzgebung und der Vollziehung. [2] Zur Wahl der Regierung ist das Volk "vorzüglich" geeignet. Über die Wahl hinaus hat das Volk -abgesehen von den Fällen einer Ausübung der Grundgewalt [3]- keine Möglichkeit, direkt auf die Regierungsgeschäfte Einfluß zu nehmen.

Nach allem handelt es sich bei der platonischen Republik deshalb um eine einfache, nicht, wie Justi behauptet, um eine vermischte Regierungsform. [4]

(c) Die drei Regierungscollegien [5]

Die Notwendigkeit der Existenz von drei Regierungscollegien ergibt sich aus dem Erfordernis der Mäßigung jeder uneingeschränkten obersten Gewalt.

---

1 Zum persönlichen Adel siehe oben Seite 233 f.

2 *Grundriß*, § 161 (Seite 195).

3 Zu den Aufgaben der Grundgewalt siehe oben Seite 141 ff.

4 Justi bezeichnet seine platonische Republik als eine "vermischte Regierungsform, die in gewisser Maaße aus der Democratie und aus der Aristocratie zusammengesetzet ist" (*Grundriß*, § 157, Seite 187, Satz 1). In Wirklichkeit handelt es sich bei der platonischen Republik, legt man Justis Definition (siehe oben Seite 204 ff) zugrunde, um eine uneingeschränkte, einfache Regierungsform. Dieses Ergebnis wird zusätzlich dadurch gestützt, daß Justi für die platonische Republik eine Aufteilung der obersten Gewalt auf verschiedene collegia mit dem Erfordernis einer Mäßigung der "in einerley Händen" befindlichen obersten Gewalt begründet (vgl. Zitat unten Seite 236). Außerdem begreift Justi die Verwalter der obersten Gewalt nicht als die Repräsentanten des Volkes. Justi stellt ausdrücklich fest, daß es in der platonischen Republik nicht erforderlich ist, dem Volk "oder dessen Repräsentanten" die gesetzgebende Gewalt anzuvertrauen. Mangels Eigenschaft der Regierungsmitglieder als Repräsentanten des Volkes (und deshalb mangels direkter Verwaltung der obersten Gewalt durch das Volk) handelt es sich bei der platonischen Republik dann aber um keine gemischte Regierungsform, sondern im Grunde genommen um eine Aristokratie. Justi hat seinen Fehler später eingesehen. In *Natur und Wesen*, § 82 (Seite 186 ff), beschreibt er die platonische Republik in Kurzform (ohne ihr jedoch diesen Namen zu geben und auch mit Abweichungen zum *Grundriß*) als eine "wahre Aristocratie, welche die Fehler dieser Regierungsform nicht an sich habe".

5 *Grundriß*, § 164 (Seite 199 ff), und § 166 (Seite 202 f). In *Natur und Wesen* geht Justi von der Existenz nur zweier Collegien aus (je eines für gesetzgebende und vollziehende Macht). Das hohe Justizcollegium steht unter diesen beiden höchsten Collegien.

"Gleichwie aber nichts so sehr dem Mißbrauche unterworfen ist, als wenn alle Zweige der obersten Gewalt sich in einerley Händen befinden; so müßten durch die Grundgesetze des Staats drey hohe collegia angeordnet seyn, davon das erste alles, was zur gesetzgebenden Macht gehöret, in Händen hat, das zweyte alles in dem Bezirke der vollziehenden Macht ausübet, das dritte aber die höchste richterliche Gewalt und die Aufsicht über alle untere Gerichtsstühle besitzet." [1]

Das vollziehende Collegium muß außer der Überprüfung und Bestätigung der Entschlüsse des gesetzgebenden Collegiums und deren Vollziehung neue Gesetze veröffentlichen, dem gesetzgebenden Collegium Rechnungen vorlegen und nachweisen, wie die Vollziehung geschehen ist. [2] Dieses Collegium wird, um eine rasche Arbeit zu gewährleisten, nur wenige Mitglieder haben. Das gesetzgebende Collegium hat, weil Gesetze reiflich bedacht werden müssen, die meisten Mitglieder. Der Vorsitz in jedem Collegium wechselt monatlich unter den zum nächsten Wahltermin ausscheidenden und gleichzeitig ältesten Regierungsmitgliedern.

(d) Die subordinierten Collegien [3]

Zur Unterstützung der allein entscheidungsbefugten Regierungscollegien dienen verschiedene subordinierte Collegien. Allein der gesetzgebenden Macht untergeordnet ist das Finanzcollegium (gleichbedeutend: Kammercollegium). Es bestimmt über den Gesamtaufwand des Staates jährlich im voraus. Lediglich der vollziehenden Macht unterworfen sind das Admiralitäts- und das Kriegscollegium. Ökonomie-, Commercien-, Manufaktur- und Policeycollegia hängen von beiden höchsten Collegien ab. Dem höchsten richterlichen Collegium unterworfen sind alle niederen Justizcollegia. Die personelle Besetzung der subordinierten Collegien wird -abgesehen von den Richterstellen- durch das jeweils maßgebende höchste Collegium in Stimmenmehrheit festgelegt. Die Stellen werden auf Lebenszeit übertragen und stehen dem Adel nicht offen. Wird ein Mitglied eines solchen Collegiums

---

1 *Grundriß*, § 164 (Seite 200).
2 *Grundriß*, § 166 (Seite 202 f).
3 *Grundriß*, § 165 (Seite 201 f).

geadelt, so muß der Betreffende seine Stelle nach längstens drei Jahren aufgeben. Während dieser Zeit hat er noch keine Stimme in der allgemeinen Versammlung des Adels [1]. Die Richter werden vom Volk auf drei Jahre gewählt und vom höchsten richterlichen Collegium bestätigt.

(e) Das Collegium der Sittenrichter

Die Sittenrichter werden vom Volk aus den Mitgliedern der Regierung gewählt, die das 55. Lebensjahr überschritten haben. Bei der Neuwahl eines Sittenrichters als Ersatz für einen verstorbenen Amtsinhaber haben die übrigen Sittenrichter die Möglichkeit der Ablehnung. Das Amt beinhaltet die höchste Würde innerhalb des Staates. In voller Unabhängigkeit von der Regierung sorgen die Sittenrichter (gemäß der Festlegung in den Grundgesetzen) teils für die Einhaltung der Grundverfassung, teils für die Beachtung der Sitten:

> "Unterdessen müssen doch diese Sittenrichter nicht das geringste mit der wirklichen Regierung des Staats zu schaffen haben. Sie müssen nur die Bewahrer der Grundverfassung des Staats, die Vertheidiger der Gesetze, die Erhalter der Tugend und guten Sitten, und die Beförderer der Geschicklichkeit, Künste und Wissenschaften seyn. Allein in allen diesen Punkten müssen sie eine ganz uneingeschränkte Gewalt nach Maaßgebung der Grundgesetze haben; und zwar eine Gewalt, die sich über alle Regierungscollegia des Staats, und selbst über die Representanten des Volks erstrecket." [2]

Beispielsweise kann jedes Mitglied der Regierung oder der Repräsentanten des Volkes, das die Grundverfassungen verletzt, unerlaubten Kontakt zu auswärtigen Mächten unterhält, sich bestechen läßt oder andere besticht, Ungerechtigkeiten ausübt oder die Sitten offenbar verletzt, durch die Sittenrichter entsprechend der Schwere der Verfehlung vorübergehend von der Verrichtung des Amtes suspendiert, ganz abgesetzt oder verhaftet

---

1 Zur allgemeinen Versammlung des Adels siehe unten Seite 238.
2 *Grundriß*, § 160 (Seite 193).

werden. [1] Schließen die Sittenrichter einstimmig ein Regierungsmitglied oder einen Repräsentanten des Volkes aus, so findet eine Appellation an den Körper der Repräsentanten des Volkes nicht statt. Ist nur Stimmenmehrheit gegeben, so erfolgt die Appellation. Der Ausgeschlossene ist bis zur Entscheidung seines Amtes enthoben. [2] Um das Funktionieren des Collegiums der Sittenrichter sicherzustellen, muß sich jedermann, ohne der Gefahr ausgesetzt zu sein, entdeckt zu werden, an die Sittenrichter wenden können. Von den Mitteilungen machen die Sittenrichter den in der Grundverfassung vorgeschriebenen vorsichtigen Gebrauch. [3]

Die Gefahr, daß die Sittenrichter ihre Macht mißbrauchen könnten, erwägt Justi durchaus. Da sie bei Volk und Regierung gleichermaßen "unbeliebt" sein werden, vertraut er für den Fall der Machtanmaßung auf den Widerstand der Gehorchenden und Regierenden. Justi betont, daß die weise Festsetzung der Funktion der Sittenrichter das wichtigste Element der Grundverfassung darstellt. [4]

(f) Die Versammlung des gesamten Adels [5]

Die Versammlung des gesamten Adels ist "souverain", d.h. keiner anderen als nur der Grundgewalt unterworfen. [6] Sie setzt sich aus sämtlichen Edelleuten des Staates zusammen, also nicht allein aus den Mitglieder der Regierungscollegien:

> "Der gesammte Körper des persönlichen Adels ist allein souverain und ununterwürfig. Allein, da derselbe an und vor sich selbst mit der Regierung des Staats nichts zu schaffen hat; so hat er keine Gelegenheit böses zu thun; und die höchsten Collegia werden es ungemein selten zu dem Falle kommen lassen, daß er über ihre Streitigkeiten richtet." [7]

---

1 *Grundriß*, § 160 (Seite 191 ff).
2 *Natur und Wesen*, § 82 (Seite 187 f).
3 *Grundriß*, § 160 (Seite 194).
4 *Grundriß*, § 169 (Seite 206 - 208).
5 *Grundriß*, § 166 (Seite 202 ff).
6 Zu Justis Souveränitätsbegriff siehe oben Seite 159 ff.
7 *Grundriß*, § 168 (Seite 206).

Die Versammlung des gesamten Adels schlichtet Streitigkeiten zwischen den drei hohen Regierungscollegien. Sämtliche Streitfälle sind binnen 30 Tagen durch die Streitenden selbst zu lösen. Hierzu zählen insbesondere Streitigkeiten aus Anlaß der Weigerung der vollziehenden Macht, einen Beschluß der gesetzgebenden Macht zu bestätigen, oder des Vorwurfs, die Vollziehung sei nicht ordnungsgemäß erfolgt. Ist eine Schlichtung innerhalb der genannten Frist nicht möglich, sind die jeweiligen Vorsitzenden unter Strafe der Verbannung verpflichtet, die Streitigkeit dem Collegium der Sittenrichter anzuzeigen. Dieses beruft den Körper des gesamten Adels ein, der mit Mehrheit der anwesenden Stimmen die Angelegenheit endgültig entscheidet:

> "... ; denn der gesammte Adel ist es eigentlich, bey welchem die oberste Gewalt uneingeschränkt beruhen soll; ob er gleich dieselbe nicht ausübet, bis es die Nothwendigkeit erfordert." [1]

Die zweite Aufgabe der Versammlung des gesamten Adels besteht darin, in gefährlichen Zeiten aus ihrer Mitte einen Diktator zu wählen, der auf kurze Zeit alle Macht vereinigt hält, um die Republik vor ihrem Untergang zu bewahren.

(g) Die Wahl

Das Volk hat das Recht zu wählen. Die (allein wählbaren) Mitglieder des Adels müssen sich aus Gründen der Billigkeit mit dem passiven Wahlrecht begnügen. Die Mitglieder der Regierung erhalten, um die Wahl Minderbemittelter zu ermöglichen, eine staatliche Besoldung. [2] Die Wahl erfolgt alljährlich [3] und darf in kleinen Staaten acht, im Falle der Wahl durch Repräsentanten höchstens 14 Tage dauern. [4] In kleinen Staaten geben die Bürger bei der Wahl des Adels, dem die Regierung anvertraut wird, ihre Stimme selbst ab. Von der Wahl ausgeschlossen ist der niedrigste

1 *Grundriß*, § 166 (Seite 203).
2 *Grundriß*, § 164 (Seite 199 f).
3 Anders in *Natur und Wesen*, § 82 (Seite 186): alle drei Jahre.
4 *Grundriß*, § 163 (Seite 198).

Pöbel. Er kann weder Verstand noch Willen haben, an den Angelegenheiten des Staates teilzunehmen. [1] Das Stimmrecht und der Zählwert der Stimmen bemessen sich nach den Abgaben, die an den Staat geleistet werden. Das Stimmrecht ist nicht übertragbar. Für eine gültige Wahl müssen 3/5 aller möglichen Stimmen abgegeben werden. [2] Da sich das Volk in mittleren oder großen Staaten zur Wahl der Regierung nicht ohne weiteres versammeln kann, erfolgen hier die Wahlen durch die Repräsentanten des Volkes. Die Wahl dieser Repräsentanten entspricht dem obigen Vorschlag zur Wahl in kleinen Staaten. Das Stimmrecht richtet sich nach der Größe des Vermögens. Jeder Bezirk des Staates hat zwei Repräsentanten zu wählen und zu der "allgemeinen Versammlung des Volkes" zu entsenden. Das Volk kann seinen Repräsentanten Vorschriften über deren Stimmverhalten geben. Wurden solche Vorschriften nicht erteilt, so sind die Repräsentanten in ihrer Stimmabgabe frei. [3]

Zu wählen sind [4]:

(1) aus dem Körper des gesamtem Adels eine begrenzte Anzahl neuer Mitglieder für die drei höchsten Regierungscollegien. Die Gesamtzahl der jeweils für 3 Jahre bestimmten Mitglieder beläuft sich in kleineren Staaten auf 150, in größeren Staaten auf bis zu 600 Edelleute. Alljährlich wird das jeweils dienstälteste Drittel durch Neuwahl ausgetauscht. Außerdem werden Nachfolger für verstorbene Mitglieder gewählt. Dadurch ist gewährleistet, daß eine "rechte Kenntniß von den Geschäfften und Angelegenheiten des Staats" gewahrt bleibt. [5] Eine Wiederwahl ehemaliger Mitglieder ist frühstens drei Jahre nach einem Ausscheiden aus ihrem Regierungsamt möglich. Verwirft das betreffende Collegium die Wahl eines der neuen Mitglieder aus in der Grundverfassung des Staates angezeigten Ursachen, so wählt das Volk sofort einen

---

1 *Grundriß*, § 162 (Seite 196).

2 *Grundriß*, § 162 (Seite 196 f).

3 *Grundriß*, § 162 (Seite 197 f).

4 *Grundriß*, § 163 (Seite 198 f); anders hingegen in *Natur und Wesen*, § 82 (Seite 188): die durch das Volk vorgeschlagenen und von den Sittenrichtern bestätigten Edelleute werden durch Wahl der Repräsentanten des Volkes in die verschiedenen collegiis berufen.

5 *Grundriß*, § 164 (Seite 200 f).

anderen. [1]

(2) neue Mitglieder für die offenen Stellen des Collegiums der Sittenrichter.

(3) ein Feldherr und drei Generallieutenants, die das Kriegsheer befehligen.

(4) 10 - 50 neue Edelleute (je nach Größe des Staates). Ehemalige Repräsentanten sind frühestens zwei Jahre nach ihrer letzten Stelle als Vertreter des Volkes wählbar. (Die eine Hälfte wird vom Volk gewählt und durch Sittenrichter bestätigt, die andere von den Sittenrichtern vorgeschlagen und vom Volk bestätigt).

Wie vor ihm schon *Montesquieu* [2] bei seiner englischen Verfassung, so beschließt auch Justi seine Betrachtungen mit einer Aufforderung an die Leser:

> "Vielleicht hätte ich noch viele Nebenumstände hinzufügen sollen, die meinen Vorschlag mehr erläutert und die Güte dieses Systems mehr offenbaret haben würden. Allein ein einsichtiger Leser wird von selbst finden, wie die Grundlage dieses Gebäudes weiter ausgeführet werden muß." [3]

Wahrscheinlich sollte dies ein Hinweis sein, daß Justi seine platonische Republik als ein *Montesquieus* englischer Verfassung ebenbürtiges Modell versteht.

10.2.8 Justis "beste" (bevorzugte) Regierungsform

Nach allem kennt Justi drei beste Regierungsformen. Als theoretisch beste, aber wegen der mangelnden Wirkung der Natur dieser Regierungsform auf die Güte der Regierung praktisch nicht durchführbare Herrschaftsart, nennt er die Monarchie. [4] Die in

---

1 *Grundriß*, § 163 (Seite 198).

2 *Montesquieu*, Buch 11, Kapitel 20: "Je voudrais rechercher, dans tous les gouvernements modérés que nous connoissons, quelle est la distribution des trois pouvoires, et calculer par là les degrés de liberté dont chacun d'eux peut jouir. Mais il ne fout pas toujours tellement épuiser un sujet, qu'on ne laisse rien à faire au lecteur. Il ne s'agit pas de faire lire, mais de faire penser.".

3 *Grundriß*, § 168 (Seite 206).

4 Siehe oben Seite 226 ff.

Realisierungsnähe liegende praktisch beste Regierungsform ist die Mischung aus Monarchie, Aristokratie und Demokratie. [1] Die praktisch beste Regierungsform, "von der man sich ohne eine lächerliche Erwartung jedoch nicht einbilden kann, daß sie bei dem heutigen Zustand der Reiche und Staaten jemals zur Wirklichkeit kommen wird" [2] (Justis Modell für die Nachwelt [3]), ist die platonische Republik.

10.3 Zum Einfluß von Wolff und Montesquieu [4]

Montesquieus "Esprit" sei, so glaubt Justi, im Grunde eine Satire. *Montesquieu* habe die Regierungsformen nicht so vorgestellt, wie sie ihrer Natur nach sein sollten, sondern so, wie sie sich in ihrer ganzen Fehlerhaftigkeit in der Wirklichkeit darbieten. Konsequent falsch sind nach Justi aus diesem Grunde *Montesquieus* Ausgestaltung und Einteilung der Regierungsformen sowie die Erkenntnisse zu den jeweiligen Triebfedern. Unverständlich ist für Justi zunächst *Montesquieus* Verwendung des Begriffs der Republik für die Vielherrschaften der Aristokratie und Demokratie. Die Republik sei eine allgemeine Bezeichnung für jedes Staatswesen und damit auch für die Monarchie. [5] Ebenfalls unzutreffend sei *Montesquieus* Unterscheidung der Alleinherrschaften in Monarchie und Despotie. Die Monarchie unterscheide sich von der Despotie nicht dadurch, daß in ihr keine Gesetze bestehen, sondern durch die Beseitigung der Grundgewalt des Volkes. Die Despotie sei keine eigenständige Regierungsform. [6] Für die Monarchie lehnt Justi die Erforderlichkeit eines erblichen Adels und der Zwischengewalten ab. Die Alleinherrschaft beruhe darauf, daß eine Person die oberste Gewalt unzerteilt

---

1 Siehe oben Seite 230 f.
2 Siehe oben Seite 232.
3 Vgl. die Zitate oben Seite 1 und 4.
4 Siehe oben Seite 5 f und 57; zu *Montesquieu* vgl. insbes. *Natur und Wesen*, § 64 (Seite 138 ff), und *Grundriß*, § 315 (Seite 424 f).
5 *Natur und Wesen*, § 64 (Seite 139); zu *Montesquieu* vgl. Buch 2, Kapitel 1.
6 *Natur und Wesen*, § 64 f (Seite 140 - 142); zur Despotie vgl. erg. oben Seite 207 ff; zu *Montesquieu* vgl. "Esprit", Buch 2, Kapitel 5.

besitze. Zumindest habe *Montesquieu* mit dem Begriff Zwischen-"gewalten" mißverständlich formuliert. [1] Die Grundidee hingegen, für die Monarchie eine Gesetzesverwahrung zu schaffen [2], übernimmt Justi eindeutig aus *Montesquieus* Instanz zur Obhut über die Gesetze (depôt de lois). [3] Sämtliche nähere Ausführungen zu den von Justi so bezeichneten Worthaltern beruhen indessen auf Justis eigenen Überlegungen. In der Aristokratie will *Montesquieu* die Stellen des Staates durch Wahl, in der Demokratie durch Los bestimmen lassen. Allein die umgekehrte Ordnung entspricht nach Justi der Natur dieser Regierungsformen. Das Los wird in der Aristokratie, in der ohnedies alle Mitglieder ein ähnliches Geschick zur Verwaltung der Regierungsangelegenheiten aufweisen, die schädliche Parteibildung vermeiden. In der Demokratie wird die Wahl dazu führen, daß die Bedienungen des Staates nicht Unfähigen anvertraut werden. Bezüglich der Wahlfähigkeit des Volkes stimmt Justi mit *Montesquieu* überein. [4] Entgegen Justi [5] vertritt *Montesquieu* die Triebfedern der vertu (Demokratie), der modération (Aristokratie), der honneur (Monarchie) und der crainte (Despotie).

Der wesentlichste Unterschied zwischen Justi und *Montesquieu* besteht in der praktischen Anwendung des Gedankens der Gewaltenteilung. Hier weist Justi über *Montesquieu* hinaus. *Montesquieu* kannte lediglich die englische (nach *Montesquieu* eine monarchische [6]) Verfassung, in der die (von ihm zumindest so gewünschten [7]) wichtigsten politischen Gruppierungen der Zeit jeweils mit Machtbefugnissen versehen wurden. Im Gegensatz hierzu erzeugt bei Justi jede geteilte Macht schon wegen dieser Teilung

---

1 *Natur und Wesen*, § 68 f (Seite 149 - 156).

2 Siehe oben Seite 211 ff.

3 *Natur und Wesen*, § 70 (Seite 157), wohl in Anspielung auf *Montesquieu*, Buch 2, Kap. 4,: "... so glaubet der Herr von Montesquieu, daß in einer Monarchie ein Ort der Gesetzesverwahrung unumgänglich nothwendig sey. Ich bin hierinnen mit ihm vollkommen einerley Meynung; ...".

4 *Natur und Wesen*, § 87 (Seite 197 f), zitiert *Montesquieu* über eine Seite hinweg; vgl. erg. Justi in *Grundriß*, § 161 (Seite 195).

5 Zu Justi siehe oben Seite 223 f.

6 Vgl. *Montesquieu*, Buch 11, Kapitel 7.

7 Der Adel spielte schon damals nicht mehr die Rolle, die *Montesquieu* ihm zudachte.

automatisch geteilte Absichten. [1] Dadurch hätte Justi die Gewaltenteilung in alle Regierungsformen eingeführt. Erst Justi war in der Lage, sich von der Vorstellung der hinter den einzelnen Gewalten mit vordefinierten und gegensätzlichen Programmen stehenden politischen Interessengruppen zu lösen und das Moment der Teilung an sich zur Alleinherrschaft zu erheben. Das kommt in seinen Überlegungen zur Aufteilung der Macht auf verschiedene Collegia in der aristokratischen Regierungsform und in der platonischen Republik deutlich zum Ausdruck. [2] Dadurch befreite Justi die Gewaltenteilungslehre in Fortführung der Ideen *Wolffs*[3] aus ihrer Verhaftung in monarchischen Modellen, die sie noch bei *Montesquieu* gefunden hatte. Die entscheidende Anregung zur Auseinandersetzung mit dem Gedanken der Lehre von den Regierungsformen erhielt Justi wohl ebenfalls aus der intensiven Auseinandersetzung mit der Lehre *Wolffs* [4] und weniger aus der Beschäftigung mit der Literatur des 16. und 17. Jahrhunderts, welche die gemischten Regierungsformen zum Teil recht unsystematisch behandelt [5] oder ihnen ablehnend gegenübersteht [6].

10.4 Rezeption der Thesen Justis [7]

Für die Wirkungen von Justis Lehre der Regierungsformen gelten die Feststellungen zur Rezeption seiner Gewaltenteilungslehre entsprechend. [8]

Scheidemantels Kritik erschöpft sich im wesentlichen in unbedeutenden Ergänzungen. [9] Das deutlichste Beispiel für das Unverständnis, das *Scheidemantel* Justi entgegenbringt, gibt dessen Anmerkung zur Konstruktion der Gesetzesverwahrung, durch die sich

1 Vgl. *Grundriß*, § 20 (Seite 13).
2 Siehe oben Seite 216 f und 234 ff.
3 Zur Aufteilbarkeit der öffentlichen Gewalt bei *Wolff* vgl. *Bachmann*, Seite 175 ff.
4 Zu den Regierungsformen bei *Wolff* vgl. *Bachmann*, Seite 175 ff.
5 Zu *Bodin* vgl. *Denzer*, Seite 344.
6 Zu *Pufendorf* vgl. *Bachmann*, Seite 180.
7 Siehe oben Seite 4 - 6 und 57 ff.
8 Siehe oben Seite 202.
9 Statt vieler: *Scheidemantel*, *Natur und Wesen*, Anmerkung zu § 75.

der Monarch freiwillig selbst einschränkt. *Scheidemantel* kritisiert, daß die Worthalter nicht vom König, sondern nur von der Versammlung des Volkes bestraft werden können; dies bedeute eine "Einschränkung der Majestät". [1] Zu den vermischten Regierungsformen äußert sich *Scheidemantel* in seinen Anmerkungen zu *Natur und Wesen* kaum. Dennoch war Justi insofern von Einfluß auf die Entwicklung der vermischten Regierungsformen bei *Scheidemantel*, als dieser sich in seinem "Allgemeinen Staatsrecht" bei der Erstellung der Theorie einer "subjektivischen Teilung der Majestätsrechte in den vermischten Regierungsformen" nicht zuletzt mit Justi auseinandersetzt. [2] Zur platonischen Republik erfolgen keine Stellungnahmen, weil Justi sie im (von *Scheidemantel* umgangenen) *Grundriß* abhandelt. Auch wenn *Scheidemantel* es nicht formuliert, die Idee einer Festlegung der Regierungsform in den Grundgesetzen des Staates dürfte er von Justi übernommen haben. [3]

Achenwall [4] hat ebenfalls -wohl von Justi- die Festlegung der Regierungsformen durch die Grundgesetze übernommen. Eine intensive Auseinandersetzung mit der Gewaltenteilung in den verschiedenen Regierungsformen aber kennt er ebensowenig wie *Scheidemantel*.

Unter Bezugnahme auf den Gedanken der Relativität kritisiert *Pfeiffer* Justis Konstruktion einer "besten" Regierungsform. [5] Im übrigen habe Justi die Monarchie

> "... sehr gut erklärt, die Grenzen der Monarchie und Despoterei richtig bezeichnet, auch die Grundgesetze und Vorzüge so in Monarchien statt haben erklärt." [6]

Pfeiffer widerspricht der Auffassung Justis, daß die Aristokratie die unbilligste Regierungsform sei. Sie stelle vielmehr eine der

1 *Scheidemantel, Natur und Wesen*, Anmerkung zu § 70.
2 *Scheidemantel*, "Allgemeines Staatsrecht", Anmerkung zu § 108 (Seite 389).
3 *Scheidemantel*, "Allgemeines Staatsrecht", § 251 (Seite 248), und § 117 (Seite 396).
4 *Achenwall*, Teil I, Hauptstück II und III.
5 *Pfeiffer*, Seite 143 f; vgl. erg. oben Seite 202.
6 *Pfeiffer*, Seite 145.

besten Regierungsformen dar. [1] Dem Vortrag zur Demokratie stimmt *Pfeiffer* im wesentlichen zu. [2] Er lobt Justis Konstruktion der vermischten Regierungsformen, in denen die Grundverfassung ein "gerechtes Gleichgewicht zwischen den Gewalten" festlegt. *Pfeiffers* Kritik an Justis Lehre von den Triebfedern der Regierungsformen ist hier nicht von Bedeutung. [3]

Nach allem war Justis Lehre von der in der Grundverfassung festgelegten Gewaltenteilung [4] und den Regierungsformen für die Staatsrechtswissenschaft des 18. Jahrhunderts von überragender Bedeutung.

10.5 Würdigung in der modernen Literatur

Die modernen Stellungnahmen zu Justis Lehre von den Regierungsformen übergehen den Kern seiner Vorstellungen. Wegen der Menge und des Umfangs der Schriften, die Justi veröffentlichte, wurden bislang (es stand kein zuverlässiges Gesamtverzeichnis seiner Schriften zur Verfügung) sowohl die Gewaltenteilungslehre als auch die Lehre der Regierungsformen anhand mehr oder minder zufällig ausgewählter Textbelege bearbeitet.

(a) Gewaltenteilungslehre

Justis Gewaltenteilungslehre wird zwar in der Regel [5] gesehen, in ihrer Bedeutung jedoch zumeist unterschätzt. Die umfassendste Stellungnahme zu Justis Gewaltenteilungslehre stammt von *Vierhaus*. In seiner Untersuchung zur Wirkungsgeschichte *Montesquieus* auf das Deutschland des 18. Jahrhunderts kommt er zum Ergebnis, daß Justi von den "Segnungen der Gewaltenteilungslehre nicht überzeugt gewesen" sei:

---

1 *Pfeiffer*, Seite 150.
2 *Pfeiffer*, Seite 151.
3 *Pfeiffer*, Seite 154 - 159.
4 Siehe oben Seite 175 ff und 203 ff.
5 Vgl. aber die Arbeit von *Schmelzeisen* (1977), Seite 640.

"J.H.G.v. Justi sprach wohl von >Teilung< und >Gleichgewicht< der Gewalten, war jedoch von ihren Segnungen nicht überzeugt. >Ich zweifle sehr, daß ein einzig Volk überzeugend beweisen kann, daß es durch die Einschränkung der königlichen Gewalt etwas gewonnen hat.< Statt dessen hätten kleine Gruppen -hier kommt die Abneigung der Zeit vor >Oligarchien< zum Ausdruck! - die Gelegenheit erhalten, ihren Ehrgeiz zu befriedigen oder gar Tyrannen zu werden, während der Staat in Untätigkeit oder Verwirrung geriet. Selbst England habe keinen großen Vorteil von seiner Verfassung gehabt, obwohl sie >vielleicht die weiseste ist, welche die Menschen erfinden können, wenn sie sich nicht uneingeschränkt der Willkür der Könige überlassen wollen.< Justis eigener Vorschlag verfolgt einen >dritten Weg<: die Völker mögen den Königen die uneingeschränkte Gewalt lassen, >aber sie in solche Umstände setzen und ihnen solche Triebfedern geben, daß sie aus eigener Bewegung alle ihre Kräfte anwenden, um mit Güte und Weisheit zu herrschen und ihre Völker glücklich zu machen<. Das ist praktisch das Programm eines benevolenten Absolutismus!- An eine volle Verwirklichung der Gewaltenteilung nach englischem Muster (oder was man dafür hielt) hat niemand gedacht." [1]

Unter den von ihm angeführten Fundstellen [2] glaubt *Vierhaus* den ausschlaggebenden Beleg für seine These in den *Vergleichungen* zu finden. Die angeführten Zitate entstammen jedenfalls allein dieser Schrift. *Vierhaus'* allgemeine Verweisung auf *Natur und Wesen* sowie den *Grundriß* erweckt den Eindruck, als finde sich hier eine den *Vergleichungen* ähnliche Argumentation. Daß Justi aber sowohl im *Grundriß* als auch in *Natur und Wesen* die Monarchie nur theoretisch als die beste Regierungsform bewertet und für die Staatspraxis gerade eine Spielart der gewaltenteilenden vermischten Regierungsformen vorschlägt, wurde bereits nachgewiesen. [3] Selbst die im *Grundriß* für die Nachwelt vorgeschlagene beste Regierungsform, die platonische Republik, baut auf der Gewaltenteilung auf. [4] Mithin ist die These, die Argumentation der *Vergleichungen* gegen die Gewaltenteilung finde sich auch in den

---

1 *Vierhaus* (1965), Seite 425 f.

2 *Vierhaus* zitiert wie folgt: "JUSTI: Vergleichungen der Europäischen mit den Asiatischen und andern vermeintlich Barbarischen Regierungen, in drey Büchern verfaßt (1762) I, S. 6 ff. - Auch: Grundriß einer guten Regierung (1759) und Die Natur und das Wesen der Staaten (1760); ferner Ges. Polit. u. Finanzschriften II ... S. 3 ff. Abhandlung von der Anordnung und dem Gleichgewichte der Hauptzweige der obersten Gewalt, worauf die Glückseligkeit und Freiheit des Staats hauptsächlich ankommt.".

3 Siehe oben Seite 224 ff und 241 f.

4 Siehe oben Seite 235 f.

beiden Hauptwerken Justis, nicht zu belegen. Und selbst der von *Vierhaus* in Bezug genommene Aufsatz in den *Gesammelten Politischen- und Finanzschriften* stimmt mit der Argumentation in den *Vergleichungen* nicht überein.

Damit bleibt zu klären, ob sich der als einziger Nachweis verwendbare Textausschnitt aus den *Vergleichungen* als hinreichend tragfähig erweist, um eine Wendung Justis zu einem "Programm des benevolenten Absolutismus" zu belegen.

Zunächst ist festzuhalten, daß die drei von Justi in den *Vergleichungen* genannten Herrschaftsmöglichkeiten sind: die (1) weder durch die Grundverfassung noch durch eine Selbstmäßigung eingeschränkte, (2) durch die Grundverfassung absolut oder teilweise eingeschränkte und (3) sich aufgrund verschiedener Bestimmungen der Grundverfassung aus eigener Bewegung selbst einschränkende königliche Gewalt. [1] Dieser dritte Weg besteht darin, daß die Völker

> "... zwar ihren Königen alle uneingeschränkte Gewalt lassen; aber sie in solche Umstände setzen, und ihnen solche Triebfedern geben, daß sie aus eigner Bewegung alle ihre Kräfte anwenden, um mit Güte und Weisheit zu herrschen und ihre Völker glücklich zu machen." [2]

(ad 1) In Übereinstimmung mit seinen übrigen Werken verwirft Justi in den *Vergleichungen* die durch keinerlei Maßnahmen eingeschränkte Macht eines Monarchen:

> "Aber ich weiß doch noch etwas, das ungleich lächerlicher ist. Dieses ist, daß die Völker ohne alle Vorsicht und Maaßregeln, sich, ihre Wohlfahrt, Güther und Leben der Gewalt eines einzigen überlassen. Ich verwerfe die Monarchie gar nicht. Ich glaube vielmehr, daß sie die einzige Regierungsform ist, unter welcher die mit der Fähigkeit zum Verstande begabten menschlichen Thiere am sichersten und glücklichsten leben können. Aber, daß sie gar keine

1 *Vergleichungen*, Seite 8. *Vierhaus* interpretiert diese drei Möglichkeiten als: (1) die Einschränkung der Gewalt, (2) die "englische" Verfassung und (3) die auf freiwilliger Selbstbeschränkung des Monarchen beruhende Gewalt.

2 *Vergleichungen*, Seite 8.

> Maaßregeln wider den Mißbrauch der monarchischen Gewalt ergreifen, ... das scheint mir eben das Lächerliche bey der Sache." [1]

(ad 2) Andererseits mißbilligt Justi die auf einem zu weit gehenden Verhinderungsrecht basierende Degradierung der königlichen Gewalt zu einem "Schattenbild". An den Beispielen Polens und Schwedens weist er nach, daß die vermischten Regierungsformen, welche die königliche Gewalt "so enge als möglich" bzw. "zu sehr" einschränken, keine positiven Wirkungen haben. [2] Vorteile sieht er allein in den "englischen" Verfassungen, die er in den *Vergleichungen* wegen des Überwiegens der Nachteile dennoch ablehnt:

> "Ich glaube nicht einmal, daß Engelland von seiner eingeschränkten Regierungsform großen Vortheil gehabt hat: ohngeachtet seine Verfassung vielleicht die weiseste ist, welche die Menschen erfinden können, wenn sie sich nicht uneingeschränkt der Willkühr ihrer Könige überlassen wollen. Man lege nur in eine Waagschale die erschrecklichen innerlichen Unruhen und das Blutvergießen, welche die Versuche ihrer Könige, sich von dieser Einschränkung zu befreyen, verursachet haben; desgleichen die erstaunlichen Summen, welche die Könige zu Bestechung der Parlamentsglieder aufgewendet haben, um der meisten Stimmen allezeit versichert zu seyn, Summen, ... so zweifle ich, daß alle in der andern Waagschale liegenden Vortheile dieser Staatsverfassung jener das Gleichgewicht halten können." [3]

In der Tat widerspricht Justi mit dieser zweifelnden Stellungnahme seiner noch im *Grundriß* und in *Natur und Wesen* verfochtenen Auffassung, der Typ der "englischen" Verfassung sei die beste in Realisierungsnähe liegende Regierungsform. [4]

(ad 3) Der von Justi vorgeschlagene dritte Weg besteht darin, auf eine Gewaltenteilung zu verzichten und den Regenten stattdessen durch verschiedene Maßnahmen zur Selbstbeschränkung zu veran-

---

1 *Vergleichungen*, Seite 5.
2 *Vergleichungen*, Seite 6 f.
3 *Vergleichungen*, Seite 7 f.
4 Siehe oben Seite 241 f.

lassen. [1] Diese Motive will Justi unter anderem grundgesetzlich absichern (Beispiel: der Regent hat keine Macht über die Erziehung des Thronfolgers). [2]

Zu klären bleibt, ob die *Vergleichungen* eine ernst gemeinte Abkehr Justis von den einst verfochtenen gewaltenteilenden Systemen beinhalten oder ob sie unter dem Vorwand einer Verteidigung der Monarchie, also unter der Bedingung der "Lesbarkeit" des Werkes, versuchen, der für die Zeit maximal möglichen Machtmäßigung zur Verwirklichung zu verhelfen.

Bereits die grobe Sichtung der *Vergleichungen* hat ergeben, daß das monarchische Fundament des Werkes ein bloßer Schlüssel zum Zugang in die maßgeblichen Bibliotheken war. [3] Justis fortschrittliche Gedanken zur Machtmäßigung, wie er sie noch im *Grundriß* und in *Natur und Wesen* veröffentlichte, hatten die Rezeptionsfähigkeit seiner Zeit überfordert. Das belegen die zeitgenössischen Stellungnahmen zu seinen Schriften bzw. das Ausbleiben einer seinem Werk angemessenen Rezeption. [4] Der Wunsch, in absehbarer Zeit wenigstens minimale Veränderungen der Machtstrukturen zu bewirken, wurde so zur eigentlichen Motivation, die *Vergleichungen* auf der Grundlage der Monarchie abzufassen. Die *Vergleichungen* präsentieren sich in ihrem wichtigsten Teil als eine Art Nachschlagewerk, auf welche Weise sich die Regenten anderer Staaten (vorgeblich) "aus eigener Bewegung" mäßigen. Als Staaten, die keine Gewaltenteilung kennen und in denen sich der Monarch selbst beschränkt, lobt Justi China [5] und Peru [6].

Die These, daß die *Vergleichungen* nur eine vordergründige Verteidigung der Monarchie bieten, wird durch zahlreiche (in der

---

1 Siehe oben Seite 248.
2 *Vergleichungen*, Seite 9.
3 Siehe oben Seite 55 f.
4 Siehe oben Seite 57 ff sowie die einschlägigen Abschnitte jedes Kapitels; vgl. erg. unten Seite 292 - 294.
5 *Vergleichungen*, Seite 466.
6 *Vergleichungen*, Seite 493.

Regel [1] gleichzeitig mit einem Lob der Monarchie verbundene) Hinweise in den *Vergleichungen* bestätigt. So schreibt Justi auf der fünften seiner 549 Seiten umfassenden Arbeit:

> "Ich verwerfe die Monarchie gar nicht. Ich glaube vielmehr, daß sie die einzige Regierungsform ist, unter welcher die mit der Fähigkeit zum Verstande begabten menschlichen Thiere am sichersten und glücklichsten leben können." [2]

Der Ausdruck "mit der Fähigkeit zum Verstande begabtes menschliches Thier" findet sich in ähnlicher Form bereits für die Beschreibung des "allerersten Zustandes" [3] der Menschheit. Wenn Justi diesen Ausdruck zur Beschreibung einer wesentlichen Eigenschaft der monarchischen bürgerlichen Verfassung verwendet, dann bedeutet dies, daß sich die Monarchie nach seiner Ansicht nur so lange als Regierungsform behaupten wird, wie die Untertanen in einem Zustand, in dem der Begriff der Freiheit noch nicht existiert [4], gehalten werden. Diese Annahme wird in den 1769 erschienenen *Physicalischen und Politischen Betrachtungen* bestätigt. [5] Nach Justis Ansicht herrscht in der Monarchie die Vernunftlosigkeit nicht allein auf Seiten der Gehorchenden. Bereits auf der zweiten Seite der *Vergleichungen* hatte Justi die Verstandesreife der Machthaber seiner Zeit kritisiert. Mit den "asiatischen Regierungen", die nach Justi unfähig sind, abstrakt über die Regierungskunst zu reflektieren, meint er in Wirklichkeit die europäischen Machthaber. Unter dem Deckmantel einer rechtsvergleichenden Studie war es Justi, nachdem sogar seine Bemühungen um das politische Ende des Grafen *von Brühl* in *Leben und Character* nicht die von ihm erhoffte Wirkung hatten, daran gelegen, wenigstens einer "von oben" durchgeführten Reform den Weg zu bereiten. Daß Justi von seiner Auffassung, die Monarchie sei nur die theoretisch (d.h.: "die an sich selbst") beste Regierungsform, nicht abging, zeigt folgender Auszug:

---

1 Gegenbeispiele a.a.O. auf den Seiten 28 und 333.
2 *Vergleichungen*, Seite 5.
3 Siehe oben Seite 86.
4 Siehe oben Seite 86 f.
5 Vgl. das Zitat oben Seite 228.

"Ich habe in den vorhergehenden Vergleichungen genugsam geäußert, daß ich gar kein Feind von der uneingeschränkten Gewalt der Könige bin. Sie ist wirklich an sich selbst die beste und thätigste Regierungsform. Die armen schwachen Menschen mögen künsteln, wie sie wollen, um eine bessere Regierungsart zu erfinden, ihre Leidenschaften, ihr Eigennutz wird allemal die weiseste Einrichtung unwirksam machen. ... Aber, wenn die monarchische Gewalt in der That die Unterthanen glücklich machen soll; so muß sie allenthalben von der Mäßigung geleitet werden. Diese Mäßigung muß nicht darinnen bestehen, daß die Gewalt selbst eingeschränket wird; sondern der Monarch muß aus eigner Bewegung seine Gewalt allenthalben mit Mäßigung gebrauchen." [1]

Nach allem läßt sich die erste These [2], Justi sei "von den Segnungen der Gewaltenteilung nicht überzeugt" gewesen, nicht belegen. Die zweite These, Justi habe mit seiner Auffassung von der Gewaltenteilung das "Programm eines benevolenten Absolutismus vertreten", ist (beschränkt auf die *Vergleichungen*) insofern zutreffend, als Justi nach seinem früheren revolutionären Ansatz [3] nun eine Reform "von oben" befürwortet. Die dritte These, daß im Deutschland der damaligen Zeit "niemand an eine volle Verwirklichung der Gewaltenteilung nach englischem Muster dachte" [4], übergeht die Arbeit Justis. Mit ihm gab es zumindest einen deutschen Gelehrten, der nicht bei einer in Teilen modifizierten Übernahme der Gedanken *Montesquieus* stehen blieb, sondern ein eigenständiges gewaltenteilendes System entwickelte, das -vom Gedanken der Volkssouveränität getragen- durch die von der Grundgewalt des Volkes gegebene und allein durch sie zu ändernde Grundverfassung abgesichert war.

(b) Wertung der Regierungsformen

Uneinigkeit herrscht darüber, welche Regierungsform Justi als die beste bevorzugt habe. Sämtliche Arbeiten übergehen Justis Unterscheidung zwischen der theoretisch besten (Monarchie), der

---

1 *Vergleichungen*, Seite 144 f.
2 Siehe oben Seite 246 f.
3 Vgl. das Zitat oben Seite 2: Justi betont, daß sich im Falle *Brühls* nach Ausschöpfung aller anderer Möglichkeiten die "Grundgewalt thätig erweisen" könne.
4 *Vierhaus* (1965), Seite 426.

in Realisierungsnähe liegenden praktisch besten (Mischung aus Monarchie/Demokratie/Aristokratie) und der praktisch besten Regierungsform, die der Nachwelt vorbehalten ist (platonische Republik). [1] Im einzelnen werden folgende Thesen vertreten: [2]

- Nach *Marchet* (1885) sieht Justi das Ideal in der "beschränkten Monarchie" [3]. An anderer Stelle schreibt *Marchet*, Justis beste Regierungsform sei

> "... diejenige, bei welcher die vollziehende Gewalt bei einem Herrscher und die gesetzgebende beim Volke oder dessen Repräsentanten ist; als Richter solle man hauptsächlich Adelige nehmen wegen ihrer Unabhängigkeit." [4]

- Auch die Angaben von *Frensdorff* [5] (1903) sind in sich widersprüchlich und übergehen die drei verschiedenen Inhalte, die Justi mit dem Begriff der "besten" Regierungsform verbindet. *Frensdorff* sieht in Justi einerseits einen "unbedingten Anhänger der unumschränkten Fürstengewalt", andererseits nennt er ihn "keinen Absolutisten oder unbedingten Monarchisten".

- Nach *Sommer* (1920/1925) proklamiert Justi

> "... im Anschluß an Pufendorf ... und Wolff ... die Monarchie mit stark patrialstaatlicher Motivierung als idealste politische Einrichtung ... ." [6]

Außerdem glaubt *Sommer*, daß Justi als letzten idealen Zielpunkt politischer Gestaltung die Errichtung einer europäischen Universalmonarchie anstrebe. Sie unterstellt ihm insofern einen Rückfall in den Vorstellungskreis mittelalterlicher Weltreichgedanken. [7] In ihrer Stellungnahme übersieht sie, daß Justi die Monarchie nur theoretisch als die beste Regierungsform begreift.

---

1 Siehe oben Seite 241 f.
2 Die Stellungnahmen sind zeitlich geordnet.
3 *Marchet*, Seite 291.
4 *Marchet*, Seite 306.
5 *Frensdorff* (1903), Seite 114 und 142.
6 *Sommer*, Seite 217 f.
7 *Sommer*, Seite 224.

Die gleiche Bewandtnis hat es mit der Universalmonarchie, die Justi im übrigen -das haben *Sommer* und im Anschluß an sie auch *Partick* [1] übersehen- ablehnt [2].

- Nach *Partick* [3] (1938) führt Justi im Gegensatz zur herrschenden Lehre seiner Zeit keine Konstruktion einer absolut besten Regierungsform durch. Vielmehr stelle er mit Betonung der territorialen und nationalen Besonderheiten den Gedanken der Relativität in den Vordergrund. Die Wahl der Regierungsform hänge von der Beschaffenheit des Staatsvolkes und des Staatsraumes ab. Die zweckdienlichste und dabei noch sichere Regierungsform sei für Justi die eingeschränkte Monarchie, in der die gesetzgebende Gewalt beim gesamten Volk oder dessen Repräsentanten liege und die vollziehende Gewalt vom Herrscher ausgeübt werde. Zuinnerst, losgelöst vom Gedanken an die Gefahren dieser Regierungsform, trete er für eine unumschränkte Monarchie ein. [4] Durchdrungen vom Relativitätsgedanken und der englischen Verfassung *Montesquieus* war es *Partick* nicht möglich, Justis eigenständigen, von *Montesquieu* unabhängigen Standpunkt zu erkennen.

- Nach *von Unruh* [5] (1969) sieht Justi die eingeschränkte Monarchie (die aus demokratischen, aristokratischen und monarchischen Elementen bestehende vermischte Regierungsform) als System, das die Freiheit am besten sichert.

- *Koch* [6] (1973) schreibt, daß Justi die "Republik" als ideale Staatsform verstehe, weil hier das Volk mit seiner gesetzgebenden Gewalt das wahre Oberhaupt sei. Indessen ist Justis Begriff der Republik die allgemeine Bezeichnung eines jeden Staates. [7]

---

1 *Partick*, Seite 112.

2 Zur Ablehnung Justis: *Beweiß, daß die Universalmonarchie vor die Wohlfahrt von Europa und überhaupt des menschlichen Geschlechts die größte Glückseligkeit wirken würde* (*Gesammelte Politische und Finanzschriften*, Band 2, Anmerkung, Seite 235 - 237); zu dieser Anmerkung siehe oben Seite 50, FN 1.

3 *Partick*, Seite 94.

4 *Partick*, Seite 96.

5 *Von Unruh*, Seite 20.

6 *Koch* (1973), Seite 63.

7 Siehe oben Seite 207.

- *Dittrich* [1] (1974) geht davon aus, daß Justi in der "durch Grundgesetze gemilderten absoluten Monarchie das ideale Staatsgebilde" sieht.

- *Kuriki* [2] (1974), der die aus monarchischen, aristokratischen und demokratischen Elementen bestehende vermischte Regierungsform als die nach Auffassung Justis "allerweiseste und glücklichste" Herrschaftsform bezeichnet, übergeht (wie vor ihm schon *von Unruh, Koch* und *Dittrich*) Justis strikte Trennung zwischen den drei besten Regierungsformen.

- Nach *Becher* (1978) gestehe Justi

> "... der Monarchie deshalb den Vorrang zu, weil sich in ihr die Ungleichheit der Stände so vorteilhaft auswirke. Ein jeder strebe danach, sich dem Mittelpunkt zu nähern und suche sich deshalb vor anderen hervorzutun, um einen vornehmeren Status zu erhalten." [3]

Ihre Auffassung sieht sie in *Natur und Wesen*, Seite 248 f, bestätigt. Justi beschäftigt sich an der von ihr zum Beweis angeführten Stelle einzig mit der Triebfeder der Monarchie. Von einem Vorzug dieser Regierungsform spricht Justi nicht.

- *Engelhardt* (1981) löst die Frage nach Justis bester Regierungsform wie folgt:

> "Zu den 'eigentlich so genannten Republiken' (s.a. GPFS, 3, S. 341), in denen die drei Gewalten 'am allerweislichsten eingerichtet' sein 'könnten u. sollten' (S. 20), rechnet Justi die 'Aristokratien', 'Demokratien' u. 'eingeschränkten Monarchien oder vermischten Regierungsformen' (zweifellos nach Montesquieu). In letzteren könne das 'allervollkommenste Gleichgewicht u. Verhältnis unter den verschiedenen Gewalten ... stattfinden (S. 24). Vgl. dazu im einzelnen GPFS, 2, S. 3 ff., bes. S. 20 ff." [4]

---

1 *Dittrich* in "Kameralisten", Seite 104, und in "Justi", Seite 708.
2 *Kuriki*, Seite 572 (wohl in Anlehnung an *Natur und Wesen*, § 97, Seite 218 f).
3 *Becher*, Seite 88.
4 *Engelhardt*, Seite 50, FN 71.

Justi kennt -jedenfalls in seinen fortschrittlicheren Werken- keine Regierungsform der "eingeschränkten Monarchie". [1] Als Regierungsformen unterscheidet er allein die uneingeschränkten Regierungsformen Monarchie, Demokratie und Aristokratie sowie (als eingeschränkte Regierungsformen) deren Mischungen. Diese Mischtypen werden von Justi stets konkret bezeichnet, so daß die von *Engelhardt* vorgenommene Gleichsetzung sämtlicher "vermischter Regierungsformen" mit einer das monarchische Element aufweisenden Regierungsform nicht trifft. Die These, daß Justi in den vermischten Regierungsformen das "allervollkommenste Gleichgewicht" der Gewalten finde, übergeht unter anderem die Gewaltenteilung in den einfachen Regierungsformen der platonischen Republik und der Aristokratie.

- Nach *Dreitzel* (1987) forderte Justi,

> "... die absolute Monarchie durch interne Gewaltenteilung zu reformieren, tendierte aber grundsätzlich zum Modell der englischen Verfassung... ." [2]

- *Stollberg-Rilinger* (1986) stellt die These auf, Justi ziehe allen bestehenden Verfassungsformen (außer der englischen) die unumschränkte Monarchie vor. Sie kommt "andererseits" zu dem Ergebnis, daß jede Art von Mischverfassung "weit hinter den einfachen Regierungsformen zurückbleibt, von denen wiederum die Monarchie die vorzüglichste ist". [3] Justis vorgebliche Präferenz für die Monarchie sieht sie in einem Aufsatz Justis in den *Politischen und Finanzschriften* bestätigt. Dort stellt Justi bezüglich der englischen Verfassung fest:

> "Ein Staat ist ein einfacher, in allen seinen Theilen auf das genaueste zusammenhängender Körper. Er muß also entweder nur eine einzige Triebfeder haben; und das ist die uneingeschränkte Alleinherrschaft; oder wenn er mehrere Triebfedern hat, wenn verschiedene an der obersten Gewalt Theil nehmen, so müssen diese verschiedenen Triebfedern in dem genauesten Gleichgewichte und Verhältnisse miteinander stehen, daß sie

---

1 Siehe oben Seite 206.
2 *Dreitzel*, Seite 168.
3 *Stollberg-Rilinger*, Seite 167 f.

> einander aufspannen. A u ß e r d e m ist die Zertheilung der obersten Gewalt allemal äußerst schädlich." [1]

Stollberg-Rilinger hat Justis einschränkendes "Außer dem" zu weit interpretiert. Justi ging es hier nicht um die grundsätzliche Aussage "Überhaupt ist die Gewaltenteilung schädlich!", sondern er wollte -das folgt bereits aus dem Gesamtzusammenhang des Textes- auf die Notwendigkeit einer "guten" Einrichtung des Gleichgewichts hinweisen. Justis Kernaussage ist, daß nur bei einem solchen gerechten Verhältnis der Triebfedern zueinander eine Teilung der obersten Gewalt fruchtbar ist und "außer dem" (d.h.: sonst [2]) nicht.

- Ergebnis

Nicht nur die Einführung von Kunstbegriffen, die Justi wenigstens in seinen späteren Schriften so nicht verwendet (z.B.: "eingeschränkte Monarchie" [3]), und das mehr oder minder willkürliche Herausgreifen von Belegstellen haben eine Aufarbeitung der Gewaltenteilungs- und Regierungsformenlehre Justis bislang verhindert. Die modernen Arbeiten dürften vor allem deshalb zu den vorgetragenen Ergebnissen gelangt sein, weil sie -vielleicht unbewußt- versuchten, Justis Lehre von der Gewaltenteilung und den Regierungsformen allein aus der Perspektive des "Esprit" zu erfassen. Das deutlichste Beispiel für diesen methodischen Ansatz gibt *Becher*. Ihre Überlegungen zu Justis Lehre von den Regierungsformen beginnt sie mit den Worten:

> "In seiner kritischen Auseinandersetzung mit Montesquieus Typologie der Staatsformen ..." [4].

Aber auch andere Autoren geben mehr oder minder offen zu, daß sie Justis Regierungsformen vor allem aus dem Blickwinkel des "Esprit" heraus verstehen. [5] Die Problematik dieser Methode kann

---

1 *Politische und Finanzschriften*, Band 2, Seite 16 f (Sperrung durch den Verfasser).
2 In diesem Sinne auch in *Natur und Wesen*, § 100 (Seite 225).
3 Siehe oben Seite 206 f.
4 *Becher*, Seite 88.
5 *Engelhardt*, Seite 50, FN 71; *Partick*, siehe oben Seite 254.

nicht besser als am Beispiel der von *Vierhaus* untersuchten Wirkungsgeschichte der Ideen *Montesquieus* auf Deutschland gezeigt werden. Die Arbeit von *Vierhaus* bestätigt, daß mit der -einzig in seinem Falle bewußt gewählten- Fragestellung, wie *Montesquieu* auf Justi gewirkt haben könnte, die Eigenständigkeit und Originalität Justis schon vom methodischen Ansatzpunkt her nicht zu erfassen ist. [1]

Nur auf diese Weise ist es zu erklären, daß wesentliche Teilaspekte aus Justis Lehre nicht diskutiert wurden (z.B.: die Dreiteilung des Begriffs der "besten" Regierungsform, die platonische Republik oder die Festlegung von Regierungsform und Gewaltenteilung durch die allein von der Grundgewalt des Volkes zu gebenden und zu ändernden Grundgesetze des Staates). Mit der Vorstellung, daß die deutsche Verfassungsgeschichte des ausgehenden 18. Jahrhunderts in erster Linie bzw. ganz wesentlich auf der Grundlage einer intensiven Rezeption des "Esprit" zu verstehen ist, wird Justi und in letzter Konsequenz der Entwicklung des modernen Staats- und Verfassungsdenkens in Deutschland im Ergebnis jede Eigenständigkeit abgesprochen.

---

1 Siehe oben Seite 246 - 252.

11 DIE LEHRE VON DEN GESETZEN

11.1 Überblick

Justis Lehre von den Gesetzen findet sich zusammengefaßt in *Natur und Wesen*, 8. Hauptstück ("Von dem Wesen der Gesetze"). Die erstmals 1758 und 1761 erneut veröffentlichte Abhandlung "Ob die Kraft der Gesetze und die innerliche Sicherheit in den Republiken auf die Furcht ankommt" [1] ist ein nahezu wörtlicher Auszug aus *Natur und Wesen* (1760), 8. Hauptstück, 1. Abschnitt ("Worauf die Kraft der Gesetze in den Staaten ankommt", §§ 153 - 163 und 165 - 170). Auch die *Grundfeste*, Band 2, 13. und 14. Buch ("Von der Gesetzgebung in Policey-Angelegenheiten" und "Von der Beobachtung der Policey-Gesetze") enthält Informationen zu Justis allgemeiner Lehre von den Gesetzen. Daneben ist insbesondere der Aufsatz *Von Besserung der Rechte* in den *Deutschen Memoires* [2] zu beachten.

11.2 Theorie Justis

Den Erkenntnisstand der "Gesetzgebungswissenschaft" schätzt Justi niedrig ein:

> "Die meisten Gesetze aller Völker gründen sich auf die gesetzliche Verfügungen ihrer entferntesten Vorfahren in barbarischen Zeiten, da man nicht den geringsten Begriff von der Gesetzgebung hatte. Alle nachfolgenden Jahrhunderte haben daran gebessert und geflicket, ohne daß man sich dabei hätte einfallen lassen, sich die Gesetze in einem zusammenhängenden System vorzustellen ... . Überhaupt sind wir in der Wissenschaft der Gesetzgebung noch wahre ABC-Schüler." [3]

---

1 *Neue Wahrheiten*, 1758, 11. Stück, Abhandlung Nr. 7, Seite 577 - 600; *Gesammelte Politische- und Finanzschriften*, Band 1, 1. Abteilung, 6. Abhandlung, Seite 71 - 95.
2 *Deutsche Memoires*, Band 3, Seite 57 - 71.
3 *Grundfeste*, Band 2, Seite 498 f.

11.2.1 Definition der Gesetze

> "Gesetze, wenn man sie von Befehlen unterscheidet, sind nichts anders als nothwendige und aus der Natur der Dinge entstehende Verhältnisse. ..."

Als Urheber dieser Definition verweist Justi auf *Montesquieu*:

> "... Diese Erklärung, welche der Herr von Montesquieu gegeben hat, ist die beste, die man je von den Gesetzen gemacht hat... ." [1]

Justi übernimmt damit die nach *Montesquieus* [2] Worten weiteste Bedeutung des Begriffs der Gesetze. Unter einem staatlichen Gesetz (im weitesten Sinne) versteht Justi jeden Bezug [3], durch den sich der vereinigte Wille erklärt, sei es durch die gesetzgebende oder die vollziehende Macht:

> "Hier sind Gesetze alles, wodurch sich der vereinigte Wille des Staats erkläret, und mithin nicht allein dasjenige, was man im engen Verstande Gesetze nennet; sondern auch alle Anstalten, Maaßregeln, Entschließungen und Verordnungen, welche in Absicht auf die Wohlfahrt des Staats festgesetzet werden; sie mögen nun wirklich als nothwendige Verhältnisse und Bestimmungen aus dem Wesen und der Natur des Staats entstehen, oder irrig davor angesehen werden." [4]

Aus dem Gesetzesbegriff ausgeschlossen sind diejenigen Verhältnisse, die "offenbar" dem vereinigten Willen widersprechen, mögen sie auch in der Form eines Gesetzes erlassen sein:

> "Dahingegen kann dasjenige niemals als ein Gesetz betrachtet werden, was offenbar dem vereinigten Willen des Staats nicht gemäß ist, was in die Wohlfahrt des Staats gar keinen Einfluß und zu dem Wesen, dem Endzwecke und der Natur des Staats nicht das geringste Verhältniß hat; gesetzt, daß es

---

1 *Natur und Wesen*, § 33 (Seite 65); wortgleich im *Grundriß*, § 71 (Seite 57); zahlreiche Wiederholungen der Definition in *Natur und Wesen* und *Grundriß*; Rückgriff auf *Montesquieu* in *Natur und Wesen*, § 149 (Seite 333). Die These von *Sommer* (Seite 184), Justi habe den Gesetzesbegriff ohne Nennung des Urhebers übernommen, ist widerlegt.

2 *Montesquieu*, Buch 1, Kapitel 1, Satz 1: "Les lois, dans la signification la plus étendue, sont les rapports nécessaires qui dérivent de la nature des choses ...".

3 Zum Begriff des Bezuges siehe oben Seite 40.

4 *Natur und Wesen*, § 150 (Seite 335).

> auch der Regent mit allen Feyerlichkeiten anbefähle, die man sonst bey Bekanntmachung der Gesetze anwendet." [1]

Je nach den Mängeln bei der Ableitung der Gesetze aus der gemeinschaftlichen Glückseligkeit, dem obersten Gesetz des Staates, unterscheidet Justi "fehlerhafte" Gesetze und "ganz und gar ungültige Anordnungen". Fehlerhaft sind diejenigen Gesetze, die "übel aus dem ersten und höchsten Gesetz abgeleitet werden"; ganz und gar ungültig -und für den Bürger unverbindlich- ist nur, was der gemeinschaftlichen Glückseligkeit "offenbar" widerspricht. [2] Justi verwirft die "zeitherige gemeine Definition der Gesetze als den Willen oder die Befehle des Obern", weil sie im Gegensatz zur neuen Definition von einer absoluten Gehorsamspflicht des Untertanen ausgehe. [3]

11.2.2 Einteilung der Gesetze

Als Gegensatzpaare unterscheidet Justi: (a) Gesetze der Natur und der Vernunft, (b) Gesetze des Menschen und des Staates sowie (c) mögliche und wirkliche Gesetze des Staates.

(a) Gesetze der Natur und Gesetze der Vernunft

Die Gesetze der Natur sind nicht mit den Gesetzen der Vernunft zu vermengen.

> "Da zeither fast alle Gelehrte diese beyden Rechte beständig mit einander vermenget haben; so ist daraus ein wunderbarer Mischmasch entstanden, der in der Beurtheilung und Entschei-

---

1 *Natur und Wesen*, § 150 (Seite 335 f).

2 Zur gemeinschaftlichen Glückseligkeit als dem obersten Gesetz des Staates siehe unten Seite 268; zur Unterscheidung von "fehlerhaften" Gesetzen und "ganz und gar ungültigen Anordnungen" vgl. *Natur und Wesen*, § 41 (Seite 90); *Grundriß*, § 76 (Seite 64); vgl. erg. *Natur und Wesen*, § 166, Seite 365: "Das Wesen und der Endzweck der Republiken ist die gemeinschaftliche Glückseligkeit; und man kann sich mithin diejenigen Verordnungen gar nicht als Gesetze vorstellen, die nicht auf diesen Endzweck gerichtet sind. Alle Gesetze, welche diesen Endzweck nicht haben, verdienen nicht diesen Namen."; zu Widerstandsrecht und Widerstandspflicht gegenüber fehlerhaften Anordnungen der Regierung siehe oben Seite 147 ff und 170.

3 *Natur und Wesen*, § 150 (Seite 337 f); zur Wandlung des Gesetzesbegriffes vgl. *Willoweit*, Seite 175.

> dung der menschlichen Angelegenheiten mehr Verwirrung und Unordnung anzurichten, als zur Richtschnur zu dienen vermögend ist." [1]

Das von Gott gegebene Recht der Natur (natürliches Recht, göttliches Recht) [2] ist das von allen Menschen -ungeachtet der Reichweite ihres Verstandes- wahrgenommene, auf den natürlichen Trieben gründende Recht. [3]

> "Diese natürlichen Triebe sind die ersten Gesetze der Natur und die einzigen Quellen des ganzen natürlichen Rechts." [4]

Alle Gesetze, die sich der Mensch als verständiges Wesen selbst gibt, sind Gesetze der Vernunft. [5] So hat sich der Mensch mit dem Eintritt in den Stand der natürlichen Freiheit [6] die Gesetze der Religion [7], des Völkerrechts [8] (des durch Übung und stillschweigende Übereinstimmung entstandenen Rechts der Beziehungen zwischen den Gesellschaften) und die sittlichen und häuslichen Gesetze [9] (innergesellschaftliche und innerfamiliäre Regeln) gegeben. Die in den staatlichen Gesellschaften erlassen Gesetze sind ebenfalls Gesetze der Vernunft.

Mit der Sicht des Naturrechts als eines von der menschlichen Überlegung unabhängigen Rechts, das von Gott objektiv und unveränderlich festgeschrieben ist und das nicht mit dem Vernunftrecht vermengt werden darf, sieht sich Justi in Übereinstimmung mit dem Göttinger Rechtsgelehrten *Johann Jacob Schmauß* [10].

---

1 *Natur und Wesen*, § 173 (Seite 383).
2 *Natur und Wesen*, § 190 (Seite 421); zu Gott als Gesetzgeber des natürlichen Rechts vgl. erg. *Moralische und Philosophische Schriften*, Band 3, Seite 92, und oben Seite 79 ff.
3 *Natur und Wesen*, § 173 (Seite 381 - 385).
4 *Natur und Wesen*, § 173 (Seite 381 f).
5 *Natur und Wesen*, § 174 f (Seite 386 - 389).
6 Zum Stand der natürlichen Freiheit siehe oben Seite 86 f.
7 *Natur und Wesen*, § 175 (Seite 387 - 390).
8 *Natur und Wesen*, § 176 (Seite 390 - 393).
9 *Natur und Wesen*, § 177 (Seite 393 - 394).
10 *Schmauß*, Seite 453: "(Im Recht der Natur geht man, d. Verf) nicht weiter als auf dasjenige, was ein jeder Mensch bey sich selber ohne studiren und viel Nachdencken fühlet und empfindet, daß ihm angebohren sey. Hierbey bleibt man stehen, und geht nicht weiter.".

"Der Hauptbegriff des verstorbenen Hofrath Schmauß ... von dem natürlichen Recht, war demnach, ohngeachtet des heftigen Widerspruchs, den er gefunden hat, allerdings richtig. Vielleicht fehlte ihm nur ein genugsam philosophischer Kopf, um die richtige Folge seiner Sätze deutlich zu zeigen, und die Anwendung derselben solchergestalt vorzustellen, daß sie weniger anstößig schien." [1]

Die Gesetze der Natur sind der unveränderliche [2], erste und unverletzliche Grund aller Gesetze:

"... alle Gesetze der Staaten ... müssen die natürlichen Gesetze als ihren ersten Grund voraus setzen und vor die Unverletzlichkeit derselben eine große Ehrerbietung haben; ja sie können nichts verfügen, was denen natürlichen Gesetzen entgegen ist. Denn, wenn die Gesetzgeber der Staaten nicht die Natur des Menschen voraussetzen, ... ; so können sie keine andre als unnatürliche, grausame und tyrannische Gesetze geben. Diese Unverletzlichkeit des natürlichen Rechts muß so wohl in denen politischen als bürgerlichen Gesetzen beobachtet werden." [3]

Das natürliche Recht bildet auf diese Weise die Grundlage [4], mit der das Vernunftrecht übereinstimmen muß.

(b) Gesetze des Menschen und Gesetze des Staates

Zu unterscheiden sind die Gesetze des Menschen (1.Hauptklasse der Gesetze) und diejenigen des Staates (2. Hauptklasse). Zur ersten Hauptklasse zählen die Gesetze, die im Stand der natürlichen

---

1 *Natur und Wesen*, § 173 (Seite 384). Das gängige Verständnis seiner Zeit begreift das Naturrecht als eine Schöpfung der menschlichen Vernunft. Ähnlich *Partick*, Seite 132: "Justi ... fällt ... aus der Reihe der großen Vertreter der naturrechtlichen Theorien des Aufklärungszeitalters durch die Stellung zum Naturrecht heraus. Sein Naturrecht ist wie die lex aeterna der Hochscholastik im Willen Gottes objektiv und unveränderlich gegeben. Wie in der christlichen Naturrechtslehre, so ist d. Naturrecht auch bei Justi nicht ein mehr oder minder willkürliches Produkt der menschlichen Vernunft, sondern es besteht unabhängig von ihr in jedem Menschen."

2 *Natur und Wesen*, § 185 (Seite 408).

3 *Natur und Wesen*, § 185 (Seite 408 f); vgl. erg. die Konkretisierung a.a.O.: "Eben also beleidiget der bürgerliche Richter das natürliche Recht ... , wenn er einen armen Mann bestrafet, der zu Fristung seines Lebens ein Brod ... gestohlen hat, nachdem er sich vergeblich Mühe gegeben hatte, auf eine erlaubte Art darzu zu gelangen. Der Trieb der Selbsterhaltung gehet über alle bürgerlichen Gesetze.". Das Werk Justis vermag nicht als Beleg der von *Schröder* (Seite 420 und 433) zur Diskussion gestellten These zu dienen, es habe im 18. Jahrhundert keinen allgemein anerkannten Satz "Naturrecht bricht positives Recht" gegeben.

4 Zur naturrechtlichen Basis der politischen Metaphysik siehe oben Seite 79 ff.

Freiheit stattfinden (oder: die in keinem notwendigen Verhältnis mit dem Wesen des Staates stehen). [1] Die Gesetze der zweiten Hauptklasse stehen in einem notwendigen Verhältnis zu dem Wesen des Staates. [2] Die Gesetze des Staates gründen auf den Gesetzen des Menschen:

> "Ohngeachtet die Verfassung der Staaten dem Stande der natürlichen Freyheit entgegen gesetzet ist; so verhält es sich doch nicht eben also mit denen Gesetzen dieser beyden verschiedenen Zustände der Menschen. Die in dem Stande der natürlichen Freyheit statt findenden Gesetze, sind Gesetze des Menschen: und eben dieser Mensch ist es, der ein Bürger eines besondern Staats wird, ohne daß der Bürger die Eigenschaft des Menschen verlieret... . Es ist demnach so weit gefehlet, daß die Gesetze der Staaten, die Gesetze des Menschen aufheben sollten, daß sie sich vielmehr beständig auf derselben gründen, und dahin, als auf ihre Quelle zurücksehen müssen; denn bürgerliche Verfassungen und Gesetze, die nicht ihren Grund in der Natur des Menschen hätten, würden widersinnige und ungereimte Gesetze seyn." [3]

Um das Wesen der ersten Hauptklasse zu erkennen, bedarf es des Rückgriffs auf die Natur des Menschen. Dementsprechend erfordert das Verständnis der Gesetze der zweiten Hauptklasse den Rückgriff auf Natur und Wesen der Staaten. [4]

(c) Mögliche und wirkliche Gesetze:

Zu unterscheiden sind mögliche und wirkliche Gesetze. Unabhängig von der menschlichen Erkenntnis existieren die dem Staat eigenen möglichen Gesetze. Sie ergeben sich aus dem allgemeinen und besonderen Endzweck des Staates, der Regierungsform, der natürlichen Beschaffenheit des Landes und den Fähigkeiten der Einwohner. Der Staat ist am glücklichsten, wenn die möglichen Gesetze mit den wirklichen Gesetzen übereinstimmen. [5]

---

1 *Natur und Wesen*, § 151 (Seite 338); zum Wesen des Staates siehe oben Seite 121 ff.

2 *Natur und Wesen*, § 232 (Seite 527).

3 *Natur und Wesen*, § 180 (Seite 400 f).

4 *Natur und Wesen*, § 171 (Seite 378).

5 *Natur und Wesen*, § 149 (Seite 334 f).

11.2.2.1 Gesetze des Menschen

Justi unterscheidet als Hauptarten der Gesetze des Menschen: (a) die natürlichen Gesetze (Gesetz der Natur), (b) die Gesetze der Religion (Gesetz der Vernunft), (c) das Völkerrecht (Gesetz der Vernunft) und (d) die sittlichen und häuslichen Gesetze (Gesetz der Vernunft). [1]

(a) Natürliche Gesetze [2]

Gesetzgeber der natürlichen Gesetze ist Gott. Ihr Endzweck ist die Erhaltung des Menschen. Die Selbsterhaltung ist das erste und höchste Gesetz des natürlichen Rechts. Es ist undenkbar, daß der Mensch verpflichtet werden kann, diesem ersten Gesetz zuwider zu handeln. Die "untergearteten" Hauptgesetze sind die Nahrungssuche, der Frieden, die Beziehung zwischen Mann und Frau, und (entgegen *Montesquieu* [3]) die Liebe für die eigenen Kinder, die Liebe der Kinder für die Eltern und die Geselligkeit. Die Geselligkeit hat eine Sonderstellung, weil sie zum größten Teil ein Gesetz der Vernunft ist. [4]

(b) Gesetze der Religion [5]

Die Gesetze der Religion sind Gesetze der Vernunft; denn nur der hervorkeimende Verstand offenbart dem Menschen die Abhängigkeit von einem höheren Wesen. Die oberste Gewalt darf sich, weil die Religion nicht zum Endzweck des Staates gehört, grundsätzlich nicht in die Gesetze der Religion einmischen. [6] Gewissens- und Glaubensfreiheit, nicht aber die öffentliche Ausübung der Religion, sind garantiert. [7] Insofern die Religion einen Einfluß

---

1 *Natur und Wesen*, § 151 (Seite 338 f).
2 *Natur und Wesen*, §§ 190 - 199 (Seite 420 - 444); vgl. erg. oben Seite 79 ff und 261 ff.
3 *Natur und Wesen*, § 197 (Seite 440).
4 *Natur und Wesen*, § 199 (Seite 442 - 444); vgl. erg. oben Seite 83 f.
5 *Natur und Wesen*, §§ 200 - 209 (Seite 445 - 471).
6 *Natur und Wesen*, § 201 (Seite 450 f); *Grundsätze*, § 272; *Staatswirtschaft*, Band 1, § 91 (Seite 123).
7 *Natur und Wesen*, § 209 (Seite 470).

auf den Endzweck des Staates hat, ist sie der obersten Gewalt jedoch unterworfen. [1] Nur solange "der Staat damit nicht beunruhigt" wird, herrscht "vollkommene Gewissensfreiheit". [2] Religiöse Bekenntnisse, die dem Endzweck der bürgerlichen Verfassung "offenbar" entgegenstehen, können nicht angenommen werden. [3] Um die Ruhe innerhalb des Staates zu gewährleisten, bedürfen neue öffentliche oder private Gottesdienste einer staatlichen Genehmigung. [4]

(c) Völkerrecht [5]

Das Völkerrecht besteht aus denjenigen Grundsätzen, die durch Gewohnheit oder stillschweigende Einwilligung entstanden sind, um die Beziehungen der Völker zu regeln. Die Völker sind verpflichtet, das Völkerrecht auf dem natürlichen Recht aufzubauen. Die Hauptgesetze des Völkerrechts sind der Frieden, der einzig mögliche Kriegsanlaß einer "gewissen Gefahr für die Selbsterhaltung des Volkes" [6], die Gewährung des Friedens nach erfolgter Entschädigung, das Verbot der Verwüstung, Grausamkeit und Versklavung der Besiegten, die Aufrechterhaltung der Verständigung im Kriegsfall, die Garantie der Unverletzlichkeit der Abgesandten des Feindes, die Einhaltung der im Krieg geschlossenen Abmachungen, die vollkommene Freiheit und Sicherheit der Gesandten [7] (unter Berufung auf *Montesquieu* [8]) und die Nichteinmischung in die Beziehungen zwischen anderen Völkern.

---

1 *Natur und Wesen*, § 209 (Seite 469).
2 *Grundsätze*, § 87.
3 *Natur und Wesen*, § 207 (Seite 465).
4 *Natur und Wesen*, § 209 (Seite 469 f).
5 *Natur und Wesen*, §§ 210 - 220 (Seite 471 - 501).
6 Justi verwirft die Lehre vom Gleichgewicht in Europa, wonach ein Kriegsanlaß auch der zu starke Machtzuwachs eines Reiches sein kann (*Chimäre des Gleichgewichts von Europa*; vgl. erg. *Natur und Wesen*, § 215, Seite 483).
7 Die Gesandten unterstehen nicht der obersten Gewalt des Gastlandes, sondern können lediglich des Landes verwiesen werden.
8 *Natur und Wesen*, § 219 (Seite 495), verweist auf *Montesquieu*, Buch 26, Kapitel 21.

(d) Sittliche und häusliche Gesetze [1]

Die sittlichen Gesetze entstehen aus der Gewohnheit.

> "Man verstehet ... unter denen Sitten das Betragen ... der Menschen in ihren gleichgültigen Handlungen, die in dem Stande der natürlichen Freyheit mit denen Pflichten des Naturrechts und der Gesellschaft, oder, wenn noch keine Gesellschaften statt finden, des gesellschaftlichen Lebens, in denen bürgerlichen Verfassungen aber mit dem Endzwecke des Staats und denen bürgerlichen Pflichten, keinen unmittelbaren Zusammenhang haben. Kurz, unter den Sitten begreifet man mehr die Handlungen des Menschen, als des Gesellschafters, oder des Bürgers." [2]

Die sittlichen und häuslichen Gesetze dürfen den Gesetzen des Staates [3] nicht widersprechen:

> "Daher haben die allerweisesten Gesetzgeber die Sitten nicht der Willkühr des Volks überlassen; sondern sie haben in eben dem Gesetzbuche, worinnen sie die bürgerlichen Pflichten festgesetzet haben, auch die Sitten vorgeschrieben; ja zuweilen haben sie Religion, Sitten und Gesetze in einerley Gesetzbuche mit einander vereiniget." [4]

Die häuslichen Gesetze werden vom Hausvater erlassen. Seine Befugnis endet, sobald das Zusammenspiel des Wohlstandes der einzelnen Familien mit dem gemeinschaftlichen Besten betroffen ist:

> "So lange es ... nur um den besondern Wohlstand der Familie zu thun ist; so soll der Hausvater vollkommen freye und ungebundene Hände haben, und seine Gewalt soll in nichts eingeschränkt seyn. Allein, so bald es um den Zusammenhang und die Verbindung des Wohlstandes einer einzeln Familie mit dem gemeinschaftlichen Besten zu thun ist, alsdenn ist auch jeder Hausvater der Obrigkeit unterworfen." [5]

---

1 *Natur und Wesen*, §§ 221 - 232 (Seite 501 - 527).
2 *Natur und Wesen*, § 221 (Seite 502).
3 Justi benutzt in *Natur und Wesen*, § 226, Seite 511, den Begriff "bürgerliche Gesetze" im weiteren Sinne; er meint die Gesetze des Staates.
4 *Natur und Wesen*, § 226 (Seite 512).
5 *Natur und Wesen*, § 231 (Seite 526); vgl. erg. oben Seite 155 ff.

11.2.2.2 Gesetze des Staates

Die Gesetze des Staates müssen (a) mit der Gerechtigkeit als dem obersten Gesetz des Menschen übereinstimmen und (b) aus dem Endzweck des Staates als dem obersten Gesetz für dessen innere Verhältnisse abgeleitet werden. Sie gliedern sich (c) in vier Hauptarten.

(a) Gerechtigkeit

> "Die Gerechtigkeit ist das ewige und unveränderliche Gesetz der Menschen, welchem die zeitige und willkührliche Einrichtung der Republiken ... niemals seine Gültigkeit benehmen kann." [1]

Das staatliche Handeln kann theoretisch in letzter Instanz am natürlichen Recht gemessen werden. [2] Dieses Rückgriffs bedarf es nicht, wenn der Staat die richtige Vorstellung von der gemeinschaftlichen Glückseligkeit besitzt. In diesem Fall wird er immer gerecht verfahren. [3]

(b) Gemeinschaftliche Glückseligkeit

Die Willensvereinigung bestimmt unter anderem über den Endzweck des Staates. [4] Der Endzweck bildet das erste und oberste Gesetz für die innere Ordnung des Staates, die "einzige Quelle, woraus alle seine Einrichtungen und Gesetze abfließen", die "einzige Ursache, von denen festgesetzte Ordnungen abgehen", die "einzige und oberste Richtschnur aller Maaßregeln und Einrichtungen", das "erste und höchste Gesetz, das in besondern Fällen denen ordentlichen Gesetzen allemal vorgehet". [5]

---

1 *Natur und Wesen*, § 39 (Seite 81 f); ähnlich *Leben und Character*, Band 1, Seite 10.

2 Dagegen *Rath*, Seite 84; die von *Rath* genannte Quelle (*Natur und Wesen*, § 202) trägt seine Argumentation nicht, sie betrifft die Gesetze der Religion, nicht das Naturrecht.

3 *Natur und Wesen*, § 39 (Seite 82 f).

4 Siehe oben Seite 122 f und 103 ff.

5 *Natur und Wesen*, § 39 (Seite 81), § 41 (Seite 90); *Grundriß*, § 76 (Seite 64), § 77 (Seite 65), § 87 (Seite 81), § 256 (Seite 331); vgl. erg. *Natur und Wesen* § 232 (Seite 527 f).

"Dieses höchste Gesetz muß demnach in allen und jeden Verfassungen und Maaßregeln des Staats zum Grunde liegen; und es kann sich niemals ein Vorfall, ein Zeitumstand, oder ein Nothfall ereignen, bey welchem es erlaubt wäre, davon abzugehen." [1]

(c) Die Gesetze des Staates teilen sich in vier (bzw. zwei) Hauptarten:

(1) (eigentliche) politische Gesetze (= Staatsrecht [2] oder auch Grund- und Staatsgesetze [3])
(2) Cameral- und Finanzgesetze (ebenfalls politische Gesetze)
(3) (eigentliche) bürgerliche Gesetze
(4) Policeygesetze (ebenfalls bürgerliche Gesetze).

Da die Cameral- und Finanzgesetze [4] politische, die Policeygesetze bürgerliche Gesetze sind, kann auch von zwei Hauptarten (politische und bürgerliche Gesetze) gesprochen werden. [5] Zur ersten Gruppe zählen die Gesetze, welche aus der Regierungsform des Staates abfließen und das Verhältnis der Regierenden zu den Gehorchenden bestimmen. Zur zweiten Gruppe gehören die Regelungen des Verhältnisses der Bürger untereinander. [6] In Abgrenzung zum Stand der natürlichen Freiheit können die vier Hauptarten als bürgerliche Gesetze (oder Verfassungen [7]) im weiteren Sinne bezeichnet werden. [8]

Den verschiedenen Klassen und Arten der Gesetze liegen unterschiedliche Regeln zugrunde, so daß sie nicht miteinander vermengt werden dürfen. [9]

---

1 *Natur und Wesen*, § 38 (Seite 81); wortgleich in *Grundriß*, § 75 (Seite 64).
2 *Natur und Wesen*, § 182 (Seite 404), § 233 (Seite 528).
3 *Natur und Wesen*, § 41 (Seite 91); *Grundriß*, § 76 (Seite 65).
4 In den *Politischen und Finanzschriften* (Vorrede, Seite 7) weist Justi darauf hin, daß er die Stellung der Finanzgesetze als politische Gesetze von *Montesquieu* übernommen habe.
5 *Natur und Wesen*, § 232 (Seite 528); *Grundriß*, § 139 (Seite 156); in *Natur und Wesen* (§ 41, Seite 90 f) spricht Justi von drei Gesetzesarten. Die Formulierung erklärt sich aus der für Justi typischen schrittweisen Einführung der Leser in ein neues Wissensgebiet.
6 *Grundriß*, § 139 (Seite 156); *Natur und Wesen*, § 181 (Seite 402).
7 Zum Begriff der Verfassung siehe oben Seite 90 ff.
8 *Natur und Wesen*, § 41 (Seite 91).
9 *Natur und Wesen*, § 184 (Seite 406 f).

(1) Staatsrecht [1]

Unter dem Staatsrecht

> "... verstehet man diejenigen Gesetze, wodurch der ganze Zusammenhang des Staats oder dessen Verhältniß, so wohl gegen auswärtige Mächte, als in seinen innern Theilen, nämlich der Regierenden und der Gehorchenden gegen einander bestimmet wird." [2]

Das Staatsrecht unterteilt sich in: [3]

(a) die Regelung der allgemeinen Verhaltensweisen, Rechte und Pflichten gegenüber fremden Staaten (Zweck: Schutz der politischen Freiheit [4]);

(b) die von der Grundgewalt des Volkes [5] (nicht durch den Regenten [6]) gegebenen und allein durch diese zu ändernden Grundgesetze (gleichbedeutend: Grundverfassungen [7]) des Staates;

(c) die Gesetze und Regeln, welche "unmittelbar" zur inneren Stärke und Sicherheit des Staats erforderlich sind (z.B.: Kriegsverfassung, Rüstung, Bevölkerung des Landes, Aus- und Einfluß des Geldes) [8];

---

1 *Natur und Wesen*, §§ 233 - 242 (Seite 527 - 549).
2 *Natur und Wesen*, § 233 (Seite 528).
3 *Natur und Wesen*, § 233 (Seite 528 ff).
4 Zur politischen Freiheit siehe oben Seite 108.
5 Zum Gesetzgeber der Grundgesetze siehe oben Seite 144 ff.
6 Siehe oben Seite 153 f. Die Angaben in *Natur und Wesen*, § 41 (Seite 91), wortgleich in *Grundriß*, § 76 (Seite 65), wonach die Grundgesetze "niemals von der obersten Gewalt, sondern von dem gesammten Volke, oder höchstens vertragsweise mit der obersten Gewalt" entstehen, und im *Grundriß* (§ 187, Seite 228), wonach die Grundgesetze "von der Regierung ohne Einwilligung des gesamten Volks niemals verändert werden können", sind nicht so zu verstehen, daß der Herrscher sich durch ein Verhinderungsrecht gegen eine von der Grundgewalt beabsichtigte Änderung der Grundgesetze sperren könnte. Vielmehr unterliegen die Grundgesetze der ausschließlichen Entscheidungsbefugnis des Volkes. So schreibt Justi auch im angeführten § 41 von *Natur und Wesen*: "Daher hat auch die oberste Gewalt, wenn sie nicht bey dem Volke selbst beruhet, niemals ein Recht über die Grundgesetze des Staats, sondern das gesamte Volk ist es, welches hierinnen allein eine Aenderung vornehmen kann.".
7 *Grundriß*, § 46 (Seite 29); zum Begriff der Verfassung bei Justi siehe oben Seite 90 ff.
8 *Natur und Wesen*, § 233 (Seite 529).

(d) die Regelungen aller übrigen inneren Angelegenheiten, die einen "offenbaren" Einfluß auf die Ruhe und Sicherheit des Staates haben. [1]

(ad b) Die Grundgesetze insbesondere

Zu den Grundgesetzen des Staates gehören folgende Bestimmungen:

(aa) Die Grundgesetze regeln die Art und Weise, wie die oberste Gewalt auszuüben ist (gleichbedeutend: die Regierungsform). Je nach gewählter Regierungsform variiert der Inhalt der Grundgesetze. Praktisch enthalten die Grundgesetze alle Bestimmungen über die Regierungsformen. [2] Bei den Regierungsformen betont Justi in besonderer Weise die folgenden Grundgesetze. In der Monarchie sind durch die Grundverfassungen zu regeln: Thronfolge, Religion, verbindliche Festlegung des Gesetzesinhalts, Rückwirkungsverbot, Garantie von Gerichtskörpern, Erhaltung hergebrachter Privilegien und Unveräußerlichkeit der Domainen. [3] Sollte in einer Aristokratie die Gesetzgebung und die Vollziehung durch zwei getrennte Collegien wahrgenommen werden, so unterliegt auch die strukturelle und personelle Änderung dieser Gremien der Regelungsbefugnis der Grundgewalt. [4] In der Demokratie unterliegt insbesondere die Wahl der Magistratspersonen und Richter der Regelung durch die Grundgesetze. [5] Die vermischten Regierungsformen verlangen vor allem nach Grundgesetzen über die Kompetenzen und das Zusammenspiel der Gewalten sowie über das Schlichtungsverfahren für den Fall eines Konflikts zwischen Gesetzgebung und Vollziehung. [6] Für die platonische Republik erwähnt Justi die Bedeutung der Grundgesetze über die Aufgaben der Sittenrichter (Verhaftung und Verurteilung von Repräsentanten des Volkes oder

---

1 *Natur und Wesen*, § 233 (Seite 529).
2 Siehe oben Seite 203 ff; dabei ist zu beachten, daß die in Abschnitt 10 dieser Arbeit ebenfalls abgehandelten Methoden zur Selbtmäßigung (z.B. die Grundregeln in der Monarchie) keine Grundgesetze sind.
3 Siehe oben Seite 210 f.
4 Siehe oben Seite 217.
5 Siehe oben Seite 219.
6 Kompetenzen und Zusammenspiel der Gewalten: Seite 220 ff und 183 ff; Schlichtungsverfahren: Seite 223 und 188.

Mitgliedern der Regierung, Beteiligung an der Streitschlichtung zwischen der gesetzgebenden und der vollziehenden Gewalt). [1] Hervorzuheben sind schließlich noch die Grundgesetze über die Gewissensfreiheit der Repräsentanten des Volkes [2], die Wahl [3], die Unvereinbarkeit bestimmter Staatsämter [4], die Funktionen des obersten Gerichts [5] und den Staatsnotstand [6].

(bb) Zu den Grundgesetzen gehören desweiteren die Bestimmungen der grundlegenden (der sich aus der Regierungsform ergebenden) Pflichten und Gerechtsame der Regierenden und Gehorchenden. [7]

(cc) Durch Grundgesetze zu regeln sind die grundlegenden Normen über die Verwaltung der Gerechtigkeit. [8]

(dd) Die wesentlichen Finanzgesetze [9] unterliegen ebenfalls einer Regelung durch die Grundverfassungen (Zweck: Schutz der bürgerlichen Freiheit).

(ee) Außerdem kennt Justi ein strafbewehrtes Grundgesetz, wonach "Staatsbediente, Reichstags- und Regierungsmitglieder von auswärtigen Mächten keine Geschenke, Gnadenbezeigungen und Wohltaten" entgegennehmen dürfen. [10]

(ff) Durch die Auflistung [11] verschiedener Grundregeln und Grundsätze bei seiner Untersuchung der Selbstmäßigung einer nicht bereits ihrer Natur nach guten Regierung kann (zumindest für

---

1 Siehe oben Seite 237 f.
2 Siehe oben Seite 231.
3 Siehe oben Seite 218 f.
4 Siehe oben Seite 236 f, 240, 186.
5 Siehe oben Seite 223.
6 Siehe oben Seite 239.
7 Aus dem Vergleich von *Natur und Wesen*, § 233 (Seite 529) und § 182 (Seite 404) ergibt sich, daß die Grundgesetze nur die als direkte Folge der Regierungsform entstehenden grundlegenden Pflichten und Gerechtsame von Regierenden und Gehorchenden enthalten. Es ist möglich, daß diese Pflichten und Gerechtsame in den übrigen politischen Gesetzen näher geregelt werden.
8 Siehe oben Seite 187 und 210 f.
9 *Natur und Wesen*, § 244 (Seite 552).
10 Siehe oben Seite 197.
11 Siehe oben Seite 192 ff.

diese Regierung) auf Regelungsgegenstände geschlossen werden, die nicht unbedingt durch Grundgesetze festzuschreiben sind, einer solchen Regelung aber zugeführt werden können. Dazu gehören die Wirtschaftsverfassung (vgl. den Grundsatz, das Volk reich zu machen) und der Haushaltsplan (vgl. den Grundsatz der Sparsamkeit).

(2) Cameral- und Finanzgesetze [1]

Die Cameral- und Finanzgesetze regeln die Erhebung und Verwaltung des Staatsvermögens. Aus dem allgemeinen Staatsvermögen (dazu gehören die Güter der Untertanen) und dem besonderen, dem Staat als Eigentum zustehenden Vermögen sind die Staatseinkünfte zu ziehen. Die Grundregeln der Finanzgesetze sind, das Staatsvermögen nicht zu verringern, die Abgaben mit gerechter Gleichheit zu erheben (die Abgabenlast ist, weil die mehr Verdienenden einen größeren Schutz durch den Staat erfahren, an der Höhe des Privatvermögens zu messen), die Abgaben nach der Regierungsform zu richten, ihnen einen "gewissen Grund" zu geben, und die Einkünfte nur zu "Notdurft und Wohlfahrt" des Staates einzusetzen.

(3) Bürgerliche Gesetze [2]

Die bürgerlichen Gesetze im weiten Sinn ("eigentliche bürgerliche Gesetze" und "Policeygesetze") bestimmen das Verhältnis der Bürger zueinander. Die eigentlichen bürgerlichen Gesetze dienen dem Schutz von Eigentum, Gerechtsamen, Freiheit und Sicherheit. Sie gliedern sich in (a) bürgerliche Gesetze im engsten Verstande und (b) peinliche Gesetze.

(a) Bürgerliche Gesetze im engsten Verstande
Die bürgerlichen Gesetze im engsten Verstande betreffen die

---

1 *Natur und Wesen*, §§ 243 - 251 (Seite 549 - 565).
2 *Natur und Wesen*, §§ 252 - 268 (Seite 565 - 596).

Verletzung der unter den Bürgern gegenseitig geschuldeten Gerechtigkeit durch Irrtum, Übereilung oder Zweifel über die Rechte. Sie entscheiden die "Streitigkeiten der Bürger als Bürger". Die bürgerlichen Gesetze im engsten Verstande sind insbesondere von der Regierungsform des Staates abhängig.

(b) Peinliche Gesetze
Die peinlichen Gesetze ahnden Verbrechen, die einen nachteiligen Einfluß auf Ruhe, Sicherheit und gemeinschaftliches Bestes haben (z.B.: vorsätzliche Verletzung der bürgerlichen Pflichten). Sie entscheiden keine Streitigkeiten der Bürger als Bürger, sondern geben Urteile über die "Feinde der bürgerlichen Gesellschaft".

(4) Policeygesetze [1]

Die Policeygesetze bestimmen das Verhältnis der Bürger zueinander in bezug auf das gemeinschaftliche Beste:

> "... das ist, die Policeygesetze müssen die Wohlfahrt aller einzeln Familien, woraus der Staat bestehet, mit dem gemeinschaftlichen Besten in den genauesten Zusammenhang und Übereinstimmung zu setzen, bemühet seyn." [2]

11.2.3 Wirkungsgrund der Gesetze

Die Kraft der Gesetze beruht nicht auf der Furcht. [3] Die Furcht ist allein in der Tyrannei ein Grund, den Gesetzen zu gehorchen. [4] Außerhalb der Tyrannei kann die Furcht in folgenden Fällen keine Wirkung haben: bei Besitzlosen, bei Menschen, die um jeden Preis nach Gütern streben, bei Menschen, welche die Güter oder Strafen verachten, und bei denjenigen, die hoffen, den Güterverlust oder die Strafen umgehen zu können. [5]

---

1 *Natur und Wesen,* §§ 260 - 268 (Seite 580 - 595).
2 *Natur und Wesen,* § 260 (Seite 581).
3 *Natur und Wesen,* § 153, Seite 341: *Montesquieu* gebe ein solches Denken "hin und wieder" zu erkennen.
4 *Grundfeste,* Band 2, § 458 (Seite 529).
5 *Natur und Wesen,* §§ 154 - 161 (Seite 342 - 358).

Die Kraft der Gesetze beruht auf der moralischen Beschaffenheit des Menschen und der Beschaffenheit der Gesetze. [1] Bei politisch tugendhaften Menschen werden die Gesetze immer wirken. Die politische Tugend kann durch die Ehre und -beim Pöbel- durch die Grundsätze der Religion ersetzt sein. [2] Die Gesetze müssen richtig abgeleitet sein und gegenseitig in Übereinstimmung stehen. Die Untertanen müssen davon überzeugt sein, daß die Anordnungen zu ihrem Besten getroffen wurden. [3]

11.2.4 Allgemeine Anforderungen an die Gesetze

(a) Gewißheit und Deutlichkeit der Gesetze

Der größte Mangel der Gesetzgebung besteht für Justi in der Ungewißheit darüber, welches Recht (römisches-, kanonisches-, altes deutsches Recht, Provincialrechte) im Einzelfall Gültigkeit besitzt. Daneben kritisiert er die Auslegungsbreite "in Dunkelheit eingehüllter" Gesetze. Desweiteren bemängelt er das Desinteresse vieler Fürsten an der Beschaffenheit der Rechte und die Unfähigkeit der Rechtsanwender. [4]

Justi fordert den Erlaß eines neuen Gesetzeswerkes. [5] Die alten Gesetze sollten abgeschafft und durch ein neues Gesetzbuch ersetzt werden. [6] Das römische Recht ist abzuschaffen, weil es mit den Sitten und Regierungsformen nicht übereinstimmt, das kanonische Recht ebenfalls; denn "es ist mit einer Menge Ungelegenheiten umhüllt, welche hier anzuzeigen zu weitläufig fallen würde". Das neue Gesetzbuch soll mit der Beschaffenheit

---

1 *Natur und Wesen*, § 162 (Seite 358).

2 *Natur und Wesen*, §§ 163 - 165 (Seite 358 - 364).

3 *Natur und Wesen*, § 166 f (Seite 364 - 368).

4 *Von Besserung der Rechte* (*Deutsche Memoires*, Band 3, Seite 57 ff); vgl. erg. *Vergleichungen*, Seite 170, *Grundfeste*, Band 2, § 448 (Seite 516 f).

5 *Von Besserung der Rechte* (*Deutsche Memoires*, Band 3, Seite 63 f).

6 Justi empfiehlt bereits im Jahre 1749 die Bemühungen um die in Preußen begonnene Kodifikation "zur würdigen Nachfolge für alle Staaten" (Nachweis auf die *Ergetzungen*, Band 6, Stück 5, bei *von Unruh*, Seite 13).

des Landes, der Bevölkerung und der Zeiten [1], mit den Grundverfassungen [2] sowie mit den anderen [3] Gesetzen des Staates übereinstimmen. Die (wenigen) Gesetze müssen frei von Widersprüchen, kurz, einfach und in deutscher Sprache abgefaßt sein. [4] Die Gewißheit der Gesetze wird Auslegungsstreitigkeiten unter den Rechtsgelehrten verhindern und zu kürzeren Prozessen führen. Da die Motive Anlaß zur Auslegung bieten, sind sie nicht mitzuteilen. [5] Im Falle der Auslegungsbedürftigkeit ist es Aufgabe der obersten Gewalt, den Inhalt des Gesetzes zu klären. [6]

(b) Bekanntmachung der Gesetze

Die Gesetze müssen bekanntgemacht werden:

> "Ohne Bekanntmachung können keine Gesetze Gehorsam verlangen... ." [7]

Die These, daß die Bekanntmachung eine Wirksamkeitsvoraussetzung aller Gesetze ist, bedeutet einen wesentlichen Fortschritt gegenüber den früheren Stellungnahmen Justis. Im Zusammenhang mit der Forderung nach der Schaffung eines neuen Gesetzbuches hatte Justi im Jahre 1750 noch nicht an eine schriftliche Fixierung der politischen Gesetze gedacht. Zum Inhalt des neu zu schaffenden Gesetzbuches schrieb Justi damals:

> "Das Gesetzbuch könnte eben diejenigen Haupteintheilungen in sich enthalten, die wir jetzo in unsern Rechten haben. Es könnte nehmlich aus den bürgerlichen, geistlichen, peinlichen und Lehnrechte bestehen." [8]

---

1 *Von Besserung der Rechte* (*Deutsche Memoires*, Band 3, Seite 67); für die Policeygesetze: *Grundfeste*, Band 2, § 415 (Seite 482), § 444 (Seite 514), § 348 (Seite 457); § 405 (Seite 473).

2 Zur Übereinstimmung der Gesetze mit dem Endzweck und den Grundverfassungen *Natur und Wesen*, § 167 (Seite 367); für die Policeygesetze wiederholt in *Grundfeste*, Band 2, §§ 416 - 427 (Seite 482 -497).

3 *Grundfeste*, Band 2, § 428 (Seite 498).

4 *Staatswirtschaft*, Band 1, § 103 f; vgl. erg. *Grundriß*, § 187 (Seite 229).

5 *Von Besserung der Rechte* (*Deutsche Memoires*, Band 3, Seite 66).

6 *Grundriß*, § 187 (Seite 230).

7 *Grundfeste*, Band 2, § 473 (Seite 549); zu den Methoden der Bekanntmachung speziell der Policeygesetze vgl. a.a.O., §§ 474 - 479 (Seite 550 - 552).

8 *Von Besserung der Rechte* (*Deutsche Memoires*, Band 3, Seite 68).

11.3 Zum Einfluß von Wolff und Montesquieu [1]

Wie für die anderen Teilbereiche seiner Staatslehre bereits nachgewiesen, so gilt auch für Justis Gesetzeslehre, daß der Einfluß von *Wolff* und *Montesquieu* ihn zur Originalität und Trennschärfe seines eigenen Systems führte. Von *Montesquieu* übernimmt er die Grunddefinition der Gesetze. Aus ihr entwickelt er seine eigenständige Begriffsbestimmung der Gesetze und Differenzierung zwischen fehlerlosen Gesetzen, fehlerhaften Gesetzen und ungültigen Anordnungen. [2] Zum anderen erinnert Justis Auslegungsverbot [3] der Gesetze durch die Richter an *Montesquieus* Sicht der Urteile als "texte précis de la loi" und der Richter als "la bouche qui prononce les paroles de la loi; des êtres inanimés qui n'en peuvent moderer ni la force ni la rigueur". Gerade in diesem Punkt weicht Justi (unter dem Einfluß *Montesquieus*) von *Wolff* [4], der umfangreiche Auslegungsregeln kennt, ab. Der Einfluß *Montesquieus* spiegelt sich schließlich in Justis grundlegenden Normen des Naturrechts. [5]

Für die Systematik der Gesetze war *Wolff* von weitaus größerer Bedeutung als der Verfasser des "Esprit". Nur aus der Theorie *Wolffs* heraus konnte Justi seine Vorstellung der Grundgesetze entwickeln, die, der Verfügungsmacht des Regenten entzogen, allein durch die Grundgewalt des Volkes gegeben und geändert werden können. Zwar sprach auch *Montesquieu* von "lois fondamentales", er gab ihnen jedoch einen anderen Bedeutungsinhalt als *Wolff*. *Montesquieu* klärt den Begriff der "lois fondamentales" wie folgt:

> "Voilà ce que j'appelle la nature de chaque gouvernement. Il faut voir quelles sont les lois qui suivent directement

---

1 Siehe oben Seite 5 f und 57.
2 Siehe oben Seite 260 f.
3 Siehe oben Seite 276.
4 *Wolff* in "Grundsätze", §§ 794 - 817, beachte insbes. § 812, (Seite 587 - 602).
5 Siehe oben Seite 265. Der Frieden, die Nahrungssuche, die besondere Beziehung zwischen Mann und Frau, der mit den Erkenntnissen enstehende Wunsch nach dem Zusammenleben in Gesellschaftsform, die Religion und die Selbsterhaltung sind auch *Montesquieus* Naturgesetze (*Montesquieu*, Buch 1, Kapitel 2).

> de cette nature, et qui par conséquent sont les premièrs lois fondamentales." [1]

Sogar die Despotie verfügt nach *Montesquieu* deshalb über Grundgesetze. [2] Justis Verständnis der Grundgesetze als vom Volk gegebene grundlegende politische Ordnung des Staates ist *Montesquieu* fremd.

In bezug auf die Grundgesetze als Fixierung der grundlegenden politischen Ordnung konnte Justi an die alte Reichsstaatslehre anknüpfen, die zu den Grundgesetzen des Staates alle Regelungen zählte, "ohne welche der Staat von Teutschland nicht so wäre, wie er wirklich ist" [3], insbesondere: die Goldene Bulle, die weitgehend die Kaiserwahl regelt, der Landfrieden von 1495, der in strittigen Fragen die Einhaltung des Rechtsweges sichern soll, der Religionsfrieden von 1552, die Exekutionsordnung von 1555, welche die Handhabung des Land- und Religionsfriedens und die Vollstreckung reichsgerichtlicher Urteile ordnet, die Kammergerichtsordnung, die Reichshofratsordnung, die kaiserlichen Wahlkapitulationen und der Westfälische Frieden. [4]

Den entscheidenden Anstoß zur Entwicklung der Theorie der vom Volk gegebenen grundlegenden politischen Ordnung des Staates gibt *Wolff*, der die Grundgesetze wie folgt definiert:

> "Die Gesetze, an welche die Verwaltung der Herrschaft gebunden ist, werden Grundgesetze (leges fundamentales) genannt. Derowegen ist dieses auch ein Grundgesetze, daß der Regente in gewissen Angelegenheiten die Einwilligung des ganzen Volcks, oder gewisser Personen nöthig hat, wie auch dasjenige, worinnen man die Art und Weise die Herrschaft einem aufzutragen fest stellet. Es erhellet ausserdem, daß der Regente eines Staats zu Beobachtung der Grundgesetze verbunden ist, und dieselbe nicht nach seinem Gefallen ändern kann ... . Da aber die Grundgesetze von dem Volcke gemacht werden; so können sie auch von ihm aufgehoben und verändert werden, wofern nur das Recht, welches der Regent

---

1 *Montesquieu*, Buch 2, Kapitel 1.

2 Dagegen Justi, siehe oben Seite 207 ff.

3 *Johann Jacob Moser* (1766): "Vom Teutschland und dessen Staatsverfassung", zitiert nach *Würtenberger* (1988), Seite 56.

4 Aufzählung nach *Rathjen*, Seite 70.

> eines Staats, oder seine Nachfolger dadurch erlangt, nicht vermindert wird." [1]

Allerdings bestehen *Wolffs* Grundgesetze und Kapitulationen nicht in allen Staaten. [2] Justi hingegen entwickelt (ersichtlich auf *Wolff* aufbauend) ein neues Verständnis der Grundgesetze. Die Grundgesetze sind in jedem nicht-despotischen Staat vorhanden [3] und regeln in ausschließlicher Entscheidungsbefugnis der Grundgewalt des Volkes [4] die gesamte grundlegende politische Ordnung [5] des Staates.

11.4 Rezeption der Thesen Justis [6]

Scheidemantel kritisiert Justis Übernahme des Gesetzesbegriffs von *Montesquieu* als

> "Eine sehr unbestimmte Erklärung ... . Die angeführte Erklärung begreift die zufälligen Gesezze nicht in sich, die absoluten Gesezze können als solche nicht unter dem Begriff der Verhältnisse stehen und will er denn die willkührlichen Gesezze des Souverains nicht auch Gesezze nennen?" [7]

Nach *Scheidemantel* wurden "in allen Lehrbüchern des natürlichen Rechts der letzten 100 Jahre bessere Definitionen" gegeben. Daß *Scheidemantel* Justis Gesetzesdefinition nicht verstanden hat, zeigt sich insbesondere darin, daß er Justis Begriffsbestimmung als zu unbestimmt verwirft, weil sie nicht die Befehle der obersten Gewalt umfasse. [8] Auch Justis Einteilung der Gesetze wird von *Scheidemantel* verworfen. [9] Im Regelungsinhalt der

---

1 *Wolff* in "Grundsätze", § 984 (Seite 704).

2 Zu den Grundgesetzen bei *Wolff* vgl. *Bachmann*, Seite 174 ff, und *Würtenberger* (1973), Seite 72, sowie ders. (1988), Seite 61 f.

3 Siehe oben Seite 207 ff.

4 Siehe oben Seite 143 ff.

5 Siehe oben Seite 271 - 273.

6 Siehe oben Seite 4 - 6 und 57 ff.

7 *Scheidemantel, Natur und Wesen*, Vorerinnerungen des Herausgebers, Seite XV f; ähnlich *Scheidemantel* in *Natur und Wesen*, Anmerkung zu § 33.

8 *Scheidemantel, Natur und Wesen*, Anmerkungen zu § 135 und 149.

9 *Scheidemantel, Natur und Wesen*, Vorerinnerungen des Herausgebers, Seite XVII.

Grundgesetze jedoch dürfte Justi für *Scheidemantel* von nicht unerheblicher Bedeutung gewesen sein. Immerhin bezeichnet *Scheidemantel* die Grundgesetze als "solche Vorschriften, welche die Grenzen der Regierung und die dazu gehörigen Sachen bestimmen". [1] Allerdings legt er die Entscheidungsbefugnis über die Grundgesetze nicht in die Hände der Grundgewalt des Volkes - *Scheidemantels* Grundgesetze sind entweder nicht einmal durch das Volk zu ändern oder durch Vertrag mit dem Regenten entstanden. [2]

In *Achenwalls* Verständnis der Grundgesetze hat Justis Arbeit ebenfalls deutliche Spuren hinterlassen. Zwar versteht *Achenwall* unter den Grundgesetzen nur diejenigen Gesetze, "die aus den Grundverträgen, durch die der Staat entsteht, unmittelbar herstammen" [3]. Allerdings umfassen auch *Achenwalls* Grundgesetze damit die grundlegende politische Ordnung des Staates. Außerdem übernimmt er von Justi die Unantastbarkeit der Grundgesetze durch den Regenten:

> "Nur in Ansehung der Grundgesetze, ohne welche kein wohleingerichteter Staat gedacht werden kann, ist der Fürst in keinem Reiche jemahls Herr und Meister; ... ." [4]

Bei *Achenwall* wird jedoch nicht klar, durch wen die Grundgesetze erforderlichenfalls zu ändern sind. Es steht zu vermuten, daß es hierfür einer einvernehmlichen Regelung von Volk und Herrscher bedurfte. [5]

Pfeiffer lobt Justis an *Montesquieu* orientierte Definition der Gesetze, weil sie die Möglichkeit gebe, Gesetze von Befehlen und willkürlichen Verordnungen zu unterscheiden. [6] In der Einteilung und Inhaltsbestimmung der Gesetze fällt auf, daß *Pfeiffer* den

---

1 *Scheidemantel*, "Allgemeines Staatsrecht", § 251, Seite 248.
2 Zu den Grundgesetzen und der Entscheidungsbefugnis über diese bei *Scheidemantel* vgl. ders. in "Allgemeines Staatsrecht", § 261, Seite 259; zu *Scheidemantels* Verständnis der Grundgewalt des Volkes siehe oben Seite 165.
3 *Achenwall*, Theil 1, Hauptstück 1, § 26.
4 *Achenwall*, Theil 1, Hauptstück 3, § 3.
5 *Achenwall*, Theil 1, Hauptstück 1, §§ 25 - 27.
6 *Pfeiffer*, Seite 167.

Grundgesetzen weder eine eindeutige Stellung innerhalb der Gesetzessystematik noch einen eindeutigen Inhalt zuzuschreiben vermag. [1]

Da nicht einmal der fortschrittliche und den Ideen Justis aufgeschlossen gegenüberstehende *Achenwall* Justis Vorstellung von den allein durch die Grundgewalt des Volkes jederzeit zu ändernden Grundgesetzen übernehmen kann, ist es wahrscheinlich, daß diese These Justis zum damaligen Zeitpunkt als zu "radikal" verworfen und in die Darstellungen zum Staatsrecht nicht übernommen werden konnte. Die Vermutung wird durch den heftigen Streit über die Bedeutung der Grundgesetze zwischen Justi und *Bielfeld* bestätigt. [2]

---

1 *Pfeiffer*, Seite 167 - 217.
2 Zum Streit Justi- *Bielfeld* siehe oben Seite 67 ff.

12 ERKLÄRUNGSVERSUCH FÜR DAS AUSBLEIBEN EINER ANGEMESSENEN REZEPTION

Die ideengeschichtliche Bedeutung des staatsrechtlichen Werkes Justis ist bislang nicht erkannt. [1] Zu klären bleibt, wie es möglich war, daß seine politische Metaphysik in der verfassungshistorischen Forschung bis heute kaum Spuren hinterließ.

Das Ausbleiben einer seinem Werk angemessenen Rezeption ist nicht allein die Folge des allgemeinen Bedeutungsverlustes naturrechtlicher Systeme im beginnenden 19. Jahrhundert, sondern weit mehr das Ergebnis eines beziehungsreichen Geflechts verschiedener Faktoren, deren wechselseitige Einflußnahme und Verstärkung durch den Ablauf der Jahrhunderte nicht mehr eindeutig nachzuvollziehen ist. Für Justis heutige Bedeutungslosigkeit konnten im wesentlichen sechs Grundursachen ausgefiltert werden, die dazu führten, daß Justi nicht die Würdigung erfahren hat, die er von seiner Nachwelt forderte [2] und, wie die vorliegende Studie zu zeigen bemüht war, auch verdient.

(1) Justi selbst zuzuschreibende Hinderungsgründe

(a) Umfang des schriftlichen Nachlasses

Der schriftliche Nachlaß des Johann Heinrich Gottlob von Justi ist außerordentlich umfangreich. Aufgrund der sich vielfach überschneidenden Themen der zahlreichen Werke entstand schon zu Justis Lebzeiten das Vorurteil, wer eines seiner Bücher gelesen habe, kenne den Inhalt aller anderen Schriften. [3] *Frensdorff* erklärte zu Recht, daß Justi sich durch die Vielzahl der Arbeiten um einen Großteil des Erfolges gebracht hat. [4] Mag auch der Blick *Frensdorffs* hierbei nicht auf das Desinteresse seiner eigenen

---

1 Siehe oben Seite 5 f und 57 ff.
2 Siehe oben Seite 1 und 4.
3 Nachweis bei *Frensdorff* (1901), Seite 530.
4 *Frensdorff* (1901), Seite 530.

Zeit gerichtet gewesen sein, so gilt sein Befund doch um so mehr für die Gegenwart. Wer Justis Staatsrecht bearbeiten will, muß seinen Schriften in den entferntesten deutschsprachigen Bibliotheken nachspüren und sich durch sein in der Menge der Veröffentlichungen nur noch von *Johann Jacob* und *Friedrich Carl von Moser* übertroffenes, zudem durch viele und zunächst verwirrende Entwicklungsbrüche gekennzeichnetes Gesamterk hindurchlesen. Die Masse der überlieferten Schriften ist damals wie heute das größte Hindernis einer Rezeption.

(b) Charakterliche Eigenheiten Justis

Das enorme Selbstbewußtsein Justis und sein abenteuerlicher Lebensweg trugen nicht zur besonderen Wertschätzung seiner Person und -damit zwangsläufig verbunden- seines Werkes bei. [1] Die Negativdarstellungen des 18. Jahrhunderts wirken bis heute nach. So gibt es im 19. Jahrhundert einen deutlich vernehmbaren Widerhall des öffentlichen Anprangerns seiner vorgeblichen Charakterschwächen. [2] Selbst in unserer Zeit scheinen die Fernwirkungen der damaligen Berichte manchem -sicher unbewußt- den Zugang zu Justis Werk zu verstellen. Ein Beispiel gibt *Vierhaus* in seiner Arbeit zur Wirkungsgeschichte *Montesquieus* auf das Deutschland des 18. Jahrhunderts. Er gelangt zum Ergebnis, Justi habe "das Programm eines benevolenten Absolutismus" vertreten. Wenn er noch vor der in diesem Zusammenhang ersten namentlichen Nennung Justi mit den Prädikaten "gelehrtenstolz und systemeifrig" belegt [3], dann kann das als Hinweis auf ein überliefertes Vorurteil gegenüber Justis Werk und Leben gewertet werden.

(c) Vortragstechnik Justis

Schließlich wird die Interpretation seiner Schriften durch die verschiedensten Eigenheiten seines Vortrages erschwert. [4]

---

1 Ähnlich: *Klein*, Seite 145.
2 Vgl. *Roscher*, Seite 84.
3 *Vierhaus*, Seite 416, FN 43.
4 Siehe oben Seite 45 ff.

(d) Wissensdrang Justis

Marchets Feststellung, daß einige der Schriften Justis "an der großen Buntheit des Inhalts leiden und oft recht naiv sind" [1], verweist auf eine weitere Ursache für den Verlust der staatsrechtlichen Theorie Justis. Bereitwillig wurden seine (vermeintlichen) Fehlgriffe zur Stützung der ohnehin gegen ihn gerichteten Kritik aufgenommen. [2] Zwar unterliegt Justi insofern einer "Modeerscheinung", als sich auch bei seinen Zeitgenossen Darstellungen "technischer" Details finden, denen die Bearbeiter nicht gewachsen sind. [3] Nur erhielt die große Schar der Justi kritisch gegenüberstehenden Gelehrten durch seine angeblichen Fehlleistungen zusätzliches Material, um seine wissenschaftliche Arbeit insgesamt in Verruf zu bringen. So wurde Justis Wissensdrang zu einer weiteren Ursache für das Ausbleiben einer angemessenen Rezeption.

(e) "Ein Einwurf wird widerleget"

Als mögliche Ursache der bislang geringen Beachtung der Verfassungslehre Justis vermutet *von Unruh* [4] den frühzeitigen Abbruch der staatstheoretischen Arbeit. Justi habe "in späteren Jahren (durch die Behandlung pragmatisch-kameralistischer Themen vollständig in Beschlag genommen) nicht mehr auf seine staatsrechtlichen Theorien zurückgegriffen, geschweige denn eine Konkretisierung vorgenommen".

Zwar keinen solchen Abbruch, wohl aber einen Bruch mit seinen früheren fortschrittlichen Ideen scheinen *Sommer* und *Schmidt* bei Justi zu erkennen. In vorsichtiger Weise formuliert *Sommer* [5], daß Justi versucht habe, "*Friedrich II.* für sich zu interessieren, was sich in literarischen Anschlüssen an den *Antimacchiavell* und in der heftigen Polemik gegen die Universalmonarchie zeige". *Schmidt* [6] stellt fest, Justi sei gegenüber seinem Brotherrn

1 *Marchet*, Seite 283.
2 Siehe oben Seite 8 FN 2, Seite 23 FN 3, und Seite 62.
3 *Marchet*, Seite 283.
4 *Von Unruh*, Seite 21.
5 *Sommer*, Seite 224.
6 *Schmidt*, Seite 275.

Friedrich II. nicht immer konsequent gewesen. Beide Autoren geben zu Überlegungen Anlaß, ob nicht der Wunsch Justis, in den Dienst *Friedrich II.* zu treten, ab dem Jahr 1760 (dem Zeitpunkt der Inaussichtstellung einer Verwendung im Dienst *Friedrich II.*) einen Rückschritt in seiner Theorie bewirkt haben könnte. Sollte sich dies bewahrheiten, so müßte letztendlich der These von *Stollberg-Rilinger* [1] zugestimmt werden, daß Justi in den fortschrittlichen Teilen seiner Theorie "nicht viel mehr als ein persönliches Bekenntnis abgelegt habe".

Justi vollzog, das trifft zu, in den nach 1760 unter eigenem Namen veröffentlichten Schriften einen Themenwechsel. Er beschäftigte sich (insbesondere nachdem er seine verschiedenen Aufsatzsammlungen veröffentlicht hatte) vor allem mit der unpolitischen, der technischen Seite des Kameralismus. Erst im Jahr 1766 kommt er im *System des Finanzwesens*, damit allerdings auch zum letzten Mal und nur in Ansätzen, auf seine staatsrechtliche Theorie zurück. Dazwischen hatte er 1762 seine an der politischen Realität orientierten [2] *Vergleichungen der europäischen mit den asiatischen Regierungen* veröffentlicht.

Die These vom Abbruch der staatstheoretischen Bemühungen wegen der Inanspruchnahme durch pragmatisch-kameralistische Themen übersieht neben den *Vergleichungen* Justis "anonyme" [3] Schriften und vermag aus diesem Grund nicht zu überzeugen.

Die These vom Umbruch oder Rückschritt übersieht, daß die *Vergleichungen* eine nur vordergründige Anpassung an die herrschenden Zustände enthalten. Außerdem übergeht sie die anonymen Schriften, in denen Justi mit großem Engagement nach 1760 manche der Ergebnisse aus seinen Hauptwerken *Grundriß einer guten Regierung* und *Natur und Wesen der Staaten* genauer ausführt. Von sogar praktisch-politischer Bedeutung waren die Bände zum *Leben*

---

1 *Stollberg-Rilinger*, Seite 166.
2 Siehe oben Seite 55 f.
3 Zur tatsächlichen Anonymität Justis siehe oben Seite 3.

und Character des Grafens von Brühl (1760/1761/1764). [1] Schließlich beweist die Heftigkeit der Argumentation gegen die Monarchie in den *Physicalischen und Politischen Betrachtungen über die Erzeugung des Menschen* (1768) [2], daß es eine opportunistische Anpassung Justis an die herrschenden Umstände niemals gegeben hat.

Tatsächlich bilden die Jahre 1760/1761, das haben *von Unruh*, *Sommer* und *Schmidt* erkannt, eine Zäsur im Werk Justis. Der Einschnitt besteht aber nicht in einem Abbruch oder Rückschritt. Vielmehr war es Justi unter vielfältigem politischem Druck [3] endgültig bewußt, daß er mit einer Übernahme seiner staatstheoretischen Ansichten unter den gegebenen Umständen nicht zu rechnen brauchte. Mit den Jahren 1760/1761 beginnt ein Anpassungsprozeß an die Aufnahmefähigkeit seiner Zeit. Das belegen insbesondere und am deutlichsten die *Vergleichungen* [4]. Für sie benutzte Justi eine ähnliche wie die bereits früher einmal eingesetzte Technik,

> "... unter der Gestalt eines ziemlich scheinbaren Beweises viele Wahrheiten zu sagen" [5].

Der in der Literatur vorgetragene opportunistische Bruch oder Abbruch der staatsrechtlichen Bemühungen Justis kommt mithin als Erklärungsansatz für den Verlust der Theorie Justis nicht in Betracht.

(2) Obrigkeitliche Maßnahmen gegen Justi

In deutlicher Formulierung hatte *Schmidt* (1961) auf die innere Einstellung der Machthaber gegen Justi hingewiesen. Aus dem "allgemein antifeudalen Charakter des Werkes Justis" schließt er,

---

1 Siehe oben Seite 1 ff.
2 Siehe oben Seite 228.
3 Siehe sogleich unter "(2) Obrigkeitliche Maßnahmen gegen Justi".
4 Siehe oben Seite 55 f.
5 Siehe oben Seite 50, FN 1.

"... daß von Justi das Opfer seiner fortschrittlichen Überzeugung geworden ist, daß die Beschuldigung der Veruntreuung von Staatsgeldern Friedrich II. nur als Vorwand diente, um einen der konsequentesten Ideologen der bürgerlichen Umgestaltung Deutschlands aus dem Wege zu räumen. Das Zeugnis der Tochter von Justis, Amalia, wonach ihr Vater >durch Eigensinn und Mangel an Politik, aber nicht durch Betrug ... seinen Fall bereitet oder doch beschleunigt< ... habe, und die Konfiszierung des gesamten Justischen Privatarchivs -das Archiv ist seitdem verschollen- scheinen unsere Vermutung vom politischen Charakter des Prozesses gegen von Justi zu bestätigen." [1]

Der Verdacht, Justi könnte das Opfer seiner fortschrittlichen Geisteshaltung gewesen sein, bestand wohl schon immer, wenn auch niemand bis auf *Schmidt* und (wesentlich schwächer im Ausdruck und aus anderer Motivation) *Walb* [2] ihre Vermutung direkt in die Öffentlichkeit trugen. Das belegen die bis heute unbewiesenen Behauptungen, die Klage gegen Justi habe sich als unbegründet erwiesen [3]. Aus Mangel an besseren Beweisen hatte man versucht, Justis Theorie durch die Beteuerung seiner Unschuld diskussionswürdig zu machen.

Für die These *Schmidts* sprechen außer den von ihm genannten Argumenten folgende Überlegungen.

Justi war der Obrigkeit gefährlich. [4] Das war den Machthabern seiner Zeit wohl bewußt. Durch die Zueignungsschriften seiner Bücher vermochte Justi sie jedenfalls nicht zu täuschen. [5] Die Verbrennung [6] des Werkes *Leben und Character des Grafen von Brühl* ist nur der allseits sichtbare Gipfel der Bemühungen verschie-

---

1 *Schmidt*, Seite 276.

2 *Walb* (1941), Seite 49, der Justi im Rahmen der Ideologie des Nationalsozialismus interpretierte (siehe oben Seite 74, FN 3): Justi habe als Verfechter der "Reichsidee" als "verdächtig" gegolten; inwiefern sein tragisches Lebensschicksal hierdurch mitbestimmt gewesen sei, müsse dahingestellt bleiben.

3 Statt vieler: *Bräuer* (in *Remer*, Seite 2): "Von der Anklage ... ist nichts übriggeblieben; an Stelle des Kriminalprozesses versuchte man, als dieser in sich zusammengebrochen war, in einem Privatklageverfahren ihn mürbe zu machen. ... Die Akten, die imstande gewesen wären, die anonyme Verdächtigung als haltlos zu erweisen, sind auf rätselhafte Weise verschwunden ... .".

4 Siehe oben Seite 2 f.

5 Daß Justi seine Zueignungsschriften nicht sonderlich ernst nahm, kommt in der Zueignungsschrift zu den *Fabeln und Erzählungen* (dort insbes. Seite 1 bis 6) zum Ausdruck.

6 Siehe oben Seite 22 und 1.

denster Regierungen, eine Verbreitung der Ideen Justis zu unterbinden. Wie *Frensdorff* [1] berichtet, wurde auch ein Teil der *Fortgesetzten Bemühungen*, in denen sich Justi abfällig über die österreichische und russische Kaiserin äußerte, konfisziert und ein Antrag auf Beschlagnahme einer von *Frensdorff* nicht näher bezeichneten Schrift gestellt, "worin die Schwedische Regierung auf das gemeinste herunter gemacht werde". Bei letztgenannter Schrift handelte es sich wahrscheinlich um den *Grundriß*, in dem Justi die schwedische Verfassung angreift. [2]

Nicht aus Gründen seiner Staatstheorie, sondern wegen seiner im Siebenjährigen Krieg gegen Österreich verfaßten Propagandaschriften [3] hatte sich Justi von österreichischer Seite zusätzlich Feinde geschaffen.

Außer dem Staat mußten die Kirchen an einer Unterdrückung der Ideen Justis interessiert sein. Im Gegensatz zur protestantischen Kirche [4] hatte die katholische Kirche erheblichen Grund, gegen eine weitere Verbreitung des Werkes Justis zu arbeiten. Offen tadelte Justi die "geistige Despoterey des Pabstthums" und die "geistliche Despoterey der katholischen Geistlichkeit" [5]. Wie blanker Hohn mußte es den Jesuiten, mit denen Justi am Theresianum ungünstige Erfahrungen gemacht hatte [6], erscheinen, daß er sie im Vorwort zum *Grundriß* als "Leute von Einsicht und Urteilskraft, die Begriffe von guten Regierungsverfassungen haben" [7], schildert, den "Canonischen Büchern" aber im Verlauf seiner Arbeit als Inhalt nur "Fabeln, Fratzen und abgeschmackte Träume, worwider sich die gesunde Vernunft empöret" [8], zuschreibt. Die Rolle der Jesuiten am Theresianum, die Justi eines Ablaßhandels, über den "freylich vernünftige Katholiken

---

1 *Frensdorff*, Seite 82 f.

2 Vgl. *Grundriß*, § 304 (Seite 395 ff); hierzu oben Seite 200.

3 Gemeint sind die anonymen Schriften: *Wohlgemeynte Vorschläge* (1759) und *Der enthüllte Österreichische Schriftsteller* (1760).

4 Vgl. die gemäßigte Kritik in *Natur und Wesen*, § 202 (Seite 454).

5 *Natur und Wesen*, § 202 (Seite 453 f).

6 Siehe oben Seite 16 f.

7 *Vergleichungen*, Vorrede, Seite 9.

8 *Vergleichungen*, Seite 194 f.

selbst lachen", beschuldigt [1], sollte für das speziell österreichische Desinteresse an Justis politischer Metaphysik nicht unterschätzt werden.

Einen Hinweis auf Zwangsmaßnahmen gegen Justi geben desweiteren verschiedene von Justi angekündigte, aber nicht erschienene Bücher. Wie bereits erwähnt [2], hatte er im Jahre 1760 (also nach Veröffentlichung seiner die politische Metaphysik enthaltenden Hauptwerke *Natur und Wesen der Staaten* und *Grundriß einer guten Regierung*) in den *Gesammelten Politischen und Finanzschriften* angekündigt, er werde, wenn sich ihm nicht "außerordentliche Hindernisse" in den Weg stellen, in nächster Zeit unbedingt eine Arbeit unter dem Titel "Die Geschichte des Menschen als Bürger" veröffentlichen. Die Schrift sollte sich insbesondere mit den Fehlern der Regierungen auseinandersetzen. "Die Geschichte des Menschen als Bürger" ist niemals erschienen. Folglich sind die von Justi befürchteten außerordentlichen Hindernisse eingetreten. Die Regierungen waren wohl durch das Beispiel des *Grundriß einer guten Regierung* gewarnt und von daher auf Justi aufmerksam. Eine Kritik, wie er sie noch im Vorwort zu seinem *Grundriß* ankündigte, sollte nicht ein zweites Mal möglich sein. Im Vorwort hatte er damals geschrieben:

> "Es kann demnach allerdings seyn, daß heutige Regierungen, die Fehler und Gebrechen, welche sie an sich haben, in diesem Buche getadelt finden. Allein, ich hoffe nicht, daß sie sich dadurch vor beleidigt erachten werden. Der Spiegel kann niemals etwas davor, wenn jemand seine Mängel und Flecken darinnen entdecket; und ein ungestalteter Mensch, der den Spiegel in Stücke zerschmeißet, der ihm seine Häßlichkeit entdecket, begehet ohne Zweifel eine sehr ausschweifende und rasende Handlung. Mein Buch ist ein solcher Spiegel; und wenn eine Regierung, die ihre Mängel und Gebrechen darinnen entdecket, solches confiscieren lassen wollte; so würde sie eine durchaus ähnliche Handlung begehen. Sie würde dadurch zu erkennen geben, daß sie von aller Besserung weit entfernet wäre, daß sie nicht aus Schwachheit und Mangel an Einsicht, sondern aus Vorsatz die Wege einer guten Regierung verfehlen wolle; und alsdenn

---

1 *Natur und Wesen*, § 206 (Seite 462 f).
2 Siehe oben Seite 26 f.

befindet sie sich allemal auf dem Wege zur Tyranney." [1]

An Justi lag es nicht, daß der *Grundriß*, aus dem das vorliegende Zitat stammt, keine Zweitauflage erreichte. Ebenfalls kaum auf die Absicht Justis dürfte es zurückzuführen sein, daß keine Konkretisierung dieser Kritik durch die versprochene Schrift "Die Geschichte des Menschen als Bürger" erfolgte.

Die Schlußpassage aus dem *Grundriß* mußte für die Regierungen wie eine Kampfansage klingen. Nachdem Justi mit kaum überhörbarem satirischem Unterton die Weisheit vieler Fürsten und Minister gelobt hatte, schreibt er:

> "Allein, ich begehre in diesem Hauptstücke weder in den Verdacht der Satyre, noch der Schmeicheley zu fallen; und daher habe ich es bloß bey allgemeinen Betrachtungen und Wahrheiten bewenden lassen, ohne in besondere Umstände hinein zu gehen. Sollte es wirklich in unsern Zeiten einige böse Minister und Günstlinge geben; so muß die Zeit und die Geschichte ihre Begebenheiten erst aufklären; und ungefähr bey der zwölften Auflage dieses Buchs werden sie erst als warnende Beyspiele aufgeführt werden können." [2]

Nach allem ist es durchaus denkbar, daß Justis vorgebliche Distanz gegenüber seiner politischen Metaphysik nach 1760/1761 erzwungen und die Anklage wegen Veruntreuung von Staatsgeldern, die Festnahme (1768) und Justis "unehrenhafter" Tod in der Festung Küstrin das Ergebnis eines planmäßigen Vorgehens gegen einen der fortschrittlichsten Staatsdenker des 18. Jahrhunderts waren.

In Justis letzten Werk, der in seinem Todesjahr erschienenen *Geschichte des Erd-Coerpers* [3], scheint er die Vermutungen obrigkeitlicher Maßnahmen gegen seine politische Metaphysik bestätigen zu wollen. In der Vorrede (!) beschreibt er die Entdeckung eines in aufrechtem Stand versteinerten Tieres. Die

---

1 *Grundriß*, Vorrede, Seite 16 f.
2 *Grundriß*, § 343 (Seite 478).
3 A.a.O., Seite XV.

seltsame Stellung erklärt er durch eine Überschwemmung. Trotz aller Kraftanstrengung sei es dem Tier unmöglich gewesen, sich aus einem "Berge von Schlamm" zu befreien.

Nach *Marchet* [1] "lag es sicher nicht an Justi, wenn Deutschland für eine Verfassung nicht reif war". Den Worten *Marchets* ist hinzuzufügen, daß es ganz wesentlich an der Knebelung Justis durch die Obrigkeit lag, daß seine Theorie nicht in angemessener Weise diskutiert wurde.

(3) Rezeptionsunfähigkeit und -unwilligkeit der Gelehrten seiner Zeit

(a) Rezeptionsunfähigkeit

Justis Ideen reichen weit über die Vorstellungskraft und Aufnahmefähigkeit seiner Zeit hinaus. Neben den Arbeiten von *Sonnenfels*, *Beckmann*, *Bob*, *Martini* und *Bielfeld* beweisen das vor allem die verschiedenen Stellungnahmen *Scheidemantels* und *Achenwalls*, die Justis Werk am intensivsten und aus jeweils unterschiedlicher Sicht bearbeitet hatten (hier der eher "konservative" *Scheidemantel*, dort der eher "fortschrittlich" orientierte *Achenwall*).[2] So war insbesondere die Vorstellung einer allein durch die Grundgewalt des Volkes zu gebenden und erforderlichenfalls zu ändernden Grundverfassung des Staates seiner Zeit unbegreiflich. [3] Die Zeit war nicht reif für Justis fortschrittliches Gedankengut. [4]

Außerdem konnte man nicht verstehen, daß Justi seine politische Metaphysik teils für die historischen Zeitumstände, teils für eine aufgeklärtere "Nachwelt" geschrieben hatte und er nicht alle seiner staatsrechtlichen Vorschläge als Lösungen für seine Epoche verstand. [5] So urteilt *Scheidemantel* in den Vorerinnerungen zu

---

1 *Marchet*, Seite 292.
2 Siehe oben Seite 57 ff sowie die einschlägigen Abschnitte zur Rezeption.
3 Siehe oben Seite 67 ff und 280 f.
4 Zu den Einflüssen geistiger Faktoren auf die Fortentwicklung des Rechts *Würtenberger*: "Zeitgeist und Recht".
5 Siehe oben Seite 49 f und 55 f.

Natur und Wesen:

> "An einigen Orten findet man auch seine politischen Prophezeihungen, Projekten und dergleichen mehr; ich las solche mehrenteils mit einigen Mitleiden, weil sie nicht allezeit glücklich sind und weil er selbst sich durch unglückliche Projekten in Schaden gebracht haben soll." [1]

(b) Rezeptionsunwilligkeit

Justis gelehrte Zeitgenossen waren größtenteils nicht nur unfähig, sein Staatsrecht zu verstehen, sie waren zu einer ernsthaften Auseinandersetzung (bis auf *Scheidemantel*, *Achenwall* und *Pfeiffer*) erst gar nicht bereit. Das belegt das offensichtliche Übergehen [2] des *Grundriß*, der fortschrittlichsten Schrift Justis. Die eigentliche Ursache für diese Unwilligkeit der Gelehrten war vielleicht der Angriff Justis auf ihre Machtposition. Die Diskussion politischer Fragen erfolgte zur damaligen Zeit fast ausschließlich im Kreise der Gelehrten. [3] Ein gemeinsames Bewußtsein der ständisch zum Bürgertum gerechneten Schicht oder gar eine öffentliche Meinung waren praktisch nicht vorhanden. [4] Justi war eifrig um die Schaffung einer bürgerlichen Öffentlichkeit bemüht. Dieses Bestreben konnte für den Staat und für die gelehrten Zeitgenossen unter Umständen zu einem Machtverlust führen:

> "Vielleicht beklaget man sich nicht mit Unrecht, daß es noch an einem rechten Einflusse der Gelehrsamkeit in das bürgerliche Leben ermangelt. Die Gelehrten schienen ehedem gleichsam ein besonderes, von der bürgerlichen Gesellschaft abgesondertes, Reich auszumachen. Sie arbeiteten vor sich selbst. Ihre Gedanken und Erfindungen theileten sie bloß einander selbst mit; und indem sie sich mehr um die Hochschätzung ihrer Mitbrüder und um ihren Ruhm, als um dem Nutzen des Volkes bekümmerten, in welchem sie lebten, und welchen sie mit den engesten Banden verhaftet waren; so schrieben sie in einer Sprache, welche in dem bürgerlichen Leben gänzlich unbekannt war. Ich glaube nicht nöthig zu

---

1 *Scheidemantel* in *Natur und Wesen*, "Vorerinnerungen", Seite XVII.

2 Siehe oben Seiten 54 f und 57 ff.

3 *Vierhaus* (1965), Seite 414.

4 Zum politischen Bewußtsein in Deutschland vor 1789 vgl. *Vierhaus* (1967) und *Dreitzel*, Seite 170; vgl. erg. *Hölscher*, insbes. Seite 446 - 450.

haben, das Irrige in diesen Begriffen zu zeigen." [1]

Daß die bürgerliche Umgestaltung der Gesellschaft zu ihrem ersten Ziel die Herstellung von Öffentlichkeit haben sollte, daß er, Justi, sich mit an der Spitze einer immer stärker werdenden Bewegung sah, die um Öffentlichkeit bemüht war [2], führte er seinen Gegnern im Streit um die Schrift *Leben und Character des Grafens von Brühl* nur allzu deutlich vor Augen:

> "Wenn ich wirklich meine Briefe in der Absicht geschrieben hätte, solche bekannt zu machen; so würdest du, werthes Publicum ... mir desto mehr Erkenntlichkeit schuldig seyn. Ich würde bloß zu deinem Besten geschrieben haben; und ich verdiente, daß du mich als deinen Favorit-Schriftsteller betrachtetest. Ich würde im Grunde nichts als dein Concipiste seyn, der dasjenige zu Papiere brächte, was du täglich denkest und mündlich sagest. Der Unterschied ist nur, daß diejenigen, die sich zu deinem äussersten Nachtheil bereichern und erheben, sich einen so dicken Pelz angeschaffet haben, daß sie alle deine Reden und Urtheile weder fühlen, noch im geringsten darauf achten. Aber, wenn deine Urtheile durch die glückliche Erfindung der Drucker-Presse geschärfet sind, da tringen sie durch, da werden sie gefühlet; da ist man gleich mit Feuer und Block dahinter her. Du siehest also, wie vortheilhaftig es vor dich ist, gute Concipisten zu haben. Ich werde künftig allen Fleiß anwenden, mich in dieser Stelle deiner Gunst würdig zu machen." [3]

Die Unfähigkeit und die aus der Furcht vor einem Machtverlust geborene Unwilligkeit zur Auseinandersetzung mit Justis Gedanken sind die dritte Ursache für die heutige Bedeutungslosigkeit der Schriften Justis.

(4) Einfluß des "Esprit"

Der "Geist" *Montesquieus* war, wie *Vierhaus* [4] nachweist, von überragender Bedeutung für das politische Bewußtsein im Deutsch-

1 *Abhandlung von den Mitteln, die Erkenntniß dem gemeinen Wesen recht nützlich zu machen*, Seite 8.

2 Zur Öffentlichkeit im 18. Jahrhundert: *Hölscher*, Seite 450 - 458.

3 *Schreiben an den Postschreiber*, Seite 16 f.

4 *Vierhaus* in "Montesquieu in Deutschland - Zur Geschichte seiner Wirkung als politischer Schriftsteller im 18. Jahrhundert".

land der zweiten Jahrhunderthälfte. Aus der damit verbundenen politischen "Bewußtlosigkeit" gegenüber der mit Justi nicht nur in Ansätzen vorhandenen deutschen Entwicklung erwuchs mit der Zeit eine dogmatisierende Gleichsetzung modernen Staatsdenkens mit dem Namen *Montesquieus*. Selbst bei heutigen Bearbeitungen läßt sich dieses Vorverständnis verfolgen. [1] So berichtet *Becher* [2] von "Justis kritischer Auseinandersetzung mit *Montesquieus* Typologie der Staatsformen". Die Möglichkeit, Justi könnte eventuell mehr als eine kritische Auseinandersetzung mit *Montesquieu* geleistet haben, ist aus dem Bewußtsein ausgeblendet. Unter der einseitig gewählten Voraussetzung, daß die deutsche Verfassungsgeschichte in der zweiten Hälfte des 18. Jahrhunderts nur auf der Grundlage einer intensiven Rezeption des "Esprit" verstanden werden könne, gelangen die meisten modernen Arbeiten zu Justis Schriften zu wenig überzeugenden Ergebnissen.

Im Prinzip der gleiche Mechanismus, den *Kägi* für die verfälschende Reduzierung [3] von Buch XI des "Esprit" verantwortlich macht, gilt für den fortschreitenden Verschüttungsprozeß zu Justis Staatsrecht:

> "Die Breitenwirkung sozialwissenschaftlicher Erkenntnis basiert weniger auf dem Studium der großen wegbereitenden Autoren als vielmehr auf popularisierenden Zusammenfassungen .. ... nicht selten sogar nur auf einzelnen Kernsätzen oder Schlagwörtern. Der Erkenntnisprozeß beruht auf fortschreitender Differenzierung, die massenpsychologische Wirksamkeit dagegen auf Vereinfachung und Entproblematisierung. Dem schlagwortartig formulierten Dogma eignet die größte Durchschlagskraft: die Kürze, die Simplizität, das Apodiktische." [4]

Nur ist das schlagwortartig formulierte Dogma, das für das Ausbleiben einer angemessenen Rezeption der Theorie Justis zu beachten ist, noch befremdender in der Aussage. Es lautet: *Montesquieu* ist der fortschrittlichste Staats- und Verfassungs-

---

1 Zum Ganzen siehe oben Seite 246 - 258.
2 *Becher*, Seite 88.
3 Gemeint: Montesquieu = Dreiteilung der Gewalten.
4 *Kägi*, Seite 294

denker im Deutschland des 18. Jahrhunderts. *Oberreuter* [1] nannte die dogmatisierende Gleichsetzung einer Dreiteilung der Gewalten mit dem Namen *Montesquieus* ein "beklagenswert primitives" Verständnis der Lehre *Montesquieus*. Die dogmatisierende Gleichsetzung fortschrittlicher staatsrechtlicher Ideen im Deutschland des 18. Jahrhunderts mit dem Namen *Montesquieus* erscheint nicht minder einfach.

(5) Einfluß der ausländischen Verfassungsgebung

Die amerikanische und französische Verfassungsgebung waren für Deutschland "in hohem Maße bewußtseinsprägend" [2]. Die mit *Montesquieus* "Esprit" einsetzende Bewußtlosigkeit bezüglich eines eigenständigen deutschen Staats- und Verfassungsdenkens wurde mit der Verfassungsgebung in Amerika und Frankreich weiter gefördert. Der längst eingeleitete Verschüttungsprozeß um Justis politische Metaphysik erhielt damit einen neuen Schub.

(6) Moderne ideologische Interessen

Justis politische Metaphysik wurde in diesem Jahrhundert sowohl als Stütze der nationalsozialistischen [3] als auch der Diktatur des Proletariats [4] mißbraucht. Die Versuche, die gegen jeden Absolutismus gerichtete politische Metaphysik Justis ideologisch aufzuladen, sind nichts weiter als mehr oder minder freiwillig verfaßte Zueignungsschriften an moderne Despoten. Dennoch sind sie insofern von Bedeutung, als mögliche Bearbeiter (durch eine entsprechende, über eine Quellenangabe vorgeblich [5] belegte Klassifizierung) von einer Beschäftigung mit Justis politischer Metaphysik Abstand nehmen.

---

1 *Oberreuter*, Seite 100.
2 *Würtenberger* (1988), Seite 55 m.Nw.
3 Siehe oben Seite 74, FN 3, die Stellungnahme von *Walb*.
4 Siehe oben Seite 4, FN 2, die Stellungnahme von *Schmidt*.
5 Siehe oben Seite 74, FN 3, die Quellenangabe bei *Walb*.

13 Überblick

13.1 Kernthesen der politischen Metaphysik

Zur Beschreibung der politischen Metaphysik Justis wurde bislang -mangels Kenntnis des Stellenwertes seiner Einzelschriften im Gesamtwerk- hauptsächlich auf Auszüge seiner bekanntesten Werke (*Natur und Wesen der Staaten*, *Staatswirtschaft*) zurückgegriffen. Die Bedeutung insbesondere des *Grundriß*, der *Vergleichungen*, des *Leben und Character des Grafens von Brühl*, der *Physicalischen und Politischen Betrachtungen* sowie seiner Aufsatzsammlungen und Zeitschriften(-aufsätze) wurde nicht erkannt, die ständige Weiterentwicklung seiner Theorie übergangen. Unvermeidbar nicht gewürdigt ist auch das von Justi beabsichtigte Spannungsverhältnis zwischen denjenigen Schriften, die Lösungsvorschläge für die politischen Umstände des 18. Jahrhunderts enthalten, und denen, die der "Nachwelt" vorbehaltene Lösungen bieten. Gegenüber den auf eine Verwirklichung in der "Nachwelt" [1] ausgerichteten Arbeiten *Natur und Wesen* und dem *Grundriß*, dem fortschrittlichsten Werk Justis, sollen die Schriften *Vergleichungen der Europäischen mit den Asiatischen Regierungen* (1762) und *Physicalische und Politische Betrachtungen über die Erzeugung des Menschen und Bevölkerung der Länder* (1769) dazu beitragen, der seiner Zeit maximal möglichen Machtmäßigung zur Verwirklichung zu verhelfen. [2]

Die folgende Übersicht zu den Kernthesen der politischen Metaphysik verzichtet auf die Darstellung der Entwicklungsgeschichte einzelner Thesen innerhalb des Gesamtwerkes Justis. Ausführliche Informationen hierzu enthalten die einzelnen Kapitel der Arbeit.

1 Vgl. die Zitate oben Seite 1 und 4.

2 Zu den Werken Justis siehe oben Seite 49 ff; vgl. erg. Seite 23 ff; Gesamtverzeichnis der gedruckten Schriften im Literaturverzeichnis.

Staatsphilosophischer Unterbau [1] und historische Entwicklung des Staates [2]

Der Ausgangspunkt für die Erörterungen der historisch-tatsächlichen Staatsentstehung und der juristisch-abstrakten Konstruktion des Staates ist die philosophische Einsicht in die Natur des Menschen. Dessen natürliche Beschaffenheit ist -entsprechend Justis wissenschaftlicher Methode [3]- der Punkt höchster Gewißheit, aus dem alle weiteren Erkenntnisse durch vernünftige Schlüsse abzuleiten sind. Die kraft philosophischer Arbeit erkannte Natur des Menschen ist die eigentliche Grundlage der Staatswissenschaften und der allgegenwärtige Mittelpunkt der politischen Metaphysik. Das gesamte Naturrecht (und damit der Rahmen des Vernunftrechts) ergibt sich aus der von Gott gegebenen, durch den menschlichen Verstand noch unverdorbenen Natur des Menschen. Das aus der natürlichen Beschaffenheit des Menschen abgeleitete Naturrecht, nicht das positive Recht, ist die letzte Erkenntnisquelle der politischen Metaphysik.

Die Natur des Menschen besteht in einer eingeschränkten Vernunft und im Trieb der (rein auf sich selbst und nicht auf eine Gemeinschaft bezogenen) Selbsterhaltung. Theorien, die mit einem Herrschafts- oder Gesellschaftstrieb arbeiten, sind abzulehnen.

Die historisch-tatsächliche Entstehung des Staates ist in vier Stufen nachzuzeichnen. Zeitlich aufeinander folgen: der Stand der ersten Wildheit, der Stand der natürlichen Freiheit, der Stand des Krieges und die Einführung der bürgerlichen Verfassungen (die Errichtung des Staates).

Im Stand der ersten Wildheit unterscheiden sich die "menschlichen Figuren" (gemäß der gefundenen natürlichen Beschaffenheit des Menschen) von den Tieren allein durch ihre Fähigkeit zur Erkenntnis. Die folgende Entwicklungsstufe, der Stand der natürli-

---

1 Siehe oben Seite 77 - 85 und 92 - 102.
2 Siehe oben Seite 85 - 90 und 92 - 102.
3 Siehe oben Seite 37 - 40.

chen Freiheit, setzt mit dem Verständnis des Begriffs der Freiheit ein. Erst zu diesem Zeitpunkt wird eine Gesellschaftsbildung möglich. Die (aus mehreren Familien bestehende) vorstaatliche Gesellschaft kennt lediglich eine Kräftevereinigung zum Zwecke des gemeinschaftlichen Beistandes, nicht eine zusätzliche Willensvereinigung der Gesellschaftsmitglieder. Da kein einheitlicher Gesellschaftswille besteht, ist der Wille des einzelnen in der vorstaatlichen Gesellschaft -trotz Kräftevereinigung- frei. Die Notwendigkeit zur Errichtung des Staates ergibt sich aus der Entwicklung hin zum Stand des Krieges, in dem die Gesellschaftsmitglieder beginnen, ihre Willen zu beugen. Um die innere Unordnung im Stand des Krieges zu beseitigen, werden die "bürgerlichen Verfassungen" errichtet. Ihre Besonderheit besteht darin, daß sie nicht nur eine (in jeder anderen Gesellschaft, sogar der vorstaatlichen, vorhandene) Kräftevereinigung, sondern eine Kräfte- u n d Willensvereinigung umfassen. Erst mit dieser Willensvereinigung entsteht gleichzeitig eine oberste Gewalt. Ihr sind die Einzelwillen der Gesellschaftsmitglieder untergeordnet.

Die Begriffe Verfassung und Grundverfassung (Grundgesetz) [1]

Der Begriff der Verfassung(en) hat fünf Bedeutungsinhalte. Er ist Synonym für den Ausdruck "allgemeiner Zustand". Er dient als Sammelbegriff für die "Gesetze im weitesten Sinne". In der Sonderform "bürgerliche Verfassung" bezeichnet er einerseits die letzte Entwicklungsstufe in der historischen Staatsentstehung und bildet andererseits den Gegenbegriff zu den "politischen Verfassungen" (d.h. den politischen Gesetzen). Schließlich kennt Justi unter dem Begriff der "Grundverfassungen" oder "Grundgesetze" die Bedeutung der Verfassung als der rechtlichen Festlegung der grundlegenden politischen Ordnung des Gemeinwesens.

---

1 Zum Begriff der Verfassung siehe oben Seite 90 - 92; zu den Grundgesetzen siehe oben Seite 270 - 273, 277 - 279 und unten Seite 310 - 312.

Der Endzweck des Staates [1]

Der Endzweck der vorstaatlichen Gesellschaften ist die Teilnahme an der durch die Kräftevereinigung geschaffenen vereinigten Kraft. Der Endzweck des Staates ist die gemeinschaftliche Glückseligkeit. Als erstes und oberstes Gesetz des Staates, aus dem alle anderen Gesetze abzuleiten sind, besteht die gemeinschaftliche Glückseligkeit aus den Elementen der politischen Freiheit, der bürgerlichen Freiheit, der innerlichen/äußerlichen Sicherheit und der innerlichen Stärke. Die politische Freiheit bedeutet die Unabhängigkeit des Staates von anderen Staaten. Die bürgerliche Freiheit beinhaltet die Freiheit des Bürgers vor nicht durch rechtmäßige Gesetze ausgeübtem staatlichem Zwang.

Die Mittel zur Durchsetzung der gemeinschaftlichen Glückseligkeit müssen verhältnismäßig sein (bestes, leichtestes, gerechtestes Mittel).

Errichtung des Staates [2] und Einsetzung einer Regierung [3]

Die juristisch-abstrakte Staatskonstruktion beruht auf einer Vier-Elementen-Lehre. Beim Fehlen bzw. Wegfall eines dieser Elemente ist die Staatsgründung nicht möglich bzw. die Existenz des Staatswesens beendet. Die vier Gründe des Staates sind: die Familien (nicht das Gesinde), das Land, die Willens- und die Kräftevereinigung. Die Vereinigung der einzelnen Familienwillen erfolgt durch die Hausväter. Durch die Willens- und Kräftvereinigung entsteht als neue, einheitliche Kraft über die Gesellschaftsmitglieder die "oberste Gewalt". Das "Wesen des Staates" besteht in der Grundlegung der obersten Gewalt durch Willens- und Kräftevereinigung. Das Zusammenwirken der vier Elemente erzeugt den Staat als moralischer Körper.

Zur Gründung des Staatswesens bedarf es keines Vertrages. Dem

---

1 Siehe oben Seite 103 - 116.

2 Siehe oben Seite 117 - 127 und 129 - 139.

3 Siehe oben Seite 128 und 129 - 139.

Modell einer nicht auf vertraglichen Abmachungen beruhenden Willens- und Kräftevereinigung ist der Vorzug zu geben.

Das Staatswesen existiert bereits mit der Willens- und Kräftevereinigung, nicht erst mit der Festlegung der Regierungsform (der "Natur des Staates") und der vertragsweisen Einsetzung einer Regierung. Nach der Staatsgründung erläßt das Volk kraft seiner Grundgewalt die Grundverfassungen (gleichbedeutend: die Grundgesetze) des Staates und bestimmt somit darüber, "wie" die oberste Gewalt ausgeübt werden soll. Nach dem Erlaß der Grundgesetze ist zu entscheiden, "durch wen" die oberste Gewalt verwaltet wird. Die Einsetzung der regierenden Person(en) erfolgt durch vertragsweisen Vergleich zwischen dem Volk und dem zukünftigen Inhaber der obersten Gewalt. Bedingt durch die vertragliche Einsetzung des Regenten besteht zwischen Volk und Herrscher kein Verhältnis der Über-/Unterordnung, sondern beide sind gleichberechtigte Vertragspartner.

Machtbefugnisse von Volk und Regierung [1]

Da die einzelnen Familien bei der Staatsgründung ihren Willen und ihre Kräfte vereinigen, liegt die höchste Gewalt innerhalb jedes Staatswesens zunächst beim Volk. [2] "Alle Gewalt im Staate entstehet demnach von dem Volke, welches allemal die Quelle derselben ist". Das Volk ist der Träger der Grundgewalt. Die Aufgaben der Grundgewalt bestehen in der Errichtung der Grundgesetze und in der Einsetzung einer Regierung. Nach der Einsetzung der Regierung ruht die Grundgewalt des Volkes und wird nur in zwei Fällen wieder aktiv: bei Änderung der Grundgesetze und im Staatsnotstand. Bei der Abfassung und Änderung der Grundgesetze verhält sich die Grundgewalt des Volkes als Gesetzgeber. Bei der Einsetzung einer Regierung schließt das Volk mit dem Regenten einen Vertrag. Die Grundgewalt hat damit zwar keine richterliche Macht über den Regenten, wohl aber verfügt sie über ein aktives

1 Siehe oben Seite 141 - 167.
2 Zu Justis Begriff der Souveränität siehe oben Seite 159 - 162.

Widerstandsrecht, sobald dem Endzweck des Staates "offenbar" zuwidergehandelt wird. Ohne dieses aktive Widerstandsrecht des Volkes sind alle "bürgerlichen Verfassungen nicht einen Strohhalm werth".

Der Herrscher (die "tätige oberste Gewalt") ist auf die "Verwaltung" der ihm durch die Grundgewalt des Volkes übertragenen "obersten Gewalt" beschränkt. Eine Änderung der Grundgesetze steht außerhalb seiner Macht.

Staat und Familie sind grundsätzlich getrennte Machtbereiche. Die häusliche Gewalt des Familienvaters wird durch die Errichtung der bürgerlichen Verfassungen nicht beeinträchtigt. Allerdings regiert der Staat den Hausvater (nur dieser ist Bürger) und kann dadurch unter bestimmten Umständen Einfluß auf die innerfamiliäre Ordnung nehmen.

Pflichten der Gehorchenden und der Regierenden - Rechte der Gehorchenden [1]

Die Pflichten der Untertanen bestehen in der Treue zum Regenten, im Gehorsam gegenüber rechtmäßigen Gesetzen (Widerstandspflicht des einzelnen Bürgers bei unrechtmäßigen Gesetzen) und in der Förderung der Wohlfahrt des Staates. Der Regent hat für die gemeinschaftliche Glückseligkeit zu sorgen. Er darf sich keine Gewalt über die Grundgesetze anmaßen, muß eine weitgehende Freiheit gewährleisten und darf die Regierungsgeschäfte keinem anderen übergeben. Die Rechte der Untertanen bestehen in einem Vortragsrecht gegenüber dem Regenten, im Recht auf Entschädigung, im Widerstandsrecht und in der Gewissens- und Religionsfreiheit.

Die genannten Rechte und Pflichten sind in den einschlägigen politischen Gesetzen festzuschreiben. Da die Grundgesetze nur die Pflichten und Rechte regeln, die sich zwingend aus einer bestimmten Regierungsform ergeben, ist davon auszugehen, daß Justi

---

1 Siehe oben Seite 169 - 174.

diese Pflichten und Rechte durch (einfache) politische Gesetze regeln will.

Die Lehre von der guten Regierung [1]

Es gibt zwei Arten guter Regierungen: (a) solche, die es "ihrer Natur nach" sind (d.h. vermöge der durch die Grundverfassung festgelegten Regierungsform), und (b) solche, die es mangels einer grundgesetzlich festgelegten guten Regierungsform erst kraft eigener Mäßigung werden. Beide Arten guter Regierungen sind noch nicht vollkommen gut. Zu ihrer vollkommenen Güte bedarf es zusätzlich (c) der "Weisheit" dieser Regierung.

(a) Regierungen, die ihrer Natur nach gut sind, basieren auf einer durch die Grundverfassung abgesicherten Gewaltenteilung. Entsprechend den beiden Staatsaufgaben, Gesetze zu geben und Gesetze zu vollziehen, existieren in jedem Staat (mit je eigenständiger interner Organisation) zwei "souveraine" [2] Gewalten: die gesetzgebende und die vollziehende Gewalt. Die Existenz eines eigenständigen dritten Hauptzweiges der richterlichen Gewalt ist abzulehnen. Die richterliche Macht ist vielmehr eine "subordinirte" Gewalt. Die gesetzgebende und die vollziehende Gewalt werden durch in der Grundverfassung festgelegte Beschluß- und Vetorechte in ein Gleichgewicht gesetzt. In dieses Modell wird die richterliche Macht so integriert, daß eine Störung des Gleichgewichts ausgeschlossen ist (Bestimmungen des Grundgesetzes über die Träger des Richteramtes, die Wahl der Richter, die Kontrolle der Rechtmäßigkeit des gerichtlichen Verfahrens). Die Entscheidung zur Aufnahme und Änderung der Bestimmungen über das Verhältnis der Gewalten zueinander liegt in der ausschließlichen Kompetenz des Volkes; auch diese Regelung wird in der Grundverfassung des Staates festgelegt.

---

1 Siehe oben Seite 175 - 202.

2 Zu Justis Souveränitätsbegriff siehe oben Seite 159 - 162.

(b) Regierungen, die nicht bereits ihrer Regierungsform nach gut sind, müssen sich aus eigener Bewegung mäßigen. Die konkreten Maßnahmen variieren je nach der gewählten Regierungsform. Die allgemeine Konstruktion der Selbsteinschränkung besteht in der Mäßigung und Festsetzung des Willens der Regierung. Die Festsetzung geschieht durch die Erklärung in Grundgesetzen und Gesetzen sowie durch die Annahme guter Grundsätze und Grundregeln. Die Grundsätze sind -im Gegensatz zu den Grundregeln- für alle Regierungsformen gleich.

(c) Ein weise Regierung wird den Endzweck der gemeinschaftlichen Glückseligkeit und die Grundgesetze beachten, Entscheidungsrichtlinien für die Verwaltung ausarbeiten und die Staatsbedienten nach festgelegten Grundsätzen auswählen und anführen.

Die Lehre von den Regierungsformen [1]

Die Regierungsform ist die Natur der Staaten. Nach der "Art und Weise der Ausübung der obersten Gewalt" unterscheidet Justi drei einfache Regierungsformen (Monarchie, Aristokratie und Demokratie) und vier vermischte (Monarchie/Aristokratie, Monarchie/Demokratie, Aristokratie/Demokratie und Monarchie/Aristokratie/Demokratie). Die Despotie ist keine eigenständige Regierungsform, sondern eine Herrschaft, welche die Grundgewalt des Volkes und damit den Staat an sich beseitigt hat. Bei den einfachen Regierungsformen liegt die oberste Gewalt "ganz und unzertheilt in einerley Händen", bei den vermischten Regierungsformen ist die oberste Gewalt "in verschiedene Theile abgesondert und verschiedenen Händen anvertrauet".

Die Festlegung und Änderung der Regierungsform in der Grundverfassung ist eine der vier Aufgaben der Grundgewalt des Volkes.

(a) Monarchie

Bei der Monarchie liegt die oberste Gewalt in der Hand des

---

1 Siehe oben Seite 203 - 258.

Monarchen. Die Grundverfassung der Monarchie muß Regelungen enthalten über die Thronfolge, die Religion, die verbindliche Festlegung des Gesetzesinhalts, die Unzulässigkeit der Rückwirkung von Gesetzen, die Garantie von Gerichtskörpern, die Erhaltung hergebrachter Privilegien und die Unveräußerlichkeit der "Domainen". Als Sicherungssystem zur Garantie der Grund- und der übrigen Gesetze ist an eine "Gesetzesverwahrung" zu denken. Je zwei "Worthalter" aus jeder Provinz erhalten die Aufgabe, dem Monarchen über Gesetzesverletzungen (auch der Grundgesetze) und über für den Staat Nachteiliges zu berichten. Im Falle äußerster Gefahr für den Staat können sie eine (aus Repräsentanten bestehende) Generalversammlung des Volkes, die weitere Beschlüsse faßt, einberufen. Die Worthalter werden auf Lebenszeit ernannt, stehen nicht im Dienst des Monarchen und können nur durch eine Versammlung des Volkes verhaftet oder bestraft werden. Ist unter den gegebenen Verhältnissen die Einführung einer Gesetzesverwahrung nicht möglich, muß sich der Monarch durch freiwillig auferlegte und jederzeit durch ihn allein zu ändernde "Grundregeln" mäßigen (Die Grundregeln sind nicht mit den nur durch das Volk zu ändernden Grundgesetzen zu verwechseln). Die Grundregeln der Monarchie sind die Achtung der Freiheit und des Eigentums, der Nichteingriff in gerichtliche Verfahren, die Nichterhöhung der Abgaben, die Kriegsvermeidung und die Beachtung der Unverletzlichkeit der Verfassung.

(b) Aristokratie

Bei der Aristokratie liegt die oberste Gewalt in den Händen eines Volksteiles. Als uneingeschränkte Macht hat sich die regierende Schicht an die für die uneingeschränkte Monarchie aufgestellten Grundregeln zu halten. Zusätzlich gilt die Grundregel, sich zu mäßigen, sich insbesondere nicht der Abgabenpflicht zu entziehen, den Reichtum nicht zur Schau zu tragen und die Staatsämter ohne Besoldung zu führen. Sollte der Adel die oberste Gewalt unter sich aufteilen, dürfen die geschaffenen Collegien, weil einzig die Grundgewalt über Änderungen der obersten Gewalt zu entscheiden hat, weder personell noch strukturell ohne Zustimmung des Volkes verändert werden.

(c) Demokratie

In der Demokratie liegt die oberste Gewalt in den Händen des Volkes, d.h. der die Familien repräsentierenden Hausväter, soweit diese über Verstand und Willen verfügen. Sie wird, je nach praktischer Möglichkeit und größtmöglichem Vorteil für den Staat, auf verschiedene Art ausgeübt. Über die Gesetzgebung entscheiden die Versammlungen, in Ausnahmefällen der (sonst für die Vollziehung zuständige) Magistrat. In wichtigen Angelegenheiten der Vollziehung entscheidet das Volk. Die rechtsprechende Gewalt ist unabhängigen Richtern zu übertragen. Magistratspersonen und Richter werden vom Volk jeweils auf ein Jahr gewählt. Der Wahlmodus ist bis in Einzelheiten (aktives und passives Wahlrecht, gleiche und geheime Wahl) durch die Grundgesetze des Staates zu regeln. Da die Demokratie eine uneingeschränkte Gewalt erzeugt, muß sie sich selbst mäßigen. Eine Mäßigung über Grundregeln - wie bei Monarchie und Aristokratie- ist nicht möglich. Zur Selbstmäßigung ist ein (in der gleichen Angelegenheit nur einmal auszuübendes) Vetorecht einer übergeordneten Einrichtung (Tribunen oder Sittenrichter) zu erwägen.

(d) Mischungen aus zwei einfachen Regierungsformen

In der Mischung aus Monarchie und Aristokratie hat der König die vollziehende, der Adel die gesetzgebende Macht. Als gegenseitige Verhinderungsrechte bestehen im wesentlichen ein Vetorecht des Königs gegenüber der Gesetzgebung und die Bestimmung des Adels über Heeresstärke und -finanzierung. Im Prinzip das gleiche System gilt für die Mischungen aus Monarchie/Demokratie und Aristokratie/Demokratie.

(e) Monarchie/Aristokratie/Demokratie

In der aus den drei einfachen Regierungsformen zusammengesetzten vermischten Regierungsform liegt die vollziehende Macht in der Hand des Königs, die gesetzgebende Macht wird durch das Volk oder dessen Repräsentanten übernommen. Dem Adel ist als Teil der vollziehenden Gewalt die oberste Verwaltung der Gerechtigkeit zu übertragen. Diese richterliche Macht erstreckt sich auch auf die Entscheidung über Streitigkeiten zwischen der gesetzgebenden und der vollziehenden Gewalt (zumindest) bezüglich des Vorwurfs, daß die Minister die Staatsgelder schlecht verwaltet haben. Gleichzeitig ist der Adel, soweit nicht Steuern, Abgaben oder der Militärhaushalt betroffen sind, an der gesetzgebenden Macht zu beteiligen.

(f) Die platonische Republik

In der platonischen Republik wird die oberste Gewalt durch eine vom Volk aus der Schicht des persönlichen Adels gewählte Regierung getragen. In drei Regierungscollegien werden die gesetzgebende, die vollziehende und die höchste richterliche Macht ausgeübt. Ein von der Regierung unabhängiges "Collegium der Sittenrichter" wacht über die Einhaltung der Grundverfassung.

Wertung der Regierungsformen

Alle Regierungsformen sind gleich gut, solange ihre Triebfedern in vollkommener Stärke wirken. Da in fast allen Staaten (vor allem in den monarchisch regierten) mangels guter Grundregeln und Einrichtungen sowie wegen der menschlichen Schwächen die Triebfedern verletzt sind, verdienen in der Praxis die gut eingerichteten vermischten Regierungsformen den Vorzug vor den einfachen Regierungsformen. Der wesentliche Vorteil der vermischten Regierungsformen besteht darin, daß die Macht nicht "in einerley Händen" liegt und schwerer zu mißbrauchen ist. Ist das Gleichgewicht der Gewalten in den vermischten Regierungsformen schlecht eingerichtet, so sind Monarchie, Demokratie oder Aristokratie vorzuziehen. Mit der Bevorzugung der wohl eingerichteten vermischten vor den einfachen Regierungsformen bezieht sich Justi nicht auf die (gemessen an seiner Definition ebenfalls einfache) Regierungsform der "platonischen Republik".

Justi kennt drei beste Regierungsformen. Als theoretisch beste, aber wegen der mangelnden Wirkung der Natur dieser Regierungsform auf die Güte der Regierung praktisch nicht durchführbare Herrschaftsart, nennt er die Monarchie. Die in Realisierungsnähe liegende praktisch beste Regierungsform ist die Mischung aus Monarchie, Aristokratie und Demokratie. Die praktisch beste

Regierungsform, "von der man sich ohne eine lächerliche Erwartung jedoch nicht einbilden kann, daß sie bei dem heutigen Zustand der Reiche und Staaten jemals zur Wirklichkeit kommen wird", ist die platonische Republik.

Die Lehre von den Gesetzen [1]

Justi verwirft die bisherige Definition der Gesetze als Befehle des Regenten und übernimmt stattdessen *Montesquieus* weiteste Definition der Gesetze als "Bezüge, die notwendig und aus der Natur der Dinge entstehen". Auf dieser Definition aufbauend gelangt Justi zur Unterscheidung von "fehlerlosen Gesetzen", "fehlerhaften Gesetzen" und "ganz und gar ungültigen Anordnungen". Anordnungen sind dann ungültig, wenn ihr Inhalt dem vereinigten Willen offenbar widerspricht, mag die Anordnung auch in der Form eines Gesetzes erfolgt sein. Außer der überkommenen Gesetzesdefinition rügt Justi die Ungewißheit über das anzuwendende Recht und die Undeutlichkeit der Gesetze. Die Bekanntmachung nennt Justi eine Wirksamkeitsvoraussetzung der Gesetze.

Von der Gesetzessystematik her betrachtet, sind das Natur- und das Vernunftrecht zu unterscheiden. Das Naturrecht ist das von der menschlichen Überlegung unabhängige, von Gott festgeschriebene Recht. Alles Recht, das der Mensch als verständiges Wesen setzt, ist Recht der Vernunft. Das natürliche Recht bildet die Grundlage, mit der das Vernunftrecht übereinstimmen muß.

Die Gesetze des Staates (politische Gesetze und bürgerliche Gesetze) können theoretisch in letzter Instanz am Naturrecht gemessen werden. Dieses Rückgriffs bedarf es nicht, wenn die richtige Vorstellung von dem Endzweck des Staates, der gemeinschaftlichen Glückseligkeit, herrscht. In diesem Falle ist das staatliche Handeln an der gemeinschaftlichen Glückseligkeit zu messen. Der Endzweck des Staates bildet das erste und oberste Gesetz für die inneren Verhältnisse jedes Staates.

---

1 Siehe oben Seite 259 - 281.

In der Gesetzessystematik verdient insbesondere das System der politischen Gesetze Beachtung. Die politischen Gesetze unterteilen sich in die Staatsgesetze einerseits und die Cameral- und Finanzgesetze andererseits. Im System der Staatsgesetze erhalten die Grundgesetze dadurch eine besondere Stellung, daß sie nur durch die Grundgewalt des Volkes errichtet und geändert werden können. Die Grundgesetze regeln in allen Staaten unter anderem die Regierungsform, die Kompetenzen der Regierung, die sich aus der Regierungsform ergebenden Pflichten und Rechte der Gehorchenden, die Wahlen, die grundlegenden Normen über die Verwaltung der Gerechtigkeit und die grundlegenden Finanzgesetze. Je nach gewählter Regierungsform variiert der Inhalt der Grundgesetze.

13.2 Ein Beitrag zum "Haupturtheil" [1]

Die ideengeschichtliche Bedeutung der politischen Metaphysik Justis ist bislang nicht erkannt. Das in den letzten 100 Jahren zu Justis Schriften vorherrschende [2] Urteil, er habe (sich immer wieder abschreibend [3]) das Programm eines benevolenten [4] Absolutismus vertreten [5], er sei von der Volkssouveränität [6], dem aktiven Widerstandsrecht [7] und der Gewaltenteilung [8] nicht überzeugt gewesen, hält einer kritischen Betrachtung nicht stand.

Justi war ein aktiver Kritiker der Monarchie [9] und Gegner jeder despotischen Herrschaft. Neben seinen theoretischen Schriften zur politischen Metaphysik belegen dies nicht zuletzt sein Eintreten gegen die Willkürherrschaft *Brühls* [10], die Verbrennung von *Leben*

---

1 Vgl. das Eingangszitat.

2 Abweichend die Beurteilungen durch *von Unruh* und *Würtenberger* (1988). Beide Autoren betonen die herausragende Bedeutung Justis im 18. Jahrhundert.

3 Siehe oben Seite 45 f.

4 Siehe oben Seite 246 - 252.

5 Siehe oben Seite 160.

6 Siehe oben Seite 161.

7 Siehe oben Seite 152.

8 Siehe oben Seite 246 - 252.

9 Siehe oben Seite 227 - 229.

10 Siehe oben Seite 1 - 4, 143, 150.

und Character [1], die beantragte Beschlagnahme des *Grundriß* [2] und die wahrscheinlichen anderen obrigkeitlichen Maßnahmen gegen Justi [3]. Seine staatstheoretischen Vorstellungen waren eine potentielle Bedrohung für die (von Justi fast ausnahmslos als Willkürherrscher gesehenen [4]) Machthaber seiner Zeit. [5]

Entgegen der herrschenden Meinung ist für die Entstehung der Leitideen des modernen Staats- und Verfassungsdenkens im 18. Jahrhundert vorrangig auf Justi zurückzugreifen. Dies gilt nicht nur für Volkssouveränität, Gewaltenteilung, Widerstandsrecht, Rechtsstaats- und Verhältnismäßigkeitsprinzip sowie die Drei-Elementen-Lehre, sondern auch und insbesondere für Justis Theorie der Grundverfassung des Staates. [6] In Übereinstimmung mit dem heutigen Verständnis der Verfassung begreift Justi die Grundverfassung als ein (a) besonderes, schriftlich niedergelegtes Gesetz, das (b) durch die verfassungsgebende Gewalt des Volkes erlassen, (c) die rechtliche Festlegung der grundlegenden politischen Ordnung des Gemeinwesens bestimmt, (d) im Rang über den sonstigen (schriftlich fixierten) Rechtsvorschriften steht und (e) nur erschwert abänderbar ist.

(a) Zwar betont Justi die Schriftlichkeit der Verfassung nicht ausdrücklich; da die Grundgesetze jedoch zu den politischen Gesetzen gehören, ist davon auszugehen, daß sie -wie alle anderen politischen Gesetze- schriftlich abgefaßt sind.

(b) Die Grundverfassung des Staates ist kein Verfassungsvertrag, sondern wird durch die Grundgewalt des Volkes als "Gesetzgeber" erlassen. Der jeweilige Inhaber der obersten Gewalt ist nicht in der Lage, eigenmächtig Grundgesetze zu erlassen oder abzuändern.

(c) Die Grundgesetze beinhalten die rechtliche Festlegung der

---

1 Siehe oben Seite 1.
2 Siehe oben Seite 289.
3 Siehe oben Seite 287 - 292.
4 Siehe oben Seite 49.
5 Vgl. erg. oben Seite 293 f.
6 Zur Grundverfassung siehe oben Seite 91 f, 270 - 273 und 277 - 279.

grundlegenden politischen Ordnung des Staates. Geregelt werden insbesondere die Regierungsform, die sich aus ihr ergebenden Rechte und Pflichten der Regierenden und Gehorchenden, die grundlegenden Normen über die Gerichtsbarkeit sowie die grundlegenden Finanzgesetze. Dementsprechend finden sich in der Grundverfassung des Staates je nach gewählter Regierungsform unter anderem Regelungen über die Gewaltenteilung, insbesondere über die nähere Organisation der gesetzgebenden und vollziehenden Gewalt, über die Kompetenzen und das Zusammenspiel der beiden vorgenannten mit der richterlichen Gewalt sowie entsprechende Inkompatibilitätsregelungen. Desweiteren regeln die Grundverfassungen des Staates die Wahl von Repräsentanten (u.U. ist eine Art Gewissensfreiheit der Repräsentanten festzulegen) und Richtern, die Verhaftung und Bestrafung von Repräsentanten, die Befugnisse des von der Regierung unabhängigen obersten Gerichts (Anklage, Verhaftung und Bestrafung von Repräsentanten und Regierungsmitgliedern bei Verletzung der Grundgesetze, Beteiligung an der Schlichtung im Falle eines Kompetenzstreites zwischen den Gewalten), Notstandsmaßnahmen und die Unzulässigkeit der Rückwirkung von Gesetzen.

Die Grundverfassungen bestimmen nur über "konkrete" Sachverhalte. Die hinter der Verfassung stehenden abstrakten Grundprinzipien sind in der Grundverfassung nicht niedergelegt. So findet sich beispielsweise der von Justi als zentral erkannte Satz von der "Grundgewalt des Volkes als der Quelle aller Gewalt des Staates" oder des Vorranges (unter anderem) der Grundverfassung vor dem einfachen Gesetz nicht in der Grundverfassung seines Staatswesens. Und auch die Staatsziele (dazu gehört u.a. die bürgerliche Freiheit) sind bei Justi keine Bestandteile der Grundverfassung, sondern ein eigenständiges, allerdings nicht schriftlich formuliertes Gesetz, an dem die Grundverfassung zu messen ist.

(d) Sämtliche Gesetze des Staates müssen mit den Grundverfassungen übereinstimmen. Die Grundverfassungen und die übrigen Gesetze des Staates sind in letzter Instanz am schriftlich nicht fixierten Endzweck des Staates, der gemeinschaftlichen Glückseligkeit, zu messen. Insofern kann bei Justi von einem Vorrang der Grundverfassung und dem -noch über ihr stehenden- Endzweck des Staates gesprochen werden.

(e) Die Grundgesetze unterliegen der ausschließlichen Änderungsbefugnis der Grundgewalt des Volkes. Selbst für den Fall, daß das Volk die gesetzgebende Gewalt über seine Repräsentanten ausübt, können die "Gevollmächtigte" des Volkes so lange keine Entscheidungen über die Grundverfassungen treffen, als nicht eine ausdrückliche Weisung des Volkes vorliegt.

Mit seiner eigenständigen allgemeinen Theorie über den Staat, der politischen Metaphysik, die er vor allem im Spannungsfeld zwischen den Vorstellungen *Montesquieus* und *Wolffs* entwickelte, zeigt sich Justi als der wahrscheinlich [1] fortschrittlichste Staatsdenker im Deutschland der Mitte des 18. Jahrhunderts. Das beweist der Vergleich mit den Theorien der weit unter Justi stehenden *Joseph von Sonnenfels* (1733 - 1817), *Karl Anton Freiherr von Martini* (1726 - 1800) und *Jacob Friedrich Freiherr von Bielfeld* (1717 - 1770) sowie die Aufnahme und Kritik der Ideen Justis bei *Johann Friedrich von Pfeiffer* (1718 - 1787) und den wahrscheinlich besten Kennern der Werke Justis, dem eher konservativen *Heinrich Godfried Scheidemantel* (1739 - 1788) und dem eher fortschrittlich orientierten *Gottfried Achenwall* (1719 - 1772). [2]

---

1 Siehe oben Seite 5 f und 57.

2 Zur Rezeption der Thesen Justis im 18. Jahrhundert, insbesondere bei *Sonnenfels*, *Martini*, *Bielfeld*, *Pfeiffer*, *Scheidemantel* und *Achenwall*, siehe oben Seite 58 ff sowie die einschlägigen Abschnitte jedes Kapitels.

14 LITERATURVERZEICHNIS

14.1 Gesamtverzeichnis der gedruckten Schriften des Johann Heinrich Gottlob von Justi

14.1.1 Veröffentlichung unter dem Pseudonym Anaxagoras von Occident

Physicalische und Politische Betrachtungen über die Erzeugung des Menschen und Bevölkerung der Länder
Smirna (i.e. Breslau) : Neue Buchdruckerey, 1769

14.1.2 Anonyme Schriften Justis

Abhandlung von der Unverletzlichkeit der Waffen- und Krieges-Verträge, worinnen die, von dem Reichs-Hofrath unternommene, vermeintliche Vernichtung der Liliensteiner Capitulation, und der Bambergischen Contributions-Verträge, desgleichen die Verletzung der Dressdner Capitulation und andrer Waffen-Verträge, aus ungezweifelten Grund-Sätzen des Natur- und Völker-Rechts beurtheilet werden. Als die Fortsetzung der Untersuchung, ob die Europäischen Völker dereinst Lust haben möchten, Menschen-Fresser, oder wenigstens Hottentotten zu werden
Philadelphia in Pensilvanien (i.e. Schwerin) : Jacob Heinrich Lowe, 1760; enthält in Fortsetzung des ersten und zweiten Hauptstückes aus *Untersuchung, ob etwan...* das dritte und vierte Hauptstück; Zuschrift durch *Koch*, 1950, Anhang, Seite a

Beweiss, dass die bey denen Reichstäglichen Berathschlagungen über das bevorstehende Friedens-Geschäfte von denen Evangelischen ergriffene itio in partes rechtmässig und in dem Westphälischen Frieden vollkommen gegründet sey: Nebst verschiedenen neuen und wichtigen Betrachtungen und Entdeckungen über das Betragen und die Absichten des Hauses Oesterreich und seiner meisten Anhänger gegen die evangelische Religion
Gedruckt im Monath December 1761; Angabe übernommen von *Frensdorff*, 1903, Seite 78

Beweiss, dass die Universal-Monarchie vor die Wohlfahrt von Europa und überhaupt des menschlichen Geschlechts die gröste Glückseligkeit würken würde
Frankfurt, 1747; Angabe übernommen von Justi in *Gesammelte Politische und Finanzschriften*, Band 2, Seite 235; Wiederabdruck a.a.O.; Angabe des Druckortes von *Stoltenberg*, Seite 210

Der enthüllete Oesterreichische Schriftsteller, oder Anmerkungen über die so betitulte Schrift: das entlarvte Preussische Friedensprojekt, welches unter dem Titul: Wohlgemeynte Vorschläge, auf was vor Bedingungen die itzo im Kriege befangenen Mächte zu einem dauerhaftigen und ihrem allerseitigen Interesse gemässen Frieden gelangen könten u. heraus gekommen, und sehet, was es ist!
Wien und Erfurth : Trattner und Jungnicolu, 1760

Entdeckte Ursachen des verderbten Münzwesens in Teutschland, nach ihren ersten und wahren Quellen; wobey zugleich neue und wirksame Mittel dagegen vorgeschlagen werden, die ein jeder Reichsstand vor sich, ohne Mitwirkung des Reichs, und ohne Recesse mit seinen Mitständen, in Ausübung bringen kann
Leipzig : Bernhard Christoph Breitkopf, 1755

Erwiesene und ferner erläuterte Rechtmässigkeit der itionis in partes auf denen Teutschen Reichstägen durch die meisten Stimmen eines jeden Religions-Corporis; worinnen zugleich eine im Druck erschienene catholische Schrift, unter dem Titel: Gesetzmässige Beurteilung des Betragens, welches bey denen angestellten Reichs-Deliberationen zu Kayserl. Bevollmächtigung, in Nahmen des Reichs den Friedens-Congress zu Augspurg zu beschicken, von den widrigen Gesanntschaften geäussert worden; geprüfet und deren Ungrund klar gezeiget wird
Frankfurt und Leipzig, 1762; Angabe übernommen von *Frensdorff*, 1903, Seite 80

Fabeln und Erzählungen von Thieren und sehr alten längst verrosteten Zeiten, bey deren Lesung man ganz sanft und süss wird einschlafen können
Cölln am Rhein, 1759

Leben und Character des Königl. Pohlnischen und Churfürstl. Sächsi. Premier-Ministre Grafens von Brühl in vertraulichen Briefen entworfen
(1. Teil): 1760; Vorrede datiert 24. August 1760
Zweyter Theil: 1761; Zueignungsschrift datiert 16. Aug. 1761; Vorbericht datiert: 20 August 1761
Dritter Theil: 1764; Vorrede datiert Leipziger Ostermesse 1764

Schreiben an das Publicum von dem Verfasser der Briefe, so unter dem Titul: Leben und Character des Grafen von Brühl, zum Vorschein gekommen
Hamburg und Leipzig, 1760; "Schreiben an den Postschreiber" datiert 26. September 1760; "Schreiben an das Publicum" datiert 29. September 1760

Uhrsachen des Verfalls der Religion und der einreissenden Freydenkerey
Berlin : Joh. Adam Rüdiger, 1747; wiederabgedruckt in: *Moralische und Philosophische Schriften*, Band 3, Seite 3 - 123

Untersuchung, ob etwan die heutigen europäischen Völker Lust haben möchten, dereinst Menschen-Fresser oder wenigstens Hottentotten zu werden. Aus Veranlassung der jetzigen grausamen Art, Krieg zu führen, der gebrochenen Capitulation von Dresden, und verschiedener anderer Verletzungen des Völker-Rechts, angestellet von einem ehemaligen Europäer, welcher sich nach Amerika begeben hat, weil er dereinst seine Nachkommen mit stinkenden Schaafs-Därmen

nicht gerne ausgezieret wissen möchte.
Philadelphia in Pensilvanien (i.e. Schwerin) : Jacob Heinrich Lowe, 1759; enthält: erstes und zweites Hauptstück; Nachschrift datiert Schwerin, den 16. December 1759; Zuschrift durch *Koch*, 1950, Anhang, Seite b

Wohlgemeynte Vorschläge eines die jetzigen unglücklichen Zeiten beseufzenden Menschenfreundes auf was vor Bedingungen die jetzo in Krieg befangenen Mächte zu einem dauerhaftigen und ihrem allerseitigen Interesse gemässen Frieden gelangen könnten zur Aufmunterung ganz Deutschlandes
Friedensnah, 1759

Koch (1950) nennt drei weitere Schriften, siehe unten Seite 12 f.

14.1.3 Übersetzungen fremder Schriften durch Justi

Der handelnde Adel dem der kriegerische Adel entgegen gesetzet wird, zwey Abhandlungen über die Frage: ob es der Weisheit des Staats gemäss sey, dass der Adel Kaufmannschaft treibe? Aus dem Französischen übersetzet und mit einer Abhandlung über eben diesen Gegenstand versehen von Johann Heinrich Gottlob von Justi
Göttingen : Vandenhoeck, 1756; Vorrede Justis datiert Göttingen, 1. October 1756; Autor des Originals: Gabriel Francoise Coyer

Schauplatz der Künste und Handwerke, oder vollständige Beschreibung derselben, verfertiget und gebilliget von denen Herren der Akademie der Wissenschaften zu Paris in das Teutsche übersetzet und mit Anmerkungen versehen von Johann Heinrich Gottlob von Justi
Band 1: Berlin, Stettin und Leipzig : J.H. Rüdiger, 1762
Band 2: Berlin, Stettin und Leipzig : J.H. Rüdiger, 1763
Band 3: Berlin, Stettin und Leipzig : J.H. Rüdiger, 1764
Band 4: Leipzig, Königsberg und Mietau : J.J. Kanter, 1765

14.1.4 Fremdsprachige Ausgaben der Arbeiten Justis

De Aart der wetten afgeleid uit de Natuur en het Weezen der Staaten
Amsterdam : J. Kok, 1773

De chimere of hersenschim van het evenwigt in Europa, of Verhandeling waarin de nietigheid van dit systema der Staat-kunde ontvouwd wordt
's Grav. : P. van Cleef, 1767

De fuga militiae
Vitembergae : ex officina Schlomachiana, (1745)

Dissertation sur les monades par Mr. Justi
in: ›Dissertation qui a remporté le prix proposé par l'Academie royale de Sciences et Belles Lettres sur le système des monades, avec les pieces qui ont concouru‹; Berlin : A. Haude und J.C. Spener, 1748

*Élémens généraux de police, démontrés par des raisonnemens fondés sur l'objet et la fin qu'elle se propose. Traduits de l'Allemand par M.E.****
Paris : chez Rozet, 1769; Übersetzer: Marc Antoine Eidous

Ezemesjacnyja socinenija k pol'ze i uveseleniju sluzascija
St. Petersburg, 1755 - 1764; auf Deutsch etwa: "Monatliche Abhandlungen zum Nutzen und zur Unterhaltung der Beamten"

*La Chimère de l'équilibre du commerce et de la navigation, ou Refutation des thèses nouvelles sur les mesures des puissances libres, contre la crainte de la domination des mers et de la supériorité en forces navales: avec des réflexions nouvelles et importantes concernant le commerce et la navigation des peuples, de meme que sur le degré suprème de la force et de la félicité, qui en reviennent par Msr. de Justi conseiller des mines de s.M. Le Roi de la Grande-Bretagne. Traduit de l'Allemand par D.T.****
Copenhague et Leipsic : Veuve de Rothe, 1763

La vie et le caractère de Mr. le comte de Bruhl, premier ministre de Sa Majesté le roi de Pologne et electeur de Saxe
1760

Le secret des nouvelles teintures de Saxe, avec quelques réflexions sur la théorie, & sur les avantages de ces nouvelles teintures. Traduit de l' Allemand sur l'original imprimé à Vienne 1751
Paris : Durand, 1752

Osnovanie sily i blagosostojanija Carstv", ili podrobnoe nacertanie vsech" znanij i kasajuscichsja do gosudarstvennago blagocinija
St. Petersburg, 1772 - 1778; 4 Teile; Deutsch: *Die Grundfeste zu der Macht und Glückseligkeit der Staaten*; Übersetzer: Iw. Bogaevakij

Suscestv. izobrazenie estestva narodnych" ovscestv" i razlicnych" zakonov"
1802; 2 Bände; auf Deutsch etwa: "Echte Darstellung des Wesens nationaler Gesellschaften und verschiedener Gesetze"; möglicherweise handelt es sich um eine späte Übersetzung von *Natur und Wesen*

The life and character, rise and conduct, of Count Bruhl, Prime Minister to the King of Poland, Elector of Saxony; in a series of letters, by an eminent hand. Throwing a light on the real origin of the past and present war in

Germany, and the intrigues of several powers. Carefully translated from the german original
Letters I - VIII
London : printed for M. Cooper, in Pater-Noster-Row, and C.G. Seyffert, in Pall-Mall, (1765 ?)

Torgujuscee dvorjanstvo protivu polozennoe dvorjanstvu voennomu
St. Petersburg : Druckerei der Akademie der Wissenschaften, 1766; Deutsch: *Der handelnde Adel*; Übersetzer: Denis fon Vizin

Volledige verhandeling der manufactuuren en fabrieken. Met verbeteringen en aanmerkingen van Joh. Beckmann.
Utrecht : J. v. Schoonhoven, 1782; Übersetzer: Jacob van Manen Az

Nach Angaben von *Schmidt* (Seite 273 f) existiert außerdem eine russische Übersetzung von *Natur und Wesen* (1760) durch A. Volkov aus dem Jahre 1770.

14.1.5. Justi als Herausgeber

Der Teutsche Patriot in etlichen physicalischen Vorschlägen zum gemeinen Besten mit einer Vorrede sr. Hochwohlgebohrn. Des Herrn Berg-Raths von Justi begleitet
Berlin : Buchhandlung der Real-Schule, 1762; nur Vorrede von Justi; Vorrede datiert Berlin, 28. Febr. 1762

Ergetzungen der vernünftigen Seele aus der Sittenlehre und der Gelehrsamkeit überhaupt
Leipzig : Bernhard Christoph Breitkopf
Band 1: 1745, Vorrede datiert am ersten des Heumonats des 1745sten Jahres
Band 2: 1746, Vorrede datiert ersten Jenner 1746
Band 3: 1746, Vorrede datiert den 1 des Heumonats 1746
Band 4: 1747, Vorrede datiert am 2. Januar des 1747sten Jahres
Band 5: 1747
Band 6: 1748, Vorrede datiert zu Sangerhausen den 1. des Heumonats 1748

Fortgesetzte Bemühungen zum Vortheil der Naturkunde und des gesellschaftlichen Lebens der Menschen
Berlin und Stettin : Johann Heinrich Rüdiger, 1759 - 1761; Stück 1 - 4 in einem Band; Vorrede datiert 1. August 1759

Göttingische Policey-Amts Nachrichten auf das Jahr ... Oder vermischte Abhandlungen zum Vortheil des Nahrungsstandes aus allen Theilen der oeconomischen Wissenschaften benebst verschiedenen in das Göttingische Policey-Wesen einschlagenden Verordnungen und Nachrichten
Ausgabe 1755: Göttingen : Johann Friedrich Hager
Ausgabe 1756: Göttingen : Bernhard Christian Breitkopf
Ausgabe 1757: Göttingen

Montes Pietatis oder Leih- Assistenz- und Hülfshäuser, Leihebanken und Lombards, ingleichen von Leibrenten, Todten-Cassen und Lotterien. Mit vielen Anmerkungen und einem Anhange von Braut- und Witwen-Cassen
Leipzig und Ulm : Gaumische Buchhandlung, 1760; Vorrede datiert 21. Junii 1759; Autor des Originals: Paul Jacob Marperger

Neue Wahrheiten zum Vortheil der Naturkunde und des gesellschaftlichen Lebens der Menschen
Leipzig: Bernhard Christian Breitkopf, 1754 - 1758
Stück 1 - 6 aus dem Jahr 1754 in einem Band; Vorrede datiert Mannsfeld, 1. Januar 1754
Stück 7 - 12 aus den Jahren 1755 - 1758 in einem Band; Vorrede datiert Leipzig, 12. März 1755

14.1.6 Veröffentlichungen unter eigenem Namen

Abhandlung von dem Zusammenhang der Vollkommenheit der Sprache mit dem blühenden Zustand der Wissenschaften: Wobey zugleich zu Anhörung einer Rede von dem unzertrennlichen Zusammenhang eines blühenden Zustandes der Wissenschaften mit denjenigen Mitteln, welche einen Staat mächtig und glücklich machen, als mit welcher auf dem 16ten des Winter-Monaths in dem Kayserlich-Königlichen Collegio Theresiano das öffentliche Lehramt der Teutschen Beredsamkeit angetreten wird, alle hohe Beschützer und geneigte Gönner der Wissenschaften unterthänig und gehorsamst einladet Johann Heinrich Gottlob von Justi, ehmaliger Fürstl. Sächsischer Eisenachischer Witthums-Rath, und bestimter öffentlicher Lehrer der Teutschen Beredsamkeit und der Landes-Oeconomie bey dem Kayserl. Königl. Collegio Theresiano
Wien : Joh. Thomas Trattner, 1750

Abhandlung von den Mitteln die Erkenntniss in den Oeconomischen und Cameral-Wissenschaften dem gemeinen Wesen recht nützlich zu machen; Wobey zugleich zu seinen in diesen Wissenschaften auf den ...ten des Heumonats anzufangenden Vorlesungen ergebenst einladet Johann Heinrich Gottlob von Justi
Göttingen : Vandenhoeck, 1755; Angabe auf Seite 20: Geschrieben zu Göttingen den 20. Junii 1755

Abhandlung von den Römischen Feldzügen in Teutschland oder wie weit der Römer Waffen in Nord- und Ost-Teutschland eingedrungen und was vor Denkmaale davon vorhanden sind, bey Gelegenheit der Aufgabe der Königl. Preussis. Academie der Wissenschaften auf das Jahr 1748 ausgearbeitet und mit vielen zur Erläuterung und besserem Verständniss der alten Geschichte dienlichen Anmerkungen versehen
Leipzig : Theophilus Crull, 1748; Zueignungsschrift datiert Sangerhausen den 17. Jul. 1748; Vorrede datiert Sangerhausen den 20 Jul. 1748

Abhandlung von denen Manufactur- und Fabriken-Reglements zur Ergänzung seines Werkes von denen Manufacturen und Fabriken
Berlin und Leipzig : Verlag des Buchladens der Realschule, 1762; Vorbericht datiert Berlin den 29. April 1762

Abhandlung von der Abtretung eines Reichs-Lehns in den Frieden mit auswärtigen Mächten worinnen zugleich erwiesen wird, dass die Herzogthümer Parma, Placenc und Guastalla, ohngeachtet der in dem Aachischen Frieden an den Durchl. Infant Don Philipp beschehenen Abtretung, annoch wirkliche Reichs-Lehen sind
Frankfurt, Leipzig und Nürnberg : Peter Conrad Monath, 1750; Vorrede datiert Wien, 7. Juli 1750

Abhandlung von der Macht Glückseeligkeit und Credit eines Staats
Ulm, Frankfurt und Leipzig : J.F. Gaum, 1760

Abhandlung von der Vollkommenheit der Landwirthschaft und der höchsten Cultur der Länder
Ulm und Leipzig : auf Kosten der Gaumischen Buchhandlung, 1761; Vorbericht datiert Berlin den 20sten Juli 1760

Anweisung zu einer guten Deutschen Schreibart und allen in den Geschäfften und Rechtssachen vorfallenden schriftlichen Ausarbeitungen, zu welchem Ende allenthalben wohlausgearbeitete Proben und Beyspiele beygefüget werden
1. Auflage: Leipzig : Bernhard Christoph Breitkopf, 1755; Vorrede datiert Göttingen, 1. October 1755
2. verbesserte Auflage: Leipzig : Bernhard Christoph Breitkopf, 1758
Nach der zweyten verbesserten Auflage: Leipzig : Bernhard Christoph Breitkopf, 1769
Ausgabe Wien: J.T.E. von Trattner, 1774

Auf höchsten Befehl an Sr. Röm. Kaiserl. und zu Ungarn und Böhmen Königl. Majestät erstattetes allerunterthänigstes Gutachten von dem vernünftigen Zusammenhange und practischen Vortrage aller Oeconomischen und Cameral-wissenschaften wobey zugleich zur Probe die Grundsätze der Policeywissenschaft mit denen darzu gehörigen practischen Arbeiten vorgetragen werden benebst einer Antrittsrede von dem Zusammenhange eines blühenden Zustandes der Wissenschaften mit denjenigen Mitteln, welche einen Staat mächtig und glücklich machen
Leipzig : herausgegeben von "D.E.v.K.", 1754; datiert Wien 15.Octobr.1752

Ausführliche Abhandlung von denen Steuern und Abgaben nach ächten, aus dem Endzweck der bürgerlichen Gesellschaften abfliessenden Grundsätzen, und zur Wohlfahrt der Völker dienlichen Maassregeln abgefasset von Johann Heinrich Gottlob von Justi
1.(einziger) Teil: Königsberg und Leipzig : G. Ludwig Woltersdorffs Wittwe, 1762; Vorbericht datiert Berlin, 3. May 1762
Neudruck: Wiesbaden : Betriebswirtschaftlicher Verlag Dr. Th. Gabler, 1977

Beantwortung der Preisfrage: Auf was für eine leichtere und sowohl in Ansehung der Zeit als des Holzes weniger kostbare, durch die Erfahrung bewehrte Art kann man aus den gewonnenen Kupfererzen Garkupfer erhalten
München, 1765

Das entdeckte Geheimniss der neuen Sächsischen Farben benebst einigen

Betrachtungen von dem Vorzug und der Theorie dieser neuen Färbekunst
1. Auflage: Wien : Krauß, 1750; Vorrede datiert 5. Octobr. 1750.
(2. Auflage): Wien : Krauß, 1761

Der Grundriss einer Guten Regierung in fünf Büchern verfasset
Frankfurth und Leipzig : Johann Gottlieb Garbe, 1759; Vorrede datiert 2. April 1759

Deutsche Memoires oder Sammlung verschiedener Anmerkungen, die Staatsklugheit, das Kriegswesen, die Justiz, Morale, Oeconomie, Commercium, Cammer- und Policey- auch andere merkwürdige Sachen betreffend, welche im menschlichen Leben vorkommen, von einigen Civil- und Militairbedienten, auch von andern Gelehrten und erfahrnen Personen aufgezeichnet und hinterlassen worden
(Die 1. Auflage besteht aus 2 Teilen) Erster Theil: Leipzig, 1741; Anderer Theil: Leipzig: 1744
(Die 2. Auflage besteht aus 3 Teilen) 2. verbesserte und mit Anmerkungen versehene Auflage: Wien : J.P. Krauß, 1750; Titel des 3. Bandes *Vermischte ...*
(Die 3. Auflage besteht aus 3 Teilen) 3. verbesserte und mit Anmerkungen versehene Auflage: Wien : J.P. Krauß, 1761

Die Chimäre des Gleichgewichts der Handlung und Schiffahrt, oder: Ungrund und Nichtigkeit einiger neuerlich geäusserten Meynungen von denen Maassregeln der freyen Mächte gegen die zu befürchtende Herrschaft und Obermacht zur See, wobey zugleich neue und wichtige Betrachtungen über die Handlung und Schiffahrt der Völker, und über den höchsten Punkt der daraus entstehenden Macht und Glückseligkeit beygebracht werden
Altona : David Iversen, 1759

Die Chimäre des Gleichgewichts von Europa, eine Abhandlung, worinnen die Nichtigkeit und Ungerechtigkeit dieses zeitherigen Lehrgebäudes der Staatskunst deutlich vor Augen geleget, und dabey allenthalben neue und rührende Betrachtungen über die Ursachen der Kriege und dem wesentlichen Grunde, worauf die Macht eines Staats ankommt, beygebracht werden
Altona : David Iversen, 1758; Vorbericht datiert 1sten May 1758

Die Dichterinsul nach ihren verschiedenen Landschaften und denen darinnen befindlichen Städten und Einwohnern sowohl als nach dererselben Gottesdienst, Staats- und Kriegsverfassung unpartheyisch beschrieben benebst einem Lob- und Heldengedichte
Leipzig und Wittenberg : Johann Friedrich Schlomach, 1745; Widmung datiert Dreßden, am 30. Sept 1744; Vorrede datiert Dreßden in der Leipziger Michaelismesse 1744

Die Grundfeste zu der Macht und Glückseligkeit der Staaten; oder ausführliche Vorstellung der gesamten Policey-Wissenschaft
Erster Band: Königsberg und Leipzig : im Verlag seeligen Johann Heinrich Hartungs Erben, 1760; Vorrede datiert Berlin, 25. April 1760
Zweyter Band: Königsberg und Leipzig: im Verlag seel. Gebhard Ludewig Woltersdorfs Wittwe, 1761; Vorrede datiert Berlin, 6. April, 1761
Beide Bände im Neudruck: Aalen : Scientia, 1965

Die Kunst das Silber zu affinieren: oder, das mit andern Metallen vermischte Silber wieder fein zu machen
Königsberg und Mietau : Johann Jacob Kanter, 1765

Die Wirkungen und Folgen sowohl der wahren, als der falschen Staatskunst in der Geschichte des Psammitichus, Königes von Egypten und der damaligen Zeiten
Teil 1: Frankfurth und Leipzig : J.G. Garbe, 1759; Vorrede datiert 5ten May 1759
Teil 2: Frankfurth und Leipzig : J.G. Garbe, 1760; Vorrede datiert auf Berlin, 26. August 1760
Beide Bände im Neudruck: Aalen : Scientia, 1972

Erörterung der Frage: Ob freye Mächte über die Länder eines Dritten nach dem Natur- und Völkerrecht Verträge zu machen befugt sind
1749; Angabe übernommen von Justi in *Gesammelte Politische und Finanzschriften*, Band 3, Seite 112; Wiederabdruck a.a.O.

Erörterung der Preisfrage, worinnen der Fränkischen Könige und der Herzoge von Baiern aus dem Agilofingischen Stamme wechselweise Rechte und Verbindlichkeiten bestanden haben
in: >Abhandlung der Churfürstlich-baierischen Akademie der Wissenschaften<; Vierter Band, I. Theil, Seite 1 - 41; München: Akademische Buchhandlung, 1767

Gesammlete chymische Schriften, worinnen das Wesen der Metalle und die wichtigsten chymischen Arbeiten vor dem Nahrungsstand und das Bergwesen, ausführlich abgehandelt werden
1. Auflage: Band 1: Berlin : Verlag der Real-Schule, 1760; Band 2: Berlin : Verlag der Real-Schule, 1761; Band 3: Berlin : Verlag der Real-Schule, 1762
2. Auflage: Berlin : Verlag der Real-Schule, 1773 - 1774

Gesammlete Politische und Finanzschriften über wichtige Gegenstände der Staatskunst, der Kriegswissenschaften und des Cameral- und Finanzwesens
(Band 1): Kopenhagen und Leipzig : Rothensche Buchhandlung, 1761; Vorrede datiert Berlin, 3. September 1760
Zweyter Band: Kopenhagen und Leipzig : Rothensche Buchhandlung, 1761
Dritter und letzter Band: Kopenhagen und Leipzig : Rothensche Buchhandlung, 1764
alle Bände im Neudruck: Aalen : Scientia, 1970

Geschichte des Erd-Cörpers aus seinen äusserlichen und unterirdischen Beschaffenheiten hergeleitet und erwiesen
Berlin : Christian Friedrich Himburg, 1771; Widmung datiert Cüstrin, den 15ten April 1771; Vorrede datiert Cüstrin in der Neumark den 26. März 1771

Grundriss des gesamten Mineralreiches worinnen alle Fossilien in einem, ihren wesentlichen Beschaffenheiten gemässen, Zusammenhange vorgestellet und beschrieben werden
1. Auflage: Göttingen : Vandenhoeck, 1757; Widmung datiert Göttingen, den 1. October 1756; Vorbericht datiert Göttingen, den 1. October 1756

2. Auflage: Göttingen : Vandenhoeck, 1765

Grundsätze der Policeywissenschaft in einem vernünftigen, auf den Endzweck der Policey gegründeten, Zusammenhange und zum Gebrauch academischer Vorlesungen abgefasset
1. Auflage: Göttingen : Vandenhoeck, 1756; dedicatio datiert Göttingen, 10. May 1756; Vorrede datiert Göttingen, 11. May 1756
2. stark vermehrte Auflage: Göttingen : Vandenhoeck, 1759
3. Ausgabe mit Verbesserungen und Anmerkungen von Johann Beckmann: Göttingen : Vandenhoeck, 1782
Neudruck : Frankfurt/Main, 1969

Historische und Juristische Schriften
Erster Band: Frankfurt und Leipzig : Johann Gottlieb Garbe, 1760; Vorbericht datiert Berlin den 20 Merz 1760
Zweyter Band: Frankfurt und Leipzig : Johann Gottlieb Garbe, 1761; Vorbericht datiert Berlin den 3ten Jenner 1761
Beide Bände im Neudruck: Aalen : Scientia, 1972

Joh. Heinr. Gottlobs von Justi Abhandlung über die öconomische Preisfrage: Was tragen die Pflanzen selbst zur Zubereitung ihres Nahrungssaftes bey, und was ist bey ihrem ungleichen Wachsthum der verschiedenheit des Erdreichs zuzuschreiben? Lassen sich die verschiedene Güte desselben, und bey schlechtem Erdreich die mangelnden Stücke, besonders in Absicht auf den Ackerbau, durch chymische Versuche auf eine brauchbare Art bestimmen?
in: ›Abhandlung der Churfürstlich-baierischen Akademie der Wissenschaften‹; Vierter Band, II. Theil, Seite 55 - 96; München : Akademische Buchhandlung, 1767

Johann Heinrich Gottlob von Justi, Königl. Preuss. Berghauptmanns, von der Churfürstl. Pfälzischen Academie zu Mannheim gekrönte Abhandlung über die Frage: Wie die Kupfererzte mit Ersparung der Zeit und der Kohlen auf den Kupferhütten besser bearbeitet werden können. Nebst einigen andern merkwürdigen kleinen Schriften, die Chemie und Berghütten-Sachen betreffend
Leipzig : Paul Gotthelf Kummer, 1776

Moralische und Philosophische Schriften
3 Bände; Berlin, Stettin und Leipzig : Johann Heinrich Rüdiger, 1760 und 1761

Natur und Wesen der Staaten
1. Ausgabe mit dem Titel *Die Natur und das Wesen der Staaten, als die Grundwissenschaft der Staatskunst, der Policey, und aller Regierungswissenschaften, dergleichen als die Quelle aller Gesetze*; Berlin, Stettin und Leipzig : Johann Heinrich Rüdiger, 1760; Vorbericht datiert Leipziger Michaelis Messe 1759
2. Ausgabe mit dem Titel *Natur und Wesen der Staaten als die Quelle aller Regierungswissenschaften und Gesezze. Mit Anmerkungen herausgegeben von Heinrich Godfried Scheidemantel der Rechten öffentlicher Lehrer zu Jena*; Mitau : W.A. Steidel und Compagnie, 1771
2. Ausgabe im Neudruck: Aalen : Scientia, 1969

Nichtigkeit aller Einwürfe und Unhöflichen Anfälle wider meine Preisschrift von denen Monaden, wobey der Ungrund derselben fernerweit klar vor Augen geleget wird
1748; Angabe übernommen von Justi in *Moralische und Philosophische Schriften*, Band 3, Seite 181; Wiederabdruck a.a.O.

Oeconomische Schriften über die wichtigsten Gegenstände der Stadt- und Landwirthschaft
2 Bände
1. Ausgabe: Berlin : Verlag des Buchladens der Real-Schule, 1760/1761
2. Ausgabe: Berlin : Verlag des Buchladens der Real-Schule, 1766/1767

Onomatologia Oeconomica Practica oder Ökonomisches Wörterbuch, in welchem die allernöthigste, nützlichste und durch sichere Erfahrung bewährte Haushaltungskünste zur Stadt- und Landwirthschaft gehörige unentbehrliche Anmerkungen, auserlesenste Vortheile und Handgriffe nach alphabetischer Ordnung deutlich und aufrichtig beschrieben werden
3 Teile
Ulm, Frankfurt und Leipzig : Gaumische Buchhandlung, 1760 - 1763; nur Vorrede von Justi; Vorrede datiert Berlin, 12. März 1760

Rechtliche Abhandlung von denen Ehen, die an und vor sich selbst ungültig und nichtig sind; (de matrimonio putativo et illegitimo) wobey zugleich von dem Wesen der Ehe und dem grossen Einflüsse der Ehegesetze in die Glückseligkeit des Staats gehandelt wird
Leipzig : Bernhard Christoph Breitkopf, 1757

Scherzhafte und Satyrische Schriften
Die 1. Ausgabe besteht aus 2 Bänden: Berlin, Stettin und Leipzig : Johann Heinrich Rüdiger, 1760
Die 2. verb. Auflage besteht aus drei Bänden: Berlin und Leipzig : Johann Heinrich Rüdiger, 1765
Neueste verbesserte Auflage (3 Bände): Amsterdam, 1767

Staatswirthschaft oder systematische Abhandlung aller Oeconomischen und Cameral-Wissenschaften, die zur Regierung eines Landes erfordert werden
2 Bände
1. Auflage: Leipzig : Bernhard Christoph Breitkopf, 1755; Zuschrift datiert 8. April 1755, Vorrede datiert Leipzig, 11. April 1755
2. stark vermehrte Auflage: Leipzig : Bernhard Christoph Breitkopf, 1758
Vorbericht zur neuen Auflage datiert Leipziger Michaelis-Messe 1758
Bände der zweiten Auflage im Neudruck: Aalen : Scientia, 1963

System des Finanzwesens, nach vernünftigen aus dem Endzweck der bürgerlichen Gesellschaften und aus der Natur aller Quellen der Einkünfte des Staates hergeleiteten Grundsätzen und Regeln ausführlich abgehandelt
Halle : Rengerische Buchhandlung, 1766; Vorbericht datiert Landsberg an der Warthe, 8. April 1766
Neudruck: Aalen : Scientia, 1969

Untersuchung der Lehre von den Monaden und einfachen Dingen, worinnen der Ungrund derselben gezeiget wird; als die Ausarbeitung der Aufgabe, so die Königl. Preussische Hochpreissliche Academie der Wissenschaften zu Berlin, denen auswärtigen Gelehrten auf das Jahr 1747 vorgeschrieben hat
in: ›Dissertation qui a remporté le prix proposé par l'Academie Royale de Sciences et Belles Lettres sur le système des monades, avec les pieces qui ont concouru‹ auf den Seiten 1 - 43; die Schrift endet mit den Worten: abgegangen 23. Mart. 1747; auf den Seiten 44 - 52 enthält sie als weitere Abhandlung einen "Anhang zu der Untersuchung der Lehre von den Monaden und einfachen Dingen"; datiert Sangerhausen 12. August 1747; Berlin: A. Haude und J. C. Spener, 1748

Vergleichungen der Europäischen mit den Asiatischen und andern vermeintlich barbarischen Regierungen in drey Büchern verfasset
Berlin, Stettin und Leipzig : Johann Heinrich Rüdiger, 1762; Vorrede datiert 26. Jenner 1762
Neudruck: Königstein/Ts. : Scriptor, 1978

Vermischte Anmerkungen welche verschiedene merkwürdige die Staatsklugheit, das Kriegswesen, die Sittenlehre, die Oeconomischen und dahingehörigen, Cameral-Commercien und Policey-Wissenschaften, wie auch das Justizwesen betreffende Sachen abhandeln: oder der Deutschen Memoires Dritter Theil
Wien : Joh. Paul Krauß, 1761; dedicatio datiert Wienn, 19. October 1750; Vorrede datiert Wienn, 20. October 1750

Vollständige Abhandlung von denen Manufakturen und Fabriken
Zwei Bände
1. Ausgabe:
Erster Theil: Kopenhagen : auf Kosten der Rothenschen Buchhandlung, 1758; Vorbericht datiert Koppenhagen, 5. Oct. 1757; Zweyter Theil: Kopenhagen : auf Kosten der Rothenschen Buchhandlung, 1761; Vorbericht datiert Berlin, 2. April 1761
2. Ausgabe: mit Verbesserungen und Anmerkungen von Johann Beckmann; Berlin : J. Pauli, 1780
3. Ausgabe: mit Verbesserungen und Anmerkungen von Johann Beckmann; Berlin : J. Pauli, 1789
Neudruck: Aalen : Scientia, 1972

Von Getreydemagazinen von Lebensmitteln und von dem Unterhalt des Volkes
Frankfurt am Mayn : Andreaeische Buchhandlung, 1771; auf den Seiten 71 - 124 ein Auszug aus der *Grundfeste*, Band 2, 10. Hauptstück

Zwey Preissfragen der Churfürstlich Bayerischen Academie der Wissenschaften über den Ursprung der alten Herzoge von Bayern und deren Verhältniss gegen die Fränkische Monarchie
Coppenhagen und Leipzig : Gabriel Christian Rothens Wittbe, 1763; Vorbericht datiert Berlin, den 5ten October 1763; der Band enthält auf Seite 1 - 64: "I. Untersuchung, worinnen der Fränkischen Könige und der Herzoge in Bayern aus dem Agilofingischen Stamme Wechselweise Rechte und Verbindlichkeiten überhaupt bestanden, und ob erstere in Bayern einige Krohngüter oder ein Ober-Eigenthum über die herzoglichen Domainen gehabt haben; als die Abhandlung welche von

der vortrefflichen Academie der Wissenschaften zu München der ausgesetzte historische Preiss des Jahres 1761 zuerkannt worden" und auf Seite 65 - 126: "II. Abhandlung über die Preißfrage: Wer waren die Stammeltern des Bayrischen Markgrafen Luitpolds, der im Jahre 907 gegen die Hunnen geblieben? welche von der Höchstansehnlichen Churfürstl. Bayrischen Academie der Wissenschaften zu München, den Gelehrten auf das Jahr 1762 aufgegeben worden"

14.1.7 Ungeklärte bibliograpische Angaben

Nach *Koch* (1950), "Anhang und Literaturverzeichnis", Seite II und III, gehen auf Justi die folgenden drei Schriften zurück:

"Merkwürdige Unterredung im Reiche der Verstorbenen zwischen Sr. königlichen Hoheit Friedrich dem Dritten Churfürsten von Sachsen und Sr. Exzellenz dem Grafen Heinrich von Brühl" (1764)
"Zweites Gespräch im Reiche der Verstorbenen zwischen Sr. königlichen Hoheit Friedrich dem Dritten Churfürsten von Sachsen und Sr. Exzellenz dem Grafen Heinrich von Brühl nebst einem Raisonnement der Fee Pimpernelle" (Styxstadt, 1764)

"Merkwürdige Vertheydigung Seiner Exzellenz des Herrn Grafen von Brühl in einer Unterredung desselben mit Herrn Pitt" (Frankfurt und Leipzig, 1762)

Die erstgenannte Schrift war nicht erhältlich. Ob hinter den beiden anderen Werken (vorhanden in Halle) tatsächlich Justi steht, kann dahingestellt bleiben. Gegenüber dem *Leben und Charakter des Grafens von Brühl* geben sie keine für diese Arbeit relvanten Informationen.

Nicht erhältlich waren folgende Justi zugeschriebene Schriften:

"Die Rechnung ohne Wirth, oder das eroberte Sachsen" (Berlin, im November 1758)

"Der hinkende Bothe oder die aufgehobene Belagerung von Neisse - Ein Trauerspiel von drey Aufzügen" (2 Bände von 1758)

14.2 Schriften anderer Autoren

(Anonym) Anmerkungen über Herrn Johann Heinrich Gottlob von Justi, Königlichen Berghauptmanns, Geschichte des Erdkörpers aus seiner äusserlichen und unterirdischen Beschaffenheit hergeleitet und erwiesen. - in: ›"Neue Philosophische Abhandlungen der Baierischen Akademie der Wissenschaften"; Band 7; München : gedruckt bei Anton Franz, 1797‹ Seite 207 - 271

(Anonym) Merkwürdig- und gründlich erwiesene Reflexiones über die infame Gedanken und eifersüchtige Ausdrücke des Herrn Johann Heinrich von Justi wider den ihme ganz unbekannten Herrn Aggaeum Bernardum Lohn und dessen Wissenschaften. - 1765

Achenwall, Gottfried Die Staatsklugheit nach ihren ersten Grundsätzen. - 3. Ausgabe; Göttingen : Vandenhoeck, 1774

Aretin, Joh. Christ. von Staatsrecht der constitutionellen Monarchie. - Joh. Christ. Freiherr von Aretin und Karl von Rotteck; 3 Bände; 1. Auflage; Altenburg : Literatur-Comtoir, 1824, 1827, 1828; 2. Auflage; Leipzig : Friedrich Bolckmar, 1838, 1839, 1840

Bachmann, Hanns-Martin Die naturrechtliche Staatslehre Christian Wolffs. - (Schriften zur Verfassungsgeschichte, Band 27); Berlin : Duncker & Humblot, 1977

Becher, Ursula A.J. Politische Gesellschaft - Studien zur Genese bürgerlicher Öffentlichkeit in Deutschland. - (Veröffentlichungen des Max-Planck-Instituts für Geschichte, Band 59); Göttingen : Vandenhoek & Ruprecht, 1978

Becker, Bernd Öffentliche Verwaltung. - München : R.S. Schulz, 1989

Beckmann, Johann Physikalisch-Ökonomische Bibliothek worinn von den neuesten Büchern, welche die Naturgeschichte, Naturlehre und die Land- und Stadtwirthschaft betreffen, zuverlässige und vollständige Nachrichten ertheilet werden. - Göttingen : Vandenhoeck, 1779

Beckmann, Johann Vorrath kleiner Anmerkungen über mancherley gelehrte Gegenstände. - Drittes Stück; Göttingen : J. F. Röwer, 1806

Bibliographisches Institut Das grosse Conversations-Lexicon für die gebildeten Stände. - 1. Auflage, Band 17, Hildburghausen, Amsterdam, Paris und Philadelphia : Bibliographisches Institut, 1850; 2. Auflage von 1861 - 1867 ("Neues Konversations-Lexikon"); 3. Auflage von 1874 - 1876 ("Meyers

Konversations-Lexikon"); 4. Auflage von 1885 - 1892 ("Meyers Konversations-Lexikon"); 5., gänzlich neubearbeitete Auflage ("Meyers Konversations-Lexikon"), Band 9, Leipzig und Wien : Bibliographisches Institut, 1895; 9. Auflage ("Meyers Enzyklopädisches Lexikon"), Band 28 (Personenregister), Mannheim, Wien, Zürich : Bibliographisches Institut, 1981

Bielfeld, Jacob Friedrich Institutions Politiques. - 4 Bände; Paris : Duchesne, 1760; Band 4 enthält "Supplement aux Institutions Politiques"

Bielfeld, Jacob Friedrich Lehrbegriff der Staatskunst - aus dem Französischen übersetzet. - 4 Bände; Breßlau und Leipzig : Johann Friedrich Korn, 1777; Band 2 enthält "Ergänzung des Lehrbegriffs der Staatskunst"

Bluntschli, Johann Caspar Deutsches Staats-Wörterbuch. - Johann Caspar Bluntschli und Karl Brater; 1.- 11. Band; Stuttgart und Leipzig : Expedition des Staats-Wörterbuchs, 1857 - 1870

Bluntschli, Johann Caspar Geschichte der Wissenschaften in Deutschland. - Erster Band: Geschichte des allgemeinen Staatsrechts und der Politik; J. G. Cotta, 1864

Bob, Franz Joseph Von dem Systeme der Polizeywissenschaft und dem Erkenntnissgrundsatze der Staatsklugheit und ihrer Zweige. - Freyburg im Breisgau : gedruckt bei Johann Andreas Satron, 1779

Böckenförde, Ernst-Wolfgang Der deutsche Typ der konstitutionellen Monarchie im 19. Jahrhundert. - in: >"Staat, Gesellschaft, Freiheit - Studien zur Staatstheorie und zum Verfassungsrecht"; herausgegeben von Ernst Wolfgang Böckenförde; Frankfurt a.M. : Suhrkamp, 1976< Seite 112 - 145

Böckenförde, Ernst-Wolfgang Geschichtliche Entwicklung und Bedeutungswandel der Verfassung. - in: >"Juristische Arbeitsblätter"; 1984, Heft 6< Seite 325 - 333

Bollnow, Otto Friedrich Die philosophischen Grundlagen der Staats- und Wirtschaftslehren bei J.H.G. Justi. - in: >"Finanzarchiv - Neue Folge"; 1941, Band 8< Seite 381 - 402

Brater, Karl Deutsches Staats-Wörterbuch. - siehe *Bluntschli, Johann Caspar*

Brockhaus, F.A. Conversations-Lexicon oder Hand-Wörterbuch für die gebildeten Stände. - 2. Auflage, Band 5, Leipzig und Altenburg : F.A. Brockhaus, 1815; 14. Auflage ("Brockhaus Konversations-Lexikon"), Leipzig und Altenburg : F.A. Brockhaus, 1892 - 1895; 15. Auflage ("Der große Brockhaus"), Leipzig : F.A. Brockhaus, 1928 - 1935; 18. Auflage, Band 6 ("Der große Brockhaus"), Wiesbaden : F.A. Brockhaus, 1979

Brückner, Jutta Staatswissenschaften, Kameralismus und Naturrecht. - München : C.H. Beck, 1977

Denzer, Horst Bodin. - in: >"Klassiker des politischen Denkens"; Band 1; herausgegeben von Hans Maier, Heinz Rausch und Horst Denzer; München : C.H. Beck, 1968< Seite 321 - 350

Deutsch, Georg Johann Heinrich Gottlob von Justi - ein Beitrag zur Geschichte der Kameralwissenschaften in Deutschland. - in: >"Zeitschrift für die gesamte Staatswissenschaft"; 1889, Band 45; Tübingen : H. Laupp'sche Buchhandlung, 1889< Seite 554 - 567

Deutsch, Georg Justi und Sonnenfels - ein Beitrag zur Geschichte der Nationalökonomik in Österreich. - in: >"Zeitschrift für die gesamte Staatswissenschaft"; 1888, Band 44; Tübingen : H. Laupp'sche Buchhandlung, 1888< Seite 135 - 140

Dittrich, Eberhard Die deutschen und österreichischen Kameralisten. - (Erträge der Forschung, Band 23); Darmstadt : Wissenschaftliche Buchgesellschaft, 1974

Dittrich, Eberhard Justi, Johann Heinrich Gottlob von. - in: >"Neue Deutsche Biographie"; Band 10; Berlin : Duncker & Humblot, 1974< Seite 707 - 709

Dreitzel, Horst Justis Beitrag zur Politisierung der deutschen Aufklärung. - in: >"Aufklärung als Politisierung - Politisierung der Aufklärung"; herausgegeben von Hans Erich Bödeker und Ulrich Herrmann; Hamburg : Felix Meiner, 1987< Seite 138 - 177

Ebel, Wilhelm (Hrsg.) Catalogus Professorum Gottingensium 1734 - 1962. - Göttingen : Vandenhoeck & Ruprecht, 1962

Ebihara, Akio Justis Staatslehre und Wolffs Naturrechtslehre. - in: >"Zeitschrift der Savigny-Stiftung für Rechtsgeschichte - Germanistische Abteilung"; 1985, Band 102< Seite 239 - 246

Eckstein, Karl Friedrich Carl von Moser (1723 - 1798). - Diss. Jur., Giessen, Justus-Liebig-Universität, 1973

Eichhorn, Karl Friedrich Deutsche Staats- und Rechtsgeschichte. - Vierter Theil, 5. verbesserte Auflage; Göttingen : Vandenhoeck und Ruprecht, 1844

Engelhardt, Ulrich Zum Begriff der Glückseligkeit in der kameralistischen Staatslehre des 18. Jahrhunderts (J.H.G.v Justi). - in: "›Zeitschrift für Historische Forschung"; 1981, Band 8‹ Seite 37 - 79

Fabian, Bernhard (Hrsg.) Deutsches Biographisches Archiv. - München, New York, London, Paris : K.G. Saur, 1982 - 1985

Flathe, Heinrich Theodor Brühl, Heinrich Graf von. - in: ›"Allgemeine Deutsche Biographie"; Band 3; Leipzig : Duncker & Humblot, 1876‹ Seite 411 - 417

Fournier, August Gerhard van Swienten als Censor. - in: ›"Sitzungsbericht der philosophisch-historischen Classe der Kaiserlichen Akademie der Wissenschaften in Wien"; 1876, Band 84, Heft 3; Wien : in Commission bei Karl Gerold's Sohn, 1877‹ Seite 387 - 446

Frensdorff, Ferdinand Die Vertretung der ökonomischen Wissenschaften in Göttingen vornehmlich im 18. Jahrhundert. - in: ›"Festschrift zur Feier des hundertfünfzigjährigen Bestehens der königlichen Gesellschaft der Wissenschaften zu Göttingen - Beiträge zur Gelehrtengeschichte Göttingens"; Berlin : Weidmannsche Buchhandlung, 1901‹ Seite 497 - 565

Frensdorff, Ferdinand Über das Leben und die Schriften des Nationalökonomen J.H.G. von Justi. - Neudruck der Ausgabe Göttingen 1903; Glashütten im Taunus : Verlag Detlev Auvermann KG, 1970

Gemmell-Flischbach, Max Album des Kaiserl. Königl. Theresianums (1746 - 1880). - Wien : Moritz Perles, 1880

Gemmell-Flischbach, Max Album der K.K. Theresianischen Akademie (1746 - 1913). - Fortgesetzt und ergänzt von Camillo Manussi Edler von Montesole; Wien : Selbstverlag des Herausgebers, 1913

Gerloff, Wolfgang Staatstheorie und Staatspraxis des Kameralistischen Verwaltungsstaates. - (Abhandlungen aus dem Staats- und Verwaltungsrecht mit Einschluß des Völkerrechts, 56. Heft); Breslau : M. & H. Marcus Verlag, 1937

Gierke, Otto von Johannes Althusius und die Entwicklung der naturrechtlichen Staatstheorien. - Neudruck der fünften Auflage; Aalen : Scientia, 1958

Görres-Gesellschaft (Hrsg.) Staatslexikon. - 1. Auflage, 5 Bände, Freiburg i.Br. : Herder, 1889 - 1897; 6. Auflage, 8 Bände, Freiburg i.Br. : Herder, 1957 - 1963; 7. Auflage, 5 Bände, Freiburg i.Br. : Herder, 1985 - 1986

Gros, Karl Heinrich von Lehrbuch der philosophischen Rechtswissenschaft. - 4. verbesserte Auflage; Stuttgart und Tübingen : J.G. Cotta, 1822

Guglia, Eugen Das Theresianum in Wien - Vergangenheit und Gegenwart. - Wien : Anton Schroll & Co, 1912

Haller, Carl Ludwig von Handbuch der Allgemeinen Staatenkunde, des darauf gegründeten Allgemeinen Staatsrechts und der Allgemeinen Staatsklugheit nach den Gesetzen der Natur. - Winterthur : Steiner, 1808

Haller, Carl Ludwig von Restauration der Staats-Wissenschaft oder Theorie des natürlich-geselligen Zustands - der Chimäre des künstlich-bürgerlichen entgegengesetzt. - Band 1; Winterthur : Steiner, 1816

Hengst, Hermann Brühl, Heinrich Graf von. - in: ›"Die Ritter des Schwarzen Adlerordens"; Berlin : Alexander Duncker, 1901‹ Benutzte Ausgabe: ›*Fabian*, Fiche zu Brühl, Seite 26‹

Herder (Hrsg.) Herders Conversations-Lexicon. - 1. Auflage, 3. Band, Freiburg i.Br. : Herder, 1855; 2. Auflage, 1875 - 1879; 3. Auflage, 4. Band, Freiburg i.Br. : Herder, 1905

Hippolithus a Lapide Abriss der Staats-Verfassung, Staats-Verhältniss und Bedürfniss des Römischen Reichs Deutscher Nationen - aus Bogislav Phillips von Cemnitz vollständiger lateinischer Urschrift mit Anmerkungen, welche die gegenwärtigen Umstände im Reich betreffen. - 2 Bände; Mainz und Coblenz : 1761

Hirsching, Friedrich Carl Brühl, Heinrich Graf von. - in: ›"Historisch literarisches Handbuch berühmter und denkwürdiger Personen, welche in dem 18. Jahrhunderte gestorben sind"; 1794, Band 1‹ Benutzte Ausgabe: ›*Fabian*, Fiche zu Brühl, Seite 10 - 25‹

Hirsching, Friedrich Carl Justi, Johann Heinrich Gottlob von. - in: ›"Historisch literarisches Handbuch berühmter und denkwürdiger Personen, welche in dem 18. Jahrhunderte gestorben sind"; 1797, Band 3‹ Benutzte Ausgabe: ›*Fabian*, Fiche zu Justi, Seite 20 - 25‹

Hirsching, Friedrich Carl Leyser, Augustin. - in: ›"Historisch literarisches Handbuch berühmter und denkwürdiger Personen, welche in dem 18. Jahrhunderte gestorben sind"; 1799, Band 4‹ Benutzte Ausgabe: ›*Fabian*, Fiche zu Leyser, Seite 291 - 295‹

Hölscher, Lucian Öffentlichkeit. - in: ›"Geschichtliche Grundbegriffe"; Band 4; Stuttgart : Klett, 1978‹ Seite 446 - 450

Hoffmann, A.G. (Hrsg.) Allgemeine Encyklopaedie der Wissenschaften und der Künste in alphabetischer Folge von genannten Schriftstellern bearbeitet. - Zweite Section, 30. Theil; Leipzig : F.A. Brockhaus, 1853

Hugo, Gustav Civilistisches Magazin. - Band 1; Berlin : 1790

Humpert, Magdalene Bibliographie der Kameralwissenschaften. - Köln : Kurt Schroeder Verlag, 1937

Inama-Sternegg, Karl T. Justi, Johann Heinrich Gottlob von. - in: >"Allgemeine Deutsche Biographie"; Band 14; Leipzig : Duncker & Humblot, 1881< Seite 747 - 753

Jenetzky, Johannes System und Entwicklung des materiellen Steuerrechts in der wissenschaftlichen Literatur des Kameralismus von 1680 - 1840. - Berlin : Duncker & Humblot, 1978

Jöcher, Christian Gottlieb Justi, Johann Heinrich Gottlob von. - in: >"Allgemeines Gelehrten-Lexicon"; Fortsetzung und Ergänzung von Johann Christoph Adelung; 1787, Band 2< Benutzte Ausgabe: >*Fabian*, Fiche zu Justi, Seite 26 - 33<

Jugler, Johann Friedrich Beyträge zur juristischen Biographie. Oder genauere litterarische und critische Nachrichten von dem Leben und den Schriften verstorbener Rechtsgelehrten auch Staatsmänner, welche sich in Europa berühmt gemacht haben. - 6 Bände; für Band 1 und 2 Leipzig : Joh. Sam. Heinsius, 1773 - 1775; für Band 3 - 6 Leipzig : Paul Gotthelf Kummer, 1777 - 1779

Kägi, Oskar Werner Von der klassischen Dreiteilung zur umfassenden Gewaltenteilung. - in: >"Zur heutigen Problematik der Gewaltentrennung"; Darmstadt : Wissenschaftliche Buchgesellschaft, 1969< Seite 286 ff

Klein, Ernst Johann Heinrich Gottlob Justi und die Preussische Staatswirtschaft. - in: >"Vierteljahrschrift für Sozial- und Wirtschaftsgeschichte"; 1961, Band 48< Seite 145 - 202

Kleinheyer, Gerd Deutsche Juristen aus fünf Jahrhunderten. - Gerd Kleinheyer und Jan Schröder; 1. - 3. Auflage; Karlsruhe und Heidelberg : C.F. Müller, 1976, 1983, 1989

Klippel, Diethelm Politische Freiheit und Freiheitsrechte im deutschen Naturrecht des 18. Jahrhunderts. - (Rechts- und Staatswissenschaftliche Veröffentlichungen der Görres-Gesellschaft, Neue Folge, Heft 23); Paderborn : Ferdinand Schönigh, 1976

Klueting, Harm Die Lehre von der Macht der Staaten. - Berlin : Duncker & Humblot, 1986

Koch, Rolf Albert Der humanistisch - fortschrittliche Ideengehalt im Lebenswerk Johann Heinrich Gottlob v. Justis. - in: >"Beiträge zur Heimatforschung"; 1973, Heft 3; Sangerhausen : Spengler-Museum< Seite 61 - 67

Koch, Rolf Albert Der Problemgehalt in J.H.G. v. Justis Satiren. - Diss. Phil., Halle-Wittenberg, Martin-Luther-Universität, 1950

Konitsa, Maria J.H.G. v. Justi - der Vollender des Kameralismus. - Diss., Graz, Karl-Franzens-Universität, 1971

Kuriki, Hisao Die Rolle des Allgemeinen Staatsrechts in Deutschland von der Mitte des 18. bis zur Mitte des 19. Jahrhunderts. - in: >"AöR"; 1974, Band 99, Heft 4< Seite 556 - 581

Landsberg, Ernst Geschichte der deutschen Rechtswissenschaft. - 3. Abteilung, 2. Halbband, Text; München und Berlin : Oldenbourg, 1910

Link, Christoph Herrschaftsordnung und bürgerliche Freiheit. - (Wiener Rechtsgeschichtliche Arbeiten, Band XII); Wien : Hermann Böhlaus Nachf., 1979

Löning, Edgar Bluntschli's Staatswörterbuch in drei Bänden auf Grundlage des deutschen Staatswörterbuchs von Bluntschli und Brater. - Band 1 - 3; Zürich : Friedrich Schultheß, 1869, 1871 und 1872.

Maier, Hans Die ältere deutsche Staats- und Verwaltungslehre. - 2. Auflage; München : C.H. Beck, 1980

Marchet, Gustav Studien über die Entwicklung der Verwaltungslehre in Deutschland von der zweiten Hälfte des 17. bis zum Ende des 18. Jahrhunderts. - München : R. Oldenbourg, 1885

Martini, Karl Anton von Lehrbegriff des Natur- Staats- und Völkerrechts. - 4 Bände; Wien : Sonnenleitner, 1783 - 1784

Meitzel, C. Justi, Johann Heinrich Gottlob von. - in: >"Handwörterbuch der Staatswissenschaften"; Band 5; 4. Auflage; Jena : Gustav Fischer, 1923< Seite 535 - 536

Menzel, Adolf Ein österreichischer Staatsphilosoph des XVIII. Jahrhunderts. - in: >"Österreichische Rundschau"; Band 1; November 1904 -

Jänner 1905; herausgegeben von Berger und Glossy; Wien : Carl Konegen, 1905‹ Seite 295 - 301

Meusel, Joh. Georg Justi, Johann Heinrich Gottlob von. - in: ›"Lexikon der verstorbenen teutschen Schriftsteller"; 1806, Band 6‹ Benutzte Ausgabe: ›*Fabian*, Fiche zu Justi, Seite 42 - 49‹

Mohl, Robert von Encyklopädie der Staatswissenschaften. - 1. Aufl., Tübingen : H. Laupp, 1859; 2. Aufl., Tübingen : H. Laupp, 1872

Mohl, Robert von Die Geschichte und Literatur der Staatswissenschaften. - Band 1, Erlangen : Ferdinand Enke, 1855; Band 2, Erlangen : Ferdinand Enke, 1856; Band 3, Erlangen : Ferdinand Enke, 1858

Mohl, Robert von Die Polizei-Wissenschaft nach den Grundsätzen des Rechtsstaates. - 3. Auflage; Band 1; Tübingen : H. Laupp, 1866

Montesquieu, Charles-Louis Oeuvre Completes. - (Texte présenté et annoté par Roger Caillois); Band 1, Paris : Editions Gallimard, 1949; Band 2, Paris : Editions Gallimard, 1951

Montesquieu, Charles-Louis Vom Geist der Gesetze. - (In neuer Übertragung eingeleitet und herausgegeben von Ernst Forsthoff); Tübingen : H. Laupp, 1951

Montesquieu, Charles Louis Vom Geist der Gesetze. - (Eingeleitet, ausgewählt und übersetzt von Kurt Weigand); Stuttgart : Reclam, 1984

Moser, Johann Jacob Leyser, Augustin. - in: ›"Lexicon der jetztlebenden Rechtsgelehrten in Teutschland"; 1738‹ Benutzte Ausgabe: ›*Fabian*, Fiche zu Leyser, Seite 283 - 286‹

Mussgnug, Reinhard Der Haushaltsplan als Gesetz. - Göttingen : Otto Schwartz & Co, 1976

Neusüß, Wolfgang Gesunde Vernunft und Natur der Sache - Studien zur juristischen Argumentation im 18. Jahrhundert. - (Schriften zur Rechtsgeschichte, Heft 2); Berlin : Duncker & Humblot, 1970

Oberreuter, Heinrich Gewaltenteilung - Theorie und Praxis. - in: ›"Perspektiven des politischen Systems der Bundesrepublik Deutschland"; München : Günter Olzog, 1978‹ Seite 93 ff

Ölreich, Niklas von Eigentliche Staatsverfassung des Reichs Schweden unter seiner gesetzmässigen Freyheit beschrieben und wider Uebelgesinnete gerettet von dem ehrlichen Schweden. - Stralsund und Greifswald : Johann Jacob Weitbrecht, 1758; (Der Band ist eine Sammlung der ab dem Jahr 1755 in Schweden wöchentlich erschienenen Schrift "Ein Ehrlicher Schwede" - "En ärlig Swensk")

Ompteda, Died. Heinr. Ludw. Litteratur des gesamten sowohl natürlichen als positiven Völckerrechts. - 3 Teile; Erster und zweiter Theil, Regensburg : Montag, 1785; Dritter Theil, (ergänzt und fortgesetzt von Carl Albert von Kamptz) Berlin : Duncker und Humblot, 1817

Partick, Matthias Justis Staatstheorie. - Diss. Phil., Wien : 1938

Pfeiffer, Johann Friedrich Berichtigungen berühmter Staats- Finanz- Policey- Cameral- Commerz- und ökonomischer Schriften dieses Jahrhunderts. - Band 2; Frankfurt am Main: Eßlingersche Buchhandlung, 1782

Pölitz, Karl Heinrich Die Staatswissenschaften im Lichte unserer Zeit. - 1. - 5. Theil; Leipzig : Hinrichsche Buchhandlung, 1827 - 1828

Pünjer, Georg C. Leyser, Augustin. - in: >"Allgemeine Deutsche Biographie"; Band 18; Leipzig : Duncker & Humblot, 1881< Seite 519 - 523

Pütter, Johann Stephan Achenwall, Gottfried. - in: >"Versuch einer academischen Gelehrten-Geschichte von der Georg-Augustus-Universität zu Göttingen"; 1765, Band 1< Benutze Ausgabe: >*Fabian*, Nachtrag, Fiche zu Achenwall, Seite 74 - 76<

Pütter, Johann Stephan Justi, Johann Heinrich Gottlob von. - in: >"Versuch einer academischen Gelehrten-Geschichte von der Georg-Augustus-Universität zu Göttingen"; 1765, Band 1 und 1788, Band 2< Benutzte Ausgabe: >*Fabian*, Fiche zu Justi, Seite 17 f<

Pütter, Johann Stephan Litteratur des Teutschen Staatsrechts. - Band 1, Göttingen : Vandenhoeck, 1776; Band 2, Göttingen : Vandenhoeck, 1781; Band 3, Göttingen : Vandenhoeck, 1783

Pufendorf, Samuel De jure naturae et gentium. - Lund : 1627

Rath, Klaus Wilhelm Staat und Staatswirtschaft im kameralistischen Denken. - in: >"Finanzarchiv - Neue Folge"; 1940, Band 7< Seite 75 - 99

Rathjen, Peter Die Publizisten des achtzehnten Jahrhunderts und ihre Auffassung vom Begriff des Staatsrechts. - Diss. Jur., Kiel, Christian-Albrechts-Universität, 1968

Raumer, Friedrich von Ueber die geschichtliche Entwicklung der Begriffe Recht, Staat und Politik. - 3. Auflage; Leipzig : Brockhaus, 1861

Rebejkow, Jean Christophe Denis Diderot - Observations sur le Nakaz. - Thèse 3ieme cycle, Université de Lille, 1986

Rehm, Hermann siehe: *Seydel, Max von*

Reinalter, Helmut (Hrsg.) Joseph von Sonnenfels. - Wien : Verlag der Österreichischen Akademie der Wissenschaften, 1988

Remer, Justus Johann Heinrich Gottlob Justi - ein deutscher Volkswirt des 18. Jahrhunderts. - (Deutsche Wirtschaftswissenschaftliche Gesellschaft - Vorträge und Abhandlungen, Heft 3); Stuttgart und Berlin : W. Kohlhammer Verlag, 1938

Rößler, Hellmuth Brühl, Heinrich. - in: ›"Neue Deutsche Biographie"; Band 2; herausgegeben von der Historischen Kommission bei der Bayerischen Akademie der Wissenschaften; Berlin : Duncker & Humblot, 1955‹ Seite 660 - 662

Roscher, Wilhelm Der sächsische Nationalökonom Johann Heinrich Gottlob von Justi. - in: ›"Archiv für die sächsische Geschichte"; Band 6; Leipzig : Verlag von Bernhard Tauchnitz, 1868‹ Seite 76 - 106

Rotteck, Karl von Staats-Lexikon. - Carl von Rotteck und Karl Theodor Welcker; 1. Auflage, Band 8 und 9; 2. und 3. Auflage jeweils Band 8; für die 1. und 2. Auflage Altona : Johann Friedrich Hammerich, 1839 und 1847; für die dritte Auflage Leipzig : Brockhaus, 1863

Rotteck, Karl von Staatsrecht der constitutionellen Monarchie. - siehe: *Aretin, Joh. Christ. von*

Ruck, Erwin Die Leibniz'sche Staatsidee. - Tübingen : J.C.B Mohr, 1909

Rüfner, Wolfgang Öffentlich-Rechtliche Entschädigungen. - in: ›"Staatslexikon"; herausgegeben von der Görres-Gesellschaft; Band 4; 7. Auflage; Freiburg : Herder, 1988‹ Spalte 145 - 150

Rüping, Hinrich Die Naturrechtslehre des Christian Thomasius und ihre Fortbildung in der Thomasiusschule. - Bonn : Ludwig Röhrscheid, 1968

Scheidemantel, Heinrich G. Das allgemeine Staatsrecht überhaupt und nach der Regierungsform. - Jena : Joh. Rudolph Cröckers seel. Wittwe, 1775

Scheidemantel, Heinrich G. Das Staatsrecht nach der Vernunft und den Sitten der vornehmsten Völker betrachtet. - 3 Teile; Jena : 1770

Schmauß, Johann Jacob Neues Systema des Rechts der Natur. - Göttingen : Vandenhoeck, 1754

Schmelzeisen, Gustaf Die Rechtsfrage in J.H.G. von Justis Policeywissenschaft. - in: ›"Festschrift für Hermann Eichler zum 70. Geburtstag"; herausgegeben von Ursula Floßmann; Wien, New York : Springer, 1977‹ Seite 617 - 644

Schmelzeisen, Gustaf Familiengewalt und Staatsgewalt bei v. Justi. - in: ›"Archiv für Kulturgeschichte"; Band 39; herausgegeben von Walter Goetz u.a.; Köln, Graz : Böhlau, 1957‹ Seite 361 - 377

Schmidt, Horst Johann Heinrich Gottlob von Justi, ein vergessener Vertreter der deutschen Aufklärung des XVIII. Jahrhunderts, und Russland. - in: ›"Wissenschaftliche Zeitschrift der Martin-Luther-Universität Halle - Wittenberg"; Gesellschafts- und Sprachwissenschaftliche Reihe; Februar 1961‹ Seite 273 - 279

Schmidt-Aßmann, Eberhard Der Verfassungsbegriff in der deutschen Staatslehre der Aufklärung und des Historismus. - (Schriften zum Öffentlichen Recht, Band 53); Berlin : Duncker & Humblot, 1967

Schmieders, Werner (Hrsg.) Christian Wolff: 1679 - 1754 - Interpretationen zu seiner Philosophie und deren Wirkung. - Hamburg : Meiner, 1983

Schömbs, Erwin Das Staatsrecht Johann Jacob Mosers. - (Schriften zur Verfassungsgeschichte, Band 8); Berlin : Duncker & Humblot, 1968

Schrader, Georg Wilhelm Justi, Johann Heinrich Gottlob von. - in: ›"Biographisch - literarisches Lexikon der Thierärzte aller Zeiten und Länder"; 1863‹ Benutzte Ausgabe: ›*Fabian*, Fiche zu Justi, Seite 53‹

Schröder, Jan "Naturrecht bricht positives Recht" in der Rechtstheorie des 18. Jahrhunderts ?. - in: ›"Staat, Kirche, Wissenschaft in einer pluralistischen Gesellschaft - Festschrift zum 65. Geburtstag von Paul Mikat"; herausgegeben u.a. von Dieter Schwab; Berlin : Duncker & Humblot, 1989‹ Seite 419 - 433

Selle, Götz von (Hrsg.) Die Matrikel der Georg-August-Universität zu

Göttingen 1734 - 1937. - Hildesheim und Leipzig : August Lax, 1937

Seydel, Max von (Hrsg.) Handbuch des Oeffentlichen Rechts der Gegenwart in Monographien. - Einleitungsband, Erste Abtheilung: "Geschichte der Staatsrechtswissenschaft"; bearbeitet von Hermann Rehm; Freiburg i.Br. und Leipzig : J.C.B. Mohr, 1896; Einleitungsband, Zweite Abtheilung: "Allgemeine Staatslehre"; bearbeitet von Hermann Rehm; Freiburg i.Br., Leipzig und Tübingen : J.C.B. Mohr, 1899

Small, Albion W. The cameralists - the pioneers of german social polity. - Chicago : University of Chicago Press, 1909

Sommer, Louise Die österreichischen Kameralisten in Dogmengeschichtlicher Darstellung. - Zwei Teile in einem Band; Neudruck der Ausgabe Wien 1920 - 1925; Aalen : Scientia, 1967

Sommer, Louise Justi, Johannes Heinrich Gottlob von (1717 - 1771). - in: ›"Encyclopaedia of the Social Sciences"; volume seven; editor-in-chief: Edwin R.A. Seligman; New York : The Macmillan Company, 1957‹ Seite 508 f

Sonnenfels, Josef Grundsätze der Policey, Handlung und Finanzwissenschaft. - Erster Theil, Zweyte, verbesserte und vermehrte Auflage; Wien : Joseph Kurzböck, 1768; Fünfte vermehrte und verbesserte Auflage; Wien : Joseph Kurzböck, 1778; Siebente, verbesserte Auflage; Wien : Camesinaische Buchhandlung, 1804; Zweyter Theil, verbesserte und vermehrte Auflage; Wien : Joseph Kurzböck, 1771; Siebente, verbesserte Auflage; Wien : Camesinaische Buchhandlung, 1805

Srbik, Heinrich Ritter von Wilhelm von Schröder. - in: ›"Sitzungsberichte der kaiserlichen Akademie der Wissenschaften"; Philosophisch-Historische Klasse; 1909/1910, Band 164; Wien : Alfred Hölder,1910‹ Seite 1 - 161

Stepf, Johann Heinrich Justi, Johann Heinrich Gottlob von. - in: ›"Gallerie aller juridischen Autoren von der ältesten bis auf die jetzige Zeit"; 1825, Band 4‹ Benutzte Ausgabe: ›*Fabian*, Fiche zu Justi, Seite 54 - 55‹

Stollberg-Rilinger, Barbara Der Staat als Maschine. - (Historische Forschungen, Band 30); Berlin : Duncker & Humblot, 1986

Stolleis, Michael Geschichte des Öffentlichen Rechts in Deutschland. - Erster Band: Reichspublizistik und Policeywissenschaft 1600 - 1800; München : C.H. Beck, 1988

Stolleis, Michael Staatsdenker im 17. und 18. Jahrhundert. - Frankfurt am Main : Alfred Metzner, 1977

Stoltenberg, Hans L. Geschichte der deutschen Gruppwissenschaft. - Erster Teil; Leipzig : Hans Buske Verlag, 1937

Süsterhenn, Adolf Das Naturrecht. - in: >"Naturrecht oder Rechtspositivismus"; herausgegeben von Werner Maihofer; Darmstadt : Wissenschaftliche Buchgesellschaft, 1962< Seite 11 - 26

Tautscher, Anton Staatswirtschaftslehre des Kameralismus. - Bern : Francke, 1947

Tautscher, Anton v. Justi, Johann Heinrich Gottlob. - in: >"Handwörterbuch der Sozialwissenschaften"; Band 5; herausgegeben von Erwin v. Beckerath u.a.; Göttingen : Vandenhoeck & Ruprecht, 1956< Seite 452 - 454

Torke, Hans-Joachim (Hrsg.) Lexikon der Geschichte Rußlands - von den Anfängen bis zur Oktober-Revolution. - München : C.H. Beck, 1985

Treumann, Rudolf Die Monarchomachen - eine Darstellung der revolutionären Staatslehren des XVI. Jahrhunderts. - Diss. Phil, Heidelberg, 1895; in: >"Staats- und Völkerrechtliche Abhandlungen"; Band 1; herausgegeben von Georg Jellinek und Georg Meyer; Leipzig : Duncker & Humblot, 1898< Seite 1 - 88

Unruh, Georg-Christoph von Subjektiver Rechtsschutz und politische Freiheit in der vorkonstitutionellen Staatslehre Deutschlands. - (Kieler Rechtswissenschaftliche Abhandlungen, Nr. 10; herausgegeben von der Rechts- und Staatswissenschaftlichen Fakultät der Christian-Albrechts-Universität Kiel); Hamburg : Hansischer Gildenverlag, 1969

Vierhaus, Rudolf Montesquieu in Deutschland. Zur Geschichte seiner Wirkung als politischer Schriftsteller im 18. Jahrhundert. - in: >"Collegium Philosophicum - Studien - Joachim Ritter zum 60. Geburtstag"; Basel - Stuttgart : Schwabe & Co, 1965< Seite 403 - 437

Vierhaus, Rudolf Politisches Bewußtsein in Deutschland vor 1789. - in: >"Der Staat"; 1967, Heft 2< Seite 175 - 196

Voigt, Alfred Der Herrschaftsvertrag. - (Übersetzungen von Peter Badura und Hasso Hofmann); Neuwied am Rhein : Luchterhand, 1965

Voltelini, Hans von Die naturrechtlichen Lehren und Reformen des 18. Jahrhunderts. - in: >"Historische Zeitschrift"; herausgegeben von Friedrich Meinecke; Der ganzen Reihe 105. Band; 3. Folge - 9. Band; München und Berlin : R. Oldenbourg, 1910< Seite 65 - 104

Waddicor, Mark H. Montesquieu and the philosophy of natural law. - The Hague : Martinus Nijhoff, 1970

Wahl, Rainer Die Entwicklung des deutschen Verfassungsstaates bis 1866. - in: ›"Handbuch des Staatsrechts der Bundesrepublik Deutschland"; Band 1; herausgegeben von Josef Isensee und Paul Kirchhof; Heidelberg : C.F. Müller: 1987‹ Seite 3 - 34

Walb, Ernst Die deutschen Kameralisten als Gestalter und Erzieher der deutschen Nation im Lichte des Nationalsozialismus. - (Rede zur Feier des Tages der Nationalen Erhebung am 30. Januar 1936; Kölner Universitäts-Reden, Band 33); Köln : Oskar Müller, 1936

Walb, Ernst Die Reichsidee bei den deutschen Kameralisten. - in: ›"Schmollers Jahrbuch für Gesetzgebung, Verwaltung und Volkswirtschaft im Deutschen Reiche"; 65. Jahrgang; 2. Halbband von 1941; Berlin : Duncker und Humblot, 1941‹ Seite 683 - 704

Weidlich, Christoph Justi, Johann Heinrich Gottlob von. - in: ›"Lexicon oder kurtzgefaßte Lebensbeschreibung aller jetzt lebenden Rechts-Gelehrten"; 1766‹ Benutzte Ausgabe: ›*Fabian*, Fiche zu Justi, Seite 19‹

Weigand, Kurt Montesquieu und die höhere Gesetzlichkeit. - in: ›"Vom Geist der Gesetze"; Eingeleitet, ausgewählt und übersetzt von Kurt Weigand; Stuttgart : Reclam, 1984‹ Seite 3 - 82

Weitzel, Johannes Geschichte der Staatswissenschaft. - 2 Teile; 1. Teil, Stuttgart und Tübingen : Cotta, 1832; 2. Teil, Stuttgart und Tübingen : Cotta, 1833

Welcker, Karl Theodor Staats-Lexikon. - siehe: *Rotteck, Karl von*

Willoweit, Dietmar Deutsche Verfassungsgeschichte - Vom Frankenreich bis zur Teilung Deutschlands. - München : C.H. Beck, 1990

Wolf, Erik Grosse Rechtsdenker der deutschen Geistesgeschichte. - 4. Auflage; Tübingen : J.C.B. Mohr, 1963

Wolff, Christian Grundsätze des Natur- und Völckerrechts, worinnen alle Verbindlichkeiten und alle Rechte aus der Natur des Menschen in einem beständigen Zusammenhange hergeleitet werden. - (Vorrede datiert 4. September 1749; Übersetzung datiert 15. April 1754) Halle : Renger, 1754

Wolff, Christian Vernünfftige Gedancken von dem gesellschaftlichen Leben der Menschen. - 4. Auflage: Franckfurt und Leipzig : Renger, 1736

Würtenberger, Thomas An der Schwelle zum Verfassungsstaat. - in: >"Aufklärung - Interdisziplinäre Halbjahresschrift zur Erforschung des 18. Jahrhunderts und seiner Wirkungsgeschichte"; 1988, Jahrgang 3, Heft 2; Hamburg : Meiner, 1988< Seite 53 - 88

Würtenberger, Thomas Die Legitimität staatlicher Herrschaft - eine staatsrechtlich-politische Begriffsgeschichte. - (Schriften zur Verfassungsgeschichte, Band 20); Berlin : Duncker & Humblot, 1973

Würtenberger, Thomas Die Planung im kameralistischen Staat. - in: >"Panorama der Fridericianischen Zeit"; herausgegeben von Jürgen Ziechmann; Bremen : Edition Ziechmann, 1985< Seite 455 - 459

Würtenberger, Thomas Zeitgeist und Recht. - Tübingen : J.C.B. Mohr, 1987

Wyduckel, Dieter Althusius-Bibliographie. - Berlin: Duncker & Humblot, 1973

Zedler, Johann Heinrich Grosses vollständiges Universal Lexicon aller Wissenschaften und Künste. - Band 1 - 64; Halle und Leipzig : Zedler, 1732 - 1754

Zedler, Johann Heinrich Nöthige Supplemente zu dem grossen vollständigen Universal Lexicon aller Wissenschaften und Künste. - nur Band 1 - 4, Buchstaben A - Caq; Leipzig : Zedler, 1751 - 1754

Ziechmann, Jürgen (Hrsg.) Panorama der Fridericianischen Zeit - Friedrich der Grosse und seine Epoche. - (Forschungen und Studien zur Fridericianischen Zeit, Band 1); Bremen : Edition Ziechmann, 1985

Zielenziger, Kurt Die alten deutschen Kameralisten - ein Beitrag zur Geschichte der Nationalökonomie und zum Problem des Merkantilismus. - Jena : Gustav Fischer, 1914

Printed by
CPI books GmbH, Leck

FSC
www.fsc.org
MIX
Papier | Fördert gute Waldnutzung
FSC® C083411

Kolibri 360 GmbH
Ferdinand-Jühlke-Straße 7
99095 Erfurt, Deutschland
produktsicherheit@kolibri360.de